用 語 解 説

(解説)　ハードウェア・ソフトウェアに関する知識

■■1■　システムの開発と運用

(1)開発手法

ウォータフォールモデル(waterfall model)

　　　要件定義→外部設計→内部設計→プログラム設計→プログラミング→テストと，いくつかの工程に分割して進めるシステム開発モデル。比較的大規模な開発に向いていて，原則として前の工程に戻らない。

プロトタイピングモデル(prototyping model)

　　　システム開発の初期段階から試作品(プロトタイプ)を作成して，ユーザと確認をしながら進めていく開発モデル。

スパイラルモデル(spiral model)

　　　システムを独立性の高い部分に分割して，ユーザの要求やインタフェースの検討などを経て，設計→プログラミング→テストの工程を繰り返す開発モデル。

(2)開発工程　　◆システム開発の工程

要件定義　　　どのようなシステムなのか，何ができるシステムを作成するのかを定義すること。また，従来までの業務を調査し，課題があれば検討を行う。

外部設計　　　ユーザの視点で行う設計のこと。ユーザにとって使いやすい画面や帳票などの設計をする開発工程。

内部設計　　　システム開発者の視点で行う設計のこと。外部設計で決定された機能をプログラムにするために，必要とされる処理手順(アルゴリズム)や入出力データなどを詳細に設計する開発工程。

プログラム設計　　　内部設計に基づいて，各プログラムの内部構造を設計する開発工程。

プログラミング　　　プログラム言語を用いて実際にプログラムを作成(コーディング)する開発工程。

テスト　　　プログラムの品質を高めるために，作成したそれぞれのプログラムが設計したとおりに正しく動作するかを確認する開発工程で次のようなテストがある。

・単体テスト　　　機能ごとに分割して開発されたモジュール(プログラム)を対象として，仕様書で要求された機能や性能を満たしているかどうかを確認するテスト。

・結合テスト　　　単体テストの後に複数のモジュールを組み合わせて，プログラム間のインタフェース(接点)に注目して確認するテスト。

・システムテスト　　　開発したシステム全体が，設計したとおりの機能を備えているかを確認する開発者側の最終テストのこと。総合テストともいう。

運用・保守　　　開発したシステムを正常に稼働させることを運用，運用中に見つかった問題点を修正する作業を保守という。

ブラックボックステスト　　　入力したデータの処理が，仕様書どおりに出力されるかを確認するテスト。プログラムの内部構造には関係なく，入力と出力に着目して実施するテスト。

ホワイトボックステスト　　　プログラムの内部構造や処理の流れに着目して，プログラムが設計どおりに動作しているかを確認するテスト。

◆ブラックボックステストとホワイトボックステストの違い

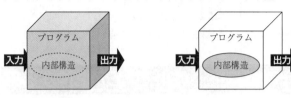

ブラックボックステスト	ホワイトボックステスト
内部構造を考慮せず，仕様書どおりに動作するかどうかに着目。	あくまで内部構造に着目。

(3)開発期間に関する計算（人日　人月）

工数　＝　要員 × 期間

期間　＝　工数 ÷ 要員

要員　＝　工数 ÷ 期間

　　工数とは，ある作業に必要な作業量。一人で作業した場合にかかる作業を 1 人日(にんにち)，一人で作業をすると 1 か月かかる作業量を 1 人月(にんげつ)と呼ぶ。

　　要員とは，作業に取り組む人数。

　　期間とは，作業が終了するまでの日数や月数。

◆**例題 1**：4 人で 3 日間かかる工数は何人日か求めなさい。

　(式)　4 人 × 3 日間 ＝ 12 人日

答え：12 人日

◆**例題 2**：工数が 15 人月の作業を 5 人で取り組むと何か月かかるか求めなさい。

　(式)　15 人月 ÷ 5 人 ＝ 3 か月

答え：3 か月

◆**例題 3**：工数が 18 人日の作業を 3 日で終了させるには，何人で取り組む必要があるか求めなさい。

　(式)　18 人日 ÷ 3 日 ＝ 6 人

答え：6 人

◆**例題 4**：A 一人では 12 日間，B 一人では 8 日間かかる作業がある。この作業を A，B 二人が共同して行った。この作業の終了までに要した日数は何日間か求めなさい。

　(式)　$1 \div 12 = \dfrac{1}{12}$

　　　　　$1 \div 8 = \dfrac{1}{8}$

　　　　　$\dfrac{1}{12} + \dfrac{1}{8} = \dfrac{2}{24} + \dfrac{3}{24} = \dfrac{5}{24}$

　　　　　$1 \div \dfrac{5}{24} = 4.8$（日間）

　　4.8 日間のため，作業の終了には 5 日間を要する。

答え：5 日間

■■2■　性能・障害管理

RASIS(レイシス，ラシス：Reliability Availability Serviceability Integrity Security)

コンピュータシステムに関する評価指標で，「信頼性（R）」，「可用性（A）」，「保守性（S）」，「完全性(保全性)（I）」，「安全性(機密性)（S）」の5項目の頭文字で表現したもの。

- **信頼性(Reliability)**　　　システムの故障発生が少ないこと。
- **可用性(Availability)**　　一定期間にシステムが正常に使える時間の割合が長いこと。
- **保守性(Serviceability)**　故障の際の修復時間が短いこと。
- **完全性(保全性)(Integrity)**　データの矛盾が起きないように，その整合性を維持すること。
- **安全性(機密性)(Security)**　不正に情報を持ち出したりすることから守ること。

稼働率

コンピュータシステムが正常に動いている割合のことで，故障もなく動いている状態を1で表す。

稼働率　＋　故障率　＝　1

稼働率　＝　1　－　故障率

また，稼働率は次の公式でも計算できるが，稼働率の値が大きいほど可用性（A）が高く，コンピュータシステムが安定していることになる。

◆稼働率の公式

$$稼働率 = \frac{平均故障間隔(MTBF)}{平均故障間隔(MTBF) ＋ 平均修復時間(MTTR)}$$

- **平均故障間隔(MTBF：Mean Time Between Failure)**

コンピュータシステムが正常に動き始めてから，何らかの故障が発生するまでの平均時間のことで，システムが正常に動いている平均時間のこと。平均故障間隔の値が大きいほど，信頼性（R）が高いということになる。

「稼働時間の合計 ÷ 故障回数」で計算する。

- **平均修復時間(MTTR：Mean Time To Repair)**

故障や障害が起きたコンピュータシステムを正常な状態に戻すためにかかる平均時間のことで，平均修復時間の値が小さいほど，保守性（S）が高いということになる。

「修理時間の合計 ÷ 故障回数」で計算する。

◆例題：下記のシステムの稼働率を求めなさい。

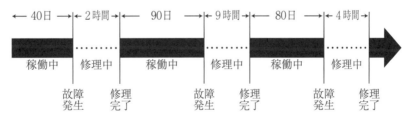

（式） 平均故障間隔(MTBF)　＝　稼働時間の合計 ÷ 故障回数

＝　（40 ＋ 90 ＋ 80）÷ 3　＝　<u>70日</u>

平均修復時間(MTTR)　＝　修理時間の合計 ÷ 故障回数

＝　（2 ＋ 9 ＋ 4）÷ 3 ＝ <u>5時間</u>

稼　働　率　　　　　　＝　MTBF ÷ (MTBF ＋ MTTR)

＝　70日 ÷　（70日 ＋ 5時間）

＝　1680時間 ÷ 1685時間 ≒ 0.997

<u>答え：0.997</u>

★「日」と「時間」の単位を合わせてから計算する。

直列システムの稼働率

直列システムの稼働率　＝　装置Aの稼働率　×　装置Bの稼働率

◆例題1：装置Aの稼働率が0.9，装置Bの稼働率が0.8の場合，二つの装置を直列に接続したときのシステム全体の稼働率を求めなさい。

（式） 0.9 × 0.8 ＝ 0.72

<u>答え：0.72</u>

◆**例題 2**：装置 A の稼働率が 0.9，装置 B の稼働率が 0.85，装置 C の稼働率が 0.8 の場合，三つの装置を直列に接続したときのシステム全体の稼働率を求めなさい。

　（式）　$0.9 \times 0.85 \times 0.8 = 0.612$

答え：0.612

並列システムの稼働率　　並列システムの稼働率 ＝ 1 － （1 － 装置 A の稼働率）× （1 － 装置 B の稼働率）

◆**例題 1**：装置 A の稼働率が 0.9，装置 B の稼働率が 0.8 の場合，二つの装置を並列に接続したときのシステム全体の稼働率を求めなさい。

　（式）　$1 - (1 - 0.9) \times (1 - 0.8) = 1 - 0.1 \times 0.2 = 1 - 0.02 = 0.98$

答え：0.98

◆**例題 2**：装置 A の稼働率が 0.9，装置 B の稼働率が 0.8，装置 C の稼働率が 0.7 の場合，三つの装置を並列に接続したときのシステム全体の稼働率を求めなさい。

　（式）　$1 - (1 - 0.9) \times (1 - 0.8) \times (1 - 0.7) = 1 - 0.1 \times 0.2 \times 0.3 = 1 - 0.006 = 0.994$

答え：0.994

スループット　　　　コンピュータシステムやネットワークが一定時間内に処理する仕事量や伝達できる情報量のこと。

レスポンスタイム　　印刷命令を送ってからプリンタが動き始めるまでの時間のように，コンピュータシステムに処理を指示してから，その処理が始まるまでに要する時間のこと。

ターンアラウンドタイム　　10 枚の印刷命令を送ってから 10 枚の印刷が終わるまでの時間のように，コンピュータシステムに処理を指示してから，すべての処理結果が得られるまでの時間のこと。

障害対策　　　　　　障害が起こらないシステムはない。しかし，障害が起きた場合に備えての対策が，短時間でのコンピュータシステムの復旧を可能にし，混乱を防ぐことになる。次のような障害対策がある。

・**フォールトトレラント**　　コンピュータシステムの一部に障害が発生した場合でも，業務に支障をきたすことなく継続運転させるために，1 台のコンピュータではなく，複数台のコンピュータでシステムを稼働するしくみ。

・**フォールトアボイダンス**　　信頼性の高い部品の採用や利用者の教育など，コンピュータシステムに可能な限り故障や障害が起きないようにすること。

・**フェールセーフ**　　地震で一定以上の揺れを検知した際に自動的に消火するガスコンロなど，障害が発生した場合でも，被害や障害を最小限におさえて安全性が保てるようにするしくみ。

・**フェールソフト**　　4 台のプリンタのうち 1 台が故障しても残りの 3 台で印刷するなど，障害が発生した際に正常な部分だけを動作させ，全体に支障をきたさないようにするしくみ。

・**フールプルーフ**　　メニュー画面上の使用権限のない選択肢は選択できないようにするなど，ユーザが操作を誤ってもシステムの安全性と信頼性を保持するしくみ。

NAS(ナス：Network Attached Storage)

　　コンピュータネットワークに直接接続することができる記憶装置。ファイルサーバと同様の機能を持ち，複数のコンピュータからの同時アクセスやデータの共有が可能となる。

RAID(レイド：Redundant Arrays of Inexpensive Disks)

　　複数台の HDD（ハードディスクドライブ）を一つの HDD のように扱う技術。信頼性を向上させる RAID1 や，処理速度を向上させる RAID0 などがある。

・**ミラーリング**　　RAID1 に相当し，複数の HDD に同じデータを書き込む方式。1 台のハードディスクに障害が起きた場合でも，システムの稼働が可能となるため，信頼性が向上する。なお，処理速度は向上しない。

・**ストライピング**　　RAID0 に相当し，複数の HDD に分散して書き込む方式。各 HDD に対して，並列にアクセスを実行することで，処理速度が向上する。なお，信頼性は向上しない。

■■3■　記憶容量に関する計算

⑴ハードディスクの記憶容量

ハードディスクの記憶容量　＝　セクタ長 × 1 トラックのセクタ数 × 1 シリンダのトラック数 × 総シリンダ数

◆例題1：次の表の仕様である磁気ディスク装置の記憶容量は何 GB か。ただし，1 GB ＝ 10^9 B とする。

1 セクタあたりの記憶容量	400 B
1 トラックあたりのセクタ数	250
1 シリンダあたりのトラック数	120
総シリンダ数	6,000

（**式**）　400 × 250 × 120 × 6,000 ＝ 72,000,000,000（B）

72,000,000,000 ÷ 1,000,000,000 ＝ 72（GB）

答え：72 GB

◆例題2：次の表の仕様である磁気ディスク装置の記憶容量は何 GB か。ただし，1 GB ＝ 10^9B とする。

1 シリンダあたりのトラック数	10
1 面あたりのトラック数	2,500
1 トラックあたりのセクタ数	下の表のとおり
1 セクタあたりの記憶容量	2,000B

トラック番号	セクタ数
0 ～ 1,499	300
1,500 ～ 2,499	200

（**式**）　300 × 1,500 ＝ 450,000

200 × 1,000 ＝ 200,000

10 ×（450,000 ＋ 200,000）× 2,000 ＝ 13,000,000,000（B）

13,000,000,000 ÷ 1,000,000,000 ＝ 13（GB）

答え：13 GB

⑵その他の記憶容量

デジタルデータの記憶容量

デジタルデータの記憶容量　＝　解像度 × 色情報 × 圧縮率

◆例題：解像度 2,000 × 3,000 ピクセル，1 ピクセルあたり 24 ビットの色情報を持つ画像 10 枚を，60％に圧縮したときの画像の記憶容量は何 MB か。ただし，1 MB ＝ 10^6 B とする。

（**式**）　2,000 × 3,000 × 24 ÷ 8 × 0.6 ＝ 10,800,000（B）

10,800,000 ÷ 1,000,000 ＝ 10.8（MB）

10.8 × 10 枚 ＝ 108（MB）

答え：108 MB

デジタルデータへの変換

◆例題：横 3 cm，縦 4 cm のカラー写真を，解像度 600dpi のスキャナで，24 ビットカラーで取り込んだときの記憶容量（MB）を求めなさい。ただし，1 インチ ＝ 2.5cm，1 MB ＝ 10^6 B とし，圧縮は行わないものとする。

（**式**）　3 cm ＝ 1.2 インチ　　4 cm ＝ 1.6 インチ

1.2 × 600 × 1.6 × 600 ＝ 691,200（ドット）

記憶容量の B（バイト）に単位を揃える。　8 ビット ＝ 1B

691,200 × 24 ÷ 8 ＝ 2,073,600 B ≒ 約 2.1 MB

答え：約 2.1 MB

問題 **ハードウェア・ソフトウェアに関する知識**

【1】 次の説明文に最も適した答えを解答群から選び，記号で答えなさい。

1．どのようなシステムなのか，何ができるシステムを作成するのかを定義すること。

2．ユーザが操作を誤ってもシステムの安全性と信頼性を保持するしくみ。

3．システム開発の初期段階から試作品を作成して，ユーザと確認をしながら進めていく開発モデル。

4．データの矛盾が起きないように，その整合性を維持すること。

5．コンピュータシステムなどが一定時間内に処理する仕事量や伝達できる情報量のこと。

6．開発したシステム全体が，設計したとおりの機能を備えているかを確認する開発者側の最終テスト。

― 解答群 ―
ア．システムテスト	**イ**．要件定義	**ウ**．プロトタイピングモデル
エ．フールプルーフ	**オ**．完全性	**カ**．スループット

1		2		3		4		5		6	

【2】 次の説明文に最も適した答えを解答群から選び，記号で答えなさい。

1．一定期間にシステムが正常に使える時間の割合が長いこと。

2．ユーザにとって使いやすい画面や帳票などの設計をする開発工程。

3．要件定義や内部設計など，いくつかの工程に分割して進め，原則として前の工程に戻らないシステム開発モデル。

4．コンピュータネットワークに直接接続することができる記憶装置。

5．コンピュータシステムに処理を指示してから，その処理が始まるまでに要する時間のこと。

6．単体テストの後に複数のモジュールを組み合わせて，プログラム間のインタフェースに注目して確認するテスト。

― 解答群 ―
ア．NAS	**イ**．外部設計	**ウ**．可用性
エ．レスポンスタイム	**オ**．結合テスト	**カ**．ウォータフォールモデル

1		2		3		4		5		6	

【3】 次の説明文に最も適した答えを解答群から選び，記号で答えなさい。

1．故障の際の修復時間が短いこと。

2．システムを独立性の高い部分に分割して，ユーザの要求やインタフェースの検討などを経て，設計からテストの工程を繰り返す開発モデル。

3．コンピュータシステムに処理を指示してから，すべての処理結果が得られるまでの時間のこと。

4．開発したシステムを正常に稼働させることや，運用中に見つかった問題点を修正する作業のこと。

5．プログラムの品質を高めるために，作成したそれぞれのプログラムが設計したとおりに正しく動作するかを確認する開発工程。

6．障害が発生した際に正常な部分だけを動作させ，全体に支障をきたさないようにするしくみ。

― 解答群 ―
ア．テスト	**イ**．運用・保守	**ウ**．ターンアラウンドタイム
エ．フェールソフト	**オ**．スパイラルモデル	**カ**．保守性

1		2		3		4		5		6	

【4】 **次の説明文に最も適した答えを解答群から選び，記号で答えなさい。**

1．RAID1に相当し，複数のハードディスクに同じデータを書き込む方式。1台のハードディスクに障害が起きた場合でも，復旧が可能となるため，信頼性が向上する。

2．内部設計に基づいて，各プログラムの内部構造を設計する開発工程。

3．コンピュータシステムの一部に障害が発生した場合でも，業務に支障をきたすことなく継続運転させるために，一台のコンピュータではなく，複数台のコンピュータでシステムを稼働するしくみ。

4．故障や障害が起きたコンピュータシステムを正常な状態に戻すためにかかる平均時間のこと。

5．システムの故障発生が少ないこと。

6．入力したデータの処理が，仕様書どおりに出力されるかを確認するテスト。

— **解答群** —

ア．プログラム設計　　　　**イ**．信頼性　　　　**ウ**．フォールトトレラント

エ．平均修復時間　　　　**オ**．ミラーリング　　　　**カ**．ブラックボックステスト

1		2		3		4		5		6	

【5】 **次の説明文に最も適した答えを解答群から選び，記号で答えなさい。**

1．障害が発生した場合でも，被害や障害を最小限におさえて安全性が保てるようにするしくみ。

2．コンピュータシステムが正常に動いている割合のこと。

3．複数台のハードディスク装置を一つのディスク装置のように扱う技術。

4．不正に情報を持ち出したりすることから守ること。

5．プログラム言語を用いて実際にプログラムを作成する開発工程。

6．プログラムの内部構造や処理の流れに着目して，プログラムが設計通りに動作しているかを確認するテスト。

— **解答群** —

ア．フェールセーフ　　　　**イ**．RAID　　　　**ウ**．安全性

エ．稼働率　　　　**オ**．プログラミング　　　　**カ**．ホワイトボックステスト

1		2		3		4		5		6	

【6】 **次の説明文に最も適した答えを解答群から選び，記号で答えなさい。**

1．外部設計で決定された機能をプログラムにするために，必要とされる処理手順や入出力データなどを詳細に設計する開発工程。

2．機能ごとに分割して開発されたモジュールを対象として，仕様書で要求された機能や性能を満たしているかどうかを確認するテスト。

3．信頼性の高い部品の採用や利用者の教育など，コンピュータシステムに可能な限り故障や障害が起きないようにすること。

4．コンピュータシステムに関する評価指標で，5項目の頭文字で表現したもの。

5．RAID0に相当し，複数のハードディスクに分散して書き込む方式。各ハードディスクに対して，並列にアクセスを実行することで，処理速度が向上する。

6．コンピュータシステムが正常に動き始めてから，何らかの故障が発生するまでの平均時間のことで，システムが正常に動いている平均時間のこと。

— **解答群** —

ア．RASIS　　　　**イ**．平均故障間隔　　　　**ウ**．フォールトアボイダンス

エ．内部設計　　　　**オ**．ストライピング　　　　**カ**．単体テスト

1		2		3		4		5		6	

ネットワーク

（解説）　　　　　　　　　　　　**通信ネットワークに関する知識**

■■1■　ネットワークの構成

OSI参照モデル(OSI Reference Model)

　　　　　　　　　国際標準化機構（ISO）により制定された，異機種間のデータ通信を実現するためのネットワーク構造の設計方針「OSI」(Open Systems Interconnection) に基づき，コンピュータなどの通信機器の持つべき機能を階層構造に分割したモデル。通信機能を7階層に分け，各層に標準的なプロトコルや通信サービスを定義している。「OSI 基本参照モデル」「OSI モデル」などとも呼ばれる。

	層	名称
上位層	7層	応用層(アプリケーション層)
	6層	プレゼンテーション層
	5層	セッション層
下位層	4層	トランスポート層
	3層	ネットワーク層
	2層	データリンク層
	1層	物理層

ハブ(hub)
　　　　　　　　　LAN におけるネットワークケーブルを一つに接続する（まとめる）集線装置のこと。

（写真提供：株式会社バッファロー）

ルータ(router)
　　　　　　　　　異なるネットワークどうしを中継する通信機器のこと。データ（パケット）の最適な経路を選択するルーティングやパケットの通過可否を判断する**パケットフィルタリング**の機能を持つ場合もある。

ゲートウェイ(gateway)
　　　　　　　　　規格の異なるネットワークどうしを接続し，プロトコルやデータを相互に変換して通信を可能にする機器。

プロトコル(protocol)
　　　　　　　　　コンピュータネットワークにおいて，データを送受信するときの手順を定めた規約をさす。その役割により，さまざまなプロトコルがある。

・TCP/IP(Transmission Control Protocol / Internet Protocol)
　　　　　　　　　現在最も普及しているインターネットの標準的なプロトコル。ネットワーク上のコンピュータ1台ずつに固有の番号である IP アドレスが付けられる。ネットワーク上で送信されるデータは分割されて（パケット），IP アドレスをもとに目的のコンピュータに送られる。TCP/IP を利用するサービスとして，HTTP，FTP，TELNET，SMTP，POP，DHCP などがある。

・HTTP(HyperText Transfer Protocol)
　　　　　　　　　Web サーバと Web ブラウザとの間で，HTML 文書や関連した画像などのデータを送受信するためのプロトコル。

・FTP(File Transfer Protocol)
　　　　　　　　　ネットワークを介してファイルを転送するためのプロトコル。HTML ファイルを Web サーバへアップロードしたり，データやソフトウェアをダウンロードしたりするときなどに使われる。

・POP(Post Office Protocol)
　　　　　　　　　メールサーバのメールボックスから電子メールを受信者（ユーザ）のコンピュータへ受信するために用いるプロトコル。

・IMAP(Internet Message Access Protocol)
　　　　　　　　　メールサーバ上で電子メールを管理するプロトコル。複数の端末から閲覧できる。

・SMTP(Simple Mail Transfer Protocol)
　　　　　　　　　電子メールを送信者（ユーザ）のコンピュータからメールサーバへ送信するときや，メールサーバ間でメールを転送するときに用いるプロトコル。

・DHCP(Dynamic Host Configuration Protocol)
　　　　　　　　　コンピュータをネットワークに接続するときに，IP アドレスなどを自動的に割り当てるプロト

コル。

MAC アドレス(Media Access Control address)

コンピュータやプリンタを LAN に接続するために必要な，LAN カードに付けられた固有の番号。

IP アドレス(Internet Protocol address)

TCP/IP プロトコルを用いたネットワーク上で，コンピュータを識別するためのアドレス。32 ビットを 8 ビットずつ 4 つに区切って 10 進数で表す IPv4 は，約 43 億個のアドレスが表現できる。また，IP アドレスはネットワーク部とホスト部から構成されている。ネットワーク部について，決められたビット数で区切る方法をクラスという。しかしながら，クラスで分類した場合，利用されないアドレスが生じてしまうこともあるため，ネットワーク部を任意のビット数で区切る方法を CIDR という。

近年のインターネットの普及により，IP アドレスの数が不足する問題が起きたため，IPv6 のプロトコルが開発された。IPv6 は，128 ビットになり，約 340 澗(340 兆の 1 兆倍の 1 兆倍)個のアドレスが使えるようになり，事実上無限に近い数のアドレスを使えるようになった。

◆クラスで区切る方法の例

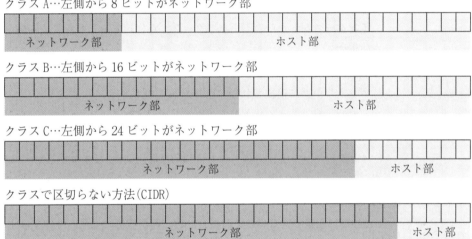

クラス A…左側から 8 ビットがネットワーク部

クラス B…左側から 16 ビットがネットワーク部

クラス C…左側から 24 ビットがネットワーク部

クラスで区切らない方法(CIDR)

上記の場合，ネットワーク部が 27 ビットのため，「XXX.XXX.XXX.XXX/27」と表記する。

・プライベート IP アドレス(private IP address)

会社や家庭などの LAN 内部でコンピュータ機器を識別するための番号。ネットワークアドレス部とホストアドレス部で構成されている。

・グローバル IP アドレス(global IP address)

インターネット上での住所にあたり，インターネットに接続されたコンピュータ機器を識別するための番号。インターネット上で通信を行うためには不可欠で，他のアドレスと重複しない一意の IP アドレスである。

・サブネットマスク(subnet mask)

IP アドレスにおいて，ネットワークアドレスとホストアドレスを識別するための数値。

・ネットワークアドレス(network address)

IP アドレスを構成するビット列のうち，個々の組織が管理するネットワーク(サブネット)を識別するのに使われる部分。

・ホストアドレス(host address)

同一のネットワークグループ内で接続された個々のコンピュータ機器を識別するためのアドレス。

・ブロードキャストアドレス(broadcast address)

ネットワークに接続されているすべての機器にデータを送信する特別なアドレス。IPv4 では，ホストアドレス部のビットがすべて 1 のアドレス。

ネットワーク

IP アドレス構成例(IPv4)

2進数表記	1 1 0 0 0 0 0 0	1 0 1 0 1 0 0 0	0 0 0 0 0 0 0 1	1 0 0 0 0 0 0 0
10進数表記	192	168	1	128

ネットワークアドレス部　　　　　　　　　ホストアドレス部

二つのアドレス部は，ネットワーク規模によって変更できる。

ポート番号　　　　TCP/IP を用いたネットワーク上で，IP アドレスに設けられている補助アドレスであり，アプリケーションの識別をするための番号。

NAT(Network Address Translation)

インターネットのグローバル IP アドレスとプライベート IP アドレスを相互に変換し，LAN 内のコンピュータがインターネットを利用できるようにするためのアドレス変換の技術。

DMZ(DeMilitarized Zone)

"非武装地帯"と呼ばれ，インターネットなどの外部ネットワークと内部ネットワークから隔離された区域(セグメント)のこと。

インターネットからの不正なアクセスから保護するとともに，内部ネットワークへの被害の拡散を防止する。

DNS(Domain Name System)

ネットワークに接続されたコンピュータのドメイン名と IP アドレスを互いに変換するサーバ。ネームサーバ・ドメインネームサーバとも呼ばれる。

VPN(Virtual Private Network)

インターネット上に構築される仮想的な専用回線。なりすましやデータの改ざんなどを防止でき，専用回線より安価に導入ができる。

通信速度(bps：bits per second)

1 秒間に転送できるデータのビット数。通信機器の通信の性能を示すのに用いられる。1 Mbps のモデムは，1 秒間に 1,000,000 ビット(125,000 バイト)のデータを転送できる。

◆例題：ある通信回線を使用して，750 MB のファイルを転送するためにかかる時間は 40 秒であった。この回線の通信速度を求めなさい。ただし，伝送効率や外部要因は考慮しないものとする。

(式)　750 MB(メガバイト) = 750 × 8 = 6,000 Mb(メガビット)

6,000 Mb ÷ 40 秒 = 150 Mbps　　　　　　　　　　　　答え：150 Mbps

通信時間(データ転送時間)

データをインターネット上のサーバなどから転送するのにかかる時間。「データサイズ÷通信速度」で求められる。

◆例題：通信速度が 150 Mbps の回線を利用して 750 MB のデータを転送するのに必要な時間を求めなさい。ただし，伝送効率や外部要因は考慮しないものとする。

(式)　750 MB(メガバイト) = 750 × 8 = 6,000 Mb(メガビット)

6,000 Mb ÷ 150 Mbps = 40 秒　　　　　　　　　　　　答え：40 秒

伝送効率　　　　データ通信において，実質的にデータを送ることができる回線の割合。例えば，200 Mbps の回線は 1 秒間に 200 メガビット(25 メガバイト)送受信できるが，伝送効率が 60% であると，1 秒間に 120 メガビット(15 メガバイト)しか送受信できない。

◆例題1：通信速度が 50 Mbps の回線を利用して 10 MB のデータを転送する時間は 2 秒であった。この回線の伝送効率は何%か。

(式)　10 MB(メガバイト) = 10 × 8 = 80 Mb(メガビット)

(80 Mb ÷ 2) ÷ 50 Mbps = 0.8　　　　　　　　　　　答え：80%

◆例題2：通信速度が 120 Mbps の回線を利用して 300 MB のデータを転送する時間は何秒か求めな

さい。なお，この回線の伝送効率は 80％ とし，その他の外部要因は考えないものとする。

（式）　300 MB（メガバイト）= 300 × 8 = 2,400 Mb（メガビット）

2,400 Mb ÷（120 Mbps × 0.8（80％））= 25　　　　　答え：25 秒

■■2■　ネットワークの活用

シンクライアント(thin client)
　企業の情報システムにおいて，社員が使うコンピュータ（クライアント）に最低限の機能しか持たせず，サーバ側でアプリケーションソフトやファイルなどの資源を一括管理するシステムの総称。

Cookie(クッキー)　Web サイトで閲覧した商品情報や訪問日時などの履歴情報を，ユーザのコンピュータ内に，一時的に保存するしくみ。

MIME(マイム：Multipurpose Internet Mail Extension)
　音声や画像などのマルチメディアデータを電子メールで送受信するために，バイナリデータを ASCII（アスキー）コードに変換する方法や，データの種類を表現する方法などを規定したもの。

VoIP(ブイオーアイピー：Voice over Internet Protocol)
　音声データをパケット変換することで，インターネット回線などを音声通話に利用する技術。

問題　　通信ネットワークに関する知識

【1】　次の説明文に最も適した答えを解答群から選び，記号で答えなさい。

1．国際標準化機構により制定された，異機種間のデータ通信を実現するためのネットワーク構造の設計方針「OSI」に基づき，コンピュータなどの通信機器の持つべき機能を階層構造に分割したモデル。

2．Web サーバと Web ブラウザとの間で，HTML 文書や関連した画像などのデータを送受信するためのプロトコル。

3．TCP/IP プロトコルを用いたネットワーク上で，コンピュータを識別するためのアドレス。

4．"非武装地帯" と呼ばれ，インターネットなどの外部ネットワークと内部ネットワークから隔離された区域のこと。

5．パケットの通過可否を判断する機能。

　解答群
　ア．OSI 参照モデル　　　**イ**．IP アドレス　　　**ウ**．パケットフィルタリング
　エ．DMZ　　　　　　　　**オ**．HTTP

1		2		3		4		5	

【2】　次の説明文に最も適した答えを解答群から選び，記号で答えなさい。

1．LAN におけるネットワークケーブルを一つに接続する集線装置のこと。

2．ネットワークを介してファイルを転送するためのプロトコル。

3．コンピュータやプリンタを LAN に接続するために必要な，LAN カードにつけられた固有の番号。

4．ネットワークに接続されているすべての機器にデータを送信する特別なアドレス。IPv4 では，ホストアドレス部のビットがすべて 1 のアドレス。

5．インターネット上に構築される仮想的な専用回線。なりすましやデータの改ざんなどを防止でき，専用回線より安価に導入ができる。

　解答群
　ア．FTP　　　　　　　　**イ**．VPN　　　　　　　**ウ**．ブロードキャストアドレス
　エ．ハブ　　　　　　　　**オ**．MAC アドレス

1		2		3		4		5	

ネットワーク

【3】 次の説明文に最も適した答えを解答群から選び，記号で答えなさい。

1．異なるネットワーク同士を中継する通信機器。

2．メールサーバのメールボックスから電子メールを受信するために用いるプロトコル。

3．会社や家庭などの LAN 内部でコンピュータ機器を識別するための番号。

4．電子メールをユーザのコンピュータからメールサーバへ送信するときや，メールサーバ間でメールを転送するときに用いられるプロトコル。

5．企業の情報システムにおいて，社員が使うコンピュータに最低限の機能しか持たせず，サーバ側でアプリケーションソフトやファイルなどの資源を一括管理するシステムの総称。

───── 解答群 ─────

ア．SMTP   **イ**．ルータ   **ウ**．プライベート IP アドレス

エ．POP   **オ**．シンクライアント

1	2	3	4	5

【4】 次の説明文に最も適した答えを解答群から選び，記号で答えなさい。

1．インターネット上の住所にあたり，インターネットに接続されたコンピュータ機器を識別するための番号。

2．メールサーバ上で電子メールを管理するプロトコル。

3．規格の異なるネットワーク同士を接続し，プロトコルやデータを相互に変換して通信を可能する機器。

4．コンピュータをネットワークに接続するときに，IP アドレスなどを自動的に割り当てるプロトコル。

5．Web サイトで閲覧した商品情報や訪問日時などの履歴情報を，ユーザのコンピュータ内に，一時的に保存するしくみ。

───── 解答群 ─────

ア．Cookie   **イ**．IMAP   **ウ**．グローバル IP アドレス

エ．ゲートウェイ   **オ**．DHCP

1	2	3	4	5

【5】 次の説明文に最も適した答えを解答群から選び，記号で答えなさい。

1．現在もっとも普及しているインターネットの標準的なプロトコル。

2．IP アドレスを構成するビット列のうち，個々の組織が管理するネットワークを識別するのに使われる部分。

3．インターネットのグローバル IP アドレスとプライベート IP アドレスを相互に変換し，LAN 内のコンピュータがインターネットを利用できるようにするためのアドレス変換の技術。

4．同一のネットワークグループ内で接続された個々のコンピュータ機器を識別するためのアドレス。

5．音声データをパケット変換することで，インターネット回線などを音声通信に利用する技術。

───── 解答群 ─────

ア．NAT   **イ**．ホストアドレス   **ウ**．ネットワークアドレス

エ．VoIP   **オ**．TCP/IP

1	2	3	4	5

【6】 **次の説明文に最も適した答えを解答群から選び，記号で答えなさい。**

1．コンピュータネットワークにおいて，データを送受信するときの手順を定めた規約。

2．TCP/IP を用いたネットワーク上で，IP アドレスに設けられている補助アドレスであり，アプリケーションの識別をするための番号。

3．IP アドレスにおいて，ネットワークアドレスとホストアドレスを識別するための数値。

4．ネットワークに接続されたコンピュータのドメイン名と IP アドレスを互いに変換するサーバ。

5．音声や画像などのマルチメディアデータを電子メールで送受信するために，バイナリデータを ASCII コードに変換する方法や，データの種類を表現する方法などを規定したもの。

解答群

ア．ポート番号	**イ**．MIME	**ウ**．プロトコル
エ．サブネットマスク	**オ**．DNS	

1		2		3		4		5	

(解説) 情報モラルとセキュリティに関する知識

情報モラル

共通鍵暗号方式(common key cryptosystem)
インターネットでデータを送受信するときに，データの暗号化と復号に，共通の鍵(秘密鍵)を使用する暗号方式のこと。

公開鍵暗号方式(public key cryptosystem)
インターネットでデータを送受信するときに，データの暗号化と復号に，異なる鍵を使用する暗号方式のこと。暗号化には公開鍵，復号には秘密鍵を使用する。

電子署名
電子メールや電子商取引において，送信されるデータが正しい送信者からのものであり，途中で改ざんされていないことを証明するもの。

・デジタル署名
電子署名の一種。一般に公開鍵暗号方式を利用して送受信される。電子商取引でよく利用される。

・認証局(CA)
電子商取引事業者などに，暗号通信などで必要となる，公開鍵の正当性を保証するデジタル証明書を発行する機関。

SSL(エスエスエル：Secure Socket Layer) / TLS(ティーエルエス：Transport Layer Security)
オンラインショッピングなどでやり取りする個人情報などのデータを暗号化し，ブラウザを介してインターネット上で安全に送受信するための技術。ブラウザの URL を示す部分は「https：//」で始まる。

HTTPS(HyperText Transfer Protocol Secure)
Web サーバと Web ブラウザとの通信で用いられる HTTP (Hyper Text Transfer Protocol)に，通信内容の暗号化や通信相手の認証といった暗号化機能である SSL もしくは TLS を付加したプロトコル。

ログファイル(log file)
コンピュータの利用状況やデータ通信の状況を記録したファイルのこと。操作やデータの送受信が行われた日時と，行われた操作の内容や送受信されたデータの中身などが記録される。

・システムログ(シスログ：syslog)
コンピュータシステムの動作状態を記録したもの。何らかのトラブルが起こった場合など，システムログを見て解決できる。

・アクセスログ(access log)
Web サーバへアクセスした日付や時刻，アクセス元の IP アドレス，処理にかかった動作時間などを記録したもの。

インシデント
コンピュータシステムやネットワークの運用時に，セキュリティ上の問題として発生した事故や事例のこと。

リスクマネジメント
リスクが発生する前に，そのリスクを組織的に管理し，リスクの発生による損失を回避，または不利益を最小限に抑えるためのプロセス。

リスクアセスメント
リスクマネジメントに対する一連の活動として，リスク特定，リスク分析，リスク評価を行う。

クロスサイトスクリプティング
SNS や掲示板などユーザが入力した内容を表示する Web ページの脆弱性を利用した罠を仕掛け，偽サイトに誘導してさまざまな被害を引き起こす攻撃のこと。

ソーシャルエンジニアリング
心理的な隙や行動のミスにつけ込むなど，情報通信技術を使用せず，情報資産を不正に収集する手口の総称。のぞき見やなりすましなどがある。

SQL インジェクション
データベースと連携した Web アプリケーションの脆弱性を利用して不当な SQL 文を実行させることにより，データベースの不正な閲覧や改ざんをする攻撃のこと。

問題	情報モラルとセキュリティに関する知識

【1】 次の説明文に最も適した答えを解答群から選び，記号で答えなさい。

1．インターネットでデータを送受信するときに，データの暗号化と復号に，共通の鍵(秘密鍵)を使用する暗号方式のこと。

2．オンラインショッピングなどでやり取りする個人情報などのデータを暗号化し，ブラウザを介してインターネット上で安全に送受信するための技術。

3．Web サーバへアクセスした日付や時刻，アクセス元の IP アドレス，処理にかかった動作時間などを記録したもの。

4．コンピュータシステムやネットワークの運用時に，セキュリティ上の問題として発生した事故や事例のこと。

5．リスクマネジメントに対する一連の活動として，リスク特定，リスク分析，リスク評価を行う。

6．電子署名の一種。一般に公開鍵暗号方式を利用して送受信される。電子商取引でよく利用される。

― 解答群 ―

ア．アクセスログ	**イ**．インシデント	**ウ**．リスクアセスメント
エ．デジタル署名	**オ**．共通鍵暗号方式	**カ**．SSL(TLS)

1		2		3		4		5		6	

【2】 次の説明文に最も適した答えを解答群から選び，記号で答えなさい。

1．インターネットでデータを送受信するときに，データの暗号化と復号に，異なる鍵を使用する暗号方式のこと。暗号化には公開鍵，復号には秘密鍵を使用する。

2．データベースと連携した Web アプリケーションの脆弱性を利用して不当な SQL 文を実行させることにより，データベースの不正な閲覧や改ざんをする攻撃のこと。

3．コンピュータの利用状況やデータ通信の状況を記録したファイルのこと。操作やデータの送受信が行われた日時と，行われた操作の内容や送受信されたデータの中身などが記録される。

4．Web サーバと Web ブラウザとの通信で用いられる HTTP に，通信内容の暗号化や通信相手の認証といった暗号化機能である SSL(TLS)を付加したプロトコル。

5．SNS や掲示板などユーザが入力した内容を表示する Web ページの脆弱性を利用した罠を仕掛け，偽サイトに誘導してさまざまな被害を引き起こす攻撃のこと。

― 解答群 ―

ア．公開鍵暗号方式	**イ**．ログファイル	**ウ**．SQL インジェクション
エ．HTTPS	**オ**．クロスサイトスクリプティング	

1		2		3		4		5	

【3】 次の説明文に最も適した答えを解答群から選び，記号で答えなさい。

1．電子メールや電子商取引において，送信されるデータが正しい送信者からのものであり，途中で改ざんされていないことを証明するもの。

2．心理的な隙や行動のミスにつけ込むなど，情報通信技術を使用せず，情報資産を不正に収集する手口の総称。のぞき見やなりすましなどがある。

3．コンピュータシステムの動作状態を記録したもの。

4．リスクが発生する前に，そのリスクを組織的に管理し，リスクの発生による損失を回避，または不利益を最小限に抑えるためのプロセス。

5．電子商取引事業者などに暗号通信などで必要となる，公開鍵の正当性を保証するディジタル証明書を発行する機関。

解答群

ア． 認証局(CA)	**イ．** 電子署名	**ウ．** リスクマネジメント
エ． システムログ	**オ．** ソーシャルエンジニアリング	

1		2		3		4		5	

問題　　　　　　　　　　　計算問題トレーニング

【1】　開発期間に関する次の問いに答えなさい。

1．5人で4日間かかる工数は何人日か求めなさい。

2．工数が12人月の作業を3人で取り組むと何か月かかるか求めなさい。

3．工数が20人日の作業を5日で終了させるには，何人で取り組む必要があるか求めなさい。

4．Aさん一人では15日間，Bさん一人では12日間かかる仕事がある。この仕事をAさん，Bさんが共同して行った。この仕事の完成までに要した日数は何日間か。

5．Cさん一人では20日間，Dさん一人では15日間かかる仕事がある。この仕事をCさん，Dさん二人で共同して3日間行い，残りの仕事はCさん一人で行った。この仕事の完成までに要した日数は何日間か。

6．EさんとFさんが共同して作業を行うと6日間かかる仕事がある。この仕事をFさんが一人で行うと15日間かかった場合，Eさんが一人で行うと何日間かかるか。

1		2		3		4		5		6	

【2】　稼働率に関する次の問いに答えなさい。

1．MTBF(平均故障間隔)が195時間，MTTR(平均修復時間)が5時間のシステムの稼働率を求めなさい。

2．平均故障間隔が12日間，平均修復時間が12時間のシステムの稼働率を求めなさい。ただし，毎日24時間稼働しているものとする。

3．コンピュータシステムAの稼働率が0.8，コンピュータシステムBの稼働率が0.85であった。この二つのコンピュータシステムを並列でつないで稼働した場合の稼働率を求めなさい。

4．コンピュータシステムCの稼働率が0.95，コンピュータシステムDの稼働率が0.9であった。この二つのコンピュータシステムを直列でつないで稼働した場合の稼働率を求めなさい。

5．装置Aの稼働率が0.8，装置Bの稼働率が0.9，装置Cの稼働率が0.95のとき，以下のように三つの装置を接続した場合のシステム全体の稼働率を求めなさい。

6．装置Dの稼働率が0.9，装置Eの稼働率が0.75，装置Fの稼働率が0.8の場合，以下のように三つの装置を接続したときのシステム全体の稼働率を求めなさい。

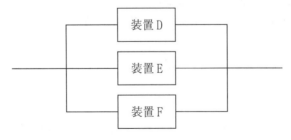

1		2		3		4		5		6	

【3】　記憶容量に関する次の問いに答えなさい。

1．次のハードディスクの記憶容量(GB)を求めなさい。ただし，1 GB ＝ 10^9 B とする。

1セクタあたりの記憶容量	400 B
1トラックあたりのセクタ数	200
1シリンダあたりのトラック数	100
総シリンダ数	2,000

2．次のハードディスクの記憶容量(GB)を求めなさい。ただし，1 GB ＝ 10^9 B とする。

1シリンダあたりのトラック数	20
1面あたりのトラック数	1,500
1トラックあたりのセクタ数	下の表のとおり
1セクタあたりの記憶容量	2,000 B

トラック番号	セクタ数
0 ～ 999	300
1,000 ～ 1,499	200

3．デジタルカメラで，横方向2,000ドット，縦方向1,600ドット，24ビットカラー，60％に圧縮したときの画像の記憶容量(MB)を求めなさい。ただし，1 MB ＝ 10^6 B とする。

4．横21cm，縦29cm の画像を，解像度600dpi スキャナで，24ビットカラーで取り込んだ時の記憶容量(MB)を求めなさい。ただし，1インチ＝2.5cm，1 MB ＝ 10^6 B，圧縮は行わないものとし，MB 未満を四捨五入する。

5．解像度3,000 × 2,000 ピクセル，1ピクセルあたり24ビットの色情報を持つ画像を80％に圧縮し，DVD 1枚に保存する場合，画像は最大何枚保存できるか。ただし，DVD の記憶容量は，4.7 GB，1 GB ＝ 10^9 B とする。

1		2		3		4		5	

【4】　転送時間・通信速度・伝送効率に関する次の問いに答えなさい。

1．20 MB のデータを，通信速度が100 Mbps で，伝送効率が80％の通信回線を利用して転送するのにかかる時間(秒)を求めなさい。

2．90 MB のデータを，8秒でダウンロードするために必要な通信速度(Mbps)を求めなさい。ただし，伝送効率は90％とする。

3．45 MB のデータを，通信速度が150 Mbps の通信回線を用いてダウンロードするのに3秒かかった。この通信回線の伝送効率(％)を求めなさい。

4．通信速度が200 Mbps で，伝送効率が90％の通信回線を用いて，1分間(60秒)に伝送できるデータ量(GB)を求めなさい。ただし，1 GB ＝ 10^3 MB とする。

1		2		3		4	

計算トレーニング

解説　　　　　　　　関 連 知 識

■■1■　問題解決の手法

ブレーンストーミング　　新アイディアの発想法の1つで,「批判禁止」,「自由奔放」,「質より量」,「結合便乗(他人の意見に便乗)」という四つのルールにより行われる。

KJ法　　文化人類学者の川喜田二郎が, データをまとめるために考案した手法で, 情報収集→カード化→グループ化→図解化→文章化という手順で進めてデータを整理して問題点を明確にする。

決定表(デシジョンテーブル)

条件と処理を対比させて表に記入し, 論理を表現したもの。複雑な条件判定をともなう要求仕様の記述手段として有効である。プログラム制御の条件漏れなどのチェックにも効果がある。

条件	名前の記載あり	Y	Y	Y	Y	N	N	N	N
	住所の記載あり	Y	Y	N	N	Y	Y	N	N
	電話番号の記載あり	Y	N	Y	N	Y	N	Y	N
処理	会員登録	X	X						
	準会員登録			X					
	登録しない				X	X	X	X	X

DFD(Data Flow Diagram)

システム開発に用いられるデータの流れと処理の関係を表す図。1組の平行線(＝), 円(○), 矢印(→), 四角形(□)の四つの記号で構成される。

記号	名称	説明
→	データフロー	データの流れ
○	プロセス	データの処理
＝	データストア	データが記録されているファイル
□	データの源泉と吸収	システム外にあるデータの発生源や行き先

パート図(PERT：Program Evaluation and Review Technique)

アローダイアグラムともいい, 作業スケジュールや工程管理に使われている技法で, アクティビティ(→), ダミー(⇢), ノード(○)で表示する。

アクティビティ(→)　　個々の作業を示し, 作業名と所要時間(日数)を記入する。

ダミー(⇢)　　特定の作業が終わっていないと作業を始められないことを示す。所要時間は0である。

ノード(○)　　個々の作業の接続箇所。

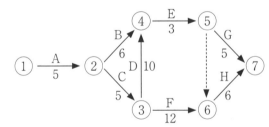

・クリティカルパス　　パート図において, 作業の開始から終了までの所要日数が最長となる経路。この経路に含まれる工程に遅延が発生すると, 作業全体のスケジュールに影響する。

上のパート図においてのクリティカルパスは,「A→C→D→E→H」であり, 29日間となる。

ABC分析　　対象の要素を重要な順に並べ, 上位からA・B・Cの3グループに分けて分析すること。在庫管理や売れ筋商品の把握, 顧客管理などを行う。

・パレート図　　ABC分析を行う際に使用するグラフのことで, 分析対象のデータを大きい順に並べて棒グラフにして, その構成比率の累計を折れ線グラフにした複合グラフ。

グループ	傾向	売上高
A	売れ筋商品	多い
B	普通	普通
C	衰退商品	少ない

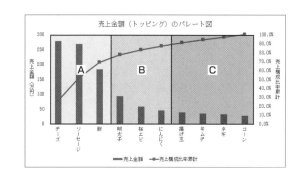

Z グラフ　　一定期間における売上高の傾向を分析するときに用いるグラフ。グラフの要素は，各月の売上高，売上高の累計，移動合計(過去1年分の売上累計)の三つ。

回帰分析　　相関関係にある2種類のデータ間の関係や傾向を分析することで，結果を予測すること。

・散布図　　二つのデータをX軸，Y軸に対応させて点で表し，相関関係を見るために作成するグラフである。一つのデータが増加するともう一つのデータも増加する**正の相関**，逆に，もう一つのデータが減少する**負の相関**，二つのデータには何も関係ない無相関がある。

・回帰直線(近似曲線)　回帰直線(近似曲線)とは，相関関係にあるデータ間の中心的な分布傾向を表す直線のことで，最小二乗法と呼ばれる算術を用いて求められる。データの傾向を視覚的に示しており，売上予測などのシミュレーションに利用される。

線形計画法　　費用を最小限におさえて最大の利益を得るための生産計画など，複数の制約条件の中で，最大(最小)値を求める手法のこと。表計算ソフトウェアのデータ分析機能の最適解(ソルバー)【p.26 参照】は，この線形計画法の手法を用いて答えを導き出している。

ヒストグラム　　データの分布傾向や，ばらつきなどを調べるために，データ範囲をいくつかの区間に分け，各区間に入るデータの数を柱状で表したグラフ。

特性要因図　　特性(結果)とそれに影響を及ぼしたと思われる要因(原因)の関係を体系的に表した図。直接的な原因と間接的な原因に分別して，真の問題点を明確にする効果がある。

魚の骨のような形状に見えることから，フィッシュボーン図とも呼ばれている。

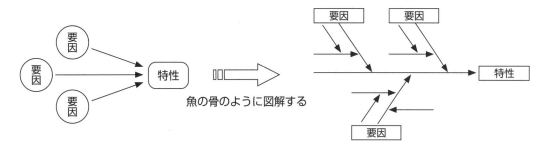

関連知識

関連知識

ファンチャート　　ある時点のデータを基準に，その後のデータの変動を比率で表す折れ線グラフのこと。

例　「商品」ごとの3か月の売上より，「4月」を基準としたときの伸び率，落ち込み率をグラフ化する。

	A	B	C	D	E	F	G	H	I
1									
2	売上	4月	5月	6月					
3	A商品	300	330	350					
4	B商品	200	190	180					
5	C商品	400	390	410					
6									
7	率	4月	5月	6月					
8	A商品	100%	110%	117%					
9	B商品	100%	95%	90%					
10	C商品	100%	98%	103%					
11									
12									
13									
14									

SWOT分析　　企業の置かれている状況（地位）を分析し，今後の戦略立案に活かす方法の一つ。

SWOTは，Strength（強み），Weakness（弱み），Opportunity（機会），Threat（脅威）の4つの頭文字を並べたもの。

― 内的要因 ―	― 外的要因 ―
S（Strength：強み） 自社の強み （＊より強くするためには…）	O（Opportunity：機会） 事業機会 （＊活かすためには…）
W（Weakness：弱み） 自社の弱み （＊強くするためには…）	T（Threat：脅威） 阻害要因 （＊影響をおさえるためには…）

PPM分析　　多品種・大量の製品の販売や，複数の事業を行っている企業が，戦略的観点から経営資源の配分が最も効率的，効果的となる製品や事業相互のバランスのいい組み合わせ（ポートフォリオ）を決定するための手法。

	低　　市場占有率　　高
高　市場成長率　低	問題児（競争激化 → 育成）　花形（成長期待 → 維持） 負け犬（停滞・衰退 → 撤退）　金のなる木（成長分野・安定利益 → 収穫）

金のなる木：市場占有率は高いが，市場成長率が低いため，現在の大きな収入源とはなっているが，将来的には難しい製品や事業。

花　　　形：市場成長率と市場占有率がともに高く，現在および将来とも力を入れるべき製品や事業。

問　題　児：市場成長率は高いが，市場占有率が低いため，力を注ぐことによって将来伸びる可能性がある製品や事業。

負　け　犬：市場成長率と市場占有率がともに低く，現在および将来とも力を入れるべきではない製品や事業。

■■2■　経営計画と管理

コンプライアンス　　「法令遵守」といわれるが，企業が法律や条例を守るだけではなく，企業倫理や社会貢献などを含めて自発的に取り組んでいくこと。

セキュリティポリシー　　企業や団体などの組織における情報セキュリティに関する基本的な方針であり，アクセス権限や保護対象範囲の設定などを具体的にまとめたもの。

ERP（経営資源計画：Enterprise Resource Planning）

　　「企業資源管理」ともいわれ，全社的に最適化された企業活動が可能になるように，経理・生産管理・販売管理・人事管理などの基幹業務でコンピュータシステムを使用して全体を管理すること。

CRM（顧客関係管理：Customer Relationship Management）

　　店舗やコールセンター，Webサイトなど，顧客と接するすべての部門（部署）から，顧客情報（購

買履歴，コンタクト履歴など)をデータベース化して管理すること。

BPR(業務プロセス再設計：Business Process Re-engineering)
　企業活動に関するある目標(売上高，収益率など)を設定し，それを達成するために業務内容や業務の流れ，組織構造を分析し，最適化や再構築すること。

コアコンピタンス　企業活動において，競合他社にはない自社ならではの中枢・中核となる強み。

ASP(Application Service Provider)
　インターネット上でアプリケーションソフトウェアや環境を提供するサービス提供者のこと。

SaaS(Software as a Service)
　サービス提供者がインターネットを経由して，アプリケーションソフトウェアなどを提供するサービスのこと。

PaaS(Platform as a Service)
　インターネットを経由して，アプリケーションソフトウェアが稼働するための環境を提供するサービスのこと。

IaaS(Infrastructure as a Service)
　インターネットを経由して，ハードディスクや仮想サーバなどの機材やインフラ環境を提供するサービスのこと。

アウトソーシング　システムの構築，運用，管理など，自社の業務や機能の一部または全部を，それを得意とする外部の専門業者に委託すること。

アライアンス　複数の企業が互いに経済的なメリットを期待するために，他社と連携して協力体制を構築すること。

ハウジングサービス　顧客がサーバなどの機材を用意してサービス事業者に預けるサービス。自社で独自の機材を持ち込むので，機材の選定や組み合わせは自由。

ホスティングサービス　通信事業者やインターネットサービスプロバイダ(ISP)，ホスティングサービス専門の事業者などが，高速な回線などを備えたサーバを顧客に貸し出すサービス。

関連知識

問題　関 連 知 識

【1】　次の説明文に最も適した答えを解答群から選び，記号で答えなさい。

1．新アイディアの発想法の一つで，「批判禁止」，「自由奔放」，「質より量」，「結合便乗」という四つのルールにより行われること。

2．対象の要素を重大な順に並べ，上位からA・B・Cの3グループに分けて分析すること。在庫管理や売れ筋商品の把握，顧客管理などを行う。

3．費用を最小限におさえて最大の利益を得るための生産計画など，複数の制約条件の中で，最大値を求める手法のこと。

4．「法令遵守」といわれるが，企業が法律や条例を守るだけではなく，企業倫理や社会貢献などを含めて自発的に取り組んでいくこと。

5．インターネットを経由して，ハードディスクや仮想サーバなどの機材やインフラ環境を提供するサービスのこと。

解答群

ア．線形計画法	**イ**．ABC分析	**ウ**．ブレーンストーミング
エ．IaaS	**オ**．コンプライアンス	

1	2	3	4	5

【2】　次の説明文に最も適した答えを解答群から選び，記号で答えなさい。

1．文化人類学者の川喜田二郎が，データをまとめるために考案した手法で，情報収集→カード化→グループ化→図解化→文章化という手順で進めてデータを整理して問題点を明確にすること。

2．ABC 分析を行う際に使用するグラフのことで，分析対象のデータを大きい順に並べて棒グラフにして，その構成比率の累計を折れ線グラフにした複合グラフ。

3．データの分布傾向や，ばらつきなどを調べるために，データ範囲をいくつかの区画に分け，各区間に入るデータの数を柱状で表したグラフ。

4．企業や団体などの組織における情報セキュリティに関する基本的な方針であり，アクセス権限や保護対象範囲の設定などを具体的にまとめたもの。

5．インターネット上でアプリケーションソフトウェアや環境を提供するサービス提供者のこと。

解答群

ア． パレート図　　　　　　　**イ．** ASP　　　　　　　**ウ．** セキュリティポリシー

エ． KJ 法　　　　　　　　　**オ．** ヒストグラム

1		2		3		4		5	

【3】　次の説明文に最も適した答えを解答群から選び，記号で答えなさい。

1．条件と処理を対比させて表に記入し，論理を表現したもの。

2．一定期間における売上高の傾向を分析するときに用いるグラフ。

3．特性とそれに影響を及ぼしたと思われる要因の関係を体系的に表した図。

4．「企業資源管理」ともいわれ，全社的に最適化された企業活動が可能になるように，経理・生産管理・販売管理・人事管理などの基幹業務でコンピュータシステムを使用して全体を管理すること。

5．通信事業者やインターネットサービスプロバイダなどが，高速な回線などを備えたサーバを顧客に貸し出すサービス。

解答群

ア． 決定表　　　　　　　　　**イ．** Z グラフ　　　　　　**ウ．** ホスティングサービス

エ． ERP　　　　　　　　　　**オ．** 特性要因図

1		2		3		4		5	

【4】　次の説明文に最も適した答えを解答群から選び，記号で答えなさい。

1．システム開発に用いられるデータの流れと処理の関係を表す図。

2．相関関係にある 2 種類のデータ間の関係や傾向を分析することで，結果を予測すること。

3．顧客がサーバなどの機材を用意してサービス事業者に預けるサービス。

4．店舗やコールセンター，Web サイトなど，顧客と接するすべての部門から，顧客情報をデータベース化して管理すること。

5．ある時点のデータを基準に，その後のデータの変動を比率で表す折れ線グラフ。

解答群

ア． DFD　　　　　　　　　　**イ．** CRM　　　　　　　　**ウ．** ハウジングサービス

エ． 回帰分析　　　　　　　　**オ．** ファンチャート

1		2		3		4		5	

【5】　次の説明文に最も適した答えを解答群から選び，記号で答えなさい。

1．作業スケジュールや工程管理に使われている技法で，アクティビティ，ダミー，ノードで表示する。

2．二つのデータをX軸，Y軸に対応させて点で表し，相関関係を見るために作成するグラフ。

3．企業の置かれている状況を分析し，今後の戦略立案に活かす方法。

4．企業活動において，競合他社にはない自社ならではの中枢・中核となる強み。

5．サービス提供者がインターネットを経由して，アプリケーションソフトウェアなどを提供するサービスのこと。

―― 解答群 ――
ア．SaaS　　　　　　　　**イ**．SWOT 分析　　　　　　**ウ**．散布図
エ．コアコンピタンス　　　**オ**．パート図

1		2		3		4		5	

【6】　次の説明文に最も適した答えを解答群から選び，記号で答えなさい。

1．パート図において，作業の開始から終了までの所要日数が最長となる経路。

2．相関関係にあるデータ間の中心的な分布傾向を表す直線。

3．多品種・大量の製品の販売や，複数の事業を行っている企業が，戦略的観点から経営資源の配分が最も効率的，効果的となる製品や事業相互のバランスのいい組み合わせを決定するための手法。

4．システムの構築，運用，管理など，自社の業務や機能の一部または全部を，それを得意とする外部の専門業者に委託すること。

5．インターネットを経由して，アプリケーションソフトウェアが稼働するための環境を提供するサービスのこと。

6．複数の企業が互いに経済的なメリットを期待するために，他者と連携して協力体制を構築すること。

―― 解答群 ――
ア．クリティカルパス　　　**イ**．PPM 分析　　　　　　**ウ**．アライアンス
エ．アウトソーシング　　　**オ**．回帰直線　　　　　　　**カ**．PaaS

1		2		3		4		5		6	

【7】　次の各問いに答えなさい。

問1．次の表は，ある検定の合否を判定する決定表である。この決定表から読み取れるものを選び，記号で答えなさい。

条件	速度＞700字	Y	Y	N	N
	文書＞80点	Y	N	Y	N
行動	合格	X			
	部門合格		X	X	
	不合格				X

ア．速度が 700 字，文書が 80 点では不合格となる。

イ．文書が 100 点であれば，合格となる。

ウ．部門合格の場合は，次の検定でその部門の試験が免除となる。

問2．DFD において，各構成要素の名称の組み合わせとして適切なものを選び，記号で答えなさい。

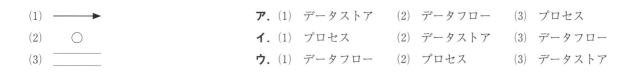

(1)　——▶

(2)　〇

(3)　———

ア．(1)　データストア　　(2)　データフロー　　(3)　プロセス

イ．(1)　プロセス　　　　(2)　データストア　　(3)　データフロー

ウ．(1)　データフロー　　(2)　プロセス　　　　(3)　データストア

問3．次の(1)，(2)について答えなさい。

(1)　次のパート図のクリティカルパスを選び，記号で答えなさい。

ア．① → ② → ③ → ⑤ → ⑥
イ．① → ② → ④ → ⑤ → ⑥
ウ．② → ④

(2)　次の図は，ある仕事の作業工程と各作業に必要な日数を表したパート図である。この仕事が完了するまでの最短の所要日数を求めなさい。

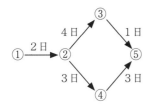

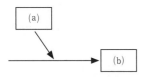

問4．次の図は，特性要因図の一部を表したものである。(a)と(b)の関係として適切なものを選び，記号で答えなさい。

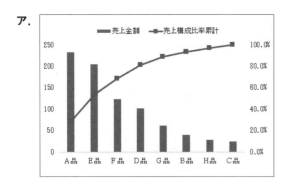

ア．(a)は(b)の機会である。
イ．(b)は(a)の属性である。
ウ．(b)は(a)の源泉である。
エ．(a)は(b)の原因である。

問5．ある時点のデータを基準に，その後のデータの変動を指数で表したファンチャートとして適切なものを選び，記号で答えなさい。

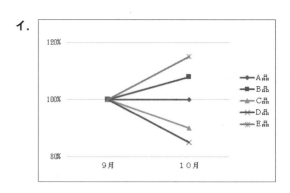

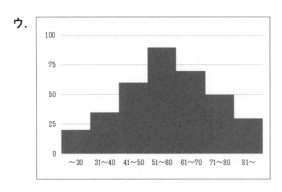

問6．企業の経営戦略策定に使用される SWOT 分析において，外部環境分析の観点として適切なものを選び，記号で答えなさい。

ア．強み・弱み　　　**イ**．条件・行動　　　**ウ**．機会・脅威　　　**エ**．特性・要因

問7．PPM 分析を表す次の図の(1)〜(4)に入る組み合わせとして適切なものを選び，記号で答えなさい。

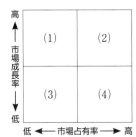

ア．(1)　負け犬　　　(2)　花形　　　(3)　問題児　　　(4)　金のなる木
イ．(1)　問題児　　　(2)　花形　　　(3)　負け犬　　　(4)　金のなる木
ウ．(1)　金のなる木　(2)　負け犬　　(3)　花形　　　(4)　問題児
エ．(1)　花形　　　(2)　問題児　　(3)　金のなる木　(4)　負け犬

問1		問2		問3	(1)		(2)	日間	問4		問5		問6		問7	

関連知識

(解説)　表計算ソフトウェアの活用に関する知識

■■1■　応用操作

最適解(ソルバー)　複数の条件を満たす最適解を求める機能。

例　今，40人の作業員と150の材料がある。これを利用して最大の利益が得られるように，X商品とY商品の各製造個数を求める。ただし，作業員は全員働くが，材料は余ってもよいこととする。

	作業員	材料	利益
X商品	2人	10	10,000円
Y商品	3人	8	8,800円

❶元になる表を作成する。B3に「1」，B4に「1」，C6に「40」，D6に「150」という数値を入力する。C3に「=B3*2」，C4に「=B4*3」，C5に「=SUM(C3:C4)」，D3に「=B3*10」，D4に「=B4*8」，D5に「=SUM(D3:D4)」，E3に「=B3*10000」，E4に「=B4*8800」，E5に「=SUM(E3:E4)」という計算式を入力する。

❷E5をクリックし，[データ]→[ソルバー]をクリックする。

❸[ソルバーのパラメーター]ダイアログボックスが表示されたら，[目的セルの設定]に「$E$5」を設定し，[目標値]は[最大値]にする。[変数セルの変更]は「$B$3:$B$4」にする。これによって，E5が最大になるB3〜B4の値が求められる。

❹[追加]をクリックしながら，下表のような制約条件を入力する。すべての条件を入力したら最後に[OK]をクリックし，入力した制約条件を確認する。

$B$3= 整数 , $B$3>=0	生産個数はX，Yともに0以上の整数
$B$4= 整数 , $B$4>=0	
$C$5=$C$6	作業員はすべて使わなくてはならない。
$D$5<=$D$6	材料は余ってもよい。

❺[解決]をクリックすると作成した表が変化し処理結果が表示される。[ソルバーの結果]ダイアログボックスが表示されるので，よければ[OK]をクリックする。解が期待するものではない場合には，[キャンセル]をクリックすると表の値は元に戻るので，再び制約条件などを検討してやり直す。

	A	B	C	D	E
1				商品1個あたりの	
2		生産数	作業員	材料	利益
3	X商品	1	2	10	10,000
4	Y商品	1	3	8	8,800
5		合計	5	18	18,800
6	最大人数・材料		40	150	

	A	B	C	D	E
1				商品1個あたりの	
2		生産数	作業員	材料	利益
3	X商品	8	16	80	80,000
4	Y商品	8	24	64	70,400
5		合計	40	144	150,400
6	最大人数・材料		40	150	

「整数」の制約条件を設定する場合，以下のように「比較記号」を「int」にする。

＜ソルバーを使用するための環境設定＞

ソルバーがメニューにない場合，以下の操作でソルバーを追加することができる。

❶[ファイル]→[オプション]より[Excel のオプション]を開く。

❷[Excel のオプション]から[アドイン]を選択し，[管理]の[Excel アドイン]を選択して，[設定]→[アドイン]を開く。

❸[有効なアドイン]から[ソルバーアドイン]にチェックを入れて[OK]をクリックする。

手続きの自動化(マクロ機能)　同じ手続きを繰り返し実行する場合，その手続きを自動化することをいう。マクロ機能を利用するとその手続きを自動化することができる。例えば，Excel では Visual Basic for Applications (VBA) を用いて，その手続きに関する一連のコマンドおよび関数をモジュールに保存し，繰り返し利用することができるようになる。

■■2■　関数の利用

＜数学／三角＞

CEILING(シーリング)

> = CEILING(数値 , 基準値)

基準値の倍数のうち，数値以上の最小値を表示する。ただし，基準値が負，数値が正の場合，エラーとなり，基準値と数値が負の場合，数値以下の最大値となる。

(例) A3 の 145.6 は，B3 の 15 を基準値として切り上げると，150 となる。

	A	B	C	D
1				
2	数値	基準値	関数式	値
3	145.6	15	=CEILING(A3,B3)	150
4	145.6	1.5	=CEILING(A4,B4)	147
5	145.6	-1.5	=CEILING(A5,B5)	#NUM!
6	145.6	-15	=CEILING(A6,B6)	#NUM!
7	-145.6	15	=CEILING(A7,B7)	-135
8	-145.6	1.5	=CEILING(A8,B8)	-145.5
9	-145.6	-1.5	=CEILING(A9,B9)	-147
10	-145.6	-15	=CEILING(A10,B10)	-150

FLOOR(フロア)

> = FLOOR(数値 , 基準値)

基準値の倍数のうち，数値以下の最大値を表示する。ただし，基準値が負，数値が正の場合，エラーとなり，基準値と数値が負の場合，数値以上の最小値となる。

(例) A3 の 145.6 は，B3 の 15 を基準値として切り下げると，135 となる。

	A	B	C	D
1				
2	数値	基準値	関数式	値
3	145.6	15	=FLOOR(A3,B3)	135
4	145.6	1.5	=FLOOR(A4,B4)	145.5
5	145.6	-1.5	=FLOOR(A5,B5)	#NUM!
6	145.6	-15	=FLOOR(A6,B6)	#NUM!
7	-145.6	15	=FLOOR(A7,B7)	-150
8	-145.6	1.5	=FLOOR(A8,B8)	-147
9	-145.6	-1.5	=FLOOR(A9,B9)	-145.5
10	-145.6	-15	=FLOOR(A10,B10)	-135

ABS(ABSolute：アブソルート)

> = ABS(数値)

指定された数値の絶対値(ある数が 0 からどれだけ離れているか)を表す値を表示する。

(例) A3 の-5 は，5 となる。

	A	B	C
1			
2	数値	関数式	値
3	-5	=ABS(A3)	5
4	-2.5	=ABS(A4)	2.5
5	3.5	=ABS(A5)	3.5
6	5	=ABS(A6)	5

RANDBETWEEN(ランドビトウィーン)

> = RANDBETWEEN(最小値 , 最大値)

再計算が行われるごとに，最小値以上最大値以下の乱数を返す。なお，最小値および最大値は正と負どちらも設定できる。

(例) 10 以上 50 以下の乱数を求める。

C2：=RANDBETWEEN(A2,B2)

	A	B	C
1	最小値	最大値	値
2	10	50	44

(注)　例のように乱数が発生するとは限らない。

表計算ソフト

＜統計＞

FORECAST(フォーキャスト)

> ＝ FORECAST(x, 既知の y, 既知の x)

回帰直線上の値を返す。

> **例** 6月と7月の最高気温および最大消費電力より，予想最高気温が 35.0℃ のときの最大消費電力を予測する。
>
> **D13**：=FORECAST(D12,D3:D10,C3:C10)

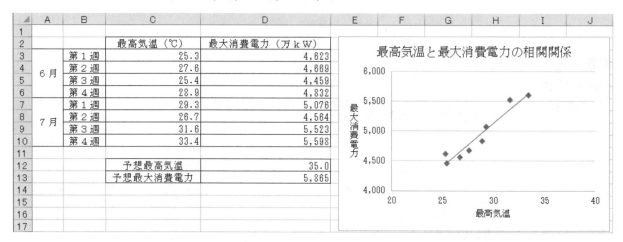

MEDIAN(メジアン)

> ＝ MEDIAN(数値1, 数値2, ・・・)

指定された範囲(数値)の中央値を求める。

> **例** 右の数値を並べ替えると，
> 「1, 4, 6, 8, 9, 10」となる。
> データ数が偶数なので，中央
> の6と8の平均値が出力される。

	A	B	C	D	E	F	G	H
1							中央値	
2	9	4	8	10	1	6	7	=MEDIAN(A2:F2)
3								

MODE(モード)

> ＝ MODE(数値1, 数値2, ・・・)

指定された範囲で，最も頻繁に出現する値(最頻値)を求める。

> **例**

	A	B	C	D	E
1					
2	9	3	3	7	10
3	3	4	4	4	0
4	1	6	8	1	7
5	8	7	5	0	3
6	10	10	0	7	5
7	4	4	7	2	2
8					
9	最頻値	7	=MODE(A2:E7)		
10					

(注) 最頻値が複数ある場合は，範囲内で最初に存在する数値が出力される。

＜検索／行列＞
OFFSET(オフセット)

> **= OFFSET(参照, 行数, 列数, [高さ], [幅])**

　指定した参照から行数と列数だけシフトした位置にある
セル範囲の参照を返す。セル範囲は，[高さ]と[幅]で指定
された範囲となる。

(注) 行数と列数の数え方が，INDEX 関数と異なる。

	A	B	C	D	E	F	G
1	243	←=SUM(OFFSET(A2,5,4,3,2))					
2							
3	1	2	3	4	5	6	7
4	8	9	10	11	12	13	14
5	15	16	17	18	19	20	21
6	22	23	24	25	26	27	28
7	29	30	31	32	33	34	35
8	36	37	38	39	40	41	42
9	43	44	45	46	47	48	49
10	50	51	52	53	54	55	56

COLUMN(カラム)

> **= COLUMN(参照)**

　参照で指定したセルの列番号を求める。引数を省略した場合は，関数を入力したセルの列番号を
表示する。

ROW(ロウ)

> **= ROW(参照)**

　参照で指定したセルの行番号を求める。引数を省略した場合は，関数を入力したセルの行番号を
表示する。

	A	B	C	D	E
1					
2		2	←=ROW()	4	←=COLUMN()
3		10	←=ROW(C10)	3	←=COLUMN(C10)

＜文字列の操作＞
SUBSTITUTE(サブスティテュート)

> **= SUBSTITUTE(文字列, 検索文字列, 置換文字列, 置換対象)**

　文字列中の特定の文字(検索文字列)を他の文字(置換文字列)に置き換える。

　「置換対象」を指定すると，検索文字列中に複数の
対象文字列がある場合，「置換対象」で指定した番号
の文字列のみを置き換える。「置換対象」を指定しな
いとすべての文字列を置き換える。

(例) A3 の文字列中の「商業」を「工業」に置き換える。

	A	B
1		
2	文字列	
3	全国商業高等学校協会	
4		
5	置換文字列	
6	全国工業高等学校協会	
7		
8	=SUBSTITUTE(A3,"商業","工業")	
9		

＜論理＞
IFERROR(イフエラー)

> **=IFERROR(値, エラーの場合の値)**

　値に設定した式がエラーのときに，エラーの場合の値を返
す。エラーではないときは，値に設定した式の値を返す。

(例) 値1が値2の文字列の何番目にあるかを求める。ただ
し，値1が値2の文字列に含まれていない場合はエラー
と表示する。

	A	B	C
1	値1	値2	結果
2	H	ABCDEFG	エラー
3	B	ABCDEFG	2

　C2：=IFERROR(SEARCH(A2,B2,1),"エラー")

＜データベース＞

DSUM(Database SUM：ディーサム)

```
= DSUM(データベース，フィールド，条件)
```

データベース内の指定された対象範囲のフィールド(列)を検索し，条件を満たすレコードの合計を求める。

DAVERAGE(Database AVERAGE：ディーアベレージ)

```
= DAVERAGE(データベース，フィールド，条件)
```

データベース内の指定された対象範囲のフィールド(列)を検索し，条件を満たすレコードの平均を求める。

DMAX(Database MAX：ディーマックス)

```
= DMAX(データベース，フィールド，条件)
```

データベース内の指定された対象範囲のフィールド(列)を検索し，条件を満たすレコードの最大値を求める。

DMIN(Database MIN：ディーミン)

```
= DMIN(データベース，フィールド，条件)
```

データベース内の指定された対象範囲のフィールド(列)を検索し，条件を満たすレコードの最小値を求める。

DCOUNT(Database COUNT：ディーカウント)

```
= DCOUNT(データベース，フィールド，条件)
```

データベース内の指定された対象範囲のフィールド(列)を検索し，条件を満たすセル(数値が入力されているセル)の個数を求める。

DCOUNTA(Database COUNTA：ディーカウントエー)

```
= DCOUNTA(データベース，フィールド，条件)
```

データベース内の指定された対象範囲のフィールド(列)を検索し，条件を満たすセル(データ(空白以外すべて)が入力されているセル)の個数を求める。

例 日帰り休憩プラン予約一覧表から，プラン名別に，合計人数，平均請求金額，予約件数を求める。

	A	B	C	D	E	F
1						
2		日帰り休憩プラン予約一覧表				
3						
4	受付番号	予約コード	プラン名	人数	部屋タイプ	請求金額
5	13001	K04	懐石料理	4	Bタイプ	22,800
6	13002	T02	特選丼	2	Aタイプ	4,000
7	13003	K02	懐石料理	2	Aタイプ	12,000
8	13004	W06	和食弁当	6	Bタイプ	28,500
9	13005	K05	懐石料理	5	Bタイプ	28,500
10	13006	W07	和食弁当	7	Cタイプ	33,250
11						
12		条件	プラン名	プラン名	プラン名	
13			懐石料理	和食弁当	特選丼	
14		プラン別集計				
15			懐石料理	和食弁当	特選丼	
16		合計人数	11	13	2	
17		平均請求金額	21,100	30,875	4,000	
18		予約件数	3	2	1	

C16：=DSUM($A$4:$F$10,4,C12:C13)

C17：=DAVERAGE($A$4:$F$10,6,C12:C13)

C18：=DCOUNTA($A$4:$F$10,3,C12:C13)

データベース関数での複数条件(AND 条件)による設定

20 行目以降を次のように追加し，複数の条件(AND 条件)での集計のときには，同一の行に条件を設定する。

例　「プラン名」が 懐石料理 ，かつ「部屋タイプ」が B タイプ の「人数」と「請求金額」の合計をそれぞれ求める。

▲	A	B	C	D	E	F
20	受付番号	予約コード	プラン名	人数	部屋タイプ	請求金額
21			懐石料理		B タイプ	
22						
23						
24			人数	請求金額		
25		合計	9	51,300		

C25：=DSUM(A4:F10,4,A20:F21)

D25：=DSUM(A4:F10,6,A20:F21)

※　C25 に以下のように入力し，D25 までコピーしても同様の結果が得られる。

=DSUM($A$4:$F$10,C24,$A$20:$F$21)

データベース関数での複数条件(OR 条件)による設定

22 行目に表を追加し，複数の条件(OR 条件)での集計のときには，それぞれ異なる行に条件を設定する。

例　「プラン名」が懐石料理 ，または「部屋タイプ」が B タイプ の「人数」と「請求金額」の平均をそれぞれ求める。

▲	A	B	C	D	E	F
20	受付番号	予約コード	プラン名	人数	部屋タイプ	請求金額
21			懐石料理			
22					B タイプ	
23						
24			人数	請求金額		
25		平均	4.25	22,950		

C25：=DAVERAGE(A4:F10,4,A20:F22)

D25：=DAVERAGE(A4:F10,6,A20:F22)

※　C25 に以下のように入力し，D25 までコピーしても同様の結果が得られる。

=DAVERAGE($A$4:$F$10,C24,$A$20:$F$22)

＜検索／行列＞

INDEX(インデックス)

> = INDEX(参照，行番号，列番号，領域番号)

参照で指定した領域のうち，領域番号で指定された領域内の行番号と列番号が交差したセルのデータを表示する。

例　第 1PC 室と第 2PC 室の表から，「PC 室」と「曜日」，「時限」を指定し，どこのクラスが使用しているかを表示する。

▲	A	B	C	D	E	F	G	H	I	J	K	L	M
1	コンピュータ室使用確認												
2	第	2	PC室		確認	3F							
3		火	曜日										
4		5	時限										
5													
6	コンピュータ室使用一覧												
7	第1PC室							第2PC室					
8	時限	月	火	水	木	金		時限	月	火	水	木	金
9	1	1F	1E	1D	1A	1E		1	3B		3D		3C
10	2			1D		1E		2		3A		2選択	
11	3		1A		1B			3	2選択		3E		3F
12	4		1A	1C				4	2選択	3C		3A	
13	5	1C		1B		1F		5	3D	3F			3E
14	6	1C	1D	1B		1F		6			3B		

F2：=INDEX((B9:F14,I9:M14),B4,MATCH(B3,B8:F8,0),B2)

■■3■ グラフ

パレート図　ABC 分析を行う際に使用するグラフのことで，分析対象のデータを大きい順に並べて棒グラフにして，その構成比率の累計を折れ線グラフにした複合グラフ（p.18〜19 参照）。

Z グラフ　Z グラフは，三つのデータ「毎月の売上高」・「毎月の移動合計」・「売上高累計」をグラフ化したもので，グラフが Z の形をしているところからそのように呼ばれている。売上高の傾向を分析するのに用いられている。売上高は増大傾向のときは Z の形が右肩上がりになり，減少傾向のときは右肩下がりになる。

◢	A	B	C	D	E
1					
2	移　動　平　均　表				
3					
4	月　期	第 1 期	第 2 期	移動合計	売上高累計
5	1 月	910	940	17,600	940
6	2 月	820	900	17,680	1,840
7	3 月	1,220	1,290	17,750	3,130
8	4 月	1,550	1,610	17,810	4,740
9	5 月	1,660	1,700	17,850	6,440
10	6 月	1,260	1,340	17,930	7,780
11	7 月	1,330	1,420	18,020	9,200
12	8 月	1,180	1,220	18,060	10,420
13	9 月	1,610	1,710	18,160	12,130
14	10月	1,770	1,850	18,260	13,980
15	11月	1,940	2,020	18,340	16,000
16	12月	2,340	2,420	18,420	18,420
17	合　計	17,570	18,420		

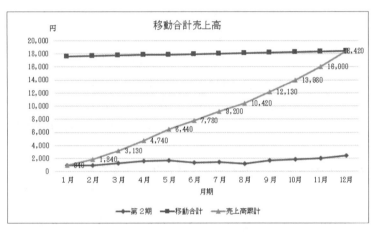

散布図　X 軸，Y 軸に 2 項目の量や大きさなどを対応させ，データを点で表したもので，相関関係を把握できるという特長がある。表された点が，右上がりに分布する傾向であれば**正の相関**，右下がりに分布する傾向であれば**負の相関**があるという。

回帰直線（近似曲線）　散布図のグラフに表された点との相異が最も小さくなるように引かれた直線を回帰直線といい，この式を用いて値を予測することができる。

　例　散布図のグラフを作成した後に散布図上の任意の点の上を右クリックして，**[近似曲線の追加]** を選択し，**[近似曲線のオプション]** から，**[線形近似]** を選び，**[グラフに数式を表示する]** にチェックを入れる。この例の場合，数式が「$y = 74.347x + 106969$」と表示されたので，傾きは 74.347，切片は 106969 である。

◢	A	B	C	D
1				
2	ある都市における自動車登録台数と事故件数			
3				
4		人口	自動車登録台数	交通事故件数
5	A 市	201,265	66,088	1,248
6	B 市	294,681	115,640	2,555
7	C 市	243,520	83,150	1,780
8	D 市	314,520	128,200	3,082
9	E 市	221,400	74,130	1,487
10	F 市	356,543	140,400	3,675
11	G 市	267,893	96,259	2,140
12	H 市	448,657	158,611	2,995
13	I 市	431,439	173,165	4,882
14	J 市	110,008	33,044	639

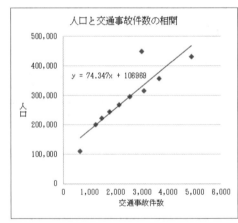

ヒストグラム　長さや重さなど，連続的に変化する値が集まったデータでは，ある区間ごとにデータを区切って整理すると全体の特徴が読み取りやすくなる。この区間ごとに区切って整理した表を**度数分布表**といい，これをもとに作成したグラフを**ヒストグラム**という。ヒストグラムの棒の幅は各階級の幅に対応しているので，棒と棒の間が接するように描く。

表計算ソフト

◆測定データ(みかんの重さ)

117	84	79	108	75
84	89	70	94	80
93	91	103	91	77
73	115	107	94	81
95	76	84	89	96
95	86	112	86	100
107	74	99	82	106

◆度数分布表

データ区間	頻度
60未満	0
60〜70	1
71〜80	7
81〜90	9
91〜100	10
101〜110	5
111〜120	3
121以上	0
合計	35

◆ヒストグラム

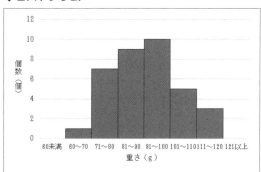

問題　　**表計算ソフトウェアの活用に関する知識**

次の各問いに答えなさい。

問1. 部署内において，コーヒー代をかかった分だけ集めている。一人あたりの金額を算出する際，50 円単位で，合計より少なくならないように集めるために，E 列に式を設定した。E5 に設定する式として適切なものを選び，記号で答えなさい。

	A	B	C	D	E
1					
2		コーヒー代集金表			
3					
4		コーヒー	ミルク	人数	一人あたり
5	第1回	1,596	1,148	6	500
6	第2回	2,394	574	7	450

　　ア．=ROUND((B5+C5)/D5,-1)

　　イ．=CEILING((B5+C5)/D5,50)

　　ウ．=FLOOR((B5+C5)/D5,50)

問2. 川口市と鳩ヶ谷市の合併に伴い，合併後の新市名が川口市になった。次の表は，鳩ヶ谷市 を 川口市 に変換するための住所変換表である。B4 に設定する式の空欄にあてはまる適切なものを選び，記号で答えなさい。

= ［　　　　　］(A4,"鳩ヶ谷","川口")

　　ア．FORECAST　　　　**イ**．SUBSTITUTE　　　　**ウ**．IFERROR

	A	B
1		
2	住所変換表	
3	旧住所	新住所
4	鳩ヶ谷市坂下町	川口市坂下町
5	鳩ヶ谷市里	川口市里
6	鳩ヶ谷市辻	川口市辻
7	鳩ヶ谷市八幡木	川口市八幡木
8	鳩ヶ谷市三ッ和	川口市三ッ和

問3. ある会社では，社員用のお茶代とコーヒー代について，各部署が積み立てている親睦会費からそれぞれの社員数に応じて経費を支払うことにした。各部署が支払う経費を求める表を作成するとき，C4 に設定する次の式の空欄をうめなさい。ただし，この式を D8 までコピーするものとする。なお，円位未満は四捨五入する。

	A	B	C	D
1				
2	部署名	社員数	お茶代	コーヒー代
3			56,500	69,600
4	営業部	18	18,833	23,200
5	事業部	12	12,556	15,467
6	人事部	6	6,278	7,733
7	経理部	8	8,370	10,311
8	総務部	10	10,463	12,889

=ROUND(［　　　　　　］/SUM($B$4:$B$8)*$B4,0)

問1		問2		問3	

問4. 次の表は，製菓の競技大会の総合評価判定表である。E4 には，総合評価を判定する次の式が設定されている。この式を E8 までコピーしたとき，E8 に表示される文字を答えなさい。

=IF(SUM(B4:D4)>=14,"S",
　　IF(AND(SUM(B4:D4)>=12,MIN(B4:D4)>=3),"A","B"))

	A	B	C	D	E
1					
2	総合評価判定表				
3	参加者名	知識	技術	表現	総合評価
4	安藤	5	4	5	S
5	加藤	4	4	5	A
6	鈴木	2	2	2	B
7	高橋	4	3	4	B
8	中村	2	5	5	※

問5. 次の表は，ある高校の部活動所属一覧表と集計表である。「部活動部員合計」は，集計条件に入力された部活動名の部員数を表示する。D325 に設定する次の式の空欄をうめなさい。ただし，集計条件は D321 から入力し，D322 だけ入力することはしないものとする。

=IF(D322="",
　　□□□□□□(A3:D317,4,D320:D321),
　　□□□□□□(A3:D317,4,D320:D322))

	A	B	C	D
1				
2	部活動所属一覧表			
3	組	番号	氏名	部活動名
4	A	1	石井　真由美	女子バスケットボール部
5	A	2	伊藤　百花	女子陸上競技部
6	A	3	伊藤　ゆい	地学部
7	A	4	上間　みほ	女子バスケットボール部
8	A	5	大曽根　登馬	弓道部
9	A	6	菊岡　華	地学部
～	～	～	～	～
314	H	36	宗形　岳	男子硬式テニス部
315	H	37	村松　菜々美	女子バスケットボール部
316	H	38	安井　真奈美	地学部
317	H	39	山下　航	地学部
318				
319				集計条件
320				部活動名
321				男子バスケットボール部
322				女子バスケットボール部
323				集計表
324				部活動部員合計
325				24

問6. 次の表は，ある国家試験の受験者一覧表である。B列には受験者の年齢が入力されていて，C列には年代が表されるように関数が設定してある。
　　受験者の最多年代を表示するために，B2810 に設定する式の空欄にあてはまる関数を答えなさい。

=□□□□□□(C4:C2804)

	A	B	C	D
1				
2	受験者一覧表			
3	受験番号	年齢	年代	
4	10001	25	20	歳代
5	10002	24	20	歳代
6	10003	35	30	歳代
7	10004	19	10	歳代
～	～	～	～	
2801	12798	30	30	歳代
2802	12799	33	30	歳代
2803	12800	36	30	歳代
2804	12801	35	30	歳代
2805				
2806	平均年齢	28.2		
2807	最小年齢	15		
2808	最高年齢	58		
2809	中央値	26		
2810	最多年代	20		

問7. 次の表は，クイズ大会の結果一覧表と種別・性別ごとの12問全問正解者数を集計したものである。
　　G4 に設定する式の空欄にあてはまる関数を答えなさい。

	A	B	C	D	E	F	G	H
1								
2	クイズ大会結果一覧表					全問正解者数		
3	番号	種別	性別	成績		種別	男	女
4	1	一般	男	9		小学生	1	0
5	2	小学生	男	3		中学生	2	2
6	3	大学生	女	12		高校生	4	5
7	4	高校生	男	7		大学生	2	6
8	5	小学生	女	2		一般	6	8
～	～	～	～	～				
142	139	一般	男	12				
143	140	高校生	女	7				
144	141	高校生	女	9				

=□□□□□□($B$4:$B$144,$F4,$C$4:$C$144,G$3,$D$4:$D$144,"=12")

問8．次の表は，ある説明会の受付表である。「受付番号」は，「氏名」に名前を入力すると，自動的に番号を表示する。A4 に設定する次の式の空欄をうめなさい。

=IF(B4="","",[　　　　](A4)-3)

	A	B
1		
2	受付表	
3	受付番号	氏名
4	1	鈴木　○○
5	2	佐藤　○○
6	3	田中　○○
～	～	～

問9．次の表は，ある学校におけるマラソン大会成績表である。1 位から B15 に入力した「順位」までの「学年」ごとの人数を B18～B20 に表示する。B18 に設定する次の式の空欄をうめなさい。ただし，この式を B20 までコピーするものとする。

=COUNTIFS([　　　　]($A$3,1,3,$B$15,1),A18&"*")

	A	B	C	D
1				
2	マラソン大会成績表			
3	順位	名前	タイム	クラス
4	1	近藤　○○	14:58	3C
5	2	青野　○○	15:01	2B
6	3	生方　○○	15:03	3D
7	4	小林　○○	15:11	3F
8	5	海上　○○	15:21	1A
9	6	池田　○○	15:22	1F
10	7	西塚　○○	15:27	3F
11	8	大滝　○○	15:28	2B
12	9	千葉　○○	15:31	2C
13	10	多田　○○	15:38	3C
14				
15	上位	5	位までの	
16	学年別入賞数			
17	学年	人数		
18	1	1		
19	2	1		
20	3	3		

問10．次の表は，ある商品の売上数予測である。「予測売上数」は，売上データと「予測最高気温」をもとに求める。F4 に設定する次の式の空欄をうめなさい。ただし，売上データの「最高気温」と「売上数」は相関関係が認められるものとする。

=[　　　　](F3,C4:C65,B4:B65)

	A	B	C	D	E	F
1						
2	売上データ				売上数予測	
3	日付	最高気温	売上数		予測最高気温	35
4	7月1日	26	1,542		予測売上数	2,113
5	7月2日	28	1,675			
6	7月3日	27	1,563			
～	～	～	～			
63	8月29日	33	1,952			
64	8月30日	37	2,214			
65	8月31日	35	2,114			

問11．次の表は，ある学校の通学時間調査表とクラス別集計表である。クラス別集計表では，「クラス」および「主な交通手段」ごとの平均時間を求める。H5 に設定する式として適切なものを選び，記号で答えなさい。ただし，この式を J8 までコピーするものとする。

	A	B	C	D	E	F	G	H	I	J
1										
2	通学時間調査表						クラス別集計表（平均時間）			
3	学籍コード	クラス	性別	主な交通手段	時間			主な交通手段		
4	2018001	A	女	自転車	40		クラス	自転車	電車	バス
5	2018002	A	男	自転車	18		A	30.9	37.7	31.0
6	2018003	A	女	自転車	30		B	34.1	35.7	36.8
7	2018004	A	男	バス	31		C	30.5	30.4	37.0
8	2018005	A	男	バス	30		D	33.1	29.8	32.9
～	～	～	～	～	～					
163	2018160	D	男	自転車	40					

ア．=AVERAGEIFS($B$4:$B$163,$G5,$D$4:$D$163,H$4,$E$4:$E$163)

イ．=AVERAGEIFS($E$4:$E$163,$B$4:$B$163,$G5,$D$4:$D$163,H$4)

ウ．=AVERAGEIFS($E$4:$E$163,$G5,$B$4:$B$163,H$4,$D$4:$D$163)

問4		問5		問6	
問7		問8		問9	
問10		問11			

（表計算ソフト）

問 12. 次の表は，あるラーメン店の販売シミュレーションである。次の条件から，昨年度売上実績と同様の金額を達成するために必要な数量を求めたい。表計算ソフトのデータ分析機能を実行した場合，図のパラメータに設定する組み合わせとして適切なものを選び，記号で答えなさい。

条件

・D11 には次の式を入力し，D13 までコピーする。

=B11*C11

・14 行目の「合計」は各列の合計を求める。

・今年度の目標とする金額の「合計」は，昨年度の金額の「合計」と同額とする。

・C12 と C13 には，昨年度と同数の「数量」を入力し，C11 をデータ分析機能で求める。

	A	B	C	D
1				
2	昨年度売上実績			
3	メニュー名	単価	数量	金額
4	醤油ラーメン	850	1,500	1,275,000
5	味噌ラーメン	900	1,300	1,170,000
6	塩ラーメン	950	1,200	1,140,000
7		合計	4,000	3,585,000
8				
9	今年度シミュレーション			
10	メニュー名	単価	数量	金額
11	醤油ラーメン	800	0	0
12	味噌ラーメン	850	1,300	1,105,000
13	塩ラーメン	900	1,200	1,080,000
14		合計	2,500	2,185,000

実行後の例 ↓

	A	B	C	D
9	今年度シミュレーション			
10	メニュー名	単価	数量	金額
11	醤油ラーメン	800	1,750	1,400,000
12	味噌ラーメン	850	1,300	1,105,000
13	塩ラーメン	900	1,200	1,080,000
14		合計	4,250	3,585,000

パラメータ設定
数式入力セル：(a)
目標値：(b)
変化させるセル：(c)
実行　閉じる

ア. (a) $C$11　(b) 3585000　(c) $D$14
イ. (a) $D$14　(b) $D$7　(c) $C$11
ウ. (a) $D$14　(b) 3585000　(c) $C$11

問 13. 次の表は，ある工場における製品の生産シミュレーションである。次の条件から，利益の合計が最大となる製品Ａと製品Ｂの生産数を求めたい。表計算ソフトのデータ分析機能に設定する制約条件として(a)にあてはまるものを選び，記号で答えなさい。

条件

・B11 には次の式を入力し，C13 までコピーする。

=B4*B$10

・D10 には次の式を入力し，D13 までコピーする。

=SUM(B10:C10)

・製品Ａ，製品Ｂは1個以上生産する。

・各材料の合計は，使用上限を超えないように設定する。

	A	B	C	D
1				
2	生産データ表			
3	材料名	製品A	製品B	使用上限
4	素材C	4	7	394
5	素材D	6	3	366
6	利益	900	1,200	
7				
8	生産シミュレーション表			
9		製品A	製品B	合計
10	生産数	※	※	※
11	素材C	※	※	※
12	素材D	※	※	※
13	利益	※	※	※

パラメータ設定
目的セル：$D$13　実行
目標値：● 最大値　○ 最小値　○ 値　閉じる
変化させるセル
$B$10:$C$10　自動
制約条件
$B$10:$C$10=整数
$B$10:$C$10>=1
(a)
追加　変更　削除

(注) ※印は，値の表記を省略している。

ア. $D$11:$D$12>=$D$4:$D$5
イ. $D$11:$D$12<=$D$4:$D$5
ウ. $D$11:$D$12=整数

問12　　　　問13

解説　データベースソフトウェアに関する知識

■■ 1 ■ DBMS

DBMS の機能　　データベースの作成や，運用，管理を行うソフトウェアの DBMS は，さまざまな障害からシステムを保護する機能や，許可されたユーザのみが利用できるようなセキュリティ機能がある。

　　また，障害が発生した場合は，データを障害前の状態に戻す機能なども備えている。

排他制御　　あるデータを処理しているとき，他からの更新や書き込みなどを制限することによって，データの整合性を保持しようとするしくみ。

　ロック　　複数のトランザクションが同じデータにアクセスをする場合に，整合性を取るための工夫が必要になり，ロックというデータの読み書きの制限を行う。

　・共有ロック　　データ参照時にかけるロックで，それぞれのプロセスはロックされているレコードのデータの変更はできないが，読み込むことは可能。

　・専有ロック　　排他ロックともいい，レコードのデータを変更するために取得するロックで，一つのレコードに対して一つのプロセスだけが取得できる。あるプロセスがデータを更新する際には自動的に専有ロック（排他ロック）を取得し，データを更新している途中で，他のプロセスがデータを読み込んだり，変更できないようになる。

　デッドロック　　排他制御を行った複数のデータが互いにロックをかけられ，相手のロック解除待ちの状態が発生して処理が進まなくなってしまう状態。

障害回復

　トランザクション　　データベースにおける一連の更新処理のこと。

　コミット　　データベースにおけるトランザクションがすべて正常に完結したという宣言のこと。コミットされた時点で，トランザクションにおける処理が確定されて，データベースが更新される。

　ジャーナルファイル　　データベースの更新前と更新後のデータの状態を記録したファイル。

　チェックポイント　　メモリ上のデータをディスクに書き込むタイミングのこと。障害発生の際，復旧作業に利用されることもある。

　ロールバック　　データベースにおける更新処理の途中などで，何らかの理由で不都合があった場合，更新前ジャーナルファイルを用いてトランザクション処理開始時点の状態に戻して，データの整合性を保つ処理。

　　下図のような処理の流れで，Ⓒ地点での処理中に障害が発生した場合，Ⓒ地点でのジャーナルファイルを利用して，Ⓒ地点の処理直前の状態に戻す。つまり，Ⓑ地点の処理結果が保たれる。

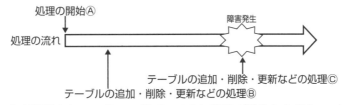

　ロールフォワード　　データが記録されているハードディスクに障害が発生した場合，バックアップファイルと更新後ジャーナルファイルを用いて，ハードディスクを障害発生直前の状態に復元する。

　　バックアップファイルとは，ハードディスクの障害やデータが壊れたときに備えてデータベースやデータのコピーを取ったものである。

　　下図のような処理の流れで，ハードディスクなどに物理的な障害が発生した場合，バックアップファイルを利用して，一度Ⓐ地点の状態を復元する。次にⒷ地点とⒸ地点のジャーナルファイルを利用して，障害発生直前の状態に戻す。

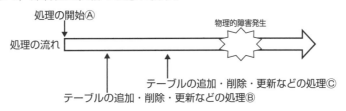

データベース

■■2■　データベースの設計

データベース設計の手順　データベース設計は，概念設計→論理設計→物理設計の手順で行う。

概念設計　データベース設計の初期段階に，業務内容を分析して必要なデータや管理方法を検討する作業。必要となるデータとデータの関係を記述したE-R図を作成する。

論理設計　利用するデータベース管理システム(DBMS)に合わせて，データベースの論理的仕様や，管理・運用上の対象範囲に限定して定義する作業。最適な表構成を設計するために，データの正規化を行う。

物理設計　論理設計を，処理内容などの観点から，ハードウェアの選択や，どのように構築するかを決定する作業。データベースの必要容量の算定も行う。

データ構造の設計

正規化(正規化：Normalization，正規形：Normalization Form)

重複するデータの無駄をなくし，より単純な形にすることを正規化という。

【発注表】（非正規形） ※ 表の1, 2件目のレコードには，商品に関するデータが複数組繰り返し存在している。

発注番号	発注日付	仕入先コード	仕入先名	仕入先住所	商品コード	商品名	仕入単価	発注数量
101	2022/5/10	S001	渋谷川食品	東京都渋谷区○○	P101	とろけるプリン(30個)	2,500	20
					J203	珈琲ゼリー(20個)	2,400	15
102	2022/5/11	S002	アルプス乳業	東京都中央区○○	M2L	抹茶アイス(2L)	2,200	40
					V2L	バニラアイス(2L)	2,000	60
					K2L	黒ごまアイス(2L)	2,300	30
103	2022/5/12	S001	渋谷川食品	東京都渋谷区○○	J203	珈琲ゼリー(20個)	2,400	5

・**第1正規化(正規形)　繰り返し構造の除去**……重複して繰り返し現れる項目が存在しない状態にしたもの。繰り返し部分を，別の行(レコード)として分離させる。

【発注表】 ※ 繰り返し部分を独立させて，「発注番号」と「商品コード」を主キーとするレコードにする。

発注番号	発注日付	仕入先コード	仕入先名	仕入先住所	商品コード	商品名	仕入単価	発注数量
101	2022/5/10	S001	渋谷川食品	東京都渋谷区○○	P101	とろけるプリン(30個)	2,500	20
101	2022/5/10	S001	渋谷川食品	東京都渋谷区○○	J203	珈琲ゼリー(20個)	2,400	15
102	2022/5/11	S002	アルプス乳業	東京都中央区○○	M2L	抹茶アイス(2L)	2,200	40
102	2022/5/11	S002	アルプス乳業	東京都中央区○○	V2L	バニラアイス(2L)	2,000	60
102	2022/5/11	S002	アルプス乳業	東京都中央区○○	K2L	黒ごまアイス(2L)	2,300	30
103	2022/5/12	S001	渋谷川食品	東京都渋谷区○○	J203	珈琲ゼリー(20個)	2,400	5

・**第2正規化(正規形)　主キーの分離**……一方の値が決まれば，もう一方の値が決まるような「関数従属」と呼ばれる関連に基づいて表を分割すること。主キーとなる項目が決まれば他の項目が決まるような状態に表を分割する。

【発注表】

発注番号	発注日付	仕入先コード	仕入先名	仕入先住所
101	2022/5/10	S001	渋谷川食品	東京都渋谷区○○
102	2022/5/11	S002	アルプス乳業	東京都中央区○○
103	2022/5/12	S001	渋谷川食品	東京都渋谷区○○

※ この段階では，【発注表】には仕入先に関するデータが重複して存在している。

【発注明細表】

発注番号	商品コード	発注数量
101	P101	20
101	J203	15
102	M2L	40
102	V2L	60
102	K2L	30
103	J203	5

【商品表】

商品コード	商品名	仕入単価
P101	とろけるプリン(30個)	2,500
J203	珈琲ゼリー(20個)	2,400
M2L	抹茶アイス(2L)	2,200
V2L	バニラアイス(2L)	2,000
K2L	黒ごまアイス(2L)	2,300

・**第3正規化(正規形)　主キーから独立した他の項目をさらに分離**……主キーとなる項目以外の項目によって，他の項目が決まるような状態に表を分割すること。

【発注表】

発注番号	発注日付	仕入先コード
101	2022/5/10	S001
102	2022/5/11	S002
103	2022/5/12	S001

【仕入先表】

仕入先コード	仕入先名	仕入先住所
S001	渋谷川食品	東京都渋谷区○○
S002	アルプス乳業	東京都中央区○○

※【発注表】から，主キーではない「仕入先コード」によって特定されるデータを【仕入先表】として分割する。

【発注明細表】

発注番号	商品コード	発注数量
101	P101	20
101	J203	15
102	M2L	40
102	V2L	60
102	K2L	30
103	J203	5

【商品表】

商品コード	商品名	仕入単価
P101	とろけるプリン(30個)	2,500
J203	珈琲ゼリー(20個)	2,400
M2L	抹茶アイス(2L)	2,200
V2L	バニラアイス(2L)	2,000
K2L	黒ごまアイス(2L)	2,300

データベース

E-R図　データベースとして実際の管理対象となるエンティティ（実体：Entity）と，エンティティ間の結びつきを表すリレーションシップ（関係：Relationship），エンティティの持つ値を表すアトリビュート（属性：Attribute）の三つで，それぞれの相関関係を図式化したもののこと。リレーションシップを分析したり，考え方を整理したりするときに利用できる。

エンティティ(Entity：実体)

一単位として扱われるデータのまとまりや，データベースとして表現すべき対象物のこと。論理設計の段階では表に相当する。一般的には，特定のデータ項目（主キー）により識別が可能である。

アトリビュート(Attribute：属性)

エンティティが持つ特性，特徴などの値（データの型式）のこと。

リレーションシップ(Relationship：関係)

エンティティとエンティティの相互関係のこと。

◆E-R図の例

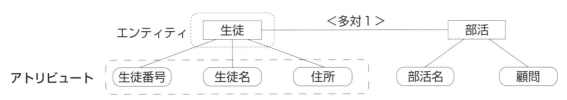

整合性制約(参照整合性)　新しい行（レコード）の追加や削除を行っても，表間のリレーションシップを矛盾なく維持するための規則。更新時や削除時に同期を保つことができる。

■■**3**■　SQL

SQLとは，リレーショナル型データベースの設計や，射影，選択，結合などの操作を効率よく行うためのデータベース言語である。

SQLはデータ記述とデータ操作に分かれるが，本書では検定範囲となっているデータ操作部分のみ取り上げる。

データ記述言語(DDL-SQL)	データ操作言語(DML-SQL)	
CREATE	SELECT	データの問い合わせ
GRANT	INSERT	データの挿入
REVOKE	UPDATE	データの更新
	DELETE	データの削除

◇**例題で取り上げる基本表**

生徒表

生徒コード	氏名	性別	住所コード	通学時間	組	部活コード
12001	石川	男	2	50	A	2
12002	加藤	女	5	30	A	3
12003	斉藤	男	3	40	C	1
12004	田中	女	2	60	A	3
12005	中野	男	4	50	B	2
12006	三上	男	1	20	C	4

住所表

住所コード	区名
1	中央区
2	東区
3	南区
4	西区
5	北区
6	旭区

担任表

職員コード	担任	性別	組
605874	高橋	男	A
609512	中村	男	E
616358	渡辺	男	C
635698	安藤	女	D
639594	橋本	女	B

部活表

部活コード	部活名
1	サッカー部
2	陸上部
3	吹奏楽部
4	俳句同好会

データベース

◆　**INSERT　INTO　～　VALUES　～（インサート　イントゥー　バリューズ）**　…データベースの表に新しいレコード（行）を追加する。

例題1　生徒表に，次の生徒データを挿入する。

　　　　生徒コード　　12007
　　　　氏名　　　　　　佐藤
　　　　性別　　　　　　男
　　　　住所コード　　　1
　　　　通学時間　　　10
　　　　組　　　　　　　D
　　　　部活コード　　　4

INSERT　INTO　生徒表　VALUES(12007,'佐藤','男', 1, 10,'D', 4)

例題1

生徒コード	氏名	性別	住所コード	通学時間	組	部活コード
12001	石川	男	2	50	A	2
12002	加藤	女	5	30	A	3
12003	斉藤	男	3	40	C	1
12004	田中	女	2	60	A	3
12005	中野	男	4	50	B	2
12006	三上	男	1	20	C	4
12007	佐藤	男	1	10	D	4 |←レコードの追加

(注)　**例題2では，この表を「生徒表」として利用する。**

◆　**UPDATE　～　SET　～　WHERE　～（アップデート　セット　ウェアー）**　…データベースのレコードの内容を更新する。

例題2　生徒表の「生徒コード」が12003の生徒（斉藤）の「部活コード」を 1 から 2 に更新（サッカー部から陸上部に）する。

UPDATE　生徒表　SET　部活コード　=　2　WHERE　生徒コード　=　12003

例題2

生徒コード	氏名	性別	住所コード	通学時間	組	部活コード
12001	石川	男	2	50	A	2
12002	加藤	女	5	30	A	3
12003	斉藤	男	3	40	C	2 |←レコードの更新
12004	田中	女	2	60	A	3
12005	中野	男	4	50	B	2
12006	三上	男	1	20	C	4
12007	佐藤	男	1	10	D	4

(注)　**例題3では，この表を「生徒表」として利用する。**

データベース

◆　**DELETE　FROM　～　WHERE　～（デリート　フロム　ウェアー）**　…データベースのレコードを削除する。

例題3　生徒表の「生徒コード」が 12005 の生徒（中野）のレコードを削除する。

DELETE　FROM　生徒表　WHERE　生徒コード　=　12005

※ Access の場合

DELETE　*　FROM　生徒表　WHERE　生徒コード　=　12005

例題3

生徒コード	氏名	性別	住所コード	通学時間	組	部活コード
12001	石川	男	2	50	A	2
12002	加藤	女	5	30	A	3
12003	斉藤	男	3	40	C	2
12004	田中	女	2	60	A	3 |←レコードの削除
12006	三上	男	1	20	C	4
12007	佐藤	男	1	10	D	4

(注)　**以降の例題では，この表を「生徒表」として利用する。**

◆　**表名の別名指定**

例題4　SQL 文を見やすく記述する。

生徒表，住所表，担任表，部活表を利用して次の表を作成した場合の SQL 文は次のようになる。

SELECT　生徒コード，氏名，生徒表.性別，区名，通学時間，生徒表.組，部活名，担任

　FROM　生徒表，住所表，担任表，部活表

　WHERE　生徒表.住所コード　=　住所表.住所コード

　　AND　生徒表.組　=　担任表.組

　　AND　生徒表.部活コード　=　部活表.部活コード

生徒コード	氏名	性別	区名	通学時間	組	部活名	担任
12001	石川	男	東区	50	A	陸上部	高橋
12002	加藤	女	北区	30	A	吹奏楽部	高橋
12003	斉藤	男	南区	40	C	陸上部	渡辺
12004	田中	女	東区	60	A	吹奏楽部	高橋
12006	三上	男	中央区	20	C	俳句同好会	渡辺
12007	佐藤	男	中央区	10	D	俳句同好会	安藤

しかし，複数の表を用いて結合する場合，SQL 文が長くそして分かりづらくなるので，生徒表を W，住所表を X，担任表を Y，部活表を Z と別の名前に指定して分かりやすく SQL 文を記述することができる。

FROM 句で，表名を別に指定して，SELECT 句など，他でもそれぞれの別名で記述する。

（例）　FROM　生徒表 W，住所表 X，担任表 Y，部活表 Z

SELECT　生徒コード，氏名，W.性別，区名，通学時間，W.組，部活名，担任

　FROM　生徒表 W，住所表 X，担任表 Y，部活表 Z

　WHERE　W.住所コード = X.住所コード

　　AND　W.組 = Y.組

　　AND　W.部活コード = Z.部活コード

◆　DISTINCT(ディスティンクト)　…重複データを取り除く。

　　例題5　A組の生徒が所属している部活名を求める。

```
SELECT    部活名
  FROM    生徒表，部活表
  WHERE   生徒表.部活コード  =  部活表.部活コード
    AND   組  =  'A'
```

例題5

部活名
陸上部
吹奏楽部
吹奏楽部

　　上記の構文での記述では，部活名が重複して表示されてしまうので，重複データを取り除く。

```
SELECT    DISTINCT   部活名
  FROM    生徒表，部活表
  WHERE   生徒表.部活コード  =  部活表.部活コード
    AND   組  =  'A'
```

部活名
陸上部
吹奏楽部

◆　LIKE(ライク)　…文字列のデータの中から，指定した文字列を検索する。検索にはワイルドカード(_ , %)が使用できる。

　　例題6　部に所属している生徒を抽出する。

```
SELECT    氏名，部活名
  FROM    生徒表，部活表
  WHERE   生徒表.部活コード  =  部活表.部活コード
    AND   部活名  LIKE  '%部'
```

例題6

氏名	部活名
石川	陸上部
加藤	吹奏楽部
斉藤	陸上部
田中	吹奏楽部

ワイルドカード

　　_(アンダースコア記号)…任意の1文字に相当する。'c_t'は'cat'や'cut'に一致するが，'coat'には一致しない。
　　%(パーセント記号)………0(ゼロ)文字以上の連続した文字に相当する。
　　　　　　　　　　　　　　'%c%t'は'scout'に一致し，'cat'や'cut'にも一致(アンダースコア記号と同様)する。
　　　　　　　　　　　　　　しかし，'cats'とは一致しない。

(参考)

　　Windowsが動作しているパソコンでは，「_」の代わりに「?」を，「%」の代わりに「*」を使うことが多い。Accessでは，「?」や「*」で記述しないと正しく動作しない。

◆　ORDER BY ～ (ASC, DESC)(オーダーバイ)　…データを並べ替える。

　　例題7　通学時間の短い順に並べ替える。

```
SELECT    氏名，通学時間
  FROM    生徒表
  ORDER BY   通学時間  ASC
```

例題7

氏名	通学時間
佐藤	10
三上	20
加藤	30
斉藤	40
石川	50
田中	60

　　ORDER BY句では，ASCを指定(省略可)すると昇順，DESCを指定すると降順に並べ替える。

データベース

◆ GROUP BY ～ (HAVING) ～(グループ バイ) …データをグループ化する。

例題8　男女別の通学平均時間を求める。

```
SELECT    性別, AVG(通学時間) AS 通学平均時間
   FROM    生徒表
   GROUP BY  性別
```

例題8

性別	通学平均時間
女	45
男	30

列の指定時に AS をつけることで，テーブルにない項目でも名前をつけて表示することができる。

例題9　男子のなかで一番長い通学時間を求める。

```
SELECT    性別, MAX(通学時間) AS 最長通学時間
   FROM    生徒表
   GROUP BY  性別
     HAVING  性別 = '男'
```

例題9

性別	最長通学時間
男	50

GROUP BY 句によってグループ化された各グループの中から，HAVING 句で指定した条件に合致するグループを抽出する。

> **Point**
>
> SELECT で使われるすべての句を示すと，次のような書式となる。
>
> **SELECT(DISTINCT)　選択項目リスト**
>
> 　**FROM　　表名**
>
> 　**WHERE　条件1**
>
> 　　　**AND　条件2**
>
> 　**GROUP BY　グループ化項目　HAVING　制約条件**
>
> 　**ORDER BY　並べ替え項目　ASC　（または DESC）**

◆ BETWEEN(ビトウィーン)　…ある値が特定の範囲にあてはまるかどうかを調べる。

例題10　通学時間が 30 分以内の生徒を抽出する。

```
SELECT    氏名, 通学時間
   FROM    生徒表
   WHERE   通学時間 BETWEEN 0 AND 30
```

例題 10

氏名	通学時間
加藤	30
三上	20
佐藤	10

BETWEEN 演算子は，「論理演算子」の一つで，
論理演算子には，他に右表のものがある。

AND	両方の条件を満たす（かつ）
OR	どちらか一方の条件を満たす（または）
NOT	条件を満たさないもの

BETWEEN の前に NOT を指定すると範囲外の値を抽出する。なお，BETWEEN には OR は使用できない。

今回の例題では，BETWEEN で記述すると，30 分を含めた条件になるので，30 分未満の場合は，BETWEEN は使用できない。

30 分未満の場合の WHERE 句は次のようになる。

```
WHERE   通学時間 >= 0 AND 通学時間 < 30
```

データベース

◆ **IN(NOT IN)（イン）** …値の集合を明確に定義する。

例題11 C組かD組の生徒の氏名と組を抽出する。

```
SELECT    氏名，組
   FROM    生徒表
   WHERE    組  IN('C','D')
```

例題11

氏名	組
斉藤	C
三上	C
佐藤	D

例題12 A組とB組とC組以外の生徒の氏名と組を抽出する。

```
SELECT    氏名，組
   FROM    生徒表
   WHERE    組  NOT  IN('A','B','C')
```

例題12

氏名	組
佐藤	D

◆ **副問合せ** …ある表に対して問い合わせを行い，その結果を利用して次の問合せを行う。

例題13 担任が女性の組に属する組の生徒名と組を抽出する。

```
SELECT    氏名，組
   FROM    生徒表
   WHERE    組  IN(SELECT  組  FROM  担任表  WHERE  性別  =  '女')
```

例題13

氏名	組
佐藤	D

◆ **EXISTS句を用いた副問合せ** …データが存在するか調べる。

例題14 生徒が住んでいる（生徒が登校している）区名を抽出する。

```
SELECT    区名
   FROM    住所表
   WHERE    EXISTS
           (SELECT    *
               FROM    生徒表
               WHERE    住所コード  =  住所表.住所コード)
```

例題14

区名
中央区
東区
南区
北区

例題15 通学している生徒がいない区名を抽出する。

```
SELECT    区名
   FROM    住所表
   WHERE    NOT  EXISTS
           (SELECT    *
               FROM    生徒表
               WHERE    住所コード  =  住所表.住所コード)
```

例題15

区名
西区
旭区

データベース

問題	データベースソフトウェアに関する知識

【1】　次の説明文に最も適した答えを解答群から選び，記号で答えなさい。

1．データベースを設計する際，最適な表構造を設計し，データの正規化を行う段階。

2．エンティティとエンティティの相互関係のこと。

3．データベースのレコードやフィールドを削除しても，複数のデータの相互関係を保つ規則。

4．データベースの更新前と更新後のデータの状態を記録したもの。

5．データのまとまりとして表される物や事柄のこと。

6．二つ以上のトランザクションが互いにデータのロック解除待ち状態となること。

7．エンティティが持つ特性のこと。属性。

8．重複するデータを排除し，繰り返し現れるデータを分割すること。

解答群

ア．排他制御	イ．共有ロック	ウ．専有ロック
エ．デッドロック	オ．トランザクション	カ．コミット
キ．ジャーナルファイル	ク．ロールバック	ケ．概念設計
コ．論理設計	サ．物理設計	シ．第1正規化
ス．第2正規化	セ．E-R図	ソ．エンティティ
タ．アトリビュート	チ．リレーションシップ	ツ．整合性制約

1		2		3		4		5		6		7		8	

【2】　次の条件を実行したときの SQL 文の空欄にあてはまるものを答えなさい。

1．テーブル名「商品台帳」より，価格が 250 円以上の商品のデータ（すべて）を抽出する。

SELECT 　(1)　 FROM　商品台帳　WHERE 　　(2)　　

2．テーブル名「売上台帳」を，販売個数の多い順に並べ替える。

SELECT 　省略　 FROM　売上台帳 　　(1)　　 販売個数 　(2)　

3．テーブル名「社員表」に，社員番号 17，氏名 前田，性別 女 を追加する。

　　(1)　　 INTO 　　(2)　　 VALUES(17,'前田','女')

4．テーブル名「売上表」の商品名の値が重複しないように「商品名」を抽出する。

SELECT 　　　　　 商品名　FROM　売上表

1	(1)		(2)	
2	(1)		(2)	
3	(1)		(2)	
4				

【3】　ある高等学校では，部活動の予算支出状況を次のようなリレーショナル型データベースを利用して管理している。次の各問いに答えなさい。

部活動表

部活動コード	部活動名	予算
～	～	～
A03	茶道	29840
～	～	～
S01	陸上競技	45000
～	～	～
S10	バドミントン	229400
～	～	～

費用分類表

分類コード	分類名
H1	消耗品
H2	備品
H3	その他

請求一覧表

処理番号	日付	部活動コード	分類コード	摘要	金額
～	～	～	～	～	～
18050602	2022/05/06	S06	H1	練習球購入代	51000
～	～	～	～	～	～
18053001	2022/05/30	S10	H2	ネット購入代	21000
18053002	2022/05/30	A05	H2	メディア購入代	8800
～	～	～	～	～	～
18070801	2022/07/08	A01	H3	文化ホール使用料	80000
～	～	～	～	～	～
18071101	2022/07/11	A01	H2	資料用DVD購入代	5800
～	～	～	～	～	～

問1．予算支出を請求した部活動名を重複なく抽出する場合，空欄にあてはまる適切なものを選び，記号で答えなさい。

```
SELECT  ［　　］ 部活動名
  FROM  部活動表 A，請求一覧表 B
  WHERE  A.部活動コード = B.部活動コード
```

ア．DISTINCT

イ．LIKE

ウ．IN

部活動名
～
茶道
～
陸上競技
～
バドミントン
～

問2．2022年6月28日から2022年7月8日に予算支出を請求した部活動を抽出する場合，空欄(a)，(b)にあてはまる適切な組み合わせを選び，記号で答えなさい。

```
SELECT  日付，部活動名，分類名，摘要，金額
  FROM  部活動表 A，費用分類表 B，請求一覧表 C
  WHERE  A.部活動コード = C.部活動コード
   AND  B.分類コード = C.分類コード
   AND  日付　［ (a) ］ '2022/06/28' ［ (b) ］ '2022/07/08'
```

ア．(a) BETWEEN　(b) OR

イ．(a) AND　(b) BETWEEN

ウ．(a) BETWEEN　(b) AND

日付	部活動名	分類名	摘要	金額
2022/06/28	ソフトテニス	備品	クーラーボックス代	3350
2022/06/29	ソフトテニス	その他	学校登録費	10000
2022/07/03	吹奏楽	備品	楽譜代	11266
2022/07/08	吹奏楽	その他	文化ホール使用料	80000

問3．分類名ごとの金額合計を抽出する場合，空欄にあてはまる適切なものを選び，記号で答えなさい。

```
SELECT    分類名, SUM(金額)  AS  金額合計
   FROM     費用分類表 A, 請求一覧表 B
   WHERE   A.分類コード = B.分類コード
   ┌─────────┐  分類名
   └─────────┘
```

分類名	金額合計
その他	117000
消耗品	113385
備品	209036

ア．HAVING

イ．GROUP BY

ウ．ORDER BY

問4．予算請求をしていない部活動名を抽出する場合，空欄にあてはまる適切なものを選び，記号で答えなさい。

```
SELECT    部活動名
   FROM     部活動表 A
   WHERE  ┌─────────┐
          └─────────┘
   (SELECT * FROM  請求一覧表B  WHERE  A.部活動コード = B.部活動コード)
```

部活動名
珠算
簿記

ア．NOT IN

イ．EXISTS

ウ．NOT EXISTS

問5．部活動表に追加登録する場合，空欄(a), (b)にあてはまる適切な組み合わせを選び，記号で答えなさい。

```
        [登録内容]      部活動コード：A08
                        部活動名     ：調理
                        予算         ：30000

┌──────────┐  部活動表  ┌────────┐  ('A08','調理',30000)
└─(a)──────┘            └─(b)────┘
```

ア．(a) UPDATE   (b) SET

イ．(a) INSERT INTO (b) VALUES

ウ．(a) DELETE   (b) FROM

問1		問2		問3		問4		問5	

【4】　ある高等学校では，選択科目の履修状況とテスト結果を次のようなリレーショナル型データベースを利用して管理している。次の各問いに答えなさい。

学籍表

生徒コード	名前	学科コード
〜		〜
120104	猪又　○○	401
〜	〜	〜
120207	高橋　○○	404
〜	〜	〜
120283	千葉　○○	413
〜	〜	〜

選択科目表

科目コード	科目名
A01	古典
A02	基礎数学
A03	生物Ⅱ
B01	経済学基礎
B02	商品と流通
B03	マーケティング
B04	ビジネス情報
B05	プログラミング基礎
B06	プログラミング応用

学科表

学科コード	学科名
401	商業
404	情報処理
410	国際経済
413	会計

履修表

生徒コード	科目コード	点数
〜	〜	〜
120104	B01	62
〜	〜	〜
120207	B03	100
〜	〜	〜
120283	B01	65
〜	〜	〜

問1．ビジネス情報の点数を降順に抽出する場合，空欄(a)，(b)にあてはまる適切な組み合わせを選び，記号で答えなさい。

```
SELECT    名前，学科名，点数
  FROM    学籍表 A,  [   (a)   ]  B, 履修表 C
  WHERE   A.学科コード ＝ B.学科コード
    AND   A.生徒コード ＝ C.生徒コード
    AND   科目コード ＝ 'B04'
          [      (b)      ]
```

名前	学科名	点数
佐藤　○○	商業	99
〜		〜
福原　○○	情報処理	81
〜		〜
坂田　○○	会計	49
〜	〜	〜

ア. (a) 選択科目表　　(b) ORDER BY　点数　DESC

イ. (a) 学科表　　　　(b) ORDER BY　点数　ASC

ウ. (a) 学科表　　　　(b) ORDER BY　点数　DESC

問2．科目コードがＢで始まる科目名を抽出する場合，空欄にあてはまる適切なものを選び，記号で答えなさい。

```
SELECT    科目名
  FROM    選択科目表
  WHERE   科目コード  [        ]
```

科目名
経済学基礎
商品と流通
マーケティング
ビジネス情報
プログラミング基礎
プログラミング応用

ア. LIKE 'B_'

イ. LIKE 'B%'

ウ. DISTINCT 'B%'

問3．履修者数が 25 名以上の科目名を抽出する場合，空欄にあてはまる適切なものを選び，記号で答えなさい。

科目名	履修者数
ビジネス情報	27
基礎数学	28
古典	28

```
SELECT    科目名, COUNT(*)  AS  履修者数
   FROM    選択科目表 A, 履修表 B
   WHERE   A.科目コード = B.科目コード
   GROUP  BY   科目名
   [                    ]
```

ア．HAVING COUNT(*) >= 25

イ．HAVING 履修者数 >= 25

ウ．BETWEEN COUNT(*) >= 25

問4．学科名が情報処理と会計の生徒が履修している科目名を抽出する場合，空欄にあてはまる適切なものを選び，記号で答えなさい。

```
SELECT    A.生徒コード, 名前, 学科名, 科目名
   FROM    学籍表 A, 学科表 B, 選択科目表 C, 履修表 D
   WHERE   A.生徒コード = D.生徒コード
     AND   A.学科コード = B.学科コード
     AND   C.科目コード = D.科目コード
     AND   学科名 [          ]('情報処理','会計')
```

ア．IN

イ．EXISTS

ウ．NOT IN

生徒コード	名前	学科名	科目名
120181	伊江　〇〇	情報処理	プログラミング応用
〜	〜	〜	〜
120262	阿部　〇〇	会計	古典
〜	〜	〜	〜

問5．生徒コードが 120257 の点数を 98 に変更する場合，適切なものを選び，記号で答えなさい。

ア．UPDATE　履修表　SET　生徒コード = 120257　WHERE　点数 = 98

イ．UPDATE　点数 = 98　SET　履修表　WHERE　生徒コード = 120257

ウ．UPDATE　履修表　SET　点数 = 98　WHERE　生徒コード = 120257

問1		問2		問3		問4		問5	

練 習 問 題

【練習1】

次の表は，ある遊園地にある軽食店の支店別の売上を示したものである。作成手順にしたがって，各問いに答えなさい。

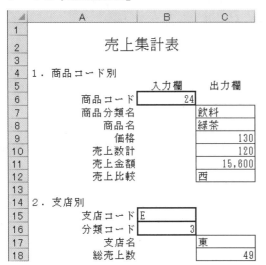

シート名「売上集計表」

売上集計表

1．商品コード別

	入力欄	出力欄
商品コード	24	
商品分類名		飲料
商品名		緑茶
価格		130
売上数計		120
売上金額		15,600
売上比較		西

2．支店別

支店コード	E	
分類コード	3	
支店名		東
総売上数		49

シート名「売上表」

	A	B
2	売上表	
3	売上コード	売上数
4	W11	32
5	E11	28
6	W12	66
7	E12	57
8	W13	41
9	E13	34
10	W14	84
11	E14	63
12	W21	52
13	E21	47
14	W22	39
15	E22	28
16	W23	24
17	E23	32
18	W24	68
19	E24	52
20	W25	74
21	E25	48
22	W31	32
23	E31	21
24	W32	18
25	E32	12
26	W33	28
27	E33	16

シート名「商品表」

	A	B	C	D	E	F	G
2	商品表						
3			メニューコード				
4	分類コード	商品分類名	1	2	3	4	5
5	1	軽食	カレーライス	ラーメン	牛丼	ホットドッグ	
6	2	飲料	コーラ	オレンジ	ウーロン茶	緑茶	コーヒー
7	3	スナック	ポテトチップ	せんべい	チョコレート		

シート名「価格表」

	A	B	C	D	E	F
2	価格表					
3		メニューコード				
4	分類コード	1	2	3	4	5
5	1	600	400	500	200	
6	2	150	150	130	130	250
7	3	120	160	180		

作成手順

1．シート名「売上集計表」のB6，B15，B16に適切なデータを入力すると，条件に合った集計をすることができる。

2．シート名「売上表」のA列の「売上コード」は，左端から1文字目が「支店コード」，2文字目が「分類コード」，3文字目が「メニューコード」を示している。

3．シート名「売上集計表」は，次のように作成されている。

(1) B6の「商品コード」の入力欄は，集計する商品の10の位に「分類コード」，1の位に「メニューコード」を入力する。

(2) C7の「商品分類名」は，B6の「商品コード」をもとに，シート名「商品表」を参照して表示する。

(3) C8の「商品名」は，B6の「商品コード」をもとに，シート名「商品表」を参照して表示する。

(4) C9の「価格」は，B6の「商品コード」をもとに，シート名「価格表」を参照して表示する。

(5) C10の「売上数計」は，B6の「商品コード」をもとに，シート名「売上表」から，B6の「商品コード」を含むA列の「売上コード」ごとに「売上数」の合計を求める。

(6) C11の「売上金額」は，C9の「価格」とC10の「売上数計」を掛けて求める。

(7) C12の「売上比較」は，B6の「商品コード」をもとに，シート名「売上表」のA列が，左端から1文字目にWを含む「売上コード」の「売上数」が大きければ 西，左端から1文字目にEを含む「売上コード」の「売上数」が大きければ 東，同数であれば 同数 と表示する。

(8) B15の「支店コード」の入力欄は，集計する支店コードを入力する。

(9) B16の「分類コード」の入力欄は，集計する分類コードを入力する。

(10) C17の「支店名」は，B15の「支店コード」がWであれば 西，Eであれば 東，それ以外の場合は何も表示しない。

(11) C18の「総売上数」は，B15の「支店コード」とB16の「分類コード」をもとに，シート名「売上表」からB15とB16を結合した文字列データを含むA列の「売上コード」ごとに「売上数」の合計を求める。

問1．シート名「売上集計表」の C7 に設定する式の空欄をうめなさい。

$=\boxed{}(\text{VALUE}(\text{LEFT}(B6,1)),\text{商品表}!A5:G7,2,\text{FALSE})$

問2．シート名「売上集計表」の C8 に設定する式の空欄をうめなさい。

$=\boxed{}(\text{商品表}!C5:G7,\text{VALUE}(\text{LEFT}(B6,1)),\text{VALUE}(\text{RIGHT}(B6,1)))$

問3．シート名「売上集計表」の C10 に設定する式の空欄にあてはまる適切なものを選び，記号で答えなさい。

$=\text{SUMIFS}(\text{売上表}!B4:B27,\text{売上表}!A4:A27,\boxed{})$

ア．B6 　　　　　　**イ**．B6&"?" 　　　　　　**ウ**．"?"&B6

問4．シート名「売上集計表」の C12 に設定する式の空欄(a)，(b)にあてはまる適切な組み合わせを選び，記号で答えなさい。

$=\text{IF}(\text{VLOOKUP}("E"\&B6,\text{売上表}!A4:B27,2,\text{FALSE})\boxed{(a)}\text{VLOOKUP}("W"\&B6,\text{売上表}!A4:B27,2,\text{FALSE}),"西",$
　　$\text{IF}(\text{VLOOKUP}("E"\&B6,\text{売上表}!A4:B27,2,\text{FALSE})\boxed{(b)}\text{VLOOKUP}("W"\&B6,\text{売上表}!A4:B27,2,\text{FALSE}),"東","同数"))$

ア．(a) < 　(b) < 　　　**イ**．(a) < 　(b) = 　　　**ウ**．(a) < 　(b) >

問5．シート名「売上集計表」に，次のようにデータを入力したとき，C18 の「総売上数」に表示される適切な数値を答えなさい。

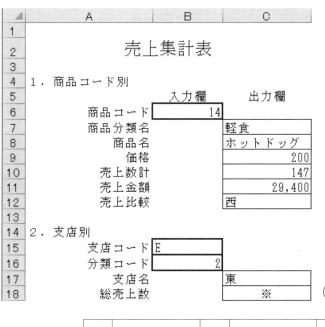

▲	A	B	C
1			
2		売上集計表	
3			
4	1．商品コード別		
5		入力欄	出力欄
6	商品コード	14	
7	商品分類名		軽食
8	商品名		ホットドッグ
9	価格		200
10	売上数計		147
11	売上金額		29,400
12	売上比較		西
13			
14	2．支店別		
15	支店コード	E	
16	分類コード	2	
17	支店名		東
18	総売上数		※

(注)　※印は，値の表記を省略している。

問1		問2		問3		問4		問5	

【練習2】

次の表は，あるラーメンチェーン店の売上分析をするための計算表である。作成手順にしたがって，各問いに答えなさい。

シート名「売上分析表」

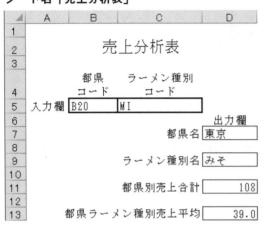

シート名「売上一覧」

	A	B	C	D	E
1					
2	売上一覧				
3	売上コード	都県コード	店舗コード	ラーメン種別コード	売上数
4	B1001MI	B10	B1001	MI	20
5	B1001TO	B10	B1001	TO	40
6	B1001SO	B10	B1001	SO	33
7	B1002MI	B10	B1002	MI	28
8	B1002TO	B10	B1002	TO	21
9	B1002SO	B10	B1002	SO	27
10	B2001MI	B20	B2001	MI	39
11	B2001TO	B20	B2001	TO	23
12	B2001SO	B20	B2001	SO	46
13	B3001MI	B30	B3001	MI	22
14	B3001TO	B30	B3001	TO	50
15	B3001SO	B30	B3001	SO	22
16	B3002MI	B30	B3002	MI	42
17	B3002TO	B30	B3002	TO	21
18	B3002SO	B30	B3002	SO	11
19	B3003MI	B30	B3003	MI	28
20	B3003TO	B30	B3003	TO	22
21	B3003SO	B30	B3003	SO	49

シート名「都県コード表」

	A	B
1		
2	都県コード表	
3	都県コード	都県名
4	B10	埼玉
5	B20	東京
6	B30	千葉

シート名「ラーメン種別表」

	A	B
1		
2	ラーメン種別表	
3	ラーメン種別コード	ラーメン種別名
4	MI	みそ
5	TO	とんこつ
6	SO	その他

作成手順

1. シート名「売上分析表」のB5～C5に適切なデータを順に入力すると，出力欄の各項目に適切な結果を求めることができる。

2. シート名「売上分析表」は，次のように作成されている。

(1) B5は，都県コードを入力する。また，D7は，B5の「都県コード」をもとに，シート名「都県コード表」を参照して都県名を表示する。ただし，B5に入力されたデータから参照できない場合は エラー を表示し，未入力の場合は何も表示しない。なお，シート名「売上一覧」の「店舗コード」は以下のように構成されている。

「都県コード」& 2桁の番号

(2) C5は，ラーメン種別コードを入力する。また，D9は，C5の「ラーメン種別コード」をもとに，シート名「ラーメン種別表」を参照してラーメン種別名を表示する。ただし，C5に入力されたデータから参照できない場合は エラー を表示し，未入力の場合は何も表示しない。

(3) D11の「都県別売上合計」は，「都県コード」をもとに，シート名「売上一覧」を参照し，都県コードごとの合計を求める。ただし，B5に入力されたデータから参照できない場合は エラー を表示し，未入力の場合は何も表示しない。

(4) D13の「都県ラーメン種別売上平均」は，「都県コード」と「ラーメン種別コード」をもとに，シート名「売上一覧」を参照し，各条件を満たした値の平均を求める。ただし，B5とC5に入力されたデータから参照できない場合は エラー を表示し，B5かC5が未入力の場合は何も表示しない。

問1．シート名「売上分析表」のD7に設定する式として適切なものを選び，記号で答えなさい。

ア．=IF(B5="","",IFERROR("エラー",VLOOKUP(B5,都県コード表!A4:B6,2,FALSE)))

イ．=IF(B5="","",IFERROR(VLOOKUP(B5,都県コード表!A4:B6,2,FALSE),"エラー"))

ウ．=IF(B5="","エラー",IFERROR(VLOOKUP(B5,都県コード表!A4:B6,2,FALSE),""))

問2．シート名「売上分析表」のD11には次の式が設定されている。この式と**同様の結果が得られないもの**を選び，記号で答えなさい。

=IF(OR(B5="",C5=""),"",

　IF(COUNTIFS(売上一覧!B4:B21,B5)>0,SUMIFS(売上一覧!E4:E21,売上一覧!B4:B21,B5),"エラー"))

ア．=IF(OR(B5="",C5=""),"",

　　IF(COUNTIFS(売上一覧!B4:B21,B5)>0,SUMIFS(売上一覧!E4:E21,売上一覧!C4:C21,B5&"?"),"エラー"))

イ．=IF(OR(B5="",C5=""),"",

　　IF(COUNTIFS(売上一覧!B4:B21,B5)>0,SUMIFS(売上一覧!E4:E21,売上一覧!C4:C21,B5&"*"),"エラー"))

ウ．=IF(OR(B5="",C5=""),"",

　　IF(COUNTIFS(売上一覧!B4:B21,B5)>0,SUMIFS(売上一覧!E4:E21,売上一覧!C4:C21,B5&"??"),"エラー"))

問3．シート名「売上分析表」のD13に都県ラーメン種別売上平均を表示する場合，次の(1)，(2)に答えなさい。

(1)　次の式の空欄(a)，(b)，(c)にあてはまる適切な組み合わせを選び，記号で答えなさい。

=IF(OR(B5="",C5=""),"",

　IF(IFERROR(OR(MATCH(B5,売上一覧!B4:B21,0)>0,MATCH(C5,売上一覧!D4:D21,0)>0),FALSE),

　DAVERAGE(　　　(a)　　　,　　　(b)　　　,　　　(c)　　　),"エラー"))

ア．(a)　B4:C5　　　　　(b)　5　　　　　(c)　売上一覧!A3:E21

イ．(a)　売上一覧!A3:E21　　　(b)　B4:C5　　　(c)　5

ウ．(a)　売上一覧!A3:E21　　　(b)　5　　　　(c)　B4:C5

(2)　(1)と同様の結果が得られる式の空欄にあてはまる関数を答えなさい。

=IF(OR(B5="",C5=""),"",

　IFERROR(　　　　(売上一覧!E4:E21,売上一覧!B4:B21,B5,売上一覧!D4:D21,C5),"エラー"))

問4．シート名「売上分析表」に，次のようにデータを入力したとき，D13の「都県ラーメン種別売上平均」に表示される適切な数値を答えなさい。

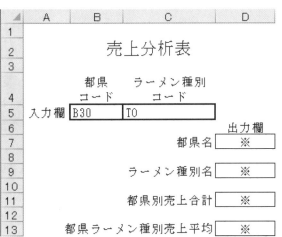

| 問1 | | 問2 | | 問3 | (1) | | (2) | | 問4 | |

【練習3】

次の表は，ある会社の旅費を支給するための計算表である。作成手順にしたがって，各問いに答えなさい。

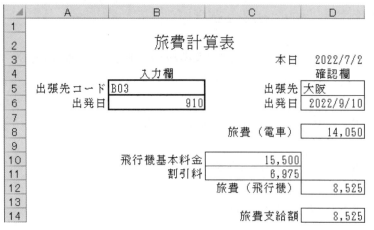

シート名「旅費計算表」

	A	B	C	D
1				
2		旅費計算表		
3			本日	2022/7/2
4		入力欄	確認欄	
5	出張先コード	B03	出張先	大阪
6	出発日	910	出発日	2022/9/10
7				
8			旅費（電車）	14,050
9				
10		飛行機基本料金		15,500
11		割引料		6,975
12			旅費（飛行機）	8,525
13				
14			旅費支給額	8,525

シート名「飛行機運賃区分表」

	A	B	C	D
1				
2	飛行機運賃区分表			
3	日付			区分
4	4月1日	～	7月5日	区分1
5	7月6日	～	7月19日	区分3
6	7月20日	～	8月16日	区分2
7	8月17日	～	8月31日	区分3
8	9月1日	～	9月30日	区分1

シート名「飛行機運賃割引率表」

	A	B	C	D
1				
2	飛行機運賃割引率表			
3	日数			割引率
4	0	～	29	0%
5	30	～	49	25%
6	50	～		45%

シート名「旅費一覧」

	A	B	C	D	E	F
1						
2	旅費一覧					
3	出張先コード	出張先	電車	飛行機基本料金		
4				区分1	区分2	区分3
5	B01	秋田	16,810	19,900	26,300	22,800
6	B02	名古屋	10,780	15,600	19,800	16,800
7	B03	大阪	14,050	15,500	15,500	15,500
8	B04	福岡	22,570	30,300	38,400	34,800

作成手順

1．シート名「旅費計算表」のB5～B6に適切なデータを順に入力すると，旅費支給額を求めることができる。

2．シート名「旅費計算表」は，次のように作成されている。

(1) D3は，本日の日付を自動的に表示するため，TODAY関数が入力されている。

(2) B5は，出張先コードを入力する。また，D5の「出張先」は，B5の「出張先コード」をもとに，シート名「旅費一覧」を参照して表示する。ただし，B5に入力されたデータから参照できない場合は エラー を表示し，未入力の場合は何も表示しない。

(3) B6は，出発する月日を入力する。例えば，4月5日であれば405と入力する。また，D6は，B6の「出発日」が暦にある場合は，関数を利用してD6のような形式で出発日を表示し，暦にない場合は エラー を表示する。なお，B6が未入力の場合は何も表示しない。

(4) D8の「旅費(電車)」は，B5の「出張先コード」をもとに，シート名「旅費一覧」を参照して表示する。ただし，B5が未入力，または，D5が エラー の場合は何も表示しない。

(5) C10の「飛行機基本料金」は，B5の「出張先コード」とD6の「出発日」をもとに，シート名「旅費一覧」を参照して飛行機基本料金を表示する。シート名「旅費一覧」の「区分1」～「区分3」については，D6の「出発日」をもとに，シート名「飛行機運賃区分表」を参照して求める。なお，B5かB6が未入力，D5かD6が エラー の場合は何も表示しない。

(6) C11の「割引料」は，D6の「出発日」からD3の「本日」を引いた値をもとに，シート名「飛行機運賃割引率表」から参照した割引率にC10の「飛行機基本料金」を掛けて求める。なお，C10が空白の場合は何も表示しない。

(7) D12の「旅費(飛行機)」は，C10の「飛行機基本料金」からC11の「割引料」を引いて求める。なお，C10が空白の場合は何も表示しない。

(8) D14の「旅費支給額」は，D8の「旅費(電車)」とD12の「旅費(飛行機)」を比べて，安い方を表示する。なお，B5かB6が未入力，またはD5かD6が エラー の場合は，何も表示しない。

問1．シート名「旅費計算表」の D5 に設定する式の空欄をうめなさい。

=IF(B5="","",　　　　　　　(VLOOKUP(B5,旅費一覧!A5:B8,2,FALSE),"エラー"))

問2．シート名「旅費計算表」の D6 に設定する式として**適切でないもの**を選び，記号で答えなさい。

ア． =IF(B6="","",IF(MOD(B6,100)=DAY(DATE(YEAR(D3),INT(B6/100),MOD(B6,100))),
　　　　DATE(YEAR(D3),INT(B6/100),MOD(B6,100)),"エラー"))

イ． =IF(B6="","",IF(MOD(B6,100)=MONTH(DATE(YEAR(D3),INT(B6/100),MOD(B6,100))),
　　　　DATE(YEAR(D3),INT(B6/100),MOD(B6,100)),"エラー"))

ウ． =IF(B6="","",IF(INT(B6/100)=MONTH(DATE(YEAR(D3),INT(B6/100),MOD(B6,100))),
　　　　DATE(YEAR(D3),INT(B6/100),MOD(B6,100)),"エラー"))

問3．シート名「旅費計算表」の C10 に設定する式の空欄(a)，(b)，(c)にあてはまる適切な組み合わせを選び，記号で答えなさい。

=IF(OR(B5="",B6="",D5="エラー",D6="エラー"),"",
　　INDEX(　　　(a)　　　,　　　(b)　　　,　　　(c)　　　))

ア． (a)　MATCH(B5,旅費一覧!A5:A8,0)

　　　(b)　旅費一覧!D5:F8

　　　(c)　MATCH(VLOOKUP(D6,飛行機運賃区分表!A4:D8,4,TRUE),旅費一覧!D4:F4,0)

イ． (a)　MATCH(B5,旅費一覧!A5:A8,0)

　　　(b)　MATCH(VLOOKUP(D6,飛行機運賃区分表!A4:D8,4,TRUE),旅費一覧!D4:F4,0)

　　　(c)　旅費一覧!D5:F8

ウ． (a)　旅費一覧!D5:F8

　　　(b)　MATCH(B5,旅費一覧!A5:A8,0)

　　　(c)　MATCH(VLOOKUP(D6,飛行機運賃区分表!A4:D8,4,TRUE),旅費一覧!D4:F4,0)

問4．シート名「旅費計算表」の C11 には次の式が設定されている。この式と同様の結果が得られる式として正しいものを選び，記号で答えなさい。

=IF(C10="","",VLOOKUP(D6-D3,飛行機運賃割引率表!A4:D6,4,TRUE)*C10)

ア． =IF(C10="","",IF(D6-D3>=50,45%,IF(D6-D3>=30,25%,0%))*C10)

イ． =IF(C10="","",IF(D6-D3>=30,25%,IF(D6-D3>=50,45%,0%))*C10)

ウ． =IF(C10="","",IF(D6-D3<=30,0%,IF(D6-D3>=50,25%,45%))*C10)

問5．シート名「旅費計算表」に，次のようにデータを入力したとき，D14 の「旅費支給額」に表示される適切な数値を答えなさい。

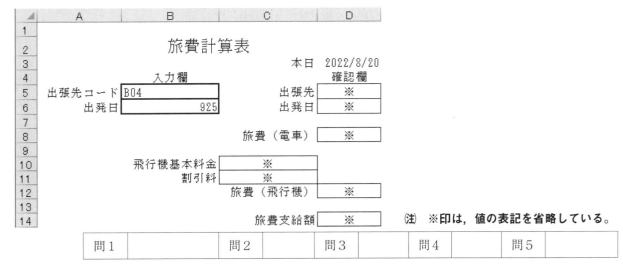

| 問1 | | 問2 | | 問3 | | 問4 | | 問5 | |

【練習４】

　次の表は，ある印刷会社のパンフレット印刷の料金計算表である。作成手順にしたがって，各問いに答えなさい。

シート名「料金計算表」

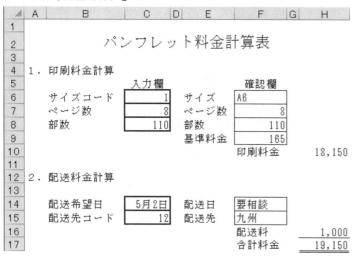

シート名「基準料金一覧」

	A	B	C	D	E	F	G
1							
2	基準料金一覧						
3	サイズ：A6						
4		部数＼ページ数	8	12	16	20	24
5		100～　　999	165	223	308	390	456
6		1,000～9,999	25	33	36	46	49
7		10,000～	7	9	12	16	18
8							
9	サイズ：A5						
10		部数＼ページ数	8	12	16	20	24
11		100～　　999	187	245	264	431	470
12		1,000～9,999	26	37	39	53	56
13		10,000～	8	12	14	19	22
14							
15	サイズ：A4						
16		部数＼ページ数	8	12	16	20	24
17		100～　　999	194	248	284	485	567
18		1,000～9,999	29	37	40	58	65
19		10,000～	10	14	16	24	28
20							
21	サイズ：B5						
22		部数＼ページ数	8	12	16	20	24
23		100～　　999	184	236	272	472	553
24		1,000～9,999	27	35	39	57	63
25		10,000～	9	15	16	24	28

シート名「サイズコード表」

	A	B
1		
2	サイズコード表	
3	サイズコード	サイズ
4	1	A6
5	2	A5
6	3	A4
7	4	B5

シート名「配送料金一覧」

	A	B	C
1			
2	配送料金一覧		
3	配送先コード	地域	配送料金
4	11	沖縄	0
5	12	九州	1,000
6	13	中国・四国	1,500
7	14	その他	2,000

作成手順

1．シート名「料金計算表」のC6～C8，C14～C15に適切なデータを順に入力すると，料金を求めることができる。

2．シート名「料金計算表」は，次のように作成されている。

　⑴　C6には，パンフレットのサイズコードを入力する。また，F6の「サイズ」は，パンフレットのサイズコードをもとに，シート名「サイズコード表」を参照してサイズを表示する。なお，C6に入力されたサイズコードがシート名「サイズコード表」にない場合には エラー を表示し，未入力の場合は何も表示しない。

　⑵　C7の「ページ数」は，パンフレットのページ数を4の倍数で入力する。ただし，最小8，最大24とする。また，F7の「ページ数」は，C7の値を表示するものとする。なお，入力されたページ数が4の倍数でないか，8未満か，または24を超える場合は エラー を表示し，未入力の場合は何も表示しない。

　⑶　C8の「部数」は，印刷する部数を入力する。ただし，100部以上とする。また，F8の「部数」はC8の値を表示するものとする。なお，入力された部数が100未満の場合は エラー を表示し，未入力の場合は何も表示しない。

　⑷　F9の「基準料金」は，C6の「サイズコード」，C7の「ページ数」，C8の「部数」をもとに，シート名「基準料金一覧」を参照して表示する。なお，C6～C8に入力されたデータからシート名「基準料金一覧」を参照できない場合は エラー を表示し，C6～C8に未入力がある場合は何も表示しない。

　⑸　H10の「印刷料金」は，F8の「部数」とF9の「基準料金」を掛けて求める。なお，F8～F9のデータから計算ができない場合は エラー を表示し，F9が空白の場合は何も表示しない。

　⑹　C14の「配送希望日」は，配送の希望日を入力する。また，F14の「配送日」は，C14の値を表示するものとする。なお，本日（申込日）の次の日から数え，3日以内の場合は 要相談 を表示し，未入力の場合は何も表示しない。

　⑺　C15の「配送先コード」は，配送先のコードを入力する。また，F15の「配送先」とF16の「配送料」は，配送先コードをもとにシート名「配送料金一覧」を参照して表示する。なお，C15に入力された配送先コードがシート名「配送料金一覧」にない場合には エラー を表示し，未入力の場合は何も表示しない。

　⑻　H17の「合計料金」は，H10の「印刷料金」とH16の「配送料」を合計したものとする。なお，H10とH16のデータから計算ができない場合は エラー を表示し，H10とH16のどちらかが未入力の場合は何も表示しない。

練習問題

問1．シート名「料金計算表」の F6 に設定する式の空欄をうめなさい。

=IF(C6="","",IFERROR(□□□□□(C6,サイズコード表!$A$4:$B$7,2,FALSE),"エラー"))

問2．シート名「料金計算表」の F7 に設定する式として適切なものを選び，記号で答えなさい。

ア． =IF(C7="","",IF(AND(C7>7,C7<25,MOD(C7,4)=0),C7,"エラー"))

イ． =IF(C7="","",IF(AND(C7>7,C7<25,CEILING(C7,4)=0),C7,"エラー"))

ウ． =IF(C7="","",IF(AND(C7>7,C7<25,FLOOR(C7,4)=0),C7,"エラー"))

問3．シート名「料金計算表」の F9 に設定する式の空欄(a), (b)にあてはまる適切な組み合わせを選び，記号で答えなさい。

=IF(OR(C6="",C7="",C8=""),"",

　　IFERROR(INDEX((基準料金一覧!C5:G7,基準料金一覧!C11:G13,基準料金一覧!C17:G19,基準料金一覧!C23:G25),

　　□□□(a)□□□,□□□(b)□□□,C6),"エラー"))

ア． (a)　MATCH(C8,基準料金一覧!C4:G4,1)　　　　　(b)　MATCH(C7,基準料金一覧!A5:A7,0)

イ． (a)　MATCH(C7,基準料金一覧!C4:G4,0)　　　　　(b)　MATCH(C8,基準料金一覧!A5:A7,1)

ウ． (a)　MATCH(C8,基準料金一覧!A5:A7,1)　　　　　(b)　MATCH(C7,基準料金一覧!C4:G4,0)

問4．シート名「料金計算表」の F14 に設定する式の空欄にあてはまる適切なものを選び，記号で答えなさい。

=IF(C14="","",IF(□□□□□>=3,C14,"要相談"))

ア． C14-TODAY()

イ． C14-NOW()

ウ． C14-DAY(NOW())

問5．シート名「料金計算表」に，次のようにデータを入力したとき，H17 の「合計料金」に表示される適切な数値を答えなさい。

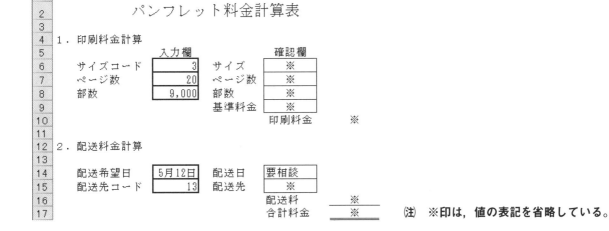

問1		問2		問3		問4		問5	

【練習5】　次の表は，ある映画館の当日券販売における料金計算表である。作成手順にしたがって，各問いに答えなさい。

シート名「当日券販売料金計算表」

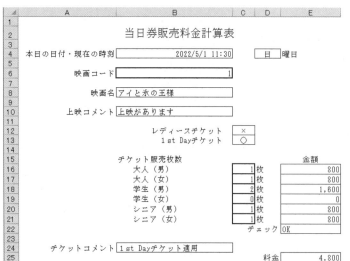

シート名「曜日表」　　　シート名「料金表」

シート名「上映スケジュール表」

	A	B	C	D	E	F
1						
2	上映スケジュール表					
3			上映回/上映開始時刻			上映
4	映画コード	映画名	1回目	2回目	3回目	回数
5	1	アイと氷の王様	10:35	12:55	15:15	3
6	2	青春ライト	11:30	16:40	***	2
7	3	蹴球!!	10:20	12:45	18:20	3
8	4	鳥山ドッグアイ	21:15	***	***	1
9	5	祖母たちの手紙	11:15	14:30	17:30	3

(注)　映画コード4の「鳥山ドッグアイ」は深夜上映映画である。

作成手順

1. シート名「当日券販売料金計算表」のB6, C16～C21に適切なデータを順に入力すると，料金を求めることができる。
2. シート名「当日券販売料金計算表」は，次のように作成されている。
  (1) B4には，本日の日付と現在の時刻を自動的に表示するための関数が設定されている。
  (2) D4には，B4の「本日の日付・現在の時刻」をWEEKDAY関数で求めた戻り値をもとに，シート名「曜日表」を参照して表示する。
  (3) B8の「映画名」は，B6の「映画コード」をもとに，シート名「上映スケジュール表」を参照して表示する。
  (4) B10の「上映コメント」は，現在の時刻以降に希望する映画が上映されるかどうかを，シート名「上映スケジュール表」を参照し，上映がある場合は 上映があります，上映がない場合は 本日の上映は終了しました と表示する。
  (5) C12の「レディースチケット」は，D4に表示された曜日が 水 の場合に ○ を，それ以外の曜日や深夜上映のときには × を表示する。なお，毎月1日も1st Dayチケットが適用されるので，× を表示する。
  (6) C13の「1st Dayチケット」は，毎月1日に料金が安くなるプランであり，該当する場合には ○ を，それ以外の日と深夜上映のときには × を表示する。なお，その日が水曜日であっても1st Dayチケットを適用する。
  (7) C16～C21の「チケット販売枚数」は，それぞれの枚数を入力する。
  (8) E16～E21の「金額」は，次のように求める。
    ① C12の「レディースチケット」に ○ が表示されている場合は，「大人（女）」と「学生（女）」にシート名「料金表」のレディース料金を適用して，C列の枚数を掛けて表示する。
    ② C13の「1st Dayチケット」に ○ が表示されている場合は，「シニア（男）」と「シニア（女）」以外のすべての人にシート名「料金表」の1st Day料金を適用して，C列の枚数を掛けて表示する。
    ③ 深夜上映映画の「鳥山ドッグアイ」は，「大人（男）」と「大人（女）」にシート名「料金表」の深夜上映料金を適用して，C列の枚数を掛けて表示する。ただし，学生は深夜上映映画を購入することができないので，「学生（男）」と「学生（女）」に枚数が入力されると 購入不可 を金額欄に表示する。
    ④ シニアは，すべての条件にかかわらずシート名「料金表」のシニア料金を適用し，C列の枚数を掛けて表示する。
  (9) E22の「チェック」は，B10に 上映があります と表示されていて，E16～E21の「金額」に表示された数値の個数が6個の場合は OK を表示し，そうでない場合は 再入力 を表示する。
  (10) B24の「チケットコメント」は，次の条件によりコメントを表示する。
    ① B6の「映画コード」が4の場合は，深夜上映料金適用 と表示する。
    ② C12が ○ の場合は，レディースチケット適用 と表示する。
    ③ C13が ○ の場合は，1st Dayチケット適用 と表示する。
    ④ E22の「チェック」が 再入力 の場合は，販売不可 と表示する。
    ⑤ ①～④以外は，通常料金適用 と表示する。
  (11) E25の「料金」は，E22の「チェック」が OK の場合，E16～E21の金額の合計を表示し，そうでない場合は何も表示しない。

問1．シート名「当日券販売料金計算表」のD4に設定する式を選び，記号で答えなさい。

ア．=VLOOKUP(B4,曜日表!A4:B10,2,FALSE)

イ．=VLOOKUP(WEEKDAY(B4,1),曜日表!A4:B10,2,FALSE)

ウ．=VLOOKUP(NOW(),曜日表!A4:B10,2,FALSE)

(注)　WEEKDAY関数は，戻り値として1(日曜日)〜7(土曜日)を返す。

問2．シート名「当日券販売料金計算表」のB10に設定する式を選び，記号で答えなさい。

ア．=IF(INDEX(上映スケジュール表!C5:E9,
　　　VLOOKUP(B6,上映スケジュール表!A5:F9,6,FALSE),B6)+TODAY()<B4,
　　　"本日の上映は終了しました","上映があります")

イ．=IF(INDEX(上映スケジュール表!C5:E9,
　　　B6,VLOOKUP(B6,上映スケジュール表!A5:F9,6,FALSE))+TODAY()<B4,
　　　"本日の上映は終了しました","上映があります")

ウ．=IF(INDEX(上映スケジュール表!C5:E9,
　　　B6,VLOOKUP(B6,上映スケジュール表!A5:F9,6,FALSE))+TODAY()<B4,
　　　"上映があります","本日の上映は終了しました")

問3．シート名「当日券販売料金計算表」のE17に設定する式の空欄(a), (b), (c)にあてはまる適切な組み合わせを選び，記号で答えなさい。

=IF(B6=4,　(a)　,IF(C13="○",　(b)　,IF(C12="○",料金表!B6*C17,　(c)　)))

ア．(a)料金表!B8*C17　　(b)料金表!B9*C17　　(c)料金表!B4*C17

イ．(a)料金表!B8*C17　　(b)料金表!B4*C17　　(c)料金表!B9*C17

ウ．(a)料金表!B4*C17　　(b)料金表!B9*C17　　(c)料金表!B8*C17

問4．シート名「当日券販売料金計算表」のB24に設定する式の空欄(a), (b), (c)にあてはまる適切な組み合わせを選び，記号で答えなさい。

=IF(E22="再入力","販売不可",
　　IF(B6=4,"　(a)　",IF(C12="○","　(b)　",IF(C13="○","　(c)　","通常料金適用"))))

ア．(a) レディースチケット適用　　(b) 深夜上映料金適用　　(c) 1st Day チケット適用

イ．(a) 1st Day チケット適用　　(b) レディースチケット適用　　(c) 深夜上映料金適用

ウ．(a) 深夜上映料金適用　　(b) レディースチケット適用　　(c) 1st Day チケット適用

問5．シート名「当日券販売料金計算表」に，次のようにデータを入力したとき，E25の「料金」に表示される適切な数値を答えなさい。

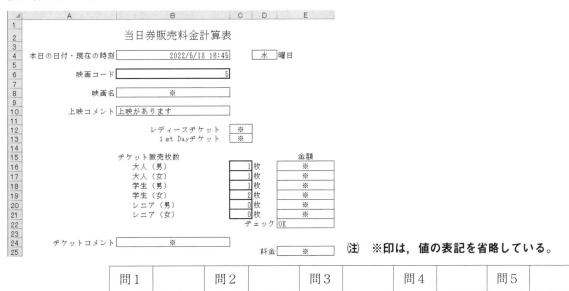

(注)　※印は，値の表記を省略している。

問1	問2	問3	問4	問5

【練習6】

次の表は，あるカラオケボックスの利用料金計算表である。作成手順にしたがって，各問いに答えなさい。

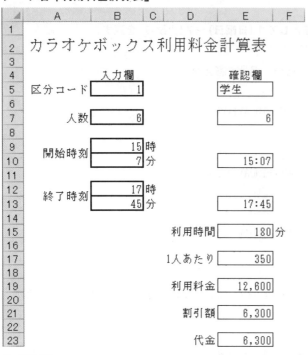

シート名「利用料金計算表」

シート名「割引率表」

	A	B	C	D	E
1					
2	割引率表				
3	区分コード	区分	10:00	16:00	21:00
4	1	学生	50%	30%	0%
5	2	一般	20%	10%	0%

シート名「単価表」

	A	B	C	D	E	F	G
1							
2	単価表						
3	学生				一般		
4	人数		30分あたり		人数		30分あたり
5	1～3		550		1～2		700
6	4～6		350		3～5		600
7	7～		300		6～		400

（注）　単価表の A5～C7 は 学生，
E5～G7 は 一般と設定されて
いる。

作成手順

1．シート名「利用料金計算表」の B5，B7，B9，B10，B12，B13 に適切なデータを順に入力すると，代金を求めることができる。

2．シート名「利用料金計算表」は，次のように作成されている。

(1) B5 には，区分コードを入力する。また，E5 は，B5 の「区分コード」をもとに，シート名「割引率表」を参照して区分を表示する。ただし，B5 に入力されたデータから参照できない場合は エラー を表示し，未入力の場合は何も表示しない。

(2) B7 には，人数を入力する。また，E7 は，B7 の「人数」を表示する。ただし，B7 に入力されたデータが 1 以上 10 以下でないときは エラー を表示し，未入力の場合は何も表示しない。

(3) B9，B10 には，開始時刻を 24 時間表示で入力する。また，E10 は，B9 と B10 を組み合わせて，開始時刻を時刻形式で表示する。なお，B9 が 10 未満か,23 を超える場合，B10 が 0 未満か,59 を超える場合は エラー を表示し，B9 か B10 が未入力の場合は何も表示しない。

(4) B12，B13 には，終了時刻を 24 時間表示で入力する。また，E13 は，B12 と B13 を組み合わせて，終了時刻を時刻形式で表示する。なお，B12 が 10 未満か，23 を超える場合，B13 が 0 未満か，59 を超える場合，E13 の時刻が E10 より前の時刻の場合は エラー を表示し，B12 か B13 が未入力の場合は何も表示しない。

(5) E15 の「利用時間」は，次の式で算出した値について,30 分を基準とし，もっとも近い値に切り上げた値とする。ただし，E10 か E13 が エラー か，空白の場合は何も表示しない。

「終了時刻(時)　×　60　＋　終了時刻(分)　－　開始時刻(時)　×　60　－　開始時刻(分)」

(6) E17 の「1 人あたり」は，B5 の「区分コード」と B7 の「人数」をもとに，シート名「単価表」を参照して表示する。ただし，表示されたデータから参照できない場合は エラー を表示し，B5 か B7 が未入力の場合は何も表示しない。

(7) E19 の「利用料金」は，E15 の「利用時間」を 30 で割った値に，E7 の「人数」と E17 の「1 人あたり」を掛けて求める。ただし，表示されたデータから計算ができない場合は エラー を表示し，E15 か E17 が空白の場合は何も表示しない。

(8) E21 の「割引額」は，E10 の「開始時刻」をもとに，シート名「割引率表」から割引率を参照し，E19 の「利用料金」を掛けて求める。ただし，表示されたデータから参照できない，または計算できない場合は エラー を表示し，E19 が空白の場合は何も表示しない。

(9) E23 の「代金」は，E19 の「利用料金」から E21 の「割引額」を引いて求める。ただし，表示されたデータから計算できない場合は エラー を表示し，E19 が空白の場合は何も表示しない。

問1．シート名「利用料金計算表」のE7には次の式が設定されている。この式と同様の結果が得られる式として正しいものを選び，記号で答えなさい。

=IF(B7="","",IF(AND(B7>=1,B7<=10),B7,"エラー"))

ア．=IF(B7="","",IF(OR(B7>=1,B7<=10),B7,"エラー"))

イ．=IF(B7="","",IF(NOT(OR(B7<1,B7>10)),"エラー",B7))

ウ．=IF(B7="","",IF(NOT(OR(B7<1,B7>10)),B7,"エラー"))

問2．シート名「利用料金計算表」のE15に設定する式の空欄をうめなさい。

=IF(OR(E10="",E13="",E10="エラー",E13="エラー"),"",

　　　　　　(B12*60+B13-B9*60-B10,30))

問3．シート名「利用料金計算表」のE17に設定する式の空欄にあてはまる適切なものを選び，記号で答えなさい。

=IF(OR(B5="",B7=""),"",IFERROR(VLOOKUP(B7,　　　　　　　　　　　　　　　,3,TRUE),"エラー"))

ア．IF(B5=1,単価表!A5:C7,単価表!E5:G7)

イ．IF(B5=1,単価表!E5:G7,単価表!A5:C7)

ウ．IF(B5=2,単価表!A5:C7,単価表!E5:G7)

問4．シート名「利用料金計算表」のE21に設定する式を選び，記号で答えなさい。

ア．=IF(E19="","",IFERROR(E19*INDEX(割引率表!C4:E5,MATCH(E10,割引率表!C3:E3,1),B5),"エラー"))

イ．=IF(E19="","",IFERROR(E19*HLOOKUP(E10,割引率表!C3:E5,B5+1,TRUE),"エラー"))

ウ．=IF(E19="","",IFERROR(E19*VLOOKUP(B5,割引率表!A4:E5,MATCH(E10,割引率表!C3:E3,1)+1,FALSE),"エラー"))

問5．シート名「利用料金計算表」に，次のようにデータを入力したとき，E23の「代金」に表示される適切な数値を答えなさい。

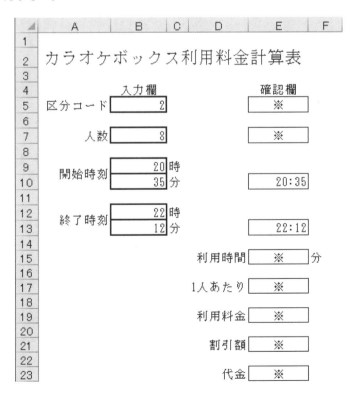

(注)　※印は，値の表記を省略している。

問1		問2		問3		問4		問5	

【練習7】

次の表は，ある家具店のカーテン注文表である。作成手順にしたがって，各問いに答えなさい。

シート名「カーテン注文表」

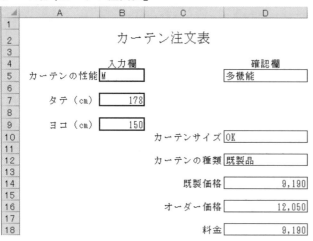

シート名「オーダーカーテン価格表」

	A	B	C	D	E
1					
2	オーダーカーテン価格表				
3	標準表			ヨコ（cm）	
4			30	101	201
5	タテ（cm）		～100	～200	～300
6	90～120		3,850	7,800	11,700
7	121～150		4,350	8,800	13,200
8	151～180		4,850	9,800	14,700
9	181～210		5,250	10,700	16,000
10	211～240		5,750	11,700	17,500
11	241～270		6,150	12,500	18,700
12					
13					
14	多機能表			ヨコ（cm）	
15			30	101	201
16	タテ（cm）		～100	～200	～300
17	90～120		4,850	9,800	14,700
18	121～150		5,350	10,800	16,200
19	151～180		5,950	12,050	18,050
20	181～210		6,350	12,850	19,250
21	211～240		6,950	14,100	21,100
22	241～270		7,350	14,900	22,300

シート名「既製カーテン価格表」

作成手順

1. シート名「カーテン注文表」のB5, B7, B9に適切なデータを順に入力すると，料金を求めることができる。
2. シート名「カーテン注文表」は，次のように作成されている。
   (1) B5には，カーテンの性能をSかMで入力する。また，D5は，カーテンの性能がSの場合は 標準 ，Mの場合は 多機能 と表示する。なお，B5に入力されたカーテンの性能がSかM以外の場合は エラー を表示し，未入力の場合は何も表示しない。
   (2) D10の「カーテンサイズ」は，B7の「タテ(cm)」が90未満か，270以上の場合は タテのサイズエラー ，B9の「ヨコ(cm)」が30未満か，300以上の場合は ヨコのサイズエラー ，それ以外はOKを表示する。なお，B7かB9に未入力がある場合は何も表示しない。
   (3) D12の「カーテンの種類」は，B7の「タテ(cm)」がシート名「既製カーテン価格表」の「タテ(cm)」と一致，かつB9の「ヨコ(cm)」がシート名「既製カーテン価格表」の「ヨコ(cm)」と一致する場合は 既製品 を表示し，それ以外は オーダー を表示する。なお，D10がOK以外の場合は何も表示しない。
   (4) D14の「既製価格」は，B7の「タテ(cm)」とB9の「ヨコ(cm)」をもとに，シート名「既製カーテン価格表」を参照して表示する。ただし，B5がSの場合は 標準表 ，Mの場合は 多機能表 を参照する。また，B9の「ヨコ(cm)」が100を超える場合は，C列の「150」を参照し，それ以外の場合はB列の「100」を参照する。なお，B5かD12が未入力か，D5が エラー の場合は何も表示しない。
   (5) D16の「オーダー価格」は，B7の「タテ(cm)」とB9の「ヨコ(cm)」をもとに，シート名「オーダーカーテン価格表」を参照して表示する。ただし，B5がSの場合は 標準表 ，Mの場合は 多機能表 を参照する。なお，B5かD12が未入力か，D5が エラー の場合は何も表示しない。
   (6) D18の「料金」は，D12が 既製品 の場合はD14，そうでなければD16を参照する。

問1．シート名「カーテン注文表」のD10に設定する式として**適切でないもの**を選び，記号で答えなさい。

ア．=IF(OR(B7="",B9=""),"",
　　IF(OR(B7>90,B7<270),"タテのサイズエラー",IF(OR(B9>30,B9<300),"ヨコのサイズエラー","OK")))

イ．=IF(OR(B7="",B9=""),"",
　　IF(NOT(AND(B7>=90,B7<270)),"タテのサイズエラー",IF(NOT(AND(B9>=30,B9<300)),"ヨコのサイズエラー","OK")))

ウ．=IF(OR(B7="",B9=""),"",
　　IF(OR(B7<90,B7>=270),"タテのサイズエラー",IF(OR(B9<30,B9>=300),"ヨコのサイズエラー","OK")))

問2．シート名「カーテン注文表」のD12に設定する式を選び，記号で答えなさい。

ア．=IF(D10<>"OK","",IF(AND(IFERROR(MATCH(B7,既製カーテン価格表!A6:A10,0),0)<0,
　　IFERROR(MATCH(B9,既製カーテン価格表!B5:C5,0),0)<0),"既製品","オーダー"))

イ．=IF(D10<>"OK","",IF(AND(IFERROR(MATCH(B7,既製カーテン価格表!A6:A10,0),0)>0,
　　IFERROR(MATCH(B9,既製カーテン価格表!B5:C5,0),0)>0),"オーダー","既製品"))

ウ．=IF(D10<>"OK","",IF(AND(IFERROR(MATCH(B7,既製カーテン価格表!A6:A10,0),0)>0,
　　IFERROR(MATCH(B9,既製カーテン価格表!B5:C5,0),0)>0),"既製品","オーダー"))

問3．シート名「カーテン注文表」のD14に設定する式の空欄にあてはまる適切なものを選び，記号で答えなさい。

=IF(OR(B5="",D5="エラー",D12=""),"",
　　IF(B5="S",_____,
　　_____解答不要_____))

ア．VLOOKUP(IF(B9<110,110,B9),既製カーテン価格表!A6:C10,IF(B7>100,3,2),TRUE)

イ．VLOOKUP(IF(B7<110,110,B7),既製カーテン価格表!A6:C10,IF(B9>100,3,2),TRUE)

ウ．VLOOKUP(IF(B7<110,110,B7),既製カーテン価格表!A6:C10,IF(B9>100,2,3),TRUE)

問4．シート名「カーテン注文表」のD16に設定する式の空欄をうめなさい。

=IF(OR(B5="",D5="エラー",D12=""),"",
　　INDEX((オーダーカーテン価格表!C6:E11,オーダーカーテン価格表!C17:E22),
　　MATCH(B7,オーダーカーテン価格表!A6:A11,1),
　　MATCH(B9,オーダーカーテン価格表!C4:E4,1),_____(B5,{"S","M"},0)))

問5．シート名「カーテン注文表」に，次のようにデータを入力したとき，D18の「料金」に表示される適切な数値を答えなさい。

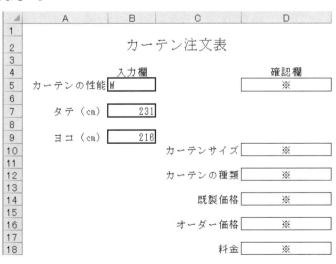

(注)　※印は，値の表記を省略している。

問1		問2		問3		問4		問5	

主催　公益財団法人　全国商業高等学校協会

情報処理検定模擬試験問題　第1級

<u>制限時間60分</u>

【1】　次の説明文に最も適した答えを解答群から選び，記号で答えなさい。

1．複数のハードディスクをまとめて1台のハードディスクとして管理する技術。ディスクアレイともいう。

2．異なるネットワークを相互接続するネットワーク機器。異なるプロトコル間の接続はしない。

3．電子メールをサーバ上で管理し，複数の端末で閲覧できるプロトコル。

4．故障したコンピュータシステムの復旧にかかる平均時間。

5．システム開発において，利用者の要求を元に，実装する機能や必要な性能などを明確にしていく開発工程。

解答群

ア．ログファイル	**イ**．要件定義	**ウ**．RAID
エ．FTP	**オ**．ルータ	**カ**．IMAP
キ．MTBF	**ク**．MTTR	**ケ**．インシデント
コ．運用・保守	**サ**．MAC アドレス	**シ**．ゲートウェイ

1		2		3		4		5	

【2】　次のA群の語句に最も関係の深い説明文をB群から選び，記号で答えなさい。

〈A群〉　1．TCP/IP　　　　　2．ターンアラウンドタイム　　　3．RASIS
　　　　4．グローバルIPアドレス　　5．リスクマネジメント

〈B群〉

ア．インターネットに接続されたコンピュータなどに使用される一意のIPアドレス。

イ．大規模なネットワークを管理・運営する際，組織やグループごとにいくつかの小さなネットワークに区切るために用いる情報。

ウ．危機を組織的に管理し，経営上の損失を回避したり，不利益を最小限に抑えたりするためのプロセス。

エ．外部に接続をしないLANなどのネットワークアドレスとして使用されるもの。

オ．コンピュータシステムへ処理実行の指示を出してから，最初の応答を得るまでの経過時間。

カ．リスクに備えるためのリスク特定，リスク分析，リスク評価までの活動。

キ．インターネットで標準的に使われているプロトコル。

ク．音声や画像などのマルチメディアデータを電子メールで送受信するために，バイナリデータをASCIIコードに変換する方法や，データの種類を表現する方法などを規定したもの。

ケ．コンピュータシステムへ処理実行の指示を出してから，すべての処理結果が得られるまでの経過時間。

コ．コンピュータシステムに関する評価指標で，「信頼性」，「可用性」，「保守性」，「完全性」，「安全性」の5項目を英字の頭文字で表現したもの。

1		2		3		4		5	

【3】 次の説明文に最も適した答えをア，イ，ウの中から選び，記号で答えなさい。なお，5．については数値を答えなさい。

1．暗号化と復号に同じ鍵を用いる暗号方式。

ア．公開鍵暗号方式 **イ**．SSL(TLS) **ウ**．共通鍵暗号方式

2．システム開発手法の一つで，試作品を作成してユーザに使用してもらい，その要求を引き出して開発を進めるもの。

ア．ウォータフォールモデル **イ**．プロトタイピングモデル **ウ**．スパイラルモデル

3．情報通信技術を使用せず，ネットワークに入るために必要となるパスワードなどの秘密情報を不正に収集する方法。

ア．SQL インジェクション
イ．ソーシャルエンジニアリング
ウ．クロスサイトスクリプティング

4．通信速度が12 Mbps の回線を用いて，96 MB のデータを転送するためにかかる時間は何秒か求めなさい。ただし，伝送効率は考慮しないものとする。

ア．8秒 **イ**．64秒 **ウ**．128秒

5．Aさん一人では9日間，Bさん一人では12日間かかる仕事がある。この仕事をAさん，Bさんが共同して行った。この仕事の完成までに要した日数は何日間か。

1		2		3		4		5		日間

【4】 次の各問いに答えなさい。

問1. 次の決定表は，検定の合否を判定するためのものである。この決定表から読み取れるものを選び，記号で答えなさい。ただし，この検定は実技試験，筆記試験および面接試験の3部門で構成され，それぞれの満点は100点とする。

3部門合計≧220	Y			Y				
実技試験≧70	Y	Y		Y	Y	Y		
筆記試験≧75	Y	Y	Y		Y		Y	
面接試験≧60	Y	Y	Y	Y				Y
合格	X	X						
部門合格			X	X				
不合格					X	X	X	X

ア. 実技試験が70点以上のものは，部門合格になる。
イ. 筆記試験が75点未満のものは，部門合格か不合格になる。
ウ. 面接試験が60点以上のものは，合格か部門合格になる。

問2. 次の図の名称として適切なものを答えなさい。

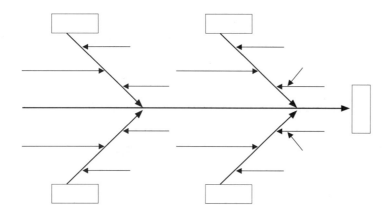

問3. ERPを説明している次の文章のうち適切なものを選び，記号で答えなさい。

ア. 企業の経営資源である財務や人事，生産，在庫，販売などを有効活用し，経営を効率化するための統合的な手法のこと。
イ. 企業活動に関するある売り上げなどの目標を設定し，その達成のための業務の内容，流れ，組織を最適化または再設計すること。
ウ. 情報システムを応用し詳細な顧客データベースを基に，個々の顧客とのすべての対応などを一貫して管理することにより，企業が顧客と長期的な関係を築く手法のこと。

問4．次の表とグラフは，A社の毎月の売上高，売上高累計，毎月の移動合計金額の状況を表したものである。この表とグラフから分析した結果として適切なものを選び，記号で答えなさい。

	A	B	C	D	E
1					
2	A社の第6期売上高一覧表				
3	月　期	第5期	第6期	移動合計	売上高累計
4	1月	230,000	278,000	3,114,300	278,000
5	2月	236,000	253,000	3,131,300	531,000
6	3月	245,000	223,000	3,109,300	754,000
7	4月	242,000	230,000	3,097,300	984,000
8	5月	251,000	216,000	3,062,300	1,200,000
9	6月	251,300	212,000	3,023,000	1,412,000
10	7月	261,000	202,000	2,964,000	1,614,000
11	8月	263,000	186,000	2,887,000	1,800,000
12	9月	268,000	154,000	2,773,000	1,954,000
13	10月	271,000	132,000	2,634,000	2,086,000
14	11月	272,000	120,000	2,482,000	2,206,000
15	12月	276,000	110,000	2,316,000	2,316,000
16	合　計	3,066,300	2,316,000		

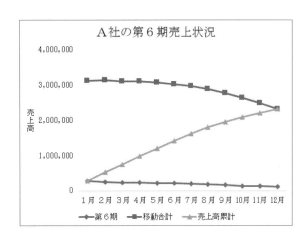

ア．移動合計が全体的に右肩上がりになっており，売上が増大傾向にある。

イ．移動合計が全体的に右肩下がりになっており，売上が減少傾向にある。

ウ．移動合計が全体的に右肩下がりになっており，売上が増大傾向にある。

問5．次の図は，企業の機会，脅威，強み，弱みを縦軸と横軸で表したSWOT分析である。図の中の空欄にあてはまるものとして適切なものを選び，記号で答えなさい。

		内部環境	
		強み（Strength）	弱み（Weakness）
外部環境	機会（Opportunity）		
	脅威（Threat）		□

ア．同業他社の進出に独自性能の追加で対抗。

イ．弱みを改善するM&Aで自社の弱点を克服。

ウ．市場からの撤退。

問1		問2		問3		問4		問5	

【5】 ある製パン会社では，複数のスーパーマーケットに商品を納入しており，パンの受注・発送・請求を，次のような
リレーショナル型データベースを利用して管理を行っている。次の各問いに答えなさい。

処理の流れ　① 顧客から送られてきた注文書のデータを，納品表に入力し，発送の準備をする。
　　　　　　　② 発送の際には，顧客表で住所を検索して，発送を行い，納品表の「発送」に1を入力する。
　　　　　　　③ 顧客への商品代金の請求は，1か月分をまとめて行う。

（顧客から送られてくる注文書）

注文書			注文日：2022年6月1日
納 品 日	2022年6月2日		
顧 客 コ ー ド	S001		
顧 客 名	マルトクスーパー		

注文内容

No.	商品コード	商品名	数量
1	A001	あんぱん	20
2	A002	クリームパン	30
〜	〜	〜	〜
		合　計	165

○○製パン

（請求書）

請求書			請求日：2022年6月1日
顧 客 コ ー ド	S001		
顧 客 名	マルトクスーパー　　様		
請 求 月	5月分		

請求内容

No.	商品コード	商品名	数量	単価	金額
1	A001	あんぱん	550	100	55,000
2	A002	クリームパン	780	100	78,000
〜	〜	〜	〜	〜	〜
				請求金額合計	678,700

○○製パン

顧客表

顧客コード	顧客名	所在地	担当者	電話番号
S001	マルトクスーパー	東京都小金井市本町 X-X	千葉○○	042-383-XXXX
S002	スーパーヤスヤス	東京都三鷹市野崎 X-X	小山○○	042-245-XXXX
〜	〜	〜	〜	〜
S113	ヤオタツ	東京都武蔵野市緑町 X-X	鈴木○○	042-252-XXXX
〜	〜	〜	〜	〜

商品表

商品コード	商品名	単価
A001	あんぱん	100
A002	クリームパン	100
A003	メロンパン	110
〜	〜	〜
B001	焼きそばパン	120
〜	〜	〜
C001	野菜サンド	170
C002	ハムサンド	170
〜	〜	〜

納品表

納品日	顧客コード	商品コード	数量	発送
〜				〜
2022/05/01	S013	C005	15	1
2022/05/02	S001	B001	10	1
〜			〜	〜
2022/05/31	S002	C002	18	1
〜				
2022/06/02	S001	A001	20	0
2022/06/02	S001	A002	30	0
〜	〜	〜	〜	〜

㊟　発送は，未発送：0，発送済：1が入力されている。

問1．次のSQL文は，商品表から商品コードC012のデータを削除するためのSQL文である。空欄にあてはまる適切
　　なものを選び，記号で答えなさい。

　　　　　　　　　　　　　　商品表　WHERE　商品コード = 'C012'

　　ア．INSERT　INTO　　　　**イ**．DELETE　SET　　　　　**ウ**．DELETE　FROM

問 2．2022 年 5 月 31 日における商品名ごとの納品数量一覧表を作成する場合，空欄にあてはまる適切なものを答え
なさい。

商品名	納品数量
あんぱん	156
クリームパン	210
メロンパン	105
〜	〜

```
SELECT   商品名, SUM(数量)  AS  納品数量
  FROM   商品表 A, 納品表 B
  WHERE  A.商品コード = B.商品コード
         [                    ]
  GROUP  BY  商品名
```

問 3．2022 年 5 月 31 日に納品する商品をすべて発送したので，納品表の該当レコードすべての発送を 1 に更新する
場合，空欄にあてはまる適切なものを答えなさい。

```
UPDATE  [                    ]  WHERE   納品日 = '2022/05/31'
```

問 4．2022 年 5 月（2022 年 5 月 1 日から 2022 年 5 月 31 日まで）の 1 か月間における，顧客名ごとの請求金額合計一
覧表を作成する場合，空欄にあてはまる適切なものを答えなさい。

顧客名	請求金額合計
マルトクスーパー	678700
スーパーヤスヤス	596200
〜	〜
ヤオタツ	709300
〜	〜

```
SELECT   顧客名, [    (a)    ]  AS  請求金額合計
  FROM   納品表 A, 顧客表 B, 商品表 C
  WHERE  A.顧客コード = B.顧客コード
    AND  A.商品コード = C.商品コード
    AND  発送 = 1
    AND  納品日  BETWEEN  [    (b)    ]
  GROUP  BY  顧客名
```

問 5．2022 年 5 月 25 日から 2022 年 5 月 31 日の 1 週間に販売した商品で，商品コードが A で始まる商品名を重複な
く抽出したい。空欄にあてはまる適切なものを選び，記号で答えなさい。

```
SELECT   [            ]  商品名
  FROM   納品表 A, 商品表 B
  WHERE  A.商品コード = B.商品コード
    AND  A.商品コード  LIKE  'A%'
    AND  納品日  BETWEEN  '2022/05/25'  AND  '2022/05/31'
```

ア．DISTINCT　　**イ**．EXISTS　　**ウ**．ORDER

問1		問2		問3	
問4	(a)		(b)		問5

70　模擬試験問題

【6】　次の各問いに答えなさい。

問1．次の表は，ある弁当製造会社の受注に関するデータを示したものである。店舗コード表の「売上数量合計」は，店舗コードごとに「売上数量」の合計を求める。B14に設定する式の空欄をうめなさい。

=DSUM($A$3:$C$8,〔　　　　〕,B11:B12)

	A	B	C	D
1				
2	弁当注文一覧表			
3	店舗コード	店舗名	売上数量	
4	101	UME屋	158	
5	102	できた亭	284	
6	103	ぽかぽか堂	189	
7	101	UME屋	132	
8	102	できた亭	40	
9				
10	店舗コード表			
11		店舗コード	店舗コード	店舗コード
12		101	102	103
13	店舗名	UME屋	できた亭	ぽかぽか堂
14	売上数量合計	290	324	189

問2．ある衣料販売店では，商品代金を計算するために次の表を用いている。B5の「商品代金」には，B2の「商品番号」とB3の「サイズ」をもとに商品一覧表を参照して表示するために次の式が設定されている。「商品番号」と「サイズ」が表のようなとき，「商品代金」はいくらになるか答えなさい。ただし，商品番号は，100番台がTシャツ，200番台がポロシャツ，300番台がトレーナーである。

	A	B	C	D	E
1					
2	商品番号	205			
3	サイズ	L			
4					
5	商品代金	※			
6					
7	商品一覧表				
8				サイズ	
9	商品番号	種別	S	M	L
10	100	Tシャツ	1,800	1,900	2,000
11	200	ポロシャツ	2,250	2,300	2,350
12	300	トレーナー	2,800	2,850	2,900

B5:=INDEX(C10:E12,MATCH(B2,A10:A12,1),MATCH(B3,C9:E9,0))

問3．次の表は，ある講座の参加者一覧表である。この表について，ある行を削除しても自動的に1001番から始まる連番が割り当てられるように，A列に式を設定した。A4に設定する式として適切なものを選び，記号で答えなさい。ただし，この式をA9までコピーするものとする。

	A	B			A	B
1				1		
2	参加者一覧表（変更前）			2	参加者一覧表（変更後）	
3	通し番号	氏名		3	通し番号	氏名
4	1001	早美　はるみ		4	1001	早美　はるみ
5	1002	小出　菜摘		5	1002	小出　菜摘
6	1003	大泉　華子		6	1003	大泉　華子
7	1004	松岡　昌代		7	1004	紺野　夏希
8	1005	紺野　夏希		8	1005	堀越　サダヲ
9	1006	堀越　サダヲ				

　　ア．=1000+ROW(A4)+1

　　イ．=1000+A4+1

　　ウ．=1000+ROW(A4)-3

問4．次の表は，OFFSET 関数の動作を確認する表である。C1 に次の式が設定されている場合，C1 に表示されるデータを答えなさい。

=SUM(OFFSET(A3,3,2,2,3))

	A	B	C	D	E
1	結果	※			
2					
3	確認表				
4	1	2	3	4	5
5	6	7	8	9	10
6	11	12	13	14	15
7	16	17	18	19	20
8	21	22	23	24	25

(注)　※印は，値の表記を省略している。

問5．次の表は，ある商店の販売シミュレーションである。次の条件から，今年度目標金額を達成するために必要な目標数を求めたい。表計算ソフトのデータ分析機能を実行した場合，図のパラメータに設定する組み合わせとして適切なものを選び，記号で答えなさい。

	A	B	C	D	E
1					
2	昨年度データ				
3	商品名	単価	数量	金額	割合
4	商品A	400	1,000	400,000	50%
5	商品B	500	600	300,000	30%
6	商品C	750	400	300,000	20%
7		合計	2,000	1,000,000	
8					
9	目標数	0			
10					
11	今年度目標				
12	商品名	単価	数量	金額	
13	商品A	400	0	0	
14	商品B	500	0	0	
15	商品C	750	0	0	
16		合計	0	0	

実行後の例 ↓

	A	B	C	D
11	今年度目標			
12	商品名	単価	数量	金額
13	商品A	400	1,250	500,000
14	商品B	500	750	375,000
15	商品C	750	500	375,000
16		合計	2,500	1,250,000

条件

・E4 には次の式を入力し，E6 までコピーする。
　　=C4/C$7
・C13 には次の式を入力し，C15 までコピーする。
　　=B$9*E4
・D13 には次の式を入力し，D15 までコピーする。
　　=B13*C13
・16 行目の「合計」は，各列の合計を求める。
・今年度の目標金額合計は，昨年度の金額合計の25％増しとする。

パラメータ設定

数式入力セル：(a)
目標値：(b)
変化させるセル：(c)
実行　　閉じる

ア. (a) $D$16　(b) 1250000　(c) $B$9
イ. (a) $B$9　(b) 1250000　(c) $D$16
ウ. (a) $D$16　(b) 1000000*1.25　(c) $B$9

問1		問2		問3		問4		問5	

【7】 次の表は，あるクリーニング店の料金計算表である。作成条件および作成手順にしたがって，各問いに答えなさい。

シート名「料金計算表」

クリーニング料金計算表

1．基本情報

受付日	9月28日
会員番号	105
氏名	伊藤　○○　様
保有ポイント	965 ポイント

2．注文情報

商品コード	商品名	オプション 汗抜き	撥水加工	防虫加工	折目加工	料金
1	1004 ズボン	1			1	1,300
2	1004 ズボン	1				1,000
3	1001 Yシャツ					90
4	1001 Yシャツ					90
5	1001 Yシャツ					90
6	1002 スーツ（上下）	1	1			1,900
7	2003 スカート（ヒダ小）		1			1,000
8	2001 婦人上着		1			1,000
9	3014 ゆかた	1		1		3,550
10						
11						
12						
13						
14						
15						

仕上り希望日	10月2日
配送の希望	1 （希望：1　希望なし：0）
使用ポイント数	120　OK

3．料金計算

基本料金計	10,020
特急割増料金	1,000
配送料	2,000
小計	13,020
使用ポイント数	120
請求金額	12,900
今回の獲得ポイント	43

シート名「会員表」

会員番号	氏名	保有ポイント数	最終利用日 更新日 10月5日
101	戸塚○○	368	2022/3/3
102	佐藤○○	502	2022/8/1
103	岡田○○	46	2022/9/11
104	齋藤○○	821	2022/4/30
105	伊藤○○	77	2021/12/15
106	安藤○○	668	2022/6/15
107	坂本○○	28	2022/8/29
201	野口○○	753	2021/11/12
202	近藤○○	1,025	2022/9/9
203	田中○○	621	2022/8/21
204	清水○○	28	2021/10/1
205	鈴木○○	30	2022/5/30
206	櫻田○○	336	2022/9/17
1100	和田○○	100	2022/9/4
1101	赤坂○○	48	2022/8/7
1102	土井○○	99	2022/9/13
1103	中尾○○	18	2022/4/25
1104	金子○○	402	2022/6/12
1105	中山○○	67	2021/10/15
1106	浅野○○	778	2022/12/27
1107	井上○○	365	2022/6/28
1108	杉山○○	258	2022/8/2
1109	谷田○○	36	2022/9/20
1110	益岡○○	479	2022/8/17
2096			
2097			
2098			
2099			
2100			

シート名「価格表」

商品コード	商品名	価格
1001	Yシャツ	90
1002	スーツ（上下）	1,100
1003	ジャケット	650
1004	ズボン	500
1005	ベスト	450
1006	ネクタイ	350
1007	男子学生服（上下）	1,000
2001	婦人上着	700
2002	スカート（ヒダなし）	600
2003	スカート（ヒダ小）	700
2004	スカート（ヒダ多）	900
2005	婦人スラックス	500
2006	女子学生服（上下）	1,100
2007	婦人Yシャツ	90
2008	ブラウス	600
2009	ワンピース	1,000
2010	ワンピース（ヒダ小）	1,300
2011	ワンピース（ヒダ多）	1,600
2012	スカーフ	800
2013	ショール	900
3001	セーター	550
3002	カーディガン	550
3003	マフラー	500
3004	トレーナー	600
3014	ゆかた	2,500
3015	毛皮コート	8,000
3016	毛皮半コート	7,500
3017	革コート	8,000
3018	革半コート	7,500
3019	カーテン（小）	800
3020	カーテン（中）	1,500
3021	カーテン（大）	2,300
5000	入会金	300

シート名「オプション価格表」

オプション名	価格
汗抜き	500
撥水加工	300
防虫加工	550
折目加工	300

作成条件

1．会員数は 2,000 名まで管理できるシステムであり，今現在，会員数は 2,000 名を満たしていない。

2．クリーニング仕上り希望日が，受付日より 5 日以内であれば，特急割増料金を請求する。

3．クリーニングを仕上げた商品を配送する場合は，配送料を請求する。

4．保有しているポイントは，1 ポイント 1 円として利用することができる。

5．会計ごとに，シート名「会員表」の「保有ポイント数」を次の式で，「最終利用日」は受付日に更新する。

　　　更新後の保有ポイント数　＝　会計前の保有ポイント数　－　使用ポイント数　＋　今回の獲得ポイント

6．保有ポイントの有効期限は，最終利用日から 1 年間である。

作成手順

1．シート名「料金計算表」の D6，B12〜B26，D12〜G26，D28〜D30 に適切なデータを順に入力すると，請求金額を求めることができる。

2．シート名「料金計算表」は，次のように作成されている。

　⑴　D5 の「受付日」は，本日の日付を自動的に表示するための関数が設定されている。

　⑵　F6 の「氏名」と F7 の「保有ポイント」は，D6 の「会員番号」をもとに，シート名「会員表」を参照して表示する。ただし，入力した「会員番号」がシート名「会員表」にない場合は 会員番号エラー を表示し，未入力の場合は何も表示しない。

　⑶　C 列の「商品名」は，B 列の「商品コード」をもとに，シート名「価格表」を参照して表示する。ただし，入力した「商品コード」がシート名「価格表」にない場合は 商品コードエラー を表示し，未入力の場合は何も表示しない。

　⑷　D 列〜G 列の「オプション」は，依頼されたオプションに 1 を入力する。なお，依頼されなければ何も入力しない。

　⑸　H 列の「料金」は，B 列の「商品コード」をもとに，シート名「価格表」から参照して求めた価格に，オプション価格を加えて求める。ただし，入力した「商品コード」がシート名「価格表」にない場合は 商品コードエラー を表示し，未入力の場合は何も表示しない。

　⑹　D28 の「仕上り希望日」は，希望する仕上り日を入力する。

　⑺　D29 の「配送の希望」は，配送を希望する場合は 1 を入力し，希望しない場合は 0 を入力する。

　⑻　D30 の「使用ポイント数」は，保有するポイント内で使用するポイントを 1 ポイント単位で入力する。

　⑼　F30 は，D30 に入力された使用ポイント数が，保有しているポイント数以下であれば OK を表示し，そうでない場合は 使用ポイントエラー を表示する。

　⑽　F33 の「基本料金計」は，H 列の「料金」の合計を求める。ただし，B12 の「商品コード」が未入力の場合は何も表示しない。

　⑾　F34 の「特急割増料金」は，D28 の「仕上り希望日」が D5 の「受付日」より 5 日以内の場合は，F33 の「基本料金計」の 10％の金額を求め，そうでない場合は 0 を表示する。ただし，10 円未満を切り捨て，整数部のみ表示する。

　⑿　F35 の「配送料」は，D29 の「配送の希望」に 1 が入力されている場合は，F33 の「基本料金計」の 20％の金額を求め，そうでない場合は 0 を表示する。ただし，100 円未満を切り捨て，整数部のみ表示する。

　⒀　F36 の「小計」は，F33 の「基本料金計」から F35 の「配送料」までの合計を求める。

　⒁　F37 の「使用ポイント数」は，D30 を参照して表示する。

　⒂　F38 の「請求金額」は，F36 の「小計」から F37 の「使用ポイント数」を引いて求める。

　⒃　F40 の「今回の獲得ポイント」は，F38 の「請求金額」の 300 円ごとに 1 ポイントとして，獲得ポイントを表示する。

「問題を読みやすくするために，
このページは空白にしてあります。」

問1．シート名「料金計算表」のF6に設定する式の空欄をうめなさい。

=IF(D6="","",　　　　　　　(VLOOKUP(D6,会員表!A4:D2003,2,FALSE),"会員番号エラー"))

問2．シート名「料金計算表」のF34に設定する式の空欄にあてはまる適切なものを選び，記号で答えなさい。

=IF(F33="","",IF(　　　　　　　,ROUNDDOWN(F33*10%,-1),0))

ア． D28-D5<=5 　　　　　　**イ．** TODAY()-D5<=5 　　　　　　**ウ．** D5-D28<5

問3．シート名「料金計算表」のF40に設定する式の空欄(a), (b)にあてはまる適切な組み合わせを選び，記号で答えなさい。

=IF(F36="","",FLOOR(F38,　(a)　)/　(b)　)

ア． (a) 300　　(b) 100 　　　　**イ．** (a) 300　　(b) 300 　　　　**ウ．** (a) 100　　(b) 300

問4．次の各問いに答えなさい。

(1) シート名「料金計算表」に，次のようにデータを入力したとき，シート名「会員表」を更新した後のC105に表示される適切な数値を答えなさい。ただし，会員番号202は，2022/9/10～2022/10/4までの期間には，受け付けをしていない。

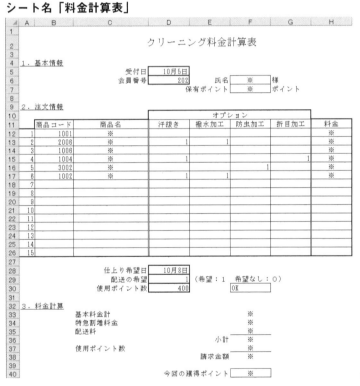

シート名「料金計算表」

シート名「会員表」

(注)　※印は，値の表記を省略している。

(2) シート名「会員表」を更新した後に，ポイントを保有していて，過去11か月間利用していない人数を把握するために，シート名「会員表」のF8に設定する式の空欄をうめなさい。

=DCOUNTA(A3:D2003,2,　　　　　　　)

シート名「会員表」

	A	B	C	D	E	F	G
1							
2	会員表		更新日	10月5日			
3	会員番号	氏名	保有ポイント数	最終利用日		保有ポイント数	最終利用日
4	101	戸塚　○○	368	2022/3/3		>0	<2022/11/5
5	102	佐藤　○○	502	2022/8/1			
6	103	岡田　○○	46	2022/9/11			
7	104	齋藤　○○	821	2022/4/30		人数	
8	105	伊藤　○○	77	2021/12/15			89
9	106	安藤　○○	868	2022/6/15			
10	107	坂本　○○	28	2022/8/29			
≀	≀	≀	≀	≀			

問1		問2		問3		問4	(1)		(2)	

主催　公益財団法人　全国商業高等学校協会

情報処理検定模擬試験問題　第1級

制限時間60分

【1】　次の説明文に最も適した答えを解答群から選び，記号で答えなさい。

1．複数台のハードディスク装置を一つのディスク装置のように扱う技術の一つで，複数のハードディスクに同じデータを書き込むことで信頼性を向上させる方式。

2．コンピュータやネットワークが一定時間内に処理できる仕事量や伝達できる情報量。命令数やデータ転送量などで表される。

3．WebサーバとWebブラウザとの通信で用いられる暗号化や通信相手の認証に使われるプロトコル。

4．インターネットなどで，電子メールを送信・転送するために用いられるプロトコル。

5．単体テストの後，モジュール(部品)間のインタフェース(接点)がうまく機能するかどうかに注目して行うテスト。

解答群

ア． POP 　　　　　　　　　**イ．** NAS 　　　　　　　　　**ウ．** システムテスト

エ． ミラーリング 　　　　　**オ．** IPv6 　　　　　　　　**カ．** ターンアラウンドタイム

キ． 結合テスト 　　　　　　**ク．** スループット 　　　　**ケ．** SMTP

コ． レスポンスタイム 　　　**サ．** ストライピング 　　　**シ．** HTTPS

1		2		3		4		5	

【2】　次のA群の語句に最も関係の深い説明文をB群から選び，記号で答えなさい。

〈A群〉　1．ウォータフォールモデル　　　2．Cookie　　　3．内部設計
　　　　　4．DNS　　　　　　　　　　　5．MACアドレス

〈B群〉

ア． システム開発において，利用者の要求を元に，実装する機能や必要な性能などを明確にしていく開発工程。

イ． IPアドレスをドメイン名に，ドメイン名をIPアドレスに変換するしくみ。

ウ． ネットワーク機器を識別するために，各機器に製造時に割り振られた固有のアドレス。

エ． システム開発初期の段階から試作品を作成して，ユーザの要求を確認しながら進めていくシステム開発モデル。

オ． システム開発において，システム開発者の視点で，外部設計で決定した機能を実現するためにプログラムの詳細な機能を洗い出し，それぞれの機能を実現するための処理手順やデータの設計を行う開発工程。

カ． TCP/IPを利用したネットワークにおいて，アプリケーションソフトウェアの識別を行うための番号。

キ． IPアドレスのうち，サブネット内の個々のコンピュータを識別する部分。

ク． ブラウザを通じてアクセスしたWebサイトから，データが一時的に保存されるしくみ。サイトの訪問回数などのユーザ情報が記録されているので，次回以降のアクセスでそのデータが利用されることがある。

ケ． ネットワークに接続したときに，自動的に空いているIPアドレスを割り振る機能。

コ． 要件定義からテストまでの流れが，前の工程に戻らないことを原則としているシステム開発モデル。大規模なシステム開発に適している。

1		2		3		4		5	

【3】　次の説明文に最も適した答えをア，イ，ウの中から選び，記号で答えなさい。なお，5．については数値を答えなさい。

1．月別の売上高の変化と，売上累計，毎月の移動合計をまとめて比較できるグラフ。

　　　ア． ヒストグラム　　　　　　　　**イ．** Ｚグラフ　　　　　　　　**ウ．** パレート図

2．インターネットを利用するにあたり，安全にやり取りするために広く普及しているデータ暗号化の技術。

　　　ア． SSL（TLS）　　　　　　　　**イ．** デジタル署名　　　　　　　**ウ．** ログファイル

3．脆弱性のある SNS や Web サイトの掲示板等に対して，罠を仕掛け，サイト利用者の個人情報を盗むなどの被害をもたらす攻撃のこと。

　　　ア． SQL インジェクション
　　　イ． ソーシャルエンジニアリング
　　　ウ． クロスサイトスクリプティング

4．A さん一人では 15 日間，B さん一人では 12 日間かかる仕事がある。この仕事を A さん，B さん二人で共同して 2 日間行い，残りの仕事は A さん一人で行った。この仕事の完成までに要した日数は何日間か。

　　　ア． 12 日間　　　　　　　　**イ．** 13 日間　　　　　　　　**ウ．** 27 日間

5．通信速度が 8 Mbps の回線を使って 10 秒間で転送できる最大のデータ量は何 MB か求めなさい。ただし，伝送効率は 50%とし，その他の外部要因は考えないものとする。

1		2		3		4		5		MB

【4】　次の各問いに答えなさい。

問1．次の図は，ある仕事の作業工程と各作業に必要な日数を表したアローダイアグラムである。この仕事が完了するまでにかかる最短の所要日数を求めなさい。

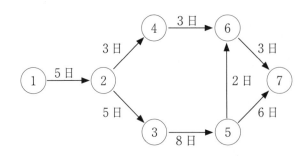

問2．SWOT分析について表した図の空欄にあてはまる組み合わせとして適切なものを選び，記号で答えなさい。

	内部環境	外部環境
好影響	(a)	(b)
悪影響	(c)	脅威

ア．(a)　強み　　　　(b)　機会　　　　(c)　弱み

イ．(a)　弱み　　　　(b)　機会　　　　(c)　強み

ウ．(a)　強み　　　　(b)　弱み　　　　(c)　機会

問3．BPRを説明している次の文章のうち適切なものを選び，記号で答えなさい。

ア．効率や生産性を改善するために，業務全体を対象として全面的に見直して，再構築すること。

イ．顧客情報を統合的に管理し，良好な関係を顧客一人ひとりとの間に築き，固定客を得ることにより，収益の拡大を図る経営手法。

ウ．資金，情報，設備，資材など，企業のすべての経営資源を効率的に計画し，管理するマネジメントシステム。

問4．次の表とグラフは，あるラーメン専門店の1か月の売上高と累積構成比を表したものである。この表とパレート図から分析した結果として適切なものを選び，記号で答えなさい。

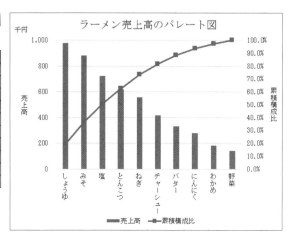

	A	B	C	D	E
1					
2	ラーメン売上高一覧表				
3	商品名	売上高	構成比	累積構成比	グループ
4	しょうゆ	980,180	19.15%	19.2%	A
5	みそ	882,020	17.24%	36.4%	A
6	塩	725,020	14.17%	50.6%	A
7	とんこつ	620,500	12.12%	62.7%	A
8	ねぎ	556,530	10.87%	73.6%	B
9	チャーシュー	415,820	8.13%	81.7%	B
10	バター	332,450	6.50%	88.2%	B
11	にんにく	280,030	5.47%	93.6%	C
12	わかめ	181,500	3.55%	97.2%	C
13	野菜	143,520	2.80%	100.0%	C
14	合計	5,117,570	100.0%		

ア．商品全体的に売上げの伸びが顕著なので，販売促進活動を積極的に行わない。

イ．しょうゆ，みそ，塩，とんこつは売れ筋商品であり，在庫管理を適切に行い，品切れを起こさないようにする。

ウ．パレート図は売上高の棒グラフと累積構成比の折れ線グラフの相関関係を分析するためのものであり，このグラフは正の相関関係が見られる。

問5．PPM分析において，市場成長率と市場占有率からみたとき，各分類の(a)～(c)にあてはまる適切なものを選び，記号で答えなさい。

ア．(a) 金のなる木　　(b) 問題児　　(c) 花形
イ．(a) 問題児　　(b) 花形　　(c) 金のなる木
ウ．(a) 花形　　(b) 金のなる木　　(c) 問題児

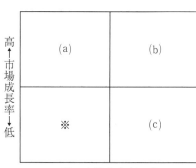

(注)　※印は，表記を省略している。

問1	日間	問2		問3		問4		問5	

【5】 ある市では，体育館施設を一般に開放しており，次のようなリレーショナル型データベースを利用して管理を行っている。次の各問いに答えなさい。

処理の流れ

① 体育館施設の利用者は，体育館利用申込票に必要事項を記入して提出する。

② スポーツ課の担当職員は，体育館利用申込票の記入内容を利用表に入力する。

（利用者が記入して提出する体育館利用申込票）

体育館利用申込票

施 設 コ ー ド	TU002	
施　設　名	北小体育館	
登 録 コ ー ド	10003	
登録チーム名	中央小学校 A	
利用代表者名	実教　太郎	
利　用　日	2022 年 9 月 1 日	
利用開始時刻	12 時	利用時間	2 時間

○○市　スポーツ課

施設表

施設コード	施設名
TU001	中央公民館
TU002	北小体育館
TU003	南センター
TU004	南体育館
TU005	北高体育館
TU006	中央体育館
TU007	体育センター
TU008	緑公民館
TU009	福祉センター
TU010	東運動公園

登録表

登録コード	登録チーム名	人数	利用種目
10001	南高バスケ部	15	バスケットボール
10002	北町内会A	23	太極拳
10003	中央小学校A	17	バドミントン
10004	実教高校バスケ部OB	21	バスケットボール
10005	城内小学校	14	バレーボール
10006	河北高校卓球部	12	卓球
〜	〜	〜	
10017	東中学校婦人会	21	エアロビクス
10018	中央商業卓球部	17	卓球
10019	南クラブ	8	バスケットボール
10020	実教商会	10	新体操
〜	〜	〜	

利用表

利用日	施設コード	登録コード	開始時刻	利用時間
〜	〜	〜	〜	〜
2022/09/01	TU002	10003	12	2
2022/09/01	TU004	10019	15	2
2022/09/01	TU006	10001	17	1
2022/09/01	TU007	10005	16	3
〜	〜	〜	〜	〜
2022/09/04	TU001	10006	12	3
2022/09/04	TU003	10002	16	3
〜	〜	〜	〜	〜
2022/09/05	TU002	10017	16	1
2022/09/05	TU002	10019	18	2
〜	〜	〜	〜	〜

問1．次の SQL 文を実行する場面の説明として適切なものを選び，記号で答えなさい。

INSERT　INTO　利用表　VALUES('2022/09/10', 'TU006', 10004, 18, 2)

ア． 実教高校バスケ部 OB が中央体育館を 2022 年 9 月 10 日に利用する申込データを削除するための処理。

イ． 実教高校バスケ部 OB が中央体育館を利用する体育館利用申込票のデータを追加するための処理。

ウ． 実教高校バスケ部 OB の人数を 18 人に変更するための処理。

問2．2022 年 9 月 5 日の午後 3 時以降の体育館利用申込状況を検索したい。空欄にあてはまる適切なものを答えなさい。ただし，施設コードの昇順に並べ替える。

施設名	登録チーム名	利用日	開始時刻	終了時刻
北小体育館	東中学校婦人会	2022/09/05	16	17
北小体育館	南クラブ	2022/09/05	18	20
南体育館	北町内会A	2022/09/05	15	18
～	～	～	～	～

SELECT　施設名, 登録チーム名, 利用日, 開始時刻, 開始時刻 + 利用時間 ____(a)____

　　FROM　施設表 A, 登録表 B, 利用表 C

　　WHERE　A.施設コード = C.施設コード

　　AND　____(b)____

　　AND　利用日 = '2022/09/05'

　　AND　開始時刻 >= 15

　　ORDER　BY　A.施設コード　ASC

問3．2022 年 8 月 (2022 年 8 月 1 日から 2022 年 8 月 31 日まで) における登録チームごとの体育館施設利用回数を検索したい。空欄にあてはまる適切なものを答えなさい。ただし，利用回数の降順に並べ替える。

登録コード	登録チーム名	利用回数
10017	東中学校婦人会	10
10018	中央商業卓球部	8
10001	南高バスケ部	7
～	～	～

SELECT　B.登録コード, 登録チーム名, ____(a)____

　　FROM　登録表 A, 利用表 B

　　WHERE　A.登録コード = B.登録コード

　　AND　利用日 >= '2022/08/01'　AND　利用日 <= '2022/08/31'

　　____(b)____, 登録チーム名

　　ORDER　BY　COUNT(*)　DESC

問4．更新処理中に障害が発生したデータベースを復旧するため，ジャーナルファイルを用いて更新処理開始時点の状態に戻してデータの整合性を保つ方法として適切なものを選び，記号で答えなさい。

ア． トランザクション

イ． ロールフォワード

ウ． ロールバック

問1		問2	(a)		(b)	
問3	(a)			(b)		問4

【6】 次の各問いに答えなさい。

問1. ある百貨店では，商品の売上集計に次の表を用いている。種類別の売上数量を求める C19 に設定する式の空欄をうめなさい。ただし，この式を E23 までコピーするものとする。

=SUMIFS(C$4:C$15,$A$4:$A$15, ⬚ ,
　$B$4:$B$15,$B19)

	A	B	C	D	E
1					
2	売上数量計算表				
3	商品名	販売価格	横浜店	新宿店	品川店
4	ネクタイ	980	15	50	10
5	ワイシャツ	2,980	14	40	38
6	ネクタイ	980	25	21	44
7	ワイシャツ	1,980	21	13	25
8	ワイシャツ	3,980	34	19	33
9	ネクタイ	980	25	38	45
10	ネクタイ	1,980	19	27	46
11	ワイシャツ	2,980	40	46	25
12	ネクタイ	1,980	12	47	49
13	ネクタイ	980	10	13	30
14	ネクタイ	1,980	39	45	33
15	ワイシャツ	2,980	20	34	14
16					
17	種類別集計表				
18	商品名	販売価格	横浜店	新宿店	品川店
19	ネクタイ	980	75	122	129
20	ネクタイ	1,980	70	119	128
21	ワイシャツ	1,980	21	13	25
22	ワイシャツ	2,980	74	120	77
23	ワイシャツ	3,980	34	19	33

問2. 次の表は，中華まんの販売数について，昨年の最高気温と売上数をもとに予測を行っている。F3 に明日の予想最高気温を入力したとき，F4 には予想販売数が表示されるしくみとなっている。F4 に設定する式として適切なものを選び，記号で答えなさい。

	A	B	C	D	E	F
1						
2	昨年の販売データ				明日の販売予測	
3	日付	最高気温	売上数		予想最高気温	15
4	1月1日	9	62		予想販売数	50
5	1月2日	8	63			
6	1月3日	10	59			
〜	〜	〜	〜			
366	12月29日	8	63			
367	12月30日	9	61			
368	12月31日	10	59			

ア. =ROUNDUP(MODE(C4:C368),0)

イ. =ROUNDUP(FORECAST(F3,C4:C368,B4:B368),0)

ウ. =ROUNDUP(MEDIAN(C4:C368),0)

問3. 次の表は，あるコンビニエンスストアの勤務予定表である。「日」は，「月」に対応する日にちのみを表示する。B4 に設定する次の式の空欄に共通してあてはまる適切な関数を答えなさい。ただし，この式を AF4 までコピーする。

=IF($B$3<>MONTH(DATE(YEAR(NOW()),$B$3, ⬚ (B4)-1)),"", ⬚ (B4)-1)

	A	B	C	D	E	F	〜	AB	AC	AD	AE	AF
1												
2	勤務予定表											
3	月	4										
4	日	1	2	3	4	5	〜	27	28	29	30	
5	氏名＼曜日	土	日	月	火	水	〜	木	金	土	日	
6	國廣　浩孝	○			○		〜		○			
7	倉田　耕治		○	○			〜				○	
8	栗尾　滉太	○			○	○	〜	○	○	○		
〜	〜	〜	〜	〜	〜	〜	〜	〜	〜	〜	〜	〜
15	関　大輔		◎	◎			〜			◎		
16	相馬　翔	◎			◎	◎	〜	◎	◎	◎		
17	竹内　美生	◎			◎	◎	〜	◎	◎	◎		

第2回模擬

問4．次の表は，テストデータ表である。「テストデータ」は，乱数を利用し自動的に生成する。A4 に設定する次の式の空欄をうめなさい。ただし，「テストデータ」は 10000 以上 99999 以下の整数とする。

= ⬚ (10000,99999)

	A
1	
2	テストデータ表
3	テストデータ
4	61758
5	57818
6	90277
〜	〜
8	31017
9	15605
10	40086
〜	〜

問5．次の表は，ある会社の営業所ごとの売上高一覧表である。地区別集計表は，地区ごとの平均売上高を求める。F5 に設定する式として適切なものを選び，記号で答えなさい。

	A	B	C	D	E	F	G	H	I
1									
2	営業所別売上一覧表				地区別集計表				
3	営業所名	地区	売上高			地区	地区	地区	地区
4	中央支店	西部	30,826			南部	北部	西部	東部
5	港支店	南部	32,808		平均売上高	34,469.8	34,428.6	33,006.3	36,512.6
6	新宿支店	西部	31,495						
7	文京支店	北部	32,360						
8	台東支店	北部	32,140						
9	墨田支店	東部	39,192						
10	江東支店	東部	33,362						
11	品川支店	南部	34,736						
12	目黒支店	南部	33,598						
13	大田支店	南部	37,202						
14	世田谷支店	南部	31,886						
15	渋谷支店	南部	36,591						
16	中野支店	西部	37,821						
17	杉並支店	西部	31,883						
18	豊島支店	北部	39,364						
19	北支店	北部	35,535						
20	荒川支店	北部	36,976						
21	板橋支店	北部	33,293						
22	練馬支店	北部	31,332						
23	足立支店	東部	35,391						
24	葛飾支店	東部	36,008						
25	江戸川支店	東部	38,612						

ア．=AVERAGE($A$3:$C$25,3)

イ．=AVERAGEIFS($A$3:$C$25,3,F3:F4)

ウ．=DAVERAGE($A$3:$C$25,3,F3:F4)

問1		問2		問3		問4		問5	

【7】 次の表は，ある遊園地の入園料計算表である。作成条件および作成手順にしたがって，各問いに答えなさい。

第2回模擬

シート名「入園料計算表」

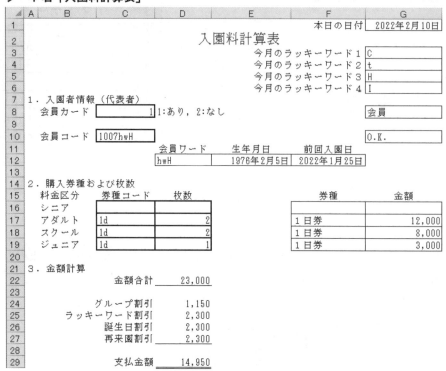

	A	B	C	D	E	F	G
1						本日の日付	2022年2月10日
2				入園料計算表			
3						今月のラッキーワード1	C
4						今月のラッキーワード2	t
5						今月のラッキーワード3	H
6						今月のラッキーワード4	I
7	1．入園者情報（代表者）						
8		会員カード	1	1:あり，2:なし			会員
9							
10		会員コード	1007hwH				O.K.
11				会員ワード	生年月日	前回入園日	
12				hwH	1976年2月5日	2022年1月25日	
13							
14	2．購入券種および枚数						
15		料金区分	券種コード	枚数		券種	金額
16		シニア					
17		アダルト	1d	2		1日券	12,000
18		スクール	1d	2		1日券	8,000
19		ジュニア	1d	1		1日券	3,000
20							
21	3．金額計算						
22			金額合計	23,000			
23							
24			グループ割引	1,150			
25			ラッキーワード割引	2,300			
26			誕生日割引	2,300			
27			再来園割引	2,300			
28							
29			支払金額	14,950			

シート名「ラッキーワード表」

	A	B	C	D	E	F	G	H	I	J	K	L	M
1													
2	ラッキーワード表												
3	月	1	2	3	4	5	6	7	8	9	10	11	12
4	ワード1	K	C	j	G	T	D	W	k	B	e	z	i
5	ワード2	y	t	L	m	X	Q	k	n	P	c	y	A
6	ワード3	g	H	q	U	f	p	s	J	R	k	s	d
7	ワード4	V	I	D	O	G	I	u	h	w	M	C	b

シート名「会員表」

	A	B	C
1			
2	会員表		
3	会員コード	生年月日	前回入園日
4	1001MoG	1986/4/10	2022/2/6
5	1002ZIb	1987/3/13	2020/10/6
6	1003IVG	1977/6/8	2020/7/16
7	1004JZq	1998/8/6	2021/12/25
8	1005sHf	1986/9/5	2020/8/2
9	1006iqh	1984/1/10	2021/1/27
10	1007hwH	1976/2/5	2022/1/25
11	1008SjW	1962/1/9	2020/7/24
12	1009XEq	2000/11/27	2021/4/19
13	1010rRg	1987/2/9	2021/1/17
14	1011IES	1988/11/13	2020/5/18
～	～	～	～
504	1501HrC	1987/1/28	2021/5/4

シート名「グループ割引表」

	A	B	C
1			
2	グループ割引表		
3	人数		割引率
4	1 ～ 4		0%
5	5 ～ 9		5%
6	10 ～19		7%
7	20 ～		10%

シート名「再来園割引表」

	A	B	C
1			
2	再来園割引表		
3	日数		割引率
4	1 ～ 29		10%
5	30 ～ 59		5%
6	60 ～ 89		2%
7	90 ～		0%

シート名「料金一覧表」

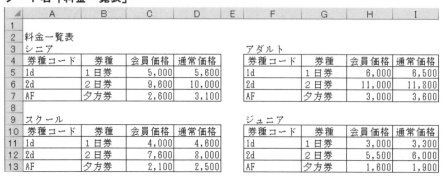

	A	B	C	D	E	F	G	H	I
1									
2	料金一覧表								
3	シニア					アダルト			
4	券種コード	券種	会員価格	通常価格		券種コード	券種	会員価格	通常価格
5	1d	1日券	5,000	5,600		1d	1日券	6,000	6,500
6	2d	2日券	9,600	10,000		2d	2日券	11,000	11,800
7	AF	夕方券	2,600	3,100		AF	夕方券	3,000	3,600
8									
9	スクール					ジュニア			
10	券種コード	券種	会員価格	通常価格		券種コード	券種	会員価格	通常価格
11	1d	1日券	4,000	4,600		1d	1日券	3,000	3,300
12	2d	2日券	7,600	8,000		2d	2日券	5,500	6,000
13	AF	夕方券	2,100	2,500		AF	夕方券	1,600	1,900

作成条件

1. 入力データはすべて半角で入力する。
2. 入力箇所に入力されたデータが参照する表にないか，データとして矛盾や不適切な場合は，エラー を表示し，未入力や関連するセルがエラーの場合は何も表示しない。
3. グループの中で 2 人以上の会員がいる場合でも，シート名「入園料計算表」の「会員コード」に登録できるのは 1 人分である。ただし，グループの中から，誰の会員情報を登録するかは，入園者が任意に選択できる。
4. 会員コードは，左端から 4 文字が会員番号として数字 4 桁，右端から 3 文字が会員ワードとして英文字 3 桁で構成されている。
5. 会員ワードは，アルファベット大文字の A~Z，小文字の a~z の全部で 52 種類が使用されており，会員登録時にランダム設定されている。
6. 料金区分は，シニアは 60 歳以上，アダルトは 19 歳以上，スクールは 13 歳以上，ジュニアは 12 歳以下とする。料金区分によって，参照する範囲が異なる。
7. 購入する券種は，時間帯にかかわらず購入可能であるが，夕方券は 17 時以降でないと入園できない。また，1 日券と夕方券は，購入当日しか利用できず，2 日券は購入した次の日まで利用できる。
8. ラッキーワード表は，毎月更新される。
9. ラッキーワード割引は，会員ワードの中の 1 文字と今月のラッキーワード 1~4 のいずれかが同一であれば適用される。ラッキーワードと同じアルファベットが一つある場合には金額合計の 10%引き，二つある場合には金額合計の 20%引き，三つある場合には 30%引きとなる。ただし，大文字と小文字の区別をしている。
10. 誕生日割引は，「本日の日付」の月日と「生年月日」の月日を抽出し，比較する。ただし，「本日の日付」が平年の場合には平年として，うるう年の場合にはうるう年として日付の計算を行う。
11. 誕生日割引や再来園割引の日数は，片落としで算出する。

作成手順

1. シート名「入園料計算表」の C8，C10，C16~D19 に適切なデータを順に入力すると，支払金額を求めることができる。
2. シート名「入園料計算表」は，次のように作成されている。
 (1) G1 は，本日の日付を表示する。
 (2) G3 は，G1 をもとに，シート名「ラッキーワード表」を参照し，「ワード 1」を表示する。なお，G3 に入力した式を G4~G6 にコピーするものとする。
 (3) C8 は，会員カードの有無を入力する。ただし，会員カードがある場合は 1，会員カードがない場合は 2 を入力するものとする。
 (4) G8 は，C8 が 1 の場合は 会員，2 の場合は 非会員 を表示する。
 (5) C10 は，会員コードを入力する。
 (6) G10 は，C10 がシート名「会員表」にあれば，O.K. を表示する。
 (7) D12 は，C10 から「会員ワード」を抽出する。ただし，G10 が O.K. ではない場合は何も表示しない。
 (8) E12 は，C10 をもとに，シート名「会員表」を参照して表示する。ただし，E12 に入力した式を F12 にコピーするものとする。
 (9) C16~C19 は，「券種コード」を入力し，D16~D19 は，「枚数」を入力する。
 (10) F16 は，C16 をもとに，シート名「料金一覧表」を参照して表示する。ただし，F16 に入力した式を F17~F19 にコピーするものとする。
 (11) G16 は，C8 と B16，C16 をもとに，シート名「料金一覧表」を参照して求めた価格に，D16 を掛けて求める。ただし，G16 に入力した式を G17~G19 にコピーするものとする。
 (12) D22 は，G16~G19 の合計を求める。
 (13) D24 は，D16~D19 の合計をもとに，シート名「グループ割引表」を参照して求めた割引率に，D22 を掛けて求める。
 (14) D25 は，D12 と G3~G6 を比較し，割引率を求め，D22 を掛けて求める。
 (15) D26 は，G1 と E12 から日数を算出し，前後 7 日以内の場合には，割引率を 10% とし，D22 に掛けて求める。
 (16) D27 は，G1 から F12 の差をもとに，シート名「再来園割引表」を参照して求めた割引率に，D22 を掛けて求める。
 (17) D29 は，D22 から D24~D27 の合計を引いて求める。

第2回模擬

「問題を読みやすくするために，
このページは空白にしてあります。」

問1．シート名「入園料計算表」のG3に設定する式として適切なものを選び，記号で答えなさい。ただし，この式をG4～G6にコピーするものとする。

　　ア．=HLOOKUP(MONTH($G$1),ラッキーワード表!$B$3:$M$7,ROW(ラッキーワード表!A4)-2,FALSE)

　　イ．=HLOOKUP(MONTH($G$1),ラッキーワード表!$B$3:$M$7,ROW(),FALSE)

　　ウ．=HLOOKUP(MONTH($G$1),ラッキーワード表!$B$3:$M$7,2,FALSE)

問2．シート名「入園料計算表」のG16に設定する式として**適切でないもの**を選び，記号で答えなさい。

　　ア．=IF(OR(F16="",F16="エラー"),"",
　　　　　　INDEX((料金一覧表!$H$11:$I$13,料金一覧表!$C$11:$D$13,料金一覧表!$H$5:$I$7,料金一覧表!$C$5:$D$7),
　　　　　　　MATCH(C16,料金一覧表!$A$5:$A$7,0),$C$8,
　　　　　　　　MATCH(B16,{"ジュニア","スクール","アダルト","シニア"},0)))*D16)

　　イ．=IF(OR(F16="",F16="エラー"),"",
　　　　　　INDEX((料金一覧表!$H$11:$I$13,料金一覧表!$C$11:$D$13,料金一覧表!$H$5:$I$7,料金一覧表!$C$5:$D$7),
　　　　　　　MATCH(C16,料金一覧表!$A$5:$A$7,0),$C$8,MATCH(B16,$B$16:$B$19,0)))*D16)

　　ウ．=IF(OR(F16="",F16="エラー"),"",
　　　　　　INDEX((料金一覧表!$C$5:$D$7,料金一覧表!$H$5:$I$7,料金一覧表!$C$11:$D$13,料金一覧表!$H$11:$I$13),
　　　　　　　MATCH(C16,料金一覧表!$A$5:$A$7,0),$C$8,
　　　　　　　　IF(B16="シニア",1,IF(B16="アダルト",2,IF(B16="スクール",3,4)))))*D16)

問3．シート名「入園料計算表」のD25に設定する式として適切なものを選び，記号で答えなさい。

　　ア．=IF(OR(D12="",D22=""),"",
　　　　　　SUM(COUNTIFS(D12,"*"&G3&"*"),COUNTIFS(D12,"*"&G4&"*"),
　　　　　　　COUNTIFS(D12,"*"&G5&"*"),COUNTIFS(D12,"*"&G6&"*"))/10*D22)

　　イ．=IF(OR(D12="",D22=""),"",
　　　　　　SUM(IF(IFERROR(SEARCH(G3,D12),0)>0,1,0),IF(IFERROR(SEARCH(G4,D12),0)>0,1,0),
　　　　　　　IF(IFERROR(SEARCH(G5,D12),0)>0,1,0),IF(IFERROR(SEARCH(G6,D12),0)>0,1,0))/10*D22)

　　ウ．=IF(OR(D12="",D22=""),"",
　　　　　　SUM(IF(IFERROR(FIND(G3,D12),0)>0,1,0),IF(IFERROR(FIND(G4,D12),0)>0,1,0),
　　　　　　　IF(IFERROR(FIND(G5,D12),0)>0,1,0),IF(IFERROR(FIND(G6,D12),0)>0,1,0))/10*D22)

問4．シート名「入園料計算表」のD26に設定する式の空欄(a),(b)にあてはまる関数を答えなさい。
=IF(OR(E12="",D22=""),"",
　　IF((a) ((b) (G1-DATE(YEAR(G1),MONTH(E12),DAY(E12))), (b) (G1-DATE(YEAR(G1)+1,
　　MONTH(E12),DAY(E12))), (b) (G1-DATE(YEAR(G1)-1,MONTH(E12),DAY(E12))))<=7,D22*0.1,0))

問5．シート名「入園料計算表」に，次のようにデータを入力したとき，D29の「支払金額」に表示される適切な数値を答えなさい。

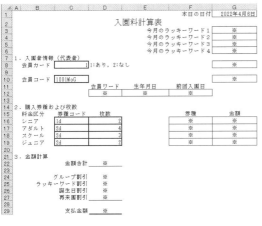

（注）本日は，2022年4月6日とする。※印は，値の表記を省略している。

問1		問2		問3	

問4	(a)		(b)		問5	

主催　公益財団法人　全国商業高等学校協会

情報処理検定模擬試験問題　第1級

制限時間60分

【1】　次の説明文に最も適した答えを解答群から選び，記号で答えなさい。

1．システムに可能な限り故障や障害が発生しないように，構成部品の品質向上や従業員の研修などを行い，信頼性を高める考え方。

2．音声データをパケットに変換し，インターネットを通して音声電話を実現する技術。インターネット電話などに利用されている。

3．ネットワークの利用状況を記録したファイルの一種で，Webサイトを閲覧した日時や内容などを記録したもの。

4．プログラムの処理の流れに着目し，処理手順が意図したとおりに動作しているかを確認するテスト。

5．通信ネットワークを管理する際，個々のネットワークを識別するために利用するアドレス。

```
解答群
ア．ブラックボックステスト      イ．フォールトアボイダンス      ウ．VPN
エ．VoIP                      オ．ネットワークアドレス        カ．フールプルーフ
キ．ホワイトボックステスト      ク．システムログ              ケ．ブロードキャストアドレス
コ．フェールセーフ            サ．シンクライアント            シ．アクセスログ
```

1		2		3		4		5	

【2】　次のA群の語句に最も関係の深い説明文をB群から選び，記号で答えなさい。

〈A群〉　1．DHCP　　　　　2．リスクアセスメント　　　　3．OSI参照モデル
　　　　4．MACアドレス　　5．ターンアラウンドタイム

〈B群〉

ア．コンピュータシステムに処理の指示を出してから，その処理結果の最初の応答が開始されるまでの時間。

イ．ISOが策定したもので，ネットワーク通信を階層化してモデル化を行い，層ごとに役割を明確にしたもの。通信の機能をアプリケーション層，プレゼンテーション層，セッション層，トランスポート層，ネットワーク層，データリンク層，物理層の7種類に分けている。

ウ．コンピュータをネットワークに接続する際，IPアドレスなどを自動的に割り当てるために用いるプロトコル。

エ．危機を組織的に管理し，経営上の損失を回避したり，不利益を最小限に抑えたりするためのプロセス。

オ．リスクマネジメントにおける，リスク特定，リスク分析，リスク評価までのプロセス。

カ．電子メールをやり取りする際，クライアントが電子メールを受信するために用いるプロトコル。

キ．TCP/IPにおいて，コンピュータが通信に使用するプログラムを識別するための値。

ク．物理アドレスともいわれ，ネットワーク機器の製造時に，一意に設定された48ビットで表現されるアドレス。

ケ．インターネットに直接接続されているネットワーク機器に，一意に割り振られたIPアドレス。インターネット上の住所に相当する。

コ．コンピュータシステムに処理の指示を出してから，実行結果がすべて出力されるまでの時間。

1		2		3		4		5	

【3】　次の説明文に最も適した答えをア，イ，ウの中から選び，記号で答えなさい。なお，5．については数値を答えなさい。

1．システム開発において，入出力画面や帳票のレイアウトなどを，利用者に確認し，設計する開発工程。

　　　ア．テスト　　　　　　　　　　**イ**．外部設計　　　　　　　　**ウ**．プログラム設計

2．内部のネットワークのセキュリティを確保するために，外部のネットワークとの間に設けられた領域。領域内にWebサーバなどを設置することで，設置したサーバに悪意のあるソフトウェアが組み込まれた際にも，内部のネットワークの被害を最小限に抑えることができる。

　　　ア．DMZ　　　　　　　　　　　**イ**．NAS　　　　　　　　　　**ウ**．SSD

3．情報セキュリティ分野において，コンピュータシステムのセキュリティに被害が発生した事故や事例などのこと。情報流出や不正侵入などがある。

　　　ア．デジタル署名　　　　　　　　**イ**．認証局　　　　　　　　　**ウ**．インシデント

4．装置A，装置Bが，次の図のように配置されているシステムの接続方法のうち，システム全体の稼働率の説明として適切なものはどれか。ただし，それぞれの稼働率は，装置Aが0.9，装置Bが0.7とする。

図①

図②

　　　ア．図①が，図②よりシステム全体の稼働率は高くなる。
　　　イ．図②が，図①よりシステム全体の稼働率は高くなる。
　　　ウ．どちらの接続方法も，システム全体の稼働率は変わらない。

5．次の表の仕様である磁気ディスク装置の記憶容量は何GBか。ただし，1GB = 10^9 B とする。

1シリンダあたりのトラック数	12
1面あたりのトラック数	2,000
1トラックあたりのセクタ数	右の表のとおり
1セクタあたりの記憶容量	4,000 B

トラック番号	セクタ数
0〜 899	350
900〜1,999	200

1		2		3		4		5		GB

【4】 **次の各問いに答えなさい。**

問1．次の図は，データベースの設計手順を示している。空欄(a)〜(c)にそれぞれあてはまる適切なものを選び，記号で答えなさい。

| (a) |設計 → | (b) |設計 → | (c) |設計

　　ア． 概念　　　　　　　　　　**イ．** 物理　　　　　　　　　　**ウ．** 論理

問2．DFD において，下記の記号の説明として適切なものを選び，記号で答えなさい。

　　記号　　◯

　　　　ア． データが記録されている保管場所。

　　　　イ． 入力されたデータに対して何らかの処理をする。

　　　　ウ． データの流れを矢印で表したもの。

問3．ブレーンストーミングにおける行動として，適切なものを選び，記号で答えなさい。

　　　　ア． どのような内容の意見でもよいため，一つでも多くの意見を出す。

　　　　イ． 他者の意見を深く吟味し，必要な場合には否定し，適切な内容に修正する。

　　　　ウ． 無駄な発言を控え，テーマの核心に触れるような意見のみを発言する。

　　　　エ． 他者の意見と同様な内容や便乗するような発言はせず，独創的な発想のみを発言する。

問4．ある企業では，取り扱う商品の種類が多く，在庫管理が煩雑である。売上高に対する各商品の売上比率から，売れ筋商品を把握し，在庫管理に役立てるために用いる図の名称と図として適切なものを選び，記号で答えなさい。

(1)　**名称**　**ア．** パレート図
イ． 特性要因図
ウ． 散布図

(2)　**図**　**ア．**

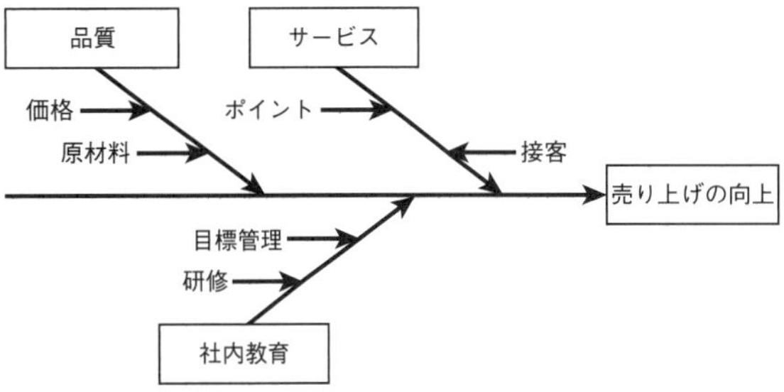

イ．

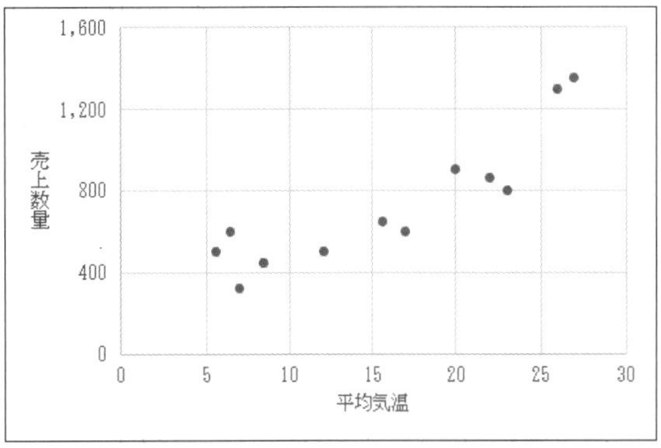

ウ．

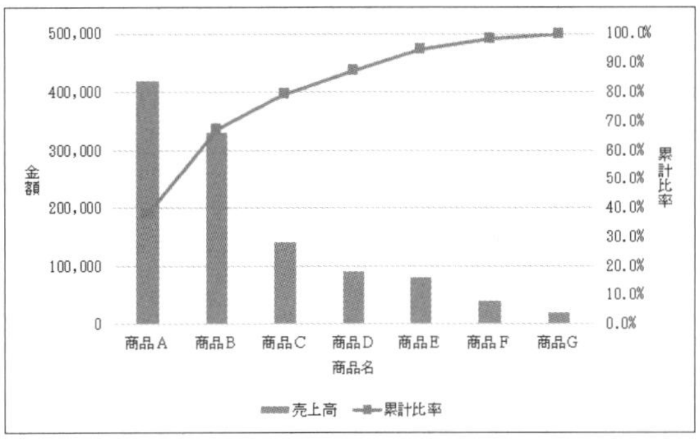

問5．コンプライアンスを説明している次の文章のうち適切なものを選び，記号で答えなさい。

ア． 企業経営に欠かせない，人材，設備，資金，情報などの経営資源を有効的に活用するため，コンピュータを利用して一元的に管理する手法。これにより，企業内のすべてで情報が共有でき経営資源の無駄をなくし，効率的な経営活動を行える。

イ． 複数の企業がお互いの利益のために提携，連合し活動することをいう。企業同士の対等性を保ちながら，お互いの経営資源や技術を相互に活用することで，新たな価値が生まれたり，開発コストが分担されたりとお互いに相乗効果が期待される。

ウ． 企業が法律や規則などに従い活動することをいう。また，法律や規則を守るだけではなく，社会通念上，守るべき倫理も含まれる。これに違反した企業は，消費者などからの信用を失い，経営を揺るがせる原因ともなりうる。

問1	(a)		(b)		(c)		問2	
問3		問4	名称		図		問5	

【5】 ある弁当店では，商品の予約状況を次のようなリレーショナル型データベースを利用し管理している。次の各問いに答えなさい。

処理の流れ

① 新規の顧客は登録の手続きを行い，顧客表にデータを入力する。

② 注文表は，一回の予約につき1レコード作成され，注文番号は連番で作成される。

③ 注文明細表は，予約した商品の種類数のレコードが作成される。例えば，一度に二種類の商品を予約した場合，注文明細表には2レコード作成される。

顧客表

顧客番号	名前	電話番号
1001	赤井　真子	XXX-XXX-XXXX
1002	新井　心	XXX-XXX-XXXX
1003	安藤　律子	XX-XXXX-XXXX
〜	〜	〜
1091	宮前　佑太	XXX-XXXX-XXXX
1092	宗像　優華	XXX-XXXX-XXXX
1093	森本　あや	XXX-XXXX-XXXX
〜	〜	〜

弁当表

弁当コード	弁当名	価格
B000R	日替わり弁当	360
B001R	のり弁当	400
〜	〜	〜
B005R	チキン南蛮弁当	530
B005N	チキン南蛮弁当	420
B006R	ハンバーグ弁当	540
B006N	ハンバーグ弁当	480

注文表

注文番号	顧客番号	受付日	配達日
〜	〜	〜	〜
10361	1082	2022/8/10	2022/8/19
10362	1036	2022/8/17	2022/8/25
10363	1036	2022/8/18	2022/8/19
〜	〜	〜	〜

注文明細表

注文番号	弁当コード	数量
〜	〜	〜
10360	B005R	6
10361	S0004	13
10361	B008N	11
10362	B004N	10
10363	B011R	15
10363	B001R	16
10364	B010R	3
〜	〜	〜

問1．次の図は，四つの表のE-R図である。空欄(a)〜(c)にそれぞれあてはまる適切なものを選び，記号で答えなさい。

ア．弁当表　　　　　　　**イ**．注文表　　　　　　　**ウ**．注文明細表

問2．配達日が 2022 年 9 月 10 日の，注文番号と金額を抽出する。次の SQL 文の空欄をうめなさい。

```
SELECT   B.注文番号, SUM(数量 * 価格) AS 金額
 FROM    弁当表 A, 注文表 B, 注文明細表 C
 WHERE   A.弁当コード = C.弁当コード
   AND   B.注文番号 = C.注文番号
   AND   配達日 = '2022/09/10'
 ┌──────┐ B.注文番号
 └──────┘
```

注文番号	金額
10370	6240
10371	1080
〜	〜

問3．次の SQL 文を実行した場合，抽出されるデータとして適切なものを選び，記号で答えなさい。

```
SELECT   名前   FROM  顧客表 A
 WHERE   EXISTS (SELECT * FROM 注文表
                  WHERE 顧客番号 = A.顧客番号
                    AND 受付日 BETWEEN '2022/08/01' AND '2022/08/31')
```

ア． 2022 年 8 月 1 日から 2022 年 8 月 31 日の期間に受付のあった顧客の名前。

イ． 2022 年 8 月 1 日から 2022 年 8 月 31 日の期間に受付のなかった顧客の名前。

ウ． 2022 年 8 月 1 日から 2022 年 8 月 31 日の期間以外で受付のあった顧客の名前。

問4．2022 年 11 月 3 日，11 月 10 日，11 月 17 日，11 月 24 日に配達する注文番号と弁当名，数量の一覧を配達日の昇順に抽出する。次の SQL 文の空欄をうめなさい。

```
SELECT   配達日, B.注文番号, 弁当名, 数量
 FROM    弁当表 A, 注文表 B, 注文明細表 C
 WHERE   A.弁当コード = C.弁当コード
   AND   B.注文番号 = C.注文番号
   AND   配達日  IN ('2022/11/03', '2022/11/10', '2022/11/17', '2022/11/24')
 ┌──────┐ 配達日 ASC
 └──────┘
```

配達日	注文番号	弁当名	数量
2022/11/03	10394	野菜炒め弁当	1
2022/11/10	10395	チキン南蛮 DX	13
〜	〜	〜	〜

問5．弁当表の表記について，おかずのみの注文をする際，弁当名が間違いやすいため，変更してほしいという声が多かった。そのため，おかずのみの弁当名について，（おかずのみ）という言葉を追加することになった。弁当名の該当レコードを一括して更新する場合，次の SQL 文の空欄をうめなさい。なお，おかずのみの弁当コードは，右端から 1 文字が N である。

```
UPDATE  弁当表 SET ┌──────┐ 弁当名 & '（おかずのみ）' WHERE 弁当コード LIKE '%N'
                   └──────┘
```

問1	(a)		(b)		(c)		問2	
問3		問4			問5			

【6】　次の各問いに答えなさい。

問1．次の表は，数直線上の始点Aと終点Bの距離を表示する表である。
B4は，「始点A」から「終点B」を引いた絶対値を表示する。B4に設
定する次の式の空欄をうめなさい。

	A	B
1		
2	始点A	1
3	終点B	3
4	AB間の距離	2

= ☐ (B2-B3)

問2．次の表は，ある企業の割引額計算表である。次の式は，B3に設定する
式である。この二つの式が同等の結果が得られるように，下の式の空欄(a),
(b)をうめなさい。

	A	B
1	割引額計算表	
2	売上金額	1,298
3	割引額	129

=ROUNDDOWN(B2*10%,0)

=VALUE(☐(a) (B2,LEN(B2) ☐(b)))

問3．次の表は，ある学校の運動部に所属している生
徒の反復横跳びの記録表である。E5は，「記録(回
数)」の最頻値を表示する。E5に設定する次の式
の空欄をうめなさい。

	A	B	C	D	E
1					
2	記録表			集計表	
3	生徒番号	記録（回数）		平均値	53.1
4	2017001	55		中央値	55
5	2017003	52		最頻値	60
6	2017004	56			
?	?	?			
265	2017396	42			
266	2017397	58			
267	2017398	57			
268	2017400	31			

= ☐ (B4:B268)

問4．次の表は，野球リーグの個人打撃成績集計表である。M8は，「四球」が60以上で，「三振」が80以下の「打率」の最大値を表示し，同じ条件でN8に「本塁打」の最大値を表示する。M8に設定する次の式の(a)，(b)，(c)にそれぞれあてはまる適切なものを選び，記号で答えなさい。ただし，この式をN8までコピーする。

	A	B	C	D	E	F	G	H	I	J	K	L	M	N
1														
2	個人打撃成績集計表											分析条件		
3	番号	名前	打率	試合	打席	打数	安打	本塁打	打点	四球	三振		四球	三振
4	1	相沢　陽貴	0.349	134	580	510	178	26	99	51	61		>=60	<=80
5	2	青島　草太	0.341	107	492	431	147	18	67	61	83			
6	3	秋山　風太	0.331	136	560	487	161	9	55	65	69		分析結果	
7	4	飯野　賢太郎	0.328	126	563	491	161	10	67	51	47		打率	本塁打
8	5	池原　和幸	0.325	119	459	425	138	11	64	31	58		0.331	16
9	6	稲田　肇	0.323	120	503	406	131	30	93	87	107			
10	7	今　大夢	0.323	136	564	530	171	27	70	34	42			
≀	≀	≀	≀	≀	≀	≀	≀	≀	≀	≀	≀			
31	28	高野　元	0.249	122	416	349	87	8	46	37	63			
32	29	坪内　小太郎	0.249	132	529	462	115	10	54	37	85			
33	30	遠田　悠悟	0.246	108	425	386	95	2	27	24	71			
34	31	中　楓雅	0.238	141	625	571	136	4	44	19	109			
35	32	中沢　日向	0.233	136	630	545	127	13	58	51	110			

=DMAX(　　(a)　　,　　(b)　　,　　(c)　　)

ア． $A$3:$K$35　　　　**イ．** $M$3:$N$4　　　　**ウ．** 3　　　　**エ．** M7

問5．次の表は，ある施設の使用料見積計算表である。B5は，「開始時刻」から「終了時刻」の「料金」の合計を求める。B5に設定する次の式の空欄をうめなさい。ただし，空欄には同じものが入る。

	A	B	C	D	E	F	G	H	I	J	K	L
1												
2	施設使用料見積計算表											
3	開始時刻	13	時									
4	終了時刻	17	時									
5	使用料金	1,900										
6												
7	料金一覧											
8	時刻	9:00	10:00	11:00	12:00	13:00	14:00	15:00	16:00	17:00	18:00	19:00
9	料金	400	400	400	500	500	500	450	450	600	600	600

=SUMIFS(B9:L9,B8:L8,">="&_____(B3,0,0),B8:L8,"<"&_____(B4,0,0))

問1			問2	(a)		(b)		問3	
問4	(a)		(b)		(c)		問5		

【7】 次の表は，ある団体で利用されている IDとパスワードをチェックするファイルである。**作成条件および作成手順にしたがって，各問いに答えなさい。**

シート名「確認表」

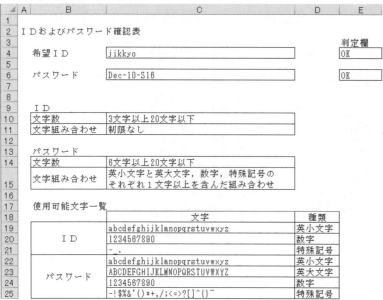

	A	B	C	D	E
1					
2		IDおよびパスワード確認表			
3				判定欄	
4		希望ID	jikkyo	OK	
5					
6		パスワード	Dec-10-S16	OK	
7					
8					
9		ID			
10		文字数	3文字以上20文字以下		
11		文字組み合わせ	制限なし		
12					
13		パスワード			
14		文字数	6文字以上20文字以下		
15		文字組み合わせ	英小文字と英大文字，数字，特殊記号のそれぞれ1文字以上を含んだ組み合わせ		
16					
17		使用可能文字一覧			
18			文字	種類	
19		ID	abcdefghijklmnopqrstuvwxyz	英小文字	
20			1234567890	数字	
21			-_.	特殊記号	
22		パスワード	abcdefghijklmnopqrstuvwxyz	英小文字	
23			ABCDEFGHIJKLMNOPQRSTUVWXYZ	英大文字	
24			1234567890	数字	
25			-!$%&'()*+,/;<=>?[]^{}~	特殊記号	

シート名「判定表」

	A	B	C	D	E	F	G	H	I	J	K
1											
2	希望ID				パスワード					判定3集計表	
3	項目	確認欄	エラー番号		項目	確認欄	エラー番号			種類	個数
4	IDの重複	OK			文字数	OK				英小文字	2
5	文字数	OK			使用可能文字	OK				英大文字	2
6	使用可能文字	OK			文字組み合わせ	OK				数字	4
7	判定	OK			判定	OK				特殊記号	2
8											
9		文字1	判定1			文字2	判定2	判定3			
10	1文字目	j	OK		1文字目	D	OK	英大文字			
11	2文字目	i	OK		2文字目	e	OK	英小文字			
12	3文字目	k	OK		3文字目	c	OK	英小文字			
13	4文字目	k	OK		4文字目	-	OK	特殊記号			
14	5文字目	y	OK		5文字目	1	OK	数字			
15	6文字目	o	OK		6文字目	0	OK	数字			
16	7文字目				7文字目	-	OK	特殊記号			
17	8文字目				8文字目	S	OK	英大文字			
18	9文字目				9文字目	1	OK	数字			
19	10文字目				10文字目	6	OK	数字			
20	11文字目				11文字目						
21	12文字目				12文字目						
22	13文字目				13文字目						
23	14文字目				14文字目						
24	15文字目				15文字目						
25	16文字目				16文字目						
26	17文字目				17文字目						
27	18文字目				18文字目						
28	19文字目				19文字目						
29	20文字目				20文字目						

シート名「ID一覧表」

	A
1	
2	ID一覧表
3	ID
4	A1221
5	01chiba
〜	〜
899	chj-5101
900	Y1229

シート名「エラーコード表」

	A	B
1		
2	エラーコード表	
3	エラーコード	エラーメッセージ
4	10001	このIDはすでに登録されています。
5	10010	文字数が不適切です。
6	10100	使用可能文字が不適切です。
7	10110	文字数，使用可能文字が不適切です。
8	11000	文字組み合わせが不適切です。
9	11010	文字数，文字組み合わせが不適切です。
10	11100	使用可能文字，文字組み合わせが不適切です。
11	11110	文字数，使用可能文字，文字組み合わせが不適切です。

作成条件

1. シート名「確認表」の入力欄にデータを順に入力すると，判定欄を求めることができる。

2. 「希望ＩＤ」および「パスワード」の欄に入力された値が適切でない場合，判定欄に NG を表示し，未入力の場合，何も表示しない。また，判定欄が NG の場合，「希望ＩＤ」および「パスワード」の下にエラーメッセージを表示する。

3. 「希望ＩＤ」は，シート名「ＩＤ一覧表」からＩＤの重複をチェックし，シート名「判定表」において文字数，使用可能文字をチェックする。また，「パスワード」は，シート名「判定表」において文字数，使用可能文字，文字組み合わせをチェックする。なお，シート名「判定表」の判定3集計表は，文字組み合わせをチェックに利用している。ただし，ＩＤとパスワードの文字数，使用可能文字，文字組み合わせはシート名「確認表」のとおりとする。

4. エラーコードは，右のエラー番号表をもとに算出された値の合計に，10000 を足して求める。

   例　「希望ＩＤ」に b? と入力した場合，文字数が 3 文字未満のため，文字数のエラーとなり，使用可能文字に ? が含まれていないため，使用可能文字もエラーとなり，エラー番号の 10 と 100，10000 を足した 10110 がエラーコードとなる。

エラー番号表

エラー項目	エラー番号
ＩＤの重複	1
文字数	10
使用可能文字	100
文字組み合わせ	1000

作成手順

1. シート名「確認表」は，次のように作成されている。
   ⑴　C4 は，「希望ＩＤ」を入力する。また，E4 は，シート名「判定表」の B7 が OK の場合，OK を表示する。
   ⑵　C5 は，E4 が NG の場合，シート名「判定表」の C4～C6 の合計に 10000 を足した値をもとに，シート名「エラーコード表」を参照して「エラーメッセージ」を表示し，それ以外の場合は何も表示しない。
   ⑶　C6 は，「パスワード」を入力する。また，E6 は，シート名「判定表」の F7 が OK の場合，OK を表示する。
   ⑷　C7 は，E6 が NG の場合，シート名「判定表」の G4～G6 の合計に 10000 を足した値をもとに，シート名「エラーコード表」を参照して「エラーメッセージ」を表示し，それ以外の場合は何も表示しない。

2. シート名「判定表」は，次のように作成されている。ただし，以下の説明において，「希望ＩＤ」と「パスワード」は，シート名「確認表」に入力された内容とする。なお，「希望ＩＤ」または「パスワード」が未入力の場合，式を入力したセルは何も表示しない。
   ⑴　B4 は，「希望ＩＤ」がシート名「ＩＤ一覧表」にない場合，OK を表示し，それ以外の場合，NG を表示する。
   ⑵　B5 は，「希望ＩＤ」の文字数が，シート名「確認表」の「文字数」以内の場合，OK を表示し，それ以外の場合，NG を表示する。F4 は，「パスワード」をもとに，同様に処理する。
   ⑶　B6 は，「希望ＩＤ」の文字数と，「判定1」の OK の数が一致した場合，OK を表示し，それ以外の場合，NG を表示する。F5 は，「パスワード」の文字数と「判定2」をもとに，同様に処理する。
   ⑷　F6 は，「個数」がそれぞれ 1 以上の場合，OK を表示し，それ以外の場合，NG を表示する。
   ⑸　C4～C6 は，B 列の「確認欄」が NG の場合，上記作成条件 4 のエラー番号表に対応したエラー番号を表示し，それ以外の場合，何も表示しない。G4～G6 は，F 列の「確認欄」をもとに，同様の処理をする。
   ⑹　B7 は，B4～B6 がすべて OK の場合，OK を表示し，それ以外の場合，NG を表示する。F7 は，F4～F6 をもとに，同様の処理をする。
   ⑺　B10～B29 は，「希望ＩＤ」の文字列から，A10～A29 の数値を利用し，1 文字ずつを抽出する。ただし，B4 が OK 以外の場合，何も表示しない。なお，F10～F29 は，「パスワード」の文字列から，E10～E29 をもとに，同様の処理をする。
   ⑻　C10～C29 は，「文字1」がシート名「確認表」の「使用可能文字一覧」にある場合，OK を表示し，それ以外の場合，NG を表示する。G10～G29 は，「文字2」をもとに，同様の処理をする。
   ⑼　H10～H29 は，「文字2」をもとに，シート名「確認表」の「使用可能文字一覧」を参照して「種類」を表示する。
   ⑽　K4～K7 は，「判定3」から，「種類」ごとに個数を求める。ただし，「判定3」に「種類」がない場合は，未使用を表示する。

第3回模擬

「問題を読みやすくするために，
　このページは空白にしてあります。」

問1．シート名「判定表」のC4に設定する次の式の空欄にあてはまる適切なものを選び,記号で答えなさい。ただし,この式をC6までコピーする。

=IF(OR(B4="OK",B4=""),"",　　　^(ROW()-4))

ア. 1　　　　　　　　　　　　**イ**. 10　　　　　　　　　　　　**ウ**. 100

問2．シート名「判定表」のF6に設定する次の式の空欄をうめなさい。

=IF(確認表!C6="","",IF(　　　(K4:K7)=4,"OK","NG"))

問3．シート名「判定表」のB10に設定する次の式の空欄にあてはまる適切なものを選び,記号で答えなさい。

=IF($B$4<>"OK","",MID(確認表!$C$4,VALUE(　　　(A10,"文字目","")),1))

ア. FORECAST　　　　　　　　**イ**. MATCH　　　　　　　　**ウ**. SUBSTITUTE

問4．シート名「判定表」のC10に設定する次の式の空欄をうめなさい。

=IF(B10="","",IF(IFERROR(　　　(B10,確認表!$C$19&確認表!$C$20&確認表!$C$21,1),0)>0,"OK","NG"))

問5．次のシート名「確認表」から,E4とE6にOKが表示されるものを選び,記号で答えなさい。ただし,シート名「ID一覧表」の「ID」と「希望ID」に重複はないものとする。

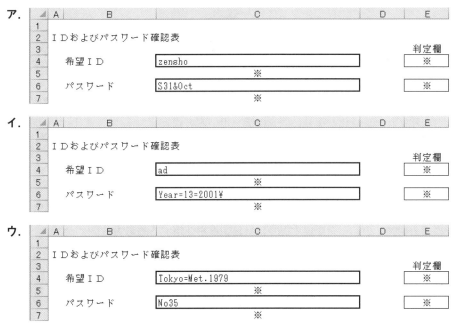

（注）　※印は,値の表記を省略している。

問1		問2		問3		問4		問5	

主催　公益財団法人　全国商業高等学校協会

情報処理検定模擬試験問題　第1級

制限時間60分

【1】　次の説明文に最も適した答えを解答群から選び，記号で答えなさい。

1．プログラムの内部構造を意識して，仕様どおり動作しているかを確認するテスト技法。

2．十分なテストの実施や信頼性の高い部品を採用するなど，システムの障害や故障を回避しようとすること。

3．コンピュータシステムの信頼性を評価するときにチェックする項目の頭文字を並べたもの。

4．コンピュータの利用状況やデータ通信の状況などを記録したファイル。

5．ネットワーク内のすべての機器にデータを一斉送信するために使われる特殊アドレス。

解答群

ア. RASIS　　　**イ.** ネットワークアドレス　　　**ウ.** ホワイトボックステスト

エ. ログファイル　　　**オ.** RAID　　　**カ.** 単体テスト

キ. ブラックボックステスト　　　**ク.** ブロードキャストアドレス　　　**ケ.** ホストアドレス

コ. システムテスト　　　**サ.** フォールトアボイダンス　　　**シ.** プロトコル

1		2		3		4		5	

【2】　次のA群の語句に最も関係の深い説明文をB群から選び，記号で答えなさい。

〈A群〉　1．MTTR　　　2．物理設計　　　3．ポート番号

4．アウトソーシング　　　5．公開鍵暗号方式

〈B群〉

ア. もともと半角の英数字しか扱えなかった電子メールで，漢字や画像，音声などを扱えるようにした電子メールの規格。

イ. TCP/IPを利用したネットワークにおいて，アプリケーションソフトウェアの識別を行うための番号。

ウ. 秘密鍵暗号方式とも呼ばれ，暗号化と復号に同一の鍵を用いる方式。

エ. システムの構築，運用など，自社の業務や機能の一部などを，外部の専門業者に委託すること。

オ. コンピュータシステムが故障から復旧し，次に故障するまでの平均時間。コンピュータシステムが故障せずに稼働している平均時間を表す。

カ. データベース設計の初期段階で，業務内容を分析して必要なデータや管理方法を検討する作業。

キ. データの暗号化には公開鍵，それを元に戻す復号には秘密鍵を使用する暗号方式。

ク. 故障したコンピュータシステムの復旧にかかる平均時間。

ケ. 他社と連携して協力体制を構築すること。

コ. データベース設計の最終段階で，利用するデータベース管理システムに応じた記憶媒体などの設計を行う作業。

1		2		3		4		5	

【3】 次の説明文に最も適した答えをア，イ，ウの中から選び，記号で答えなさい。なお，5．については数値を答えなさい。

1．データベースと連携したWebアプリケーションのセキュリティ上の脆弱性を悪用し，アプリケーションが想定しない不当なSQL文を実行させることにより，データベースシステムを不正に操作する攻撃方法のこと。

　　　ア．SQLインジェクション
　　　イ．ソーシャルエンジニアリング
　　　ウ．クロスサイトスクリプティング

2．WebサーバとWebブラウザとの通信で用いられる暗号化機能を付加した通信規約のこと。

　　　ア．FTP　　　　　　　　　　　イ．HTTP　　　　　　　　　　　ウ．HTTPS

3．問題の解決策を考えるために，カードを利用してデータをグループ化して分析する方法。

　　　ア．SWOT分析　　　　　　　　イ．KJ法　　　　　　　　　　　ウ．ブレーンストーミング

4．AさんとBさんが共同して作業を行うと6日間かかる仕事がある。この仕事をAさんが一人で行うと，9日間かかった場合，Bさんが一人で行うと何日間かかるか。

　　　ア．15日間　　　　　　　　　　イ．18日間　　　　　　　　　　ウ．54日間

5．装置Aと装置Bが，次の図のように配置されているシステムにおいて，システム全体の稼働率を求めなさい。ただし，装置Aと装置Bの稼働率は，いずれも0.9とする。

1		2		3		4		5	

【4】 次の各問いに答えなさい。

問1．次の図は，ある商事会社の商品係の業務の流れを表したものである。この図の名称として適切なものを答えなさい。

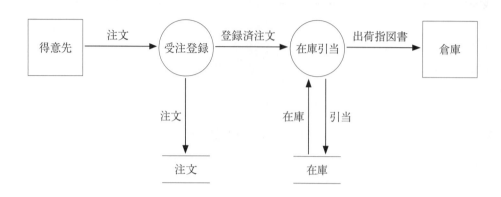

問2．次の決定表は，あるスーパーが行っている会員の割引率を表したものである。割引率についての説明として適切なものを選び，記号で答えなさい。

会員実績 10 年以上	Y	Y			
購入額 10 万円以上	Y		Y		
購入額 5 万円以上				Y	
割引率　15%	X				
割引率　10%		X	X		
割引率　 5 %				X	
割引率　 0%（割引きなし）					X

ア．会員実績 10 年以上でなくても，購入額が 10 万円以上であれば，割引率は同じである。

イ．会員実績 10 年以上であれば，必ず 15%以上の割引がある。

ウ．会員実績 10 年以上でなくても，購入額が 10 万円以上で 10%の割引がある。

問3．ASP を説明している次の文章のうち適切なものを選び，記号で答えなさい。

ア．インターネット上でアプリケーションソフトウェアや環境を提供するサービス提供者。各端末にアプリケーションソフトウェアをインストールする必要がないため，ネットワークに接続するだけでサービスを利用することができる。

イ．プロバイダなどの通信事業者が所有するデータセンターに，自社が所有するサーバを設置し運用するサービス。地震などの災害対策，盗難などのセキュリティ対策，停電対策や高速通信，温度管理など，各種対策がなされた設置場所が利用でき，自社に設置するより良好な通信環境が期待できる。

ウ．企業や組織などにおける個人情報や商品情報などの情報資産を守るため，具体的な対策の方針や行動指針をまとめたもの。

問4. 次の表とグラフは，ある食品メーカーの販売商品の売上伸び率を，1月を基準として表したものである。この
グラフについての説明として適切なものを選び，記号で答えなさい。

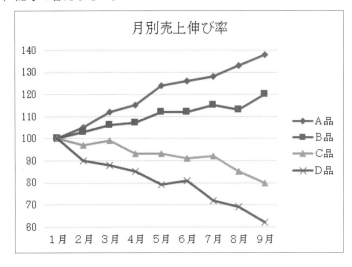

▲	A	B	C	D	E
1					
2	月別売上伸び率				
3		A品	B品	C品	D品
4	1月	100	100	100	100
5	2月	105	103	97	90
6	3月	112	106	99	88
7	4月	115	107	93	85
8	5月	124	112	93	79
9	6月	126	112	91	81
10	7月	128	115	92	72
11	8月	133	113	85	69
12	9月	138	120	80	62

ア．各販売商品の売上の相対的な大小関係を比較して，売上の割合などをみることができる。

イ．各販売商品の売上の相関関係を調べることができる。

ウ．各販売商品のある時点の売上を基準に，その後の売上の変動を比率でみることができる。

問5. ある宿泊施設の利用客数を年齢階級ごとに分類し，表したヒストグラムとして適切なものを選び，記号で答え
なさい。

ア．
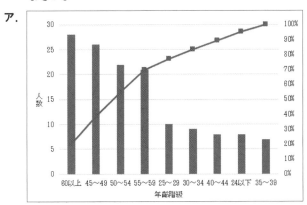

イ．
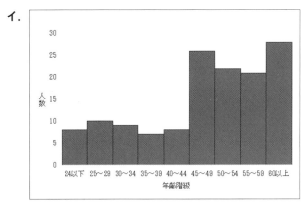

ウ．
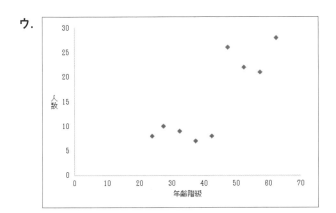

問1		問2		問3		問4		問5	

【5】 ある自動車教習所では，技能教習の予約状況を，次のようなリレーショナル型データベースを利用して管理を行っている。次の各問いに答えなさい。

処理の流れ

① 教習生は，教習所の教習受付担当者に希望する教習日と時間および教官を口頭で伝える。

② 受付担当者は，教習生から伝えられた希望内容が予約可能かどうか，データベースで検索を行い，予約可能であれば予約内容を予約表に入力する。

③ 受付担当者は，予約表に入力した予約内容を予約受付票としてプリンタに出力して，教習生に渡し予約処理が終了する。

（受付担当者が教習生に渡す予約受付票）

予約受付票	
教習生コード	BJ004
氏　　　名	赤羽○○
免 許 種 別	普通車 MT
教　　習　　日	2022 年 4 月 28 日
時間 (1～7)	1
教官コード	9
教　官　名	鈴木□□

○○自動車教習所

教習生表

教習生コード	氏名	年齢	性別	免許コード
～	～	～	～	～
BJ1001	新宿○○	22	男	A01
BJ1002	目黒○○	25	女	B02
BJ1003	大井○○	31	女	A01
BJ1004	赤羽○○	20	男	A02
～	～	～	～	～

教官表

教官コード	教官名	車番
1	加藤□□	412
2	高橋□□	374
3	片岡□□	277
4	小杉□□	247
5	古川□□	342
～	～	～

免許表

免許コード	免許種別
A01	普通車ＡＴ
A02	普通車ＭＴ
B01	小型自動二輪
B02	普通自動二輪
B03	大型自動二輪
～	～

予約表

教習日	時間	教官コード	教習生コード
～	～	～	～
2022/04/01	1	3	BJ1002
2022/04/01	1	11	BJ1106
2022/04/01	1	18	BJ1053
～	～	～	～
2022/04/27	7	9	BJ1004
2022/04/28	1	9	BJ1004
～	～	～	～

(注)　1人の教官が1つの時間帯に担当する教習生は1人である。

問1．リレーショナル型データベースを設計する際，E-R 図を用いてデータの関連性をモデル化する。次の図は，このデータベースのリレーションシップを表した E-R 図である。空欄の(a)～(c)にあてはまる適切な組み合わせを選び，記号で答えなさい。

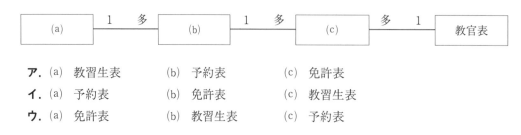

ア．(a) 教習生表　　(b) 予約表　　(c) 免許表

イ．(a) 予約表　　(b) 免許表　　(c) 教習生表

ウ．(a) 免許表　　(b) 教習生表　　(c) 予約表

問2．教習生から伝えられた希望内容が予約可能かどうか調べるため，次のSQL文を実行した。予約可能である実行結果として適切なものを選び，記号で答えなさい。

```
SELECT   教習日，時間，A.教官コード，教官名
   FROM   予約表 A，教官表 B
  WHERE   A.教官コード ＝ B.教官コード
    AND   教習日 ＝ '2022/04/30'  AND  時間 ＝ 3   AND   A.教官コード ＝ 24
```

　ア．データが1件抽出された。
　イ．データが1件も抽出されなかった。
　ウ．データが複数件抽出された。

問3．2022年4月24日から2022年4月30日の1週間に予約している女性の教習生の氏名を重複なく抽出する場合，空欄にあてはまる適切なものを答えなさい。

氏名
〳
目黒〇〇
大井〇〇
根岸〇〇
〳

```
SELECT   ┌─────(a)─────┐
   FROM   予約表 A，教習生表 B
  WHERE   A.教習生コード ＝ B.教習生コード
    AND   ┌───(b)───┐
    AND   教習日   BETWEEN   '2022/04/24'   AND   '2022/04/30'
```

問4．次の各問いに答えなさい。

(1) 2022年4月(2022年4月1日から2022年4月30日まで)における教官ごとの教習回数一覧表を作成する場合，空欄にあてはまる適切なものを答えなさい。

教官コード	教官名	教習回数
〳	〳	〳
4	小杉□□	103
〳	〳	〳
15	江原□□	117
〳	〳	〳

```
SELECT   A.教官コード，教官名，┌──────────────┐
   FROM   予約表 A，教官表 B
  WHERE   A.教官コード ＝ B.教官コード   AND   教習日   BETWEEN   '2022/04/01'   AND   '2022/04/30'
  GROUP   BY   A.教官コード，教官名
```

(2) (1)のSQL文に，教習回数で降順に並べ替えるための条件を加える場合，(1)のSQL文の最後に追加する文として適切なものを答えなさい。

問1		問2		問3	(a)		(b)	
問4	(1)				(2)			

【6】 次の各問いに答えなさい。

問1. 次の表は，英単語テストの成績一覧表である。クラスごとの平均点をH列に表示させるとき，H4に設定する次の式の空欄をうめなさい。

	A	B	C	D	E	F	G	H
1								
2	英単語テスト成績一覧表					クラス別集計表		
3	年	組	氏名	得点		年	組	平均点
4	1	5	福地 千夏	29		1	1	19.5
5	3	1	宮田 由樹	29		1	2	26.0
6	2	2	徳田 慶二	29		1	3	14.0
7	3	3	沖 亮	29		1	4	17.0
8	1	2	豊島 正義	28		1	5	29.0
9	1	1	重松 ひとみ	28		2	1	15.0
10	3	4	大熊 雄太	26		2	2	29.0
11	2	3	梅村 啓介	24		2	3	24.0
12	2	5	成瀬 広之	24		2	4	19.7
13	1	2	西谷 七世	24		2	5	24.0
14	3	5	中原 陽子	23		3	1	29.0
15	2	4	七瀬 遥	23		3	2	13.7
16	3	3	上山 綾	22		3	3	21.0
17	3	3	毛利 希	22		3	4	21.5
18	3	3	戎 くるみ	21		3	5	23.0
19	2	4	相原 光	20				
20	3	3	今井 草太	19				
21	3	4	石田 一代	17				
22	1	4	村田 勇太	17				
23	2	4	亀山 直人	16				
24	3	2	長谷川 光良	16				
25	3	2	岩村 七世	15				
26	2	1	吉永 えみ	15				
27	1	3	村木 陽介	14				
28	3	3	上田 竜也	13				
29	1	1	沢井 禄郎	11				
30	3	2	百瀬 沙知絵	10				

=AVERAGEIFS($D$4:$D$30,$A$4:$A$30,F4,
$B$4:$B$30,　　　　　)

問2. ある学校では，部活動の部員名簿に次の表を用いている。C列の「市町村名」は，B列の「住所」から市町村名だけを抽出して表示している。C4に次の式が設定されているとき，C4に表示される値を答えなさい。

	A	B	C
1			
2	部員名簿		
3	部員名	住所	市町村名
4	金井美津子	岡田市西川1-36	※
5	浜本五郎	中島町2-18	※
6	花崎次郎	浮嶋村早稲2-9	※
7	山田洋子	栗川町菊原6-5	※
8	石丸博	小原市通正18-9	※
9	花形鶴子	陸南町原島9-8-7	※

=IFERROR(LEFT(B4,SEARCH("市",B4)),
IFERROR(LEFT(B4,SEARCH("町",B4)),IFERROR(LEFT(B4,SEARCH("村",B4)),"該当なし")))

問3. 次の表は，ある企業の所属一覧表である。「新所属名」は，「現所属名」に含まれる 経理 および 財務 を 会計 に置き換えて表示する。D4に設定する次の式の空欄にあてはまる適切なものを選び，記号で答えなさい。ただし，空欄には同じものが入る。

	A	B	C	D
1				
2	所属一覧表			
3	社員ID	氏名	現所属名	新所属名
4	1965001	○○　○○	人事部	人事部
〜	〜	〜	〜	〜
13	1965010	○○　○○	経理部	会計部
〜	〜	〜	〜	〜
169	1973002	○○　○○	財務部	会計部
〜	〜	〜	〜	〜
1351	2010025	○○　○○	営業部	営業部
〜	〜	〜	〜	〜

=　　　　　(　　　　　(C4,"経理","会計"),"財務","会計")

ア. SUBSTITUTE　　　　　　　　**イ.** SUMIFS　　　　　　　　**ウ.** FIND

問4．次の表は，漢字テストにおける平均値と中央値を求めたものである。B45に設定する式として適切なものを選び，記号で答えなさい。

ア．=FORECAST(B4:B43)

イ．=MODE(B4:B43)

ウ．=MEDIAN(B4:B43)

	A	B
1		
2	漢字テスト結果一覧表	
3	番号	点数
4	1	80
5	2	90
6	3	55
7	4	80
～	～	～
42	39	50
43	40	60
44	平均	72.63
45	中央値	75

問5．次の表は，ある商店における商品の生産シミュレーションである。次の条件から，販売利益の合計が最大となる商品Aと商品Bの生産数(箱)を求めたい。表計算ソフトのデータ分析機能に設定する制約条件の組み合わせとして適切なものを選び，記号で答えなさい。

	A	B	C	D
1				
2	1箱あたりの生産データ表			
3		商品A	商品B	使用上限
4	材料1（個）	3	6	765
5	材料2（個）	5	2	515
6	材料3（個）	4	5	645
7	1箱あたりの販売利益	1,200	1,600	
8				
9	生産シミュレーション表			
10		商品A	商品B	合計
11	生産数（箱）	※	※	※
12	材料1（個）	※	※	※
13	材料2（個）	※	※	※
14	材料3（個）	※	※	※
15	販売利益	※	※	※

条件

・B12には次の式を入力し，C15までコピーする。

=B4*B$11

・D11には次の式を入力し，D15までコピーする。

=SUM(B11:C11)

・商品A，商品Bは1箱以上生産する。

・各材料の合計は，使用上限を超えないように設定する。

パラメータ設定

目的セル：	$D$15		実行

目標値：　● 最大値　　○ 最小値　　○ 値 [　　]　　[閉じる]

変化させるセル

$B$11:$C$11	自動

制約条件

※	追加
	変更
	削除

(注) ※印は，値の表記を省略している。

ア．$B$11:$C$11=整数
　　$B$11:$C$11>=1
　　$D$12:$D$14<=$D$4:$D$6

イ．$B$11:$C$11=整数
　　$B$11:$C$11<=1
　　$D$12:$D$14<=$D$4:$D$6

ウ．$B$11:$C$11=整数
　　$B$11:$C$11>=1
　　$D$12:$D$14>=$D$4:$D$6

問1		問2		問3		問4		問5	

【7】 次の表は，ある外国語スクールの予約状況確認表である。作成条件および作成手順にしたがって，各問いに答えなさい。

シート名「予約状況確認表」

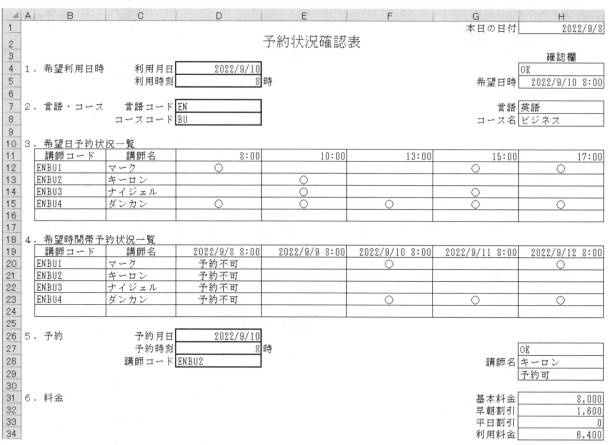

シート名「予約表」

	A	B	C	～	AD	AE
1						
2	予約表					
3	時間帯	ENNI1	ENNI2	～	FRBU1	FRBU2
4	2022/9/1 8:00	○		～		○
5	2022/9/1 10:00	○	○	～		
6	2022/9/1 13:00			～		○
～	～	～	～	～	～	～
151	2022/9/30 13:00			～		
152	2022/9/30 15:00	○	○	～	○	
153	2022/9/30 17:00			～		

シート名「講師表」

	A	B
1		
2	講師表	
3	講師コード	講師名
4	ENNI1	スティーヴン
5	ENNI2	ジョージ
～	～	～
32	FRBU1	ブライアン
33	FRBU2	ルーク

シート名「言語表」

	A	B
1		
2	言語表	
3	言語コード	言語
4	EN	英語
5	CH	中国語
6	FR	フランス語

シート名「コース表」

	A	B	C
1			
2	コース表		
3	コースコード	コース名	料金
4	NI	日常会話	6,000
5	SI	資格取得	7,000
6	BU	ビジネス	8,000

作成条件

1. シート名「予約状況確認表」のD4〜D5, D7〜D8, D26〜D28に適切なデータを順に入力すると結果が表示される。なお，D4〜D5, D7〜D8, D26〜D28が未入力の場合は，H4〜H5, H7〜H8, H27〜H29は何も表示しない。また，H4〜H5, H7〜H8, H27〜H28は，D5を時刻にした値，D4にD5を時刻にした値を足した値，D7〜D8, D26とD27を時刻にしたものを足した値，D28の値が参照する表にない場合は エラー を表示する。H32〜H34は，H31が空欄の場合は何も表示しない。

2. 利用および予約可能な時刻は，8:00，10:00，13:00，15:00，17:00のみとし，それ以外の時刻は利用および予約できないものとする。

3. 予約ができるのは翌日以降であり，「3．希望日予約状況一覧」と「4．希望時間帯予約状況一覧」の該当箇所が本日以前の場合は 予約不可 を表示する。ただし，「講師コード」が空欄の場合は何も表示しない。

4. 予約が確定した場合，シート名「予約表」の該当箇所に ○ を入力する。予約がない場合，シート名「予約表」の該当箇所は空欄となる。

作成手順

1. シート名「予約状況確認表」は，次のように作成されている。

(1) H1は，本日の日付を自動的に表示するために，TODAY関数が設定されている。

(2) D4とD5は，「利用月日」と「利用時刻」を入力する。また，H4は，「利用時刻」が作成条件2の利用および予約可能な時刻の場合は OK を表示する。

(3) H5は，D4にD5を時刻にした値を足した値がシート名「予約表」の「時間帯」にある場合は，D4にD5を時刻にした値を足した値を表示する。なお，H4が エラー の場合は何も表示しない。

(4) D7は，「言語コード」を入力する。また，H7は，「言語コード」をもとに，シート名「言語表」を参照して「言語」を表示する。

(5) D8は，「コースコード」を入力する。また，H8は，「コースコード」をもとに，シート名「コース表」を参照して「コース名」を表示する。

(6) B12〜B16およびB20〜B24は，「言語コード」と「コースコード」および数値を結合した値をもとに，シート名「講師表」を参照して「講師コード」を表示する。ただし，「言語コード」と「コースコード」および数値を結合した値が参照する表にない場合は何も表示しない。

(7) C12〜C16およびC20〜C24は，B12〜B16およびB20〜B24をもとに，シート名「講師表」を参照して「講師名」を表示する。ただし，B12〜B16およびB20〜B24が空欄の場合は何も表示しない。

(8) D12〜H16は，「利用月日」と11行目の時刻を足した値，「講師コード」をもとに，シート名「予約表」を参照して表示する。

(9) D19〜H19は，D19がH5の2日前になるようにH19まで5日分の日時を，列番号を利用して求める。

(10) D20〜H24は，19行目の日時と「講師コード」をもとに，シート名「予約表」を参照して表示する。

(11) D26とD27は，「予約月日」と「予約時刻」を入力する。また，H27は，D26とD27を時刻にしたものを足した値がシート名「予約表」の「時間帯」にある場合は OK を表示する。

(12) D28は，「講師コード」を入力する。また，H28は，「講師コード」をもとに，シート名「講師表」を参照して「講師名」を表示する。

(13) H29は，D28をもとに，シート名「予約表」を参照し，空欄の場合は 予約可 を表示する。それ以外の場合は 予約不可 を表示する。

(14) H31は，D28の左端から3桁目より2文字を抽出し，シート名「コース表」を参照して表示する。ただし，H29が 予約可 以外の場合は何も表示しない。

(15) H32は，D27が8の場合は，H31に0.2を掛けた値を表示し，それ以外は0を表示する。

(16) H33は，D26が土曜日か，日曜日の場合は0を表示し，それ以外の場合は，H31に0.1を掛けた値を表示する。

(17) H34は，H31からH32とH33を引いた値を表示する。

第4回模擬

「問題を読みやすくするために，
　このページは空白にしてあります。」

問1．シート名「予約状況確認表」のH4に設定する式として適切なものをすべて選び，記号で答えなさい．

> **ア．** =IF(D5="","",IF(COUNTIFS(D11:H11,D5/24)>0,"OK","エラー"))
> **イ．** =IF(D5="","",IF(COUNTIFS(D11:H11,TIME(D5,0,0))>0,"OK","エラー"))
> **ウ．** =IF(D5="","",IF(AND(D5<>8,D5<>10,D5<>13,D5<>15,D5<>17),"OK","エラー"))
> **エ．** =IF(D5="","",IF(OR(D5=8,D5=10,D5=13,D5=15,D5=17),"OK","エラー"))

問2．シート名「予約状況確認表」のD19に設定する次の式の空欄をうめなさい．ただし，この式をH19までコピーする．

=IFERROR($H$5+〔　　　　〕()-6,"")

問3．シート名「予約状況確認表」のD20に設定する次の式の空欄をうめなさい．ただし，この式をH24までコピーする．

=IF($B20="","",IF(〔　　　　〕(D$19)<=$H$1,"予約不可",**解 答 不 要**))

問4．シート名「予約状況確認表」のH29に設定する次の式の空欄(a)，(b)をうめなさい．

=IF(OR(D28="",H28="エラー"),"",
　 IF(〔(a)〕(D28,予約表!B3:AE153,MATCH(D26+TIME(D27,0,0),予約表!〔(b)〕,0),FALSE)="",
　　"予約可","予約不可"))

問5．シート名「予約状況確認表」に，次のようにデータを入力したとき，H34の「利用料金」に表示される適切な数値を答えなさい．

問1		問2		問3	
問4	(a)		(b)	問5	

主催　公益財団法人　全国商業高等学校協会

情報処理検定模擬試験問題　第1級

制限時間60分

【1】　次の説明文に最も適した答えを解答群から選び，記号で答えなさい。

1．コンピュータに処理要求を出し終えてから，最初の処理結果を得るまでの時間。

2．テスト手法の一つで，個々のプログラムを対象として機能や性能をテストする方法。

3．システム開発手法の一つで，開発の初期段階で試作品を作成し，利用者から評価を受けることで，利用者の要求をより明確にする方法。

4．プログラム言語を用いて，実際にプログラムをコーディングする開発工程。

5．RASIS の示す指標の一つで，コンピュータシステムが一定の条件下で，継続して仕様書通りの処理ができること。障害や不具合の発生のしにくさのことであり，平均故障間隔を指標とすることが多い。

解答群

ア．単体テスト	**イ**．レスポンスタイム	**ウ**．プログラミング
エ．スパイラルモデル	**オ**．結合テスト	**カ**．完全性
キ．ターンアラウンドタイム	**ク**．信頼性	**ケ**．外部設計
コ．プログラム設計	**サ**．保守性	**シ**．プロトタイピングモデル

1		2		3		4		5	

【2】　次のA群の語句に最も関係の深い説明文をB群から選び，記号で答えなさい。

〈A群〉　1．運用・保守　　　2．POP　　　3．ルータ
　　　　　4．ホストアドレス　　5．MIME

〈B群〉

ア．IP アドレスのうち，そのコンピュータが所属するネットワークを示す部分。

イ．電子メールを受信するためのプロトコル。ユーザがメールを受信する際は，メーラなどを使ってサーバに接続し，自分のメールボックスから自分宛てのメールを取り出す。

ウ．音声や画像などのマルチメディアデータを電子メールで送受信するために，バイナリデータを ASCII コードに変換する方法やデータの種類を表現する方法などを規定したもの。

エ．電子メールを送信するためのプロトコル。ユーザから送信されたメールを転送する。

オ．異なるプロトコルのネットワークを接続する際に使われるハードウェアやソフトウェア。

カ．システムの安定稼働をさせたり，不具合やトラブルがあった場合に対応したりする業務のこと。

キ．異なるネットワークを接続するときに用いる機器。データをどの経路を通して転送すべきか判断する経路選択機能を備えている。

ク．障害が発生した際に，正常な部分だけを動作させ，全体に支障をきたさないようにするしくみ。

ケ．IP アドレスのうち，サブネット内の個々のコンピュータを識別する部分。

コ．音声データをパケットに変換し，インターネットを通して音声通話を実現する技術。

1		2		3		4		5	

【3】 次の説明文に最も適した答えをア，イ，ウの中から選び，記号で答えなさい。なお，5．については数値を答えなさい。

1．「人間はミスをするもの」という前提に立って，利用者が誤った操作をしても問題が起こらないよう，設計の段階で安全対策を施しておくこと。

  ア．フールプルーフ   **イ**．フォールトトレラント   **ウ**．フォールトアボイダンス

2．複数台のハードディスク装置を一つのディスク装置のように扱う技術の一つで，複数のハードディスクにデータを分散して書き込むこと方式。

  ア．ミラーリング   **イ**．パケットフィルタリング **ウ**．ストライピング

3．データベースにおけるエンティティ(実体)間の相互関係。

  ア．トランザクション   **イ**．リレーションシップ   **ウ**．アトリビュート

4．Aさん一人では12日間，Bさん一人では10日間かかる仕事がある。この仕事をAさん，Bさんが共同して行った。この仕事の完成までに要した日数は何日間か。

  ア．5日間   **イ**．6日間   **ウ**．22日間

5．次の表の仕様である磁気ディスク装置の記憶容量は何GBか。

1トラックあたりの記憶容量	800 B
1シリンダあたりのトラック数	25
総シリンダ数	6,000

(注)　1 GB ＝ 10^9 B とする。

1		2		3		4		5		GB

【4】 **次の各問いに答えなさい。**

問1. 次の図は，ある仕事の作業工程と各作業に必要な日数を表したアローダイアグラムである。この仕事が完了するまでにかかる最短の所要日数を求めなさい。

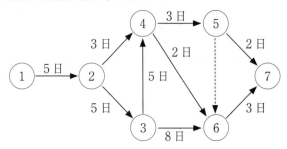

問2. PPM分析を表している適切な図を選び，記号で答えなさい。

ア.

強み

脅威 ━━━━━━━┿━━━━━━━ 機会

弱み

イ.

高↑市場成長率↓低	花形	問題児
	金のなる木	負け犬

高←市場占有率→低

ウ.

平日・休日	Y	Y		
休前日			Y	Y
スキー期間	Y		Y	
宿泊料金　10,000円	X	X		
宿泊料金　12,000円			X	X
特別料金　3,000円	X		X	

問3. ハウジングサービスを説明している次の文章のうち適切なものを選び，記号で答えなさい。

ア. プロバイダなどが，自社の事業所内にユーザの通信機器やサーバを置いて，その管理・運用をすること。
イ. 既存の組織やビジネスルールを抜本的に見直し，職務，業務フロー，管理機構，情報システムを再設計する考え方。
ウ. プロバイダなどが，自社のサーバの一部を貸し出すこと。

問4．次の表とグラフは，あるコンビニエンスストアにおける各期間のかき氷の売上個数と最高気温を表したものである。表示されている回帰直線についての説明として適切なものを選び，記号で答えなさい。

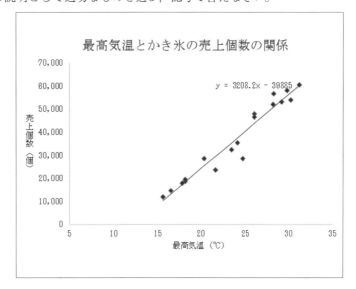

	A	B	C
1			
2	かき氷の売上個数表		
3	期間	最高気温	売上個数
4	5月上旬	15.6	12,000
5	5月中旬	16.5	14,500
6	5月下旬	18.2	18,600
7	6月上旬	17.8	17,800
8	6月中旬	18.2	19,600
9	6月下旬	21.6	23,600
10	7月上旬	24.7	28,600
11	7月中旬	26.1	48,000
12	7月下旬	28.2	52,000
13	8月上旬	29.2	53,030
14	8月中旬	30.2	54,000
15	8月下旬	31.2	60,500
16	9月上旬	29.8	58,200
17	9月中旬	28.3	56,800
18	9月下旬	26.1	46,700
19	10月上旬	24.1	35,400
20	10月中旬	23.4	32,400
21	10月下旬	20.4	28,600

ア． 回帰直線の傾きが，右上がりであれば売上個数の減少が著しいことを示している。

イ． 回帰直線の長さは売上個数を示し，短いほど売上個数が少ないことを示している。

ウ． 回帰直線の横に表示されている式のxに予想される最高気温を代入することで，売上個数の予想を算出できる。

問5．SaaSを説明している次の文章のうち適切なものを選び，記号で答えなさい。

ア． 企業などが法律や規則などにしたがい活動することをいう。また，法を守るだけではなく，社会通念上，守るべき倫理も含まれる。これに違反した企業などは，消費者などからの信用を失い，経営を揺るがせる事態ともなりうる。

イ． 企業が，組織内部で行っていた人事や経理業務，製造や販売業務などの一部を，外部の企業などに委託すること。これにより，コストの削減効果が期待できる。また，企業が自前で行うよりも，高い付加価値が得られることもある。

ウ． 顧客が必要とする機能を，必要な時に，必要な分だけをサービスとして利用できるようにしたソフトウェアやその提供形態。顧客は，アプリケーションソフトウェアの開発や管理の必要がないため，費用を抑えることができる。

問1		日間	問2		問3		問4		問5	

【5】 あるレストランでは，アルバイト店員の勤務実績を，次のようなリレーショナル型データベースを利用して管理を行っている。次の各問いに答えなさい。

処理の流れ

① 店長は，勤務したアルバイト店員ごとに，アルバイト勤務記録票を作成する。なお，アルバイト勤務記録票は，一人のアルバイト店員が1日に複数枚作成することはない。

② 1日の終わりに，店長は，その日のアルバイト勤務記録票の内容を勤務表に入力する。

③ アルバイト店員は，同一日の同じ時間に複数名が勤務している。

（店長が作成するアルバイト勤務記録票）

アルバイト勤務記録票

勤　務　日	2022年8月1日
店員コード	S1101
氏　　　名	相川○○
開　始　時　刻	17時00分
終　了　時　刻	21時00分
勤　務　時　間	4時間

店員表

店員コード	氏名	年齢	性別	職種コード	時給コード
S1101	相川○○	20	男	2	A02
S1102	井上○○	18	女	3	A01
S1103	加藤○○	19	女	1	A01
〜	〜	〜	〜	〜	〜
S1201	菊池○○	36	女	1	P01
〜	〜	〜	〜	〜	〜

職種表

職種コード	職種名
1	接客
2	調理
3	デザート
4	洗い場

時給表

時給コード	時給
A01	700
A02	750
A03	800
〜	〜
P01	780
〜	〜

勤務表

勤務日	店員コード	開始時刻	終了時刻	勤務時間
〜	〜	〜	〜	〜
2022/07/28	S1103	11:30	17:30	6
2022/07/28	S1105	11:00	14:00	3
2022/07/28	S1201	11:30	15:30	4
〜	〜	〜	〜	〜
2022/08/01	S1101	17:00	21:00	4
2022/08/01	S1209	17:00	22:00	5
〜	〜	〜	〜	〜

問1．勤務表の主キーとして適切なものを選び，記号で答えなさい。ただし，主キーは，必要最低限かつ十分な条件を満たしていること。

　　　ア．勤務日

　　　イ．勤務日と店員コード

　　　ウ．勤務日と店員コードと開始時刻

問2．店員の 井上○○ の誕生日が本日なので，年齢を 19 歳に変更することになった。空欄(a)，(b)にあてはまる適切な組み合わせを選び，記号で答えなさい。

UPDATE 　[　(a)　] 　SET 　[　(b)　] 　WHERE 　店員コード ＝ 'S1102'

ア. (a) 年齢 ＝ 19 　　(b) 店員表
イ. (a) 年齢 　　(b) 19
ウ. (a) 店員表 　　(b) 年齢 ＝ 19

問3．2022 年 7 月 28 日の勤務実績一覧表を作成する場合，空欄にあてはまる適切なものを答えなさい。ただし，勤務の開始時刻の昇順に並べ替える。

店員コード	氏名	開始時刻	勤務時間	職種名
S1105	木下○○	11:00	3	調理
S1103	加藤○○	11:30	6	接客
S1201	菊池○○	11:30	4	接客
S1204	小野○○	12:00	5	洗い場
〜	〜	〜	〜	〜

SELECT 　A.店員コード，氏名，開始時刻，勤務時間，職種名
　FROM 　勤務表 A，[　(a)　]
　WHERE 　A.店員コード ＝ B.店員コード
　　AND 　B.職種コード ＝ C.職種コード
　　AND 　勤務日 ＝ '2022/07/28'
　[　(b)　] 　ASC

問4．次の各問いに答えなさい。

(1) 2022 年 7 月（2022 年 7 月 1 日から 2022 年 7 月 31 日まで）における店員ごとのアルバイト料一覧表を作成する場合，空欄にあてはまる適切なものを答えなさい。

店員コード	氏名	時給	アルバイト料
S1101	相川○○	750	45000
S1102	井上○○	700	50400
S1103	加藤○○	700	123200
S1104	遠藤○○	800	73600
〜	〜	〜	〜

SELECT 　A.店員コード，氏名，時給，時給 ＊ SUM(勤務時間) AS アルバイト料
　FROM 　勤務表 A，店員表 B，時給表 C
　WHERE 　A.店員コード ＝ B.店員コード
　　AND 　B.時給コード ＝ C.時給コード
　　AND 　勤務日 ＞＝ '2022/07/01' 　AND 　勤務日 ＜＝ '2022/07/31'
　[　　　　　　　　　　]，氏名，時給

(2) (1)の SQL 文に，アルバイト料が ¥100,000 以上の店員を抽出するための条件を加える場合，(1)の SQL 文の最後に追加する文として適切なものを答えなさい。

問1		問2		問3	(a)			(b)	
問4	(1)					(2)			

【6】 次の各問いに答えなさい。

問1．次の表は，あるコンピュータショップの売上一覧表である。売上集計表の「注文数計」と「売上高計」は商品コードごとの注文数の合計と，売上高の合計をまとめたものである。B23 に設定する次の式の空欄をうめなさい。

	A	B	C	D	E	F
1						
2		売上一覧表				
3						
4	商品コード	商品名	注文数	単価	売上高	
5	103	DVD-R	4	3,000	12,000	
6	101	ハードディスク	5	9,800	49,000	
7	102	フラッシュメモリ	8	2,500	20,000	
8	102	フラッシュメモリ	4	2,500	10,000	
9	101	ハードディスク	3	9,800	29,400	
10	105	SDカード	3	2,000	6,000	
11	105	SDカード	7	2,000	14,000	
12	101	ハードディスク	2	9,800	19,600	
13	102	フラッシュメモリ	7	2,500	17,500	
14	104	BD-R	4	4,000	16,000	
15	102	フラッシュメモリ	8	2,500	20,000	
16	102	フラッシュメモリ	3	2,500	7,500	
17	105	SDカード	6	2,000	12,000	
18						
19	売上集計表	商品コード	商品コード	商品コード	商品コード	商品コード
20		101	102	103	104	105
21	商品名	ハードディスク	フラッシュメモリ	DVD-R	BD-R	SDカード
22	単価	9,800	2,500	3,000	4,000	2,000
23	注文数計	10	30	4	4	16
24	売上高計	98,000	75,000	12,000	16,000	32,000

=DSUM($A$4:$E$17,⬚,B19:B20)

問2．次の表は，OFFSET 関数の動作を確認する表である。C1 に次の式が設定されている。空欄(a)，(b)をうめなさい。

=OFFSET(A3, (a) , (b) ,1,1)

	A	B	C	D	E
1	結果		29		
2					
3	確認表				
4	11	12	13	14	15
5	16	17	18	19	20
6	21	22	23	24	25
7	26	27	28	29	30
8	31	32	33	34	35

問3．あるレンタサイクル店では，次の表を用いて料金計算をしている。E5 に次の式が設定されているとき，E8 に表示される値を答えなさい。ただし，この式を E8 までコピーするものとする。

=VLOOKUP(B5,$A$12:$D$14,3,FALSE)
　+IF(D5-C5<=TIME(0,180,0),0,
　　ROUNDUP((D5-C5-TIME(0,180,0))
　　　/TIME(0,15,0)),0)
　　　*VLOOKUP(B5,$A$12:$D$14,4,FALSE))

	A	B	C	D	E
1					
2		レンタサイクル料金計算表			
3					
4	貸出No.	車種コード	貸出時刻	返却時刻	料金
5	1	A101	8時56分	11時57分	1,300
6	2	C102	9時32分	18時44分	10,500
7	3	A101	9時45分	13時21分	1,900
8	4	B103	10時11分	17時58分	※
9					
10	車種コード	車種	基本料金 （3時間まで）	延長料金 （15分ごと）	
11					
12	A101	普通	1,000	300	
13	C102	2人乗り	2,000	500	
14	B103	特殊	3,000	700	

問4．ある会社では，住所録の市町村名の変更を行うために次の表を用いている。C列の「新住所」は，B列の「旧住所」に，B2に入力された「旧市町村名」があればB3の「新市町村名」に変更して表示する。C7に設定する式として適切なものを選び，記号で答えなさい。ただし，この式をC12までコピーするものとする。

	A	B	C
1			
2	旧市町村名	相川市	
3	新市町村名	新川市	
4			
5	住所録		
6	氏名	旧住所	新住所
7	阿部太郎	相川市金田6-5-8	新川市金田6-5-8
8	伊藤栄治	水川市新橋7-5	水川市新橋7-5
9	佐藤四郎	港南市花村2-8-9	港南市花村2-8-9
10	高橋直樹	水川市成田6-5	水川市成田6-5
11	中村三郎	相川市兵頭2-8	新川市兵頭2-8
12	西島洋子	港南市道正6-9	港南市道正6-9

ア．=SUBSTITUTE(B7,B$2,B$3)

イ．=SEARCH($B$2,B7)

ウ．=FIND($B$2,B7)

問5．ある会社の当座出納帳に次のような表を用いている。なお，当座借越契約については，¥300,000まで結んでいる。F4の「残高」欄に設定する式として適切なものを選び，記号で答えなさい。なお，F7までコピーするものとする。

	A	B	C	D	E	F
1						
2			当座出納帳			
3	日付	摘要	借方	貸方	貸借	残高
4	7/1	前月繰越	150,000		借	150,000
5	7/2	小切手振出		100,000	借	50,000
6	7/3	小切手振出		100,000	貸	50,000
7	7/3	当座入金	200,000		借	150,000

(注) 「残高」欄の数字の色は黒のみで表示されているものとする。

ア．=SUM($C$4:C4)-SUM($D$4:D4)

イ．=ABS(SUM($C$4:C4)-SUM($D$4:D4))

ウ．=ABS(SUM($C$4:$C$4)-SUM($D$4:$D$4))

問1		問2	(a)		(b)		問3		問4		問5	

【7】 次の表は，ある宅配便業者の配送料金計算表である。作成手順にしたがって，各問いに答えなさい。

第5回模擬

シート名「料金計算表」

	A	B	C	D	E
1					
2		配送料金計算表			
3					
4			入力欄		取扱内容
5		届け先都道府県	千葉		千葉
6		地域			関東・中部
7		荷物実寸(cm)	145		160
8		冷蔵冷凍	1		必要
9		時間指定	1		利用
10					
11			出力欄		
12		配送基本料	1,790		
13		冷蔵冷凍料金	利用不可		
14		時間指定料金	1,800		
15		配送料金	3,590		
16					
17		お届け予定日	2月3日		

シート名「地域表」

	A	B
1		
2	地域表	
3	都道府県	地域
4	北海道	北海道
5	青森	東北
6	岩手	東北
7	宮城	東北
8	秋田	東北
9	山形	東北
10	福島	東北
11	茨城	関東・中部
12	栃木	関東・中部
13	群馬	関東・中部
14	埼玉	関東・中部
15	千葉	関東・中部
16	東京	関東・中部
17	神奈川	関東・中部
18	新潟	関東・中部
19	富山	関東・中部
20	石川	関東・中部
21	福井	関東・中部
22	山梨	関東・中部
23	長野	関東・中部
24	岐阜	関東・中部
25	静岡	関東・中部
26	愛知	関東・中部
27	三重	近畿
28	滋賀	近畿
29	京都	近畿
30	大阪	近畿
31	兵庫	近畿
32	奈良	近畿
33	和歌山	近畿
34	鳥取	中国
35	島根	中国
36	岡山	中国
37	広島	中国
38	山口	中国
39	徳島	四国
40	香川	四国
41	愛媛	四国
42	高知	四国
43	福岡	九州・沖縄
44	佐賀	九州・沖縄
45	長崎	九州・沖縄
46	熊本	九州・沖縄
47	大分	九州・沖縄
48	宮崎	九州・沖縄
49	鹿児島	九州・沖縄
50	沖縄	九州・沖縄

シート名「時間指定追加料金表」

	A	B
1		
2	時間指定追加料金表	
3	取扱サイズ	時間指定
4	60	300
5	80	600
6	100	900
7	120	1,200
8	140	1,500
9	160	1,800

シート名「冷蔵追加料金表」

	A	B
1		
2	冷蔵追加料金表	
3	取扱サイズ	冷蔵冷凍
4	60	200
5	80	200
6	100	300
7	120	400
8	140	600

シート名「料金表」

	A	B	C	D	E	F	G	H	I
1									
2	料金表								
3		60	80	100	120	140	160	午前受付	午後受付
4	北海道	1,160	1,370	1,580	1,790	2,000	2,000	2	3
5	東北	790	1,000	1,210	1,420	1,630	1,840	1	2
6	関東・中部	740	950	1,160	1,370	1,580	1,790	1	1
7	近畿	840	1,050	1,260	1,470	1,680	1,890	1	2
8	中国	950	1,160	1,370	1,580	1,790	2,000	2	2
9	四国	1,050	1,260	1,470	1,680	1,890	2,100	2	3
10	九州・沖縄	1,210	1,580	1,950	2,320	2,680	3,050	3	3

作成手順

1．シート名「料金計算表」の C5，C7，C8，C9 に適切なデータを順に入力すると，配送料金とお届け予定日を求めることができる。

2．シート名「料金計算表」は，次のように作成されている。

⑴　C5 の「届け先都道府県」の入力欄は，送付先の都道府県名を入力する。ただし，末尾の「都・府・県」は入力される場合もあれば，されない場合もある。

⑵　E5 は，C5 に入力された都道府県名から「都・府・県」を除いた都道府県名を表示する。ただし，地域表に該当する都道府県名がない場合は 入力エラー と表示し，C5 が未入力の場合は何も表示しない。

⑶　E6 は，E5 の結果をもとに，シート名「地域表」を参照して「地域」を表示する。ただし，E5 が空白か 入力エラー の場合は何も表示しない。

⑷　C7 の「荷物実寸(cm)」は，荷物の 3 辺(縦・横・高さ)の長さの合計を入力する。

⑸　E7 は，C7 の「荷物実寸(cm)」をもとに，次の表のように取扱サイズを求める。ただし，C7 の値が 160 を超える場合は 受付不可 と表示し，C7 が 0 または未入力の場合は何も表示しない。

荷物実寸(cm)	1～60	61～80	81～100	101～120	121～140	141～160
取扱サイズ	60	80	100	120	140	160

⑹　C8 の「冷蔵冷凍」は，冷蔵または冷凍が必要な場合は 1 を，必要ない場合は 0 を入力する。

⑺　E8 の欄は，C8 の「冷蔵冷凍」が 1 の場合は 必要 と表示し，0 または未入力の場合は何も表示しない。それ以外の値の場合は 入力エラー と表示する。

⑻　C9 の「時間指定」は，利用する場合は 1 を，利用しない場合は 0 を入力する。

⑼　E9 の欄は，C9 の「時間指定」が 1 の場合は 利用 と表示し，0 または未入力の場合は何も表示しない。それ以外の値の場合は 入力エラー と表示する。

⑽　C12 の「配送基本料」は，E6 の「地域」，E7 をもとに，シート名「料金表」を参照して表示する。ただし，E6 が空白，または，E7 が空白か 受付不可 の場合は何も表示しない。

⑾　C13 の「冷蔵冷凍料金」は，E7 をもとに，シート名「冷蔵追加料金表」を参照して表示する。ただし，E7 が 140 を超える場合は 利用不可 と表示する。

⑿　C14 の「時間指定料金」は，E7 をもとに，シート名「時間指定追加料金表」を参照して表示する。

⒀　C15 の「配送料金」は，C12 から C14 の合計を求める。

⒁　C17 の「お届け予定日」は，E6 の「地域」をもとに，荷物の受付時(このシートへの入力時)が午前ならばシート名「料金表」の H 列の「午前受付」を，受付が午後ならば I 列の「午後受付」を参照した値を，本日の日付に足して求める。

第5回模擬

「問題を読みやすくするために，
このページは空白にしてあります。」

問1．シート名「料金計算表」のE5に設定する式の空欄をうめなさい。

=IF(C5="","",

    IF(OR(C5="北海道",LEFT(C5,3)="神奈川",LEFT(C5,3)="和歌山",LEFT(C5,3)="鹿児島"),

    LEFT(C5,3),[   ](VLOOKUP(LEFT(C5,2),地域表!A4:B50,1,FALSE),"入力エラー")))

問2．シート名「料金計算表」のE7に設定する式の空欄をうめなさい。

=IF(OR(C7=0,C7=""),"",IF(C7>160,"受付不可",IF(C7<=60,60,[   ](C7,20))))

問3．シート名「料金計算表」のC12に設定する式の空欄にあてはまる適切なものを選び，記号で答えなさい。

=IF(OR(E6="",E7="",E7="受付不可"),"",[   ])

  ア．VLOOKUP(E6,料金表!A4:G10,ROUNDUP(E7/30,0),FALSE)

  イ．HLOOKUP(E7,料金表!B3:G10,MATCH(E6,料金表!A4:A10,0),FALSE)

  ウ．INDEX(料金表!B4:G10,MATCH(E6,料金表!A4:A10,0),MATCH(E7,料金表!B3:G3,0))

問4．シート名「料金計算表」のC17に設定する式の空欄にあてはまる適切なものを選び，記号で答えなさい。

=IF(E6="","",TODAY()+VLOOKUP(E6,料金表!A4:I10,IF([   ],8,9),FALSE))

  ア．NOW()="午前"

  イ．MOD(NOW(),1)<0.5

  ウ．LEFT(NOW(),2)<12

問5．シート名「料金計算表」に，次のようにデータを入力したとき，C15の「配送料金」に表示される適切な金額を答えなさい。

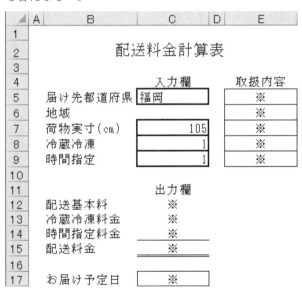

▲	A	B	C	D	E
1					
2		配送料金計算表			
3					
4			入力欄		取扱内容
5		届け先都道府県	福岡		※
6		地域			※
7		荷物実寸(cm)	105		※
8		冷蔵冷凍	1		※
9		時間指定	1		※
10					
11			出力欄		
12		配送基本料	※		
13		冷蔵冷凍料金	※		
14		時間指定料金	※		
15		配送料金	※		
16					
17		お届け予定日	※		

(注)　※印は，値の表記を省略している。

問1		問2		問3		問4		問5	

主催　公益財団法人　全国商業高等学校協会

情報処理検定模擬試験問題　第1級

<u>制限時間60分</u>

【1】　次の説明文に最も適した答えを解答群から選び，記号で答えなさい。

1．サーバの使用状況やアプリケーションソフトウェアの利用状況。ネットワークを利用した際のアクセス情報などを，時系列に蓄積してあるファイル。

2．ネットワークに直接接続できる補助記憶装置。ファイルサーバと同様の機能を持ち，複数の機器からアクセスが可能である。

3．データベースにおいて，更新処理の途中で障害が発生した際，更新処理直前のジャーナルファイルを用いて，更新直前の状態に戻し，データの整合性を保つこと。

4．テスト手法の一つで，個々のプログラムを対象として機能や性能をテストする方法。

5．インターネットで標準的に使われているプロトコル。

解答群

ア．インシデント	イ．NAS	ウ．TCP/IP
エ．単体テスト	オ．コミット	カ．サブネットマスク
キ．シンクライアント	ク．MACアドレス	ケ．ロールバック
コ．システムテスト	サ．アクセスログ	シ．結合テスト

1		2		3		4		5	

【2】　次のA群の語句に最も関係の深い説明文をB群から選び，記号で答えなさい。

〈A群〉　1．OSI参照モデル　　　2．NAT　　　　　　　　　3．スループット
　　　　4．MTTR　　　　　　　5．プロトタイピングモデル

〈B群〉

ア．故障したコンピュータシステムの復旧にかかる平均時間。

イ．システム開発において，開発工程を複数の作業に分け，段階ごとに開発を完了させ，次の工程へ進めていく開発手法。原則として前工程への後戻りはしない。

ウ．国際標準化機構により制定された，異機種間のデータ通信を実現するためのネットワーク構造の設計方針「OSI」に基づき，コンピュータなどの通信機器の持つべき機能を階層構造に分割したモデル。

エ．コンピュータシステムの安定稼働を判断する総合指標の一つで，五つの評価指標である「信頼性」，「可用性」，「保守性」，「完全性」，「安全性」の英単語の頭文字によって表現したもの。

オ．プライベートIPアドレスをグローバルIPアドレスに変換する技術。

カ．コンピュータシステムやネットワークが一定時間内に処理する仕事量や伝達できる情報量のこと。

キ．インターネット利用者が，ブラウザを通じてWebサイトにアクセスした際，その日時やアクセス回数などの情報が，利用者の端末に保存されるしくみ。利用者の利便性の向上，Webサイト提供側のアクセス解析に用いられる。

ク．複数のネットワークにおいて，データを中継する通信機器。データを中継する際，どの経路を通して転送するかを判断する経路選択機能を持つ。

ケ．コンピュータシステムが故障から復旧し，次に故障するまでの平均時間。

コ．システム開発初期の段階から試作品を作成して，ユーザの要求を確認しながら進めていくシステム開発モデル。

1		2		3		4		5	

【3】 次の説明文に最も適した答えをア，イ，ウの中から選び，記号で答えなさい。なお，5については数値を答えなさい。

1．インターネット上で，電子メールを宛先に送信する際，受信者にメールを転送するためのプロトコル。

    ア．IMAP   **イ**．POP   **ウ**．SMTP

2．Web サーバと Web ブラウザとの通信で用いられるプロトコルに暗号化を行い，安全性を高めたプロトコル。

    ア．認証局   **イ**．HTTPS   **ウ**．SSL

3．事故や故障などを発生させないことを前提に，信頼性の高い部品や材料の採用，試験や検証の徹底，人材教育の充実などを行い，事故や故障の原因となる要素を極力排除する考え方。

    ア．フォールトアボイダンス   **イ**．フェールセーフ   **ウ**．フェールソフト

4．ある作業を，はじめの5日間はAさん一人で行い，6日目からAさんとBさんの二人で行った。この作業の完了までの日数は何日間か。ただし，この作業は，Aさん一人で行った場合，25日間で完了し，Bさん一人で行った場合，30日間で完了する。

    ア．11日間   **イ**．15日間   **ウ**．16日間

5．次の表の仕様である磁気ディスク装置の記憶容量は何GBか。ただし，$1GB = 10^9 B$ とする。

1シリンダあたりのトラック数	10
1面あたりのトラック数	1,600
1トラックあたりのセクタ数	右の表のとおり
1セクタあたりの記憶容量	3,000B

トラック番号	セクタ数
0~699	400
700~1,599	300

1		2		3		4		5		GB

【4】 次の各問いに答えなさい。

問1．次の説明文に最も適したものを選び，記号で答えなさい。

　　　プロバイダなどの通信事業者が所有するサーバの一部または全部を借り受けるサービス。自社でサーバを用意する必要がないため初期投資が抑えられる上，通信事業者によるサーバの保守管理，サポートが受けられ，良好な通信環境が期待できる。

　　　ア．ホスティングサービス　　　　**イ**．SaaS　　　　**ウ**．ハウジングサービス

問2．次の表はDFDの記号と名称を表したものである。空欄(a), (b)にあてはまる適切なものを選び，記号で答えなさい。

記号	名称
→（矢印）	※
□（長方形）	(a)
○（円）	※
＝（二本線）	(b)

　　　ア．データフロー　　　　**イ**．プロセス　　　　**ウ**．データストア　　　　**エ**．データの源泉と吸収

問3．ある会社では，事業戦略の見直しのため，SWOT分析を行った。次の内容は，四つの要因のうちどれにあてはまるか適切なものを選び，記号で答えなさい。

　　・自社の財政体質が弱い。
　　・自社の生産部門と販売部門の連携に課題がある。
　　・社員研修が充実していない。

　　　ア．強み　　　　**イ**．弱み　　　　**ウ**．機会　　　　**エ**．脅威

問4．ある企業では，取り扱う商品が多く，在庫管理が煩雑である。売上高に対する各商品の売上比率から，売れ筋商品を把握し，在庫管理に役立てるために用いる図の名称と図として適切なものを選び，記号で答えなさい。

(1) **名称**

　　ア．アローダイアグラム　　　　**イ**．パレート図　　　　　　**ウ**．ファンチャート

(2) **図**

ア.
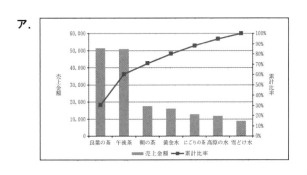

イ.
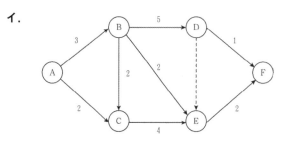

ウ.
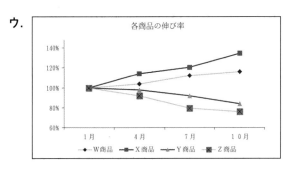

問5．アライアンスを説明している次の文章のうち適切なものを選び，記号で答えなさい。

　　ア．企業の目標を達成するために，業務・組織・戦略を抜本的に見直し再構築する業務改革，製造，研究開発，サービスの供給，人事評価などすべての企業活動を，最適化することで生産性の向上を目指す。

　　イ．業務の一部を，外部の専門業者に委託することで，コスト削減や品質向上などを実現する経営手法。非効率な部門や専門的な知識技能を必要とする業務を外部委託することにより，自社の経営資源をより中核となる業務に集中させることができる。

　　ウ．複数の企業同士が利益を生み出すために協力し合う体制を構築する経営手法。異なる立場の企業と業務や資本，技術などの提携を行うことで，複数の企業の技術，ノウハウの共有，資金面での協力により企業競争力の向上や，投資リスクの軽減などが期待できる。

問1		問2	(a)		(b)		問3	
問4	名称		図		問5			

【5】 ある宅配弁当店では，受付業務を次のようなリレーショナル型データベースを利用し，管理している。次の各問いに答えなさい。

処理の流れ

① 新規の顧客は登録手続きを行い，会員表にデータを入力する。

② 販売表は，注文を受けた商品の種類数のレコードが作成される。例えば，一度に二種類の商品の注文を受けた場合，販売表には2レコード作成される。

会員表

会員番号	名前	連絡先	配達先
〜	〜	〜	〜
M031	新保 響	■◎▲−◆◆◎−○△◆◇	南町△☆
M032	三井 菜那	△■◆−◎■◆−□□▽○	東町△△▲
〜	〜	〜	〜

区分表

区分コード	区分
K01	弁当
K02	丼類
K03	麺類

商品表

商品コード	商品名	単価	区分コード
S01	日替弁当A	450	K01
S02	日替弁当B	550	K01
S03	日替弁当C	650	K01
S04	丼A	400	K02
S05	丼B	500	K02
S06	麺A	400	K03
S07	麺B	500	K03

販売表

受付番号	会員番号	受付日	配達日	商品コード	販売数
〜	〜	〜	〜	〜	〜
H00013	M074	2024/04/09	2024/04/09	S02	5
H00014	M032	2024/04/09	2024/04/14	S02	3
H00014	M032	2024/04/09	2024/04/14	S03	5
H00015	M069	2024/04/09	2024/04/13	S01	3
〜	〜	〜	〜	〜	〜

問1．次の図は，四つの表のリレーションシップを表したE-R図である。空欄(a)にあてはまる適切なものを選び，記号で答えなさい。

ア．会員表　　　　　　　**イ**．商品表　　　　　　　**ウ**．販売表

問2．区分コードが K01 の商品単価をそれぞれ 50 円の値上げをすることになった。そのため，商品表の該当レコードを更新する。次の SQL 文の空欄(a), (b)をうめなさい。

         (a)   商品表   (b)   単価 = 単価 + 50   WHERE   区分コード = 'K01'

問3．商品コードごとに販売数の合計を求め，販売数合計の降順に商品コードと商品名，販売数合計を抽出する。次の SQL 文の空欄をうめなさい。

SELECT   A.商品コード，商品名，SUM(販売数)   AS   販売数合計
   FROM   商品表 A，販売表 B
   WHERE   A.商品コード = B.商品コード
   ☐ BY A.商品コード，商品名
   ※ BY SUM(販売数) ※   (注) ※印は解答不要

商品コード	商品名	販売数合計
S05	丼 B	306
〜	〜	〜

問4．2024 年 6 月 1 日から 2024 年 6 月 7 日までの期間における配達予定を確認するためのデータを抽出する。次の SQL 文の空欄(a), (b)にあてはまる適切な組み合わせを選び記号で答えなさい。

SELECT   名前，配達日，商品名，販売数
   FROM   会員表 A，商品表 B，販売表 C
   WHERE   A.会員番号 = C.会員番号
     AND   B.商品コード = C.商品コード
     AND   配達日 (a) '2024/06/01'
     AND   配達日 (b) '2024/06/07'

名前	配達日	商品名	販売数
中 聡子	2024/06/01	麺 A	3
〜	〜	〜	〜

ア. (a) = (b) =   **イ.** (a) >= (b) <=   **ウ.** (a) <= (b) >=

問5．次の SQL 文を実行した場合，抽出されるデータとして適切なものを選び，記号で答えなさい。

SELECT   A.会員番号，名前
   FROM   会員表 A
   WHERE   会員番号   NOT IN(SELECT   B.会員番号
                             FROM   販売表 B
                             WHERE   受付日 >= '2024/12/01')

ア. 2024 年 12 月までに販売受付がない会員の一覧を抽出した。
イ. 2024 年 12 月までに販売受付がある会員の一覧を抽出した。
ウ. 2024 年 12 月以降に販売受付がある会員の一覧を抽出した。
エ. 2024 年 12 月以降に販売受付のない会員の一覧を抽出した。

問1		問2	(a)		(b)	
問3			問4		問5	

【6】　次の各問いに答えなさい。

問1．次の表は，都道府県の平均気温と真夏日日数の平均一覧表と予測表である。「予測真夏日数」は，「平均気温（度）」と「真夏日数（日）」をもとに，予測数を求める。G4 に設定されている次の式の空欄をうめなさい。ただし，「平均気温（度）」と「真夏日数（日）」には相関関係が認められるものとする。

	A	B	C	D	E	F	G
1							
2	平均気温と真夏日日数の平均一覧表					予測表	
3	都道府県番号	都道府県	平均気温（度）	真夏日数（日）		予測平均気温	13.0
4	1	北海道	8.9	8.0		予測真夏日数	37.2
5	2	青森県	10.4	12.5			
~	~		~				
49	46	鹿児島県	18.8	76.8			
50	47	沖縄県	23.1	96.0			

=FORECAST(G3, 解答不要 , ▢)

問2．次の表は，ある学校の選択授業希望集計表と科目一覧である。「備考」は，「応募数」が「募集定員」の±50%以上の場合 検討 を，「応募数」が「募集定員」より多い場合 調整 を，それ以外の場合何も表示しない。F4 に設定する次の式の空欄にあてはまる適切なものを選び，記号で答えなさい。

	A	B	C	D	E	F	G	H	I	J
1										
2	選択授業希望集計表							科目一覧		
3	選択群	科目コード	科目名	募集定員	応募数	備考		科目コード	科目名	募集定員
4	A	K0103	論理国語	40	74	検討		K0101	現代の国語	40
5	A	K0202	地理探究	40	18	検討		K0102	言語文化	40
6	A	K0302	倫理	40	50	調整		K0103	論理国語	40
7	A	K0402	数学Ⅱ	40	30			K0104	文学国語	40
~	~		~					~		

=IF(ABS(D4-E4)>=D4*0.5, 解答不要 ,IF(D4<E4, ▢ , 解答不要))

ア．"検討"　　　　　　　　**イ．**"調整"　　　　　　　　**ウ．**""

問3．次の表は，生徒用ロッカー位置表である。生徒用ロッカーは，横6個×縦4個が複数あり，「生徒番号」の順に一人1個のロッカーが割り当てられている。D4 に設定されている次の式の空欄をうめなさい。ただし，この式を D202 までコピーする。

=MOD(ROW(A4)-4,6)+ ▢

	A	B	C	D
1				
2	生徒用ロッカー位置表			
3	生徒番号	ロッカーNo.	上から	左から
4	1101	1	1	1
5	1102	1	1	2
6	1103	1	1	3
7	1104	1	1	4
8	1105	1	1	5
9	1106	1	1	6
10	1107	1	2	1
11	1108	1	2	2
~	~	~	~	~
201	1539	9	1	6
202	1540	9	2	1

問4. 次の表は，ある地区における感染者数一覧である。G4 には条件を満たす件数を表示させるために次の式が設定されている。この式について，適切なことを述べているものを選び，記号で答えなさい。

	A	B	C	D	E	F	G
1							
2	感染者数一覧			集計表			
3	月日	感染者数		月日	月日	感染者数	値
4	2020/1/20	0		>=2022/12/1	<=2022/12/31	>=20000	4
5	2020/1/21	0					
〜	〜	〜					
1050	2022/12/1	12,332					
1051	2022/12/2	11,244					
〜	〜	〜					
1078	2022/12/29	18,372					
1079	2022/12/30	14,525					
1080	2022/12/31	11,189					

=DCOUNT(A3:B1080,2,D3:F4)

ア.「月日」が 2022 年 12 月中，かつ「感染者数」が 20000 以上の件数が表示される。

イ.「月日」が 2022 年 12 月中，または「感染者数」が 20000 以上の件数が表示される。

ウ.「月日」が 2022 年 12 月以外，かつ「感染者数」が 20000 以上の件数が表示される。

エ.「月日」が 2022 年 12 月以外，または「感染者数」が 20000 以上の件数が表示される。

問5. 次の表は，OFFSET 関数の動作を確認する表である。C1 に次の式が設定されている場合，C1 に表示されるデータを答えなさい。

=COUNT(OFFSET(A3,1,2,4,2))

	A	B	C	D	E
1	結果		※		
2					
3	確認表				
4	11	o	×	24	3
5	37	L	41	E	F
6	46	40	15	6	C
7	j	S	d	H	2
8	38	8	Q	i	34

（注）※印は，値の表記を省略している。

問1		問2		問3		問4		問5	

【7】 次の表は，オリジナルボールペン販売店の料金計算書である。作成条件および作成手順にしたがって，各問いに答えなさい。

シート名「計算書」　　　　　　　　　　　　　　　　　　　シート名「個人表」

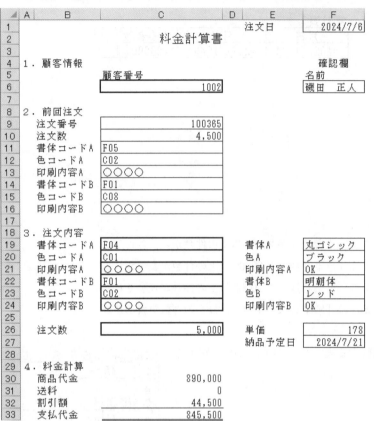

	A	B
1		
2	個人表	
3	顧客番号	顧客名
4	1001	田嶋　こずえ
5	1002	磯田　正人
6	1003	谷口　陽大
7	1004	川中　京介
8	1005	肥田　和花
≀	≀	≀
202	1199	日下部　奈津子
203	1200	小村　菜々実

シート名「価格表」

	A	B	C	D	E
1					
2	価格表		N	F	S
3		本数	印刷無	1色印刷	2色印刷
4	1 ～49		154	187	253
5	50 ～99		148	179	236
6	100 ～199		143	171	229
7	200 ～299		137	163	223
8	300 ～399		135	159	220
9	400 ～499		134	156	201
10	501 ～999		132	151	196
11	1,000 ～1,999		126	145	194
12	2,000 ～2,999		124	141	190
13	3,000 ～3,999		123	139	188
14	4,000 ～4,999		121	136	181
15	5,000 ～		115	129	178

シート名「書体色表」

	A	B	C	D	E
1					
2	書体表			色表	
3	書体コード	書体		色コード	色
4	F01	明朝体		C01	ブラック
5	F02	ゴシック		C02	レッド
6	F03	太ゴシック		C03	オレンジ
7	F04	丸ゴシック		C04	ブルー
8	F05	草書		C05	グリーン
9	F06	行書		C06	イエロー
10	F07	手書き風		C07	ピンク
11				C08	バイオレット

シート名「注文表」

	A	B	C	D	E	F	G	H	I	J
1										
2	注文表									
3	注文番号	日付	顧客番号	書体コードA	色コードA	印刷内容A	書体コードB	色コードB	印刷内容B	注文数
4	100001	2024/4/2	1002	F04	C04	○○○○	F05	C07	○○○○	4,881
5	100002	2024/4/3	1196	-	-	-	F07	C04	○○○○	283
6	100003	2024/4/4	1092	F04	C06	○○○○	F06	C02	○○○○	541
7	100004	2024/4/5	1106	F05	C08	○○○○	-	-	-	2,248
8	100005	2024/4/5	1045	F03	C04	○○○○	F05	C02	○○○○	328
9	100006	2024/4/5	1152	-	-	-	-	-	-	2,940
10	100007	2024/4/5	1064	F03	C06	○○○○	F02	C02	○○○○	596
≀	≀	≀	≀	≀	≀	≀	≀	≀	≀	≀

作成条件

1．シート名「計算書」の入力欄に適切なデータを順に入力すると，支払代金を求めることができる。なお，入力欄は，太罫線で囲われており，確認欄は，関数や数式が設定されたセルである。

2．入力欄に入力された値が適切でない場合や，データが参照する表にない場合，確認欄に エラー を表示し，未入力の場合は，何も表示しない。また，確認欄が空欄または エラー の場合は，その次の入力項目以降の確認欄に何も表示しない。

3．前回注文の「注文番号」は，「顧客番号」からシート名「注文表」を参照し，「注文日」に最も近い「日付」の「注文番号」を表示する。

4．ボールペンに印刷できる場所は，2箇所である。印刷箇所にそれぞれ別の「書体」および「色」，「印刷内容」を設定できる。また，一方の印刷個所をAとし，Aに指定する項目を「書体コードA」および「色コードA」，「印刷内容A」としており，もう一方の印刷箇所をBとし，Bに指定する項目を「書体コードB」および「色コードB」，「印刷内容B」としている。

5．「印刷内容A」および「印刷内容B」に設定できる文字数は，10文字までとする。

6．「納品予定日」は，「注文日」の15日後とする。

7．「送料」は，「商品代金」が50,000円以上の場合，無料，それ以外の場合は2,000円とする。

8．「割引額」は，「注文日」の日が6の倍数の場合，「商品代金」の5%とする。なお，円未満切り捨てとする。

作成手順

1．シート名「計算書」は，次のように作成されている。

⑴　F1は，本日の日付を自動的に表示するための関数が設定されている。

⑵　C6は，「顧客番号」を入力する。F6は，C6をもとにシート名「個人表」を参照し，「顧客名」を表示する。

⑶　C9は，C6がシート名「注文表」にない場合，初注文 を表示し，それ以外の場合，作成条件3を参考に「注文番号」を表示する。

⑷　C10は，C9とB10をもとに，シート名「注文表」を参照し，「注文数」を表示する。C11～C16も同様に表示する。

⑸　C19とC20，C22，C23は，シート名「書体色表」にある各コードを入力する。

⑹　F19は，C19をもとに，シート名「書体色表」を参照し，「書体A」を表示する。F20，F22，F23も同様に表示する。

⑺　C21は，印刷する文字を入力する。また，F21は，C21が作成条件5を満たしている場合，OK を表示し，それ以外の場合，NG を表示する。

⑻　C26は，注文数を入力する。また，F26は，C26をもとに，シート名「価格表」を参照し，「単価」を表示する。

⑼　F27は，F1に作成条件6の日数を加算して求める

⑽　C30は，C26とF26を掛けて求める。

⑾　C31は，作成条件7をもとに，「送料」を表示する。

⑿　C32は，作成条件8をもとに，「割引額」を求める。

⒀　C33は，C30から作成条件8をもとに算出した「割引額」を引き，C31を加算して求める。

問1．シート名「計算書」のC9に設定する次の式の空欄にあてはまる適切なものを選び，記号で答えなさい。

=IF(OR(C6="",F6="エラー"),"",

IF(COUNTIFS(注文表!C4:C9999,C6)=0,"初注文",_____(注文表!A3:J9999,1,C5:C6)))

ア． DMAX　　　　　　　　　**イ．** DMIN　　　　　　　　　**ウ．** DSUM

第6回模擬

「問題を読みやすくするために，
このページは空白にしてあります。」

問2．シート名「計算書」のC10に設定する次の式の空欄(a)～(c)にあてはまる適切なものを選び，記号で答えなさい。

=IF(OR($C$9="",$C$9="初注文"),"",

　　INDEX(注文表! [　(a)　] ,MATCH($C$9,注文表! [　(b)　] ,0),MATCH(B10,注文表! [　(c)　] ,0)))

ア． $A$4:$A$9999　　　　　　　**イ．** $A$3:$J$3　　　　　　　**ウ．** $A$4:$J$9999

問3．シート名「計算書」のF26に設定する次の式の空欄(a),(b)にあてはまる適切なものを選び，記号で答えなさい。

=IF(OR(F6="",F6="エラー",COUNTIFS(F19:F24,"エラー")>0,C26=""),"",

　　[　(a)　] (C26,価格表!$A$4:$E$15,IF(AND(F20="",F23=""),3,IF(F20=F23,4,5)),[　(b)　]))

ア． HLOOKUP　　　　　**イ．** VLOOKUP　　　　　**ウ．** FALSE　　　　　**エ．** TRUE

問4．次の式は，シート名「計算書」のC33に設定する式である。この2つの式が同等の結果を得られるように，下の式の空欄(a),(b)にあてはまる適切なものを選び，記号で答えなさい。

=IF(C31="","", [　(a)　] (C30*([　(b)　] -IF(MOD(DAY(F1),6)=0,0.05,0)), [　(b)　])+C31)
=IF(C31="","",C30+C31-C32)

ア． CEILING　　　　　**イ．** FLOOR　　　　　**ウ．** ROUNDDOWN　　　　　**エ．** ROUNDUP
オ． 0　　　　　　　　**カ．** 1

問5．シート名「計算書」が次のように表示されていると
　　き，C33に表示される適切なデータを答えなさい。

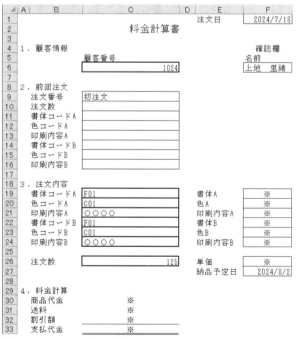

(注) ※印は，値の表記を省略している。

問1		問2	(a)		(b)		(c)	
問3	(a)		(b)		問4	(a)		(b)		問5	

主催　公益財団法人　全国商業高等学校協会

情報処理検定模擬試験問題　第1級

制限時間60分

【1】　次の説明文に最も適した答えを解答群から選び，記号で答えなさい。

1．RASIS の示す指標の一つで，故意，過失または災害などによるシステムやデータの破損がなく，データの一貫性が保たれていること。

2．コンピュータシステムが正常に動き始めてから，何らかの故障が発生するまでの平均時間のこと。

3．プログラムの内部構造には関係なく，入力データが仕様書のとおりに出力されるかを確認するテスト。

4．コンピュータシステムが正常に動いている割合を示したもの。システムの可用性を示す。

5．コンピュータシステムに障害が発生した場合，システムの二重化などにより，システム全体の機能を保ち，稼働し続けることができるしくみや考え方。

解答群

ア． フォールトトレラント	**イ．** 平均故障間隔	**ウ．** RASIS
エ． ホワイトボックステスト	**オ．** Z グラフ	**カ．** 内部設計
キ． 保守性	**ク．** レスポンスタイム	**ケ．** 平均修復時間
コ． 稼働率	**サ．** ブラックボックステスト	**シ．** 完全性

1		2		3		4		5	

【2】　次のA群の語句に最も関係の深い説明文をB群から選び，記号で答えなさい。

〈A群〉　1．CRM　　　　　2．ルータ　　　　　3．SMTP
　　　　　4．スループット　　5．ログファイル

〈B群〉

ア． データベースの更新前と更新後のデータの状態を記録したファイル。

イ． インターネットにおいて，電子メールを宛先のメールボックスに転送するためのプロトコル。

ウ． 店舗やコールセンターなど，顧客と接するすべての部門(部署)から，顧客情報をデータベース化して管理すること。

エ． LAN におけるネットワークケーブルを一つに接続する集線装置のこと。

オ． コンピュータの利用状況やデータ通信の状況を記録したファイルのこと。操作やデータの送受信が行われた日時と，行われた操作の内容や送受信されたデータの中身などが記録される。

カ． コンピュータをネットワークに接続するときに，IP アドレスを自動的に割り当てるプロトコル。

キ． 企業活動に関するある目標を設定し，それを達成するために業務内容や業務の流れ，組織構造を分析，最適化すること。

ク． 異なるネットワークどうしを中継し，送受信されるデータ(パケット)の経路選択機能などを持っている通信機器。

ケ． ISO が策定したもので，ネットワーク通信を階層化してモデル化を行い，層ごとに役割を明確にしたもの。通信の機能をアプリケーション層，プレゼンテーション層，セッション層，トランスポート層，ネットワーク層，データリンク層，物理層の7種類に分けている。

コ． コンピュータシステムやネットワークが一定時間内に処理する仕事量や伝達できる情報量のこと。

1		2		3		4		5	

【3】 次の説明文に最も適した答えをア，イ，ウの中から選び，記号で答えなさい。なお，5．については数値を答えなさい。

1．データベース設計の初期段階に，業務内容を分析して必要なデータや管理方法を検討する作業。

    ア．概念設計   **イ．**論理設計   **ウ．**物理設計

2．ルータやファイアウォールが持つセキュリティ機能の一つで，受信したデータに含まれる IP アドレスやポート番号を検査し，そのデータを通過させるか，破棄するかを判断する機能。

    ア．インシデント   **イ．**パケットフィルタリング   **ウ．**ブロードキャストアドレス

3．電子商取引事業者などに，暗号通信などで必要となる，公開鍵の正当性を保証するデジタル証明書を発行する機関。

    ア．DMZ   **イ．**SSL   **ウ．**認証局

4．ディジタルカメラで，横方向 800 ドット，縦方向 600 ドット，24 ビットカラーで，1,000 枚撮影した画像を，1 枚の CD-R（記憶容量は 700 MB）に収めるために必要十分な圧縮率を答えなさい。なお，1 MB = 10^6 B とする。

    ア．40%   **イ．**50%   **ウ．**60%

5．A さん一人では 12 日間，B さん一人では 20 日間かかる仕事がある。この仕事を A さん，B さん二人で協働して 3 日間行い，残りの仕事は A さん一人で行った。この仕事の完成までに要した日数は何日間か。

1		2		3		4		5		日間

【4】 **次の各問いに答えなさい。**

問1. DFD を表している適切なものを選び，記号で答えなさい。

ア.

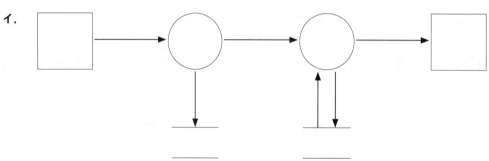

イ.

ウ.

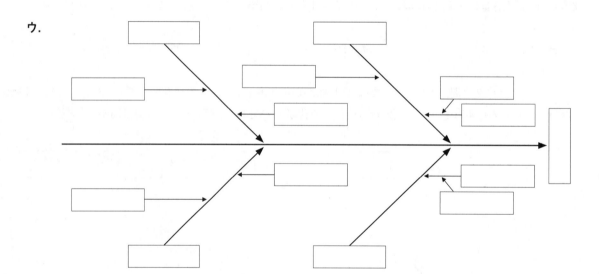

問2. 次の決定表は，あるペンションの宿泊料金を表したものである。スキー期間中の休前日の料金の合計金額を答えなさい。

平日・休日	Y	Y		
休前日			Y	Y
スキー期間	Y		Y	
宿泊料金　10,000 円	X	X		
宿泊料金　12,000 円			X	X
特別料金　3,000 円	X		X	

問3. サービス提供事業者が，利用者に自社の建物内に設置した通信機器やサーバを貸し出すものとして適切なものを選び，記号で答えなさい。

ア. アライアンス　　　**イ.** ハウジングサービス　　　**ウ.** ホスティングサービス

問4．次のグラフは，平均気温とある飲料販売店におけるホットドリンクの売上金額をもとにして作成したものである。このグラフから読み取れることについて適切なものを選び，記号で答えなさい。

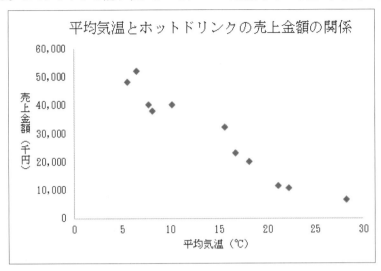

　　ア．平均気温とホットドリンクの売上金額との相関関係を調べることができる。

　　イ．ホットドリンクのある時点の売上金額を基準に，その後の売上と平均気温との変動をみることができる。

　　ウ．平均気温とホットドリンクの売上金額との相対的な大小関係の比較と売上の割合などをみることができる。

問5．次のグラフは，ある百貨店における各支店の月ごとの売上の推移をもとにして作成したものである。このグラフの説明として適切なものを選び，記号で答えなさい。

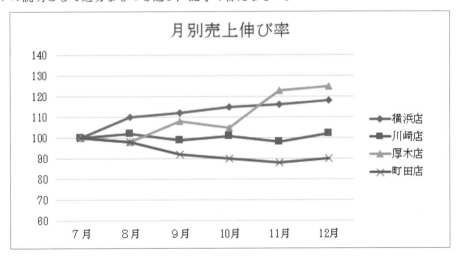

　　ア．横浜店と厚木店は売り上げが増大してきている。

　　イ．町田店は停滞傾向にある。

　　ウ．川崎店は7月の売上に対して20%以上売り上げが増大している。

問1		問2		円	問3		問4		問5	

【5】 ある宅配弁当店では，昼食の弁当の受注・発送・請求を，次のようなリレーショナル型データベースを利用して管理を行っている。次の各問いに答えなさい。

<u>処理の流れ</u>
① 顧客からFAXで送られてきた注文書のデータを，受注表に入力し，発送の準備をする。
② FAXの受付は，宅配日当日の午前10時まで受け付ける。
③ 発送の際には，顧客表で住所を検索して，発送を行う。
④ 顧客への商品代金の請求は，1か月分をまとめて行う。

（FAXで送られてくる注文書）

注文書		注文日：2022年11月1日

宅 配 日	2022年11月2日
顧 客 コード	C001
顧 客 名	実教出版株式会社

注文内容			
No.	商品コード	商品名	数量
1	A01	のり弁当	3
2	A12	竜田揚げ弁当	5
〜	〜	〜	〜
		合 計	26

宅配弁当 ○○店

（請求書）

請求書		請求日：2022年12月1日

顧 客 コード	C001
顧 客 名	実教出版株式会社 様
請 求 月	11月分

請求内容					
No.	商品コード	商品名	数量	単価	金額
1	A01	のり弁当	56	300	16,800
2	A02	ジャンボのり弁当	21	380	7,980
〜	〜	〜	〜	〜	〜
		請求金額合計			55,780

宅配弁当 ○○店

顧客表

顧客コード	顧客名	所在地	電話番号
C001	実教出版株式会社	千代田区五番町 X	03-3238-XXXX
C002	朝日物産	千代田区九段北 X-X-X	03-3265-XXXX
〜	〜	〜	〜
C113	前原会計事務所	新宿区大京町 X-X	03-3355-XXXX
〜	〜	〜	〜

商品表

商品コード	商品名	単価
A01	のり弁当	300
A02	ジャンボのり弁当	380
A03	から揚げ弁当	390
〜	〜	〜
G01	松茸弁当	650
〜	〜	〜
S01	味噌汁	100
S02	特製豚汁	150
〜	〜	〜

受注表

宅配日	顧客コード	商品コード	数量
〜	〜	〜	〜
2022/11/01	C106	A04	15
2022/11/02	C001	A01	3
2022/11/02	C001	A12	5
2022/11/02	C001	S01	4
2022/11/30	C002	A02	10
2022/11/30	C037	G01	9
〜	〜	〜	〜

問1．次のSQL文は，新商品のデータを，商品表に追加するためのSQL文である。空欄の(a), (b)にあてはまる適切な組み合わせを選び，記号で答えなさい。

(a)	商品表	(b)	（'S11','フレッシュサラダ', 200）

ア． (a) UPDATE (b) SET

イ． (a) INSERT INTO (b) SET

ウ． (a) INSERT INTO (b) VALUES

問2．2022年11月（2022年11月1日から2022年11月30日まで）の1か月間において，注文されていない商品（受注表にデータがない商品）の商品コードと商品名を検索する場合，空欄にあてはまる適切なものを答えなさい。

商品コード	商品名
A13	焼き豚弁当
S06	キムチ
〜	〜

```
SELECT    商品コード，商品名
  FROM    商品表 A
  WHERE       (a)      （SELECT ＊ FROM 受注表 WHERE        (b)
                              AND 宅配日 BETWEEN '2022/11/01' AND '2022/11/30'）
```

問3．次の各問いに答えなさい。

(1) 2022年11月（2022年11月1日から2022年11月30日まで）の1か月間における，顧客名ごとの請求金額合計一覧表を作成する場合，空欄にあてはまる適切なものを答えなさい。

顧客名	請求金額合計
実教出版株式会社	55780
朝日物産	183650
〜	〜
前原会計事務所	38500
〜	〜

```
SELECT    顧客名，SUM(数量＊単価) AS 請求金額合計
  FROM    受注表 A，顧客表 B，商品表 C
  WHERE   A.顧客コード ＝ B.顧客コード
    AND   A.商品コード ＝ C.商品コード
    AND   宅配日 BETWEEN '2022/11/01' AND '2022/11/30'
```

(2) (1)のSQL文に請求金額合計が¥100,000以上の顧客を抽出するための条件を加える場合，(1)のSQL文の最後に追加する文として適切なものを答えなさい。

問4．2022年11月24日から2022年11月30日までの7日間に販売した商品で，商品コードがGで始まる商品名を重複なく抽出したい。空欄にあてはまる適切なものを選び，記号で答えなさい。

```
SELECT    DISTINCT 商品名
  FROM    受注表 A，商品表 B
  WHERE   A.商品コード ＝ B.商品コード
    AND   A.商品コード
    AND   宅配日 BETWEEN '2022/11/24' AND '2022/11/30'
```

ア．LIKE 'G%'   **イ**．＝ 'G%'   **ウ**．IN('G_')

問1		問2	(a)			(b)	
問3	(1)			(2)		問4	

【6】 次の各問いに答えなさい。

問1．次の表は，ある生花店の売上一覧表である。商品一覧表の「売上高合計」は，商品コードごとに「金額」の合計を求めている。B20に設定する式として適切なものを選び，記号で答えなさい。ただし，この式をE20までコピーするものとする。

	A	B	C	D	E
1					
2		生花売上一覧表			
3					
4	商品コード	商品名	単価	数量	金額
5	14	ガーベラ	140	16	2,240
6	11	バラ	150	16	2,400
7	13	カーネーション	120	14	1,680
8	13	カーネーション	120	16	1,920
9	14	ガーベラ	140	14	1,960
10	12	チューリップ	130	18	2,340
11	13	カーネーション	120	20	2,400
12	11	バラ	150	18	2,700
13	14	ガーベラ	140	14	1,960
14					
15	商品一覧表				
16		商品コード	商品コード	商品コード	商品コード
17		11	12	13	14
18	商品名	バラ	チューリップ	カーネーション	ガーベラ
19	単価	150	130	120	140
20	売上高合計	5,100	2,340	6,000	6,160

ア．=DSUM($A$4:$E$13,5,B16:B17)

イ．=DSUM(B16:B17,5,$A$4:$E$13)

ウ．=DAVERAGE($A$4:$E$13,5,B16:B17)

問2．次の表は，ある市営プールの入場料金（高校生以上700円，小・中学生50円）の早見表である。C5に設定する次の式の空欄をうめなさい。ただし，この式をH10までコピーするものとする。

	A	B	C	D	E	F	G	H
1								
2	入場料金早見表							
3					高校生以上（人）			
4			0	1	2	3	4	5
5		0	¥0	¥700	¥1,400	¥2,100	¥2,800	¥3,500
6		1	¥50	¥750	¥1,450	¥2,150	¥2,850	¥3,550
7	小・中学生	2	¥100	¥800	¥1,500	¥2,200	¥2,900	¥3,600
8	（人）	3	¥150	¥850	¥1,550	¥2,250	¥2,950	¥3,650
9		4	¥200	¥900	¥1,600	¥2,300	¥3,000	¥3,700
10		5	¥250	¥950	¥1,650	¥2,350	¥3,050	¥3,750

=[____]*700+$B5*50

問3．次の表は，ボウリング大会の1ゲームのスコアを示したものである。200以上のスコアを出した人の男女別の平均スコアを求めるためにC14に設定する式として適切なものを選び，記号で答えなさい。ただし，この式をC15までコピーするものとする。なお，不参加者のスコアは0になっている。

	A	B	C
1			
2	ボウリング大会		
3	名前	性別	スコア
4	鈴木	男	181
5	佐藤	男	205
6	渡辺	男	0
7	高橋	女	120
8	斉藤	男	0
9	中村	女	236
10	木村	男	258
11	山崎	男	184
12	伊藤	男	213
13	田中	女	148
14	200以上平均	男	225.3
15	200以上平均	女	236.0

ア．=AVERAGEIFS($C$4:$C$13,">=200",$C$4:$C$13,B14,$B$4:$B$13)

イ．=AVERAGEIFS($C$4:$C$13,">=200",$B$4:$B$13,B14,$C$4:$C$13)

ウ．=AVERAGEIFS($C$4:$C$13,$C$4:$C$13,">=200",$B$4:$B$13,B14)

問4．次の表は，図書の貸出状況を確認する
　　ためのものである。D5に次の式を設定
　　し，D14までコピーした場合，D列に表
　　示される 督促状郵送 の数を答えなさ
　　い。ただし，処理日（本日）は2022年7
　　月20日とする。

▲	A	B	C	D
1				
2		図書館未返却確認票		
3				2022年7月20日
4	蔵書コード	貸出日	返却日	備考
5	101	2022年6月19日	2022年7月3日	※
6	102	2022年7月7日	2022年7月21日	※
7	103	2022年6月27日	2022年7月11日	※
8	104	2022年6月22日	2022年7月6日	※
9	105	2022年7月9日	2022年7月23日	※
10	106	2022年6月18日	2022年7月2日	※
11	107	2022年6月12日	2022年6月26日	※
12	108	2022年6月28日	2022年7月12日	※
13	109	2022年7月5日	2022年7月19日	※
14	110	2022年6月30日	2022年7月14日	※

=IF(TODAY()<=C5,"貸出中",IF(TODAY()-C5>14,"督促状郵送","返却日超過"))

問5．次の表は，あるクラスの身長データをもとに平均身長
　　と一番多い身長を示したものである。E3に設定する式
　　として適切なものを選び，記号で答えなさい。

ア．=MEDIAN(B3:B42)

イ．=MODE(B3:B42)

ウ．=FORECAST(B3:B42)

▲	A	B	C	D	E
1					
2	番号	身長		平均身長	167.3
3	1	171		一番多い身長	171
4	2	175			
5	3	170			
6	4	171			
～	～	～			
38	36	160			
39	37	172			
40	38	173			
41	39	166			
42	40	163			

第7回模擬

問1		問2		問3		問4		問5	

【7】 次の表は，ある回転寿司チェーン店におけるパートタイム従業員の給与計算表である。作成条件および作成手順にしたがって，各問いに答えなさい。

シート名「パートタイム従業員給与計算表」

	A	B	C	D	E
1					
2		パートタイム従業員給与計算表			
3					
4	1．基本情報				
5		従業員番号	130601		
6		従業員氏名	宮嶋 ○○		
7		基本時給	1,330		
8					
9	2．勤務時間				
10		祝日の労働時間			10:00
11		祝日以外の労働時間			78:00
12		法定外の労働時間			4:00
13					
14	3．支給額計算				
15		祝日			13,800
16		祝日以外			103,740
17		法定外時間手当			1,330
18			支給総額		118,870

シート名「タイムカード記録表」

	A	B	C	D	E	～	DR	DS	DT	DU
1										
2	タイムカード記録表									
3		1日				～	31日			
4		就業時刻		休憩時刻			就業時刻		休憩時刻	
5	従業員番号	開始	終了	開始	終了		開始	終了	開始	終了
6	130430						11:25	14:09		
7	130501	10:55	14:07							
8	130525						8:20	17:38	12:55	13:53
9	130601	8:47	15:16	13:10	13:23		8:28	13:07		
10	130602									
11	130705	8:57	14:11							
～	～	～	～	～	～		～	～	～	～
29	140821	8:54	13:35							
30	140825	8:51	16:09	11:05	11:58		11:56	21:11	17:25	18:27
31	140829									
32	140901	9:52	14:04				16:50	22:08		

シート名「パートタイム従業員勤務表」

	A	B	C	D	E	F	G	H	I
1									
2	パートタイム従業員勤務表								
3					2022年		10月		
4									
5		従業員番号		130601					
6		従業員氏名		宮嶋 ○○					
7									
8	日	曜日	祝日	就業時刻		休憩時刻		実労時間	法定外時間
9				開始	終了	開始	終了		
10	1	土		8:47	15:16	13:10	13:23	5:45	
11	2	日							
12	3	月		8:24	17:11	11:04	11:58	7:30	
13	4	火							
14	5	水		8:51	14:09			5:00	
15	6	木		8:57	19:35	13:35	14:27	9:30	1:30
16	7	金							
17	8	土		11:47	15:21			3:15	
18	9	日							
19	10	月	○	8:55	20:04	13:04	13:55	10:00	2:00
20	11	火							
21	12	水							
22	13	木		8:50	15:58	11:04	11:55	5:45	
23	14	金							
24	15	土		8:47	18:11	11:02	11:56	8:00	
25	16	日							
26	17	月		9:50	14:09			4:00	
27	18	火							
28	19	水							
29	20	木		10:52	13:05			2:00	
30	21	金							
31	22	土							
32	23	日							
33	24	月		8:49	18:42	13:04	13:55	8:30	0:30
34	25	火		10:45	15:22			4:30	
35	26	水							
36	27	木		11:48	14:40			2:30	
37	28	金							
38	29	土		8:28	17:10	11:29	12:21	7:15	
39	30	日							
40	31	月		8:28	13:07			4:30	

シート名「パートタイム従業員表」

	A	B	C
1			
2	パートタイム従業員表		
3	従業員番号	従業員氏名	基本時給
4	130430	遠山 ○○	1,310
5	130501	田中 ○○	1,280
6	130525	宮下 ○○	1,100
7	130601	宮嶋 ○○	1,330
8	130602	加藤 ○○	1,230
9	130705	佐藤 ○○	1,200
～	～	～	～
27	140821	矢作 ○○	1,180
28	140825	安藤 ○○	1,220
29	140829	木下 ○○	1,260
30	140901	太田 ○○	1,170

作成条件

1. パートタイム従業員の給与計算は，月末にその月の勤務状況を締め切り，翌月の初めに処理を行う。

2. パートタイム従業員の個々のタイムカードに記録されたデータは，月初めに先月のデータを一括して，シート名「タイムカード記録表」に保存される。

3. シート名「パートタイム従業員勤務表」のB列の「曜日」の表示形式は，月 や 火 などの曜日を表示するように書式設定してある。

4. シート名「パートタイム従業員勤務表」のC列の「祝日」には，その月の祝日(振替休日も含む)に ○ を入力する。

5. 祝日に勤務した場合は，基本時給に¥50を加算してその日の支給額を計算する。

6. 1日に8時間を超えて勤務した場合は，8時間を超えた勤務時間に対して，基本時給の25%を法定外時間手当として支給する。

7. 時刻と時間に関する表示形式は，「時間：分」と書式設定してある。

作成手順

1. シート名「パートタイム従業員給与計算表」のC5と，シート名「パートタイム従業員勤務表」のD5に適切なデータを入力すると，支給総額を求めることができる。

2. シート名「パートタイム従業員勤務表」は，次のように作成されている。

   (1) D6の「従業員氏名」は，D5の「従業員番号」をもとに，シート名「パートタイム従業員表」を参照して表示する。

   (2) B列の「曜日」は，F3に「年」とH3に「月」を入力すると，A列の「日」に対応した曜日を表示する。ただし，暦にない日には何も表示しない。

   (3) D列〜G列の「開始」「終了」時刻は，D5の「従業員番号」をもとに，シート名「タイムカード記録表」を参照する。

   (4) H列の「実労時間」は，15分単位で切り上げた就業開始時刻から15分単位で切り捨てた就業終了時刻までを計算し，休憩した場合は，15分単位で切り捨てた休憩開始時刻から15分単位で切り上げた休憩終了時刻までを計算した時間を差し引く。

   (5) I列の「法定外時間」は，その日の実労時間が8時間を超えた分の時間を表示する。ただし，8時間以下の場合は何も表示しない。

3. シート名「パートタイム従業員給与計算表」は，次のように作成されている。

   (1) C6の「従業員氏名」とC7の「基本時給」は，C5の「従業員番号」をもとに，シート名「パートタイム従業員表」を参照して表示する。

   (2) E10の「祝日の労働時間」は，シート名「パートタイム従業員勤務表」のC列の「祝日」に ○ が表示してある日の「実労時間」の合計を求める。

   (3) E11の「祝日以外の労働時間」は，シート名「パートタイム従業員勤務表」のH列の「実労時間」の合計からE10の「祝日の労働時間」を差し引いて求める。

   (4) E12の「法定外の労働時間」は，シート名「パートタイム従業員勤務表」のI列の「法定外時間」の合計を求める。

   (5) E15の「祝日」は，C7の「基本時給」に50円を加算した金額にE10の「祝日の労働時間」を掛けて求める。ただし，円未満を切り上げ，整数部のみ表示する。

   (6) E16の「祝日以外」は，C7の「基本時給」にE11の「祝日以外の労働時間」を掛けて求める。ただし，円未満を切り上げ，整数部のみ表示する。

   (7) E17の「法定外時間手当」は，祝日でも50円の加算はしないで次の式で求める。ただし，円未満を切り上げ，整数部のみ表示する。

   基本時給 × 25% × 法定外の労働時間

   (8) E18の「支給総額」は，E15の「祝日」からE17の「法定外時間手当」までの合計を求める。

「問題を読みやすくするために，
このページは空白にしてあります。」

問1．シート名「パートタイム従業員勤務表」のB10に設定する式の空欄にあてはまる適切なものを選び，記号で答えなさい。

=IF((a) ((b) (F\$3,H\$3,A10))=H\$3,WEEKDAY((b) (F\$3,H\$3,A10),1),"")

ア． (a) MONTH (b) DAY **イ．** (a) MONTH (b) DATE **ウ．** (a) YEAR (b) DATE

問2．シート名「パートタイム従業員勤務表」のH10に設定する式の空欄に共通してあてはまる適切な関数を答えなさい。

=IF(OR(B10="",D10=""),"",
  FLOOR(E10,TIME(0,15,0))- □ (D10,TIME(0,15,0))
    -(□ (G10,TIME(0,15,0))-FLOOR(F10,TIME(0,15,0)))))

問3．シート名「パートタイム従業員給与計算表」のE10に設定する式として適切なものを選び，記号で答えなさい。
ア． =IF(C5="","",
    SUMIFS(パートタイム従業員勤務表!C10:C40,"○",パートタイム従業員勤務表!H10:H40))
イ． =IF(C5="","",
    SUMIFS(パートタイム従業員勤務表!H10:H40,パートタイム従業員勤務表!C10:C40,"祝日"))
ウ． =IF(C5="","",
    SUMIFS(パートタイム従業員勤務表!H10:H40,パートタイム従業員勤務表!C10:C40,"○"))

問4．シート名「パートタイム従業員給与計算表」のE15に設定する式の空欄をうめなさい。

=IF(E10="","",ROUNDUP((C7+50)*(E10* □),0))

問5．シート名「パートタイム従業員給与計算表」とシート名「パートタイム従業員勤務表」に，次のようにデータを入力したとき，シート名「パートタイム従業員給与計算表」のE18の「支給総額」に表示される適切な数値を答えなさい。

シート名「パートタイム従業員給与計算表」

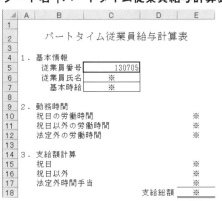

シート名「パートタイム従業員勤務表」

日	曜日	祝日	就業時刻 開始	就業時刻 終了	休憩時刻 開始	休憩時刻 終了	実労時間	法定外時間
1	土		8:57	14:11			※	
2	日		11:55	21:39	17:03	17:58	※	※
3	月							
4	火							
5	水							
6	木							
7	金							
8	土		16:52	21:05			※	
9	日		11:49	21:06	16:33	17:29	※	
10	月	○	9:58	15:33	11:32	11:58	※	
11	火							
12	水							
13	木							
14	金							
15	土		16:50	21:10			※	
16	日		8:50	18:09	11:20	12:09	※	
17	月							
18	火							
19	水							
20	木							
21	金							
22	土		15:55	22:04			※	
23	日		8:49	19:12	11:02	11:57	※	※
24	月							
25	火							
26	水							
27	木							
28	金							
29	土							
30	日		8:49	18:42	13:01	13:58	※	※
31	月							

（注） ※印は，値の表記を省略している。

問1		問2		問3		問4		問5	

主催　公益財団法人　全国商業高等学校協会

情報処理検定模擬試験問題　第1級

制限時間60分

【1】　次の説明文に最も適した答えを解答群から選び，記号で答えなさい。

1．プログラムの品質を高めるために，作成したそれぞれのプログラムが設計したとおりに正しく動作するかを確認する開発工程。

2．IPアドレスの割り当てにおいて，クラスを使わずネットワーク部とホスト部を任意に設定できる仕組み。

3．電子メールをユーザのコンピュータからメールサーバへ送信するときや，メールサーバ間でメールを転送するときに用いるプロトコル。

4．オンラインショッピングなどでやり取りする個人情報などのデータを暗号化し，ブラウザを介してインターネット上で安全に送受信するための技術。

5．複数台のハードディスク装置を一つのディスク装置のように扱う技術の一つで，複数のハードディスクに同じデータを書き込むことで信頼性を向上させる方式。

```
─ 解答群 ─
ア．SMTP          イ．NAT          ウ．IMAP
エ．CIDR          オ．要件定義      カ．認証局
キ．POP           ク．テスト        ケ．スループット
コ．ミラーリング   サ．ストライピング シ．SSL（TLS）
```

1		2		3		4		5	

【2】　次のA群の語句に最も関係の深い説明文をB群から選び，記号で答えなさい。

〈A群〉　1．プライベートIPアドレス　　2．特性要因図　　3．サブネットマスク
　　　　4．ロールバック　　　　　　　5．DNS

〈B群〉
　ア．インターネット上での住所にあたり，インターネットに接続されたコンピュータ機器を識別するための番号。インターネット上で通信を行うためには不可欠で，他のアドレスと重複しない一意のIPアドレスである。

　イ．システム開発に用いられるデータの流れと処理の関係を表す図。

　ウ．同一のネットワークグループ内で接続された個々のコンピュータ機器を識別するためのアドレス。

　エ．結果とそれに影響を及ぼしたと思われる原因の関係を体系的に表した図。

　オ．会社や家庭などのLAN内部でコンピュータ機器を識別するための番号。ネットワークアドレス部とホストアドレス部で構成されている。

　カ．インターネット上に設置される仮想的な専用線で，特定のユーザのみが利用可能な専用ネットワーク。

　キ．データベースにおける更新処理の途中などで，何らかの理由で不都合があった場合，ジャーナルファイルを用いてトランザクション処理開始時点の状態に戻し，データの整合性を保つ処理。

　ク．ネットワークに接続されたコンピュータのドメイン名とIPアドレスを互いに変換するしくみ。

　ケ．データが記録されているハードディスクに障害が発生した場合，バックアップファイルとジャーナルファイルを用いて，ハードディスクの障害発生以前の状態に復元する。

　コ．ネットワークをいくつかの小さなネットワークに区切るため，コンピュータに割り当てるIPアドレスの範囲を限定した32ビットのビットパターン。

1		2		3		4		5	

第8回模擬

【3】 次の説明文に最も適した答えをア，イ，ウの中から選び，記号で答えなさい。なお，5．については数値を答えなさい。

1．音声データをパケット変換することで，インターネット回線などを音声通話に利用する技術。

    ア．VoIP   **イ**．NAS   **ウ**．RASIS

2．ブラウザを通じてアクセスした Web サイトから，データが一時的に保存されるしくみ。

    ア．アクセスログ   **イ**．Cookie   **ウ**．パケットフィルタリング

3．データ通信の際，送信元の確認と伝送経路上においてデータが改ざんされていないことを証明するための技術。

    ア．ポート番号   **イ**．OSI 参照モデル   **ウ**．デジタル署名

4．あるコンピュータシステムを運用したところ，稼働率は 0.995 であった。故障時間の合計が 12 時間であったとき，このシステムの総運用日数を求めなさい。なお，毎日 24 時間運用しているものとする。

    ア．50 日間   **イ**．100 日間   **ウ**．150 日間

5．解像度 2,500 × 1,800 ピクセル，1 ピクセルあたり 24 ビットの色情報を持つ画像を 70% に圧縮し，DVD 1 枚に保存する場合，画像は最大何枚保存できるか。ただし，DVD の記憶容量は，4.7 GB，1 GB = 10^9 B とする。

1		2		3		4		5		枚

【4】 次の各問いに答えなさい。

問1. 次の図は，ある仕事の作業日程と各作業に必要な日数を表したパート図である。この図のクリティカルパスを選び，記号で答えなさい。

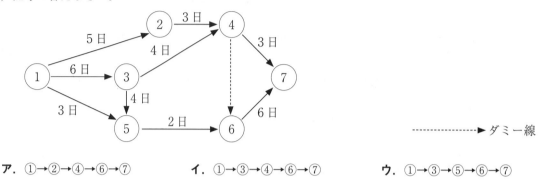

ア．①→②→④→⑥→⑦   イ．①→③→④→⑥→⑦   ウ．①→③→⑤→⑥→⑦

問2. ある会社の出張に対する手当を計算する決定表から，県内の宿泊での出張の場合の支給金額の合計を答えなさい。

県内	Y		Y	
県外		Y		Y
日帰り	Y	Y		
宿泊			Y	Y
手当を支給しない	X			
手当5,000円を支給する				X
手当8,000円を支給する		X		
宿泊費10,000円を支給する			X	X

問3. セキュリティポリシーを説明している次の文章のうち適切なものを選び，記号で答えなさい。

　　ア．企業や組織などにおける個人情報や商品情報などの情報資産を守るため，具体的な対策の方針や行動指針をまとめたもの。

　　イ．企業などが法律や規則などにしたがい活動することをいう。また，法を守るだけではなく，社会通念上，守るべき倫理も含まれる。これに違反した企業などは，消費者などからの信用を失い，経営を揺るがせる事態ともなりうる。

　　ウ．売上高や収益率の向上，必要時間の短縮などの目標を達成するために，業務内容や業務の流れ，組織構造などを分析し，情報システムを抜本的に再構築すること。費用削減と業務のスピードアップに主眼を置く。

問4. 次のグラフは，あるパソコン販売店の 2017 年から 2018 年における販売台数を月別に集計したものである。グラフエリアの※印部分に表示される凡例として適切なものを選び，記号で答えなさい。

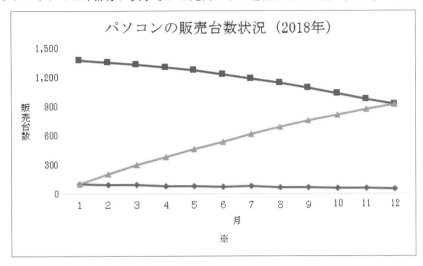

ア. ◆2018年 ■販売台数累計 ▲12か月移動合計

イ. ◆2018年 ■12か月移動合計 ▲販売台数累計

ウ. ◆販売台数累計 ■2018年 ▲12か月移動合計

問5. 次のグラフは，ある販売店の売上について表したものである。このグラフについての説明として適切なものを選び，記号で答えなさい。

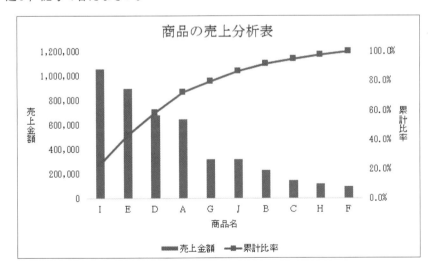

ア. 各商品の売上の相関関係を調べることができる。

イ. 各商品の効果的な商品管理を行うことができる。

ウ. 各商品の売上データのばらつきや分布をみることができる。

問1		問2		円	問3		問4		問5	

【5】 ある事務用品の卸販売店では，商品の受注・発送・請求を，次のようなリレーショナル型データベースを利用して管理を行っている。次の各問いに答えなさい。

処理の流れ

① 営業課事務員が，顧客からの電話による注文を受け，その内容を受注票に記入し，システム課担当者へ渡す。

② システム課担当者は，受注票の内容を受注表に入力する。

（営業課事務員が作成する受注票）

受注票

受付番号	1010		
受 注 日	2022年8月15日		
得意先コード	A18055		
得意先名	岸野商店		
商品コード	S1021	数 量	2
商品コード	P1022	数 量	1
〜	〜	〜	〜

得意先表

得意先コード	得意先名	所在地	電話番号
〜	〜	〜	〜
A18055	岸野商店	東京都日野市平山 X-X	042-543-XXXX
A18056	武田文具店	東京都立川市錦町 X-X-X	042-567-XXXX
A18057	竹下事務用品	東京都国立市石田 X-X	042-555-XXXX
〜	〜	〜	〜

商品表

商品コード	商品名	単価
〜	〜	〜
P1021	シャープペン	1000
P1022	ボールペン	600
P1031	筆ペン	1300
〜	〜	〜
S1011	カッター	1100
S1021	ハサミ	1500
S1031	ホチキス	1600
〜	〜	〜

(注) 単価はすべて，1箱の金額である。

受注表

受付番号	受注日	得意先コード	商品コード	数量
〜	〜	〜	〜	〜
1010	2022/08/15	A18055	S1021	2
1010	2022/08/15	A18055	P1022	1
1011	2022/08/15	A18056	S1011	5
1012	2022/08/15	A18057	P1031	2
〜	〜	〜	〜	〜
1108	2022/08/21	A18032	P1021	3
1108	2022/08/21	A18068	S1031	2
〜	〜	〜	〜	〜

問1．得意先コード A18055 の電話番号を変更することになった。空欄(a), (b)にあてはまる適切な組み合わせを選び，記号で答えなさい。

$\boxed{\quad (a) \quad}$ 得意先表 $\boxed{\quad (b) \quad}$ 電話番号 = '050-876-XXXX' WHERE 得意先コード = 'A18055'

ア．(a) UPDATE (b) SET

イ．(a) UPDATE (b) VALUE

ウ．(a) INSERT (b) INTO

問2．商品を発送するため，本日 (2022 年 8 月 23 日) 受注分の商品コードごとの受注数一覧表を作成する場合，空欄にあてはまる適切なものを答えなさい。

商品コード	商品名	発送数
P1021	シャープペン	7
P1022	ボールペン	28
S1031	ホチキス	15
〜	〜	〜

```
SELECT    A.商品コード，商品名，         (a)
   FROM      (b)   ，商品表 B
   WHERE    A.商品コード ＝ B.商品コード
     AND    受注日 ＝ '2022/08/23'
   GROUP BY   A.商品コード，商品名
```

問3．次の各問いに答えなさい。

(1) 2022 年 7 月 (2022 年 7 月 1 日から 2022 年 7 月 31 日まで) の 1 か月間における，得意先名ごとの売上額一覧表を作成する場合，空欄にあてはまる適切なものを答えなさい。

得意先名	売上額
岸野商店	55780
武田文具店	183650
竹下事務用品	92300
〜	〜

```
SELECT    得意先名，SUM(数量＊単価)  AS  売上額
   FROM      受注表 A，得意先表 B，商品表 C
   WHERE    A.得意先コード ＝ B.得意先コード
     AND    A.商品コード ＝ C.商品コード
     AND
   GROUP BY   得意先名
```

(2) (1)の SQL 文に，売上額で降順に並べ替えるための条件を加える場合，(1)の SQL 文の最後に追加する文として適切なものを答えなさい。

問4．リレーショナル型データベースを設計する際，E-R 図を用いてデータの関連性をモデル化する。次の図は，このデータベースのリレーションシップを表した E-R 図である。空欄の(a)〜(c)にあてはまる適切な組み合わせを選び，記号で答えなさい。

```
┌───────┐ 1    多 ┌───────┐ 多    1 ┌───────┐
│  (a)  │─────────│  (b)  │─────────│  (c)  │
└───────┘         └───────┘         └───────┘
```

ア．(a) 受注表　　　(b) 商品表　　　(c) 得意先表

イ．(a) 得意先表　　(b) 受注表　　　(c) 商品表

ウ．(a) 商品表　　　(b) 得意先表　　(c) 受注表

問1		問2	(a)		(b)	
問3	(1)			(2)		問4

【6】 次の各問いに答えなさい。

問1．次の表は，あるスポーツ店のシューズ売上一覧表である。売上集計表の「売上数量計」は，商品コードごとに「売上数量」の合計を求めている。B16 に設定する式として適切なものを選び，記号で答えなさい。ただし，この式を D16 までコピーするものとする。

	A	B	C	D
1				
2	シューズ売上一覧表			
3	商品コード	商品名	売上数量	
4	B101	バレーボールシューズ	10	
5	Y201	野球スパイク	18	
6	S311	サッカースパイク	21	
7	B101	バレーボールシューズ	6	
8	Y201	野球スパイク	9	
9	S311	サッカースパイク	7	
10	B101	バレーボールシューズ	8	
11				
12	売上集計表			
13		商品コード	商品コード	商品コード
14		B101	Y201	S311
15	商品名	バレーボールシューズ	野球スパイク	サッカースパイク
16	売上数量計	24	27	28

ア．=DSUM($B$13:$B$14,3,A3:C10)

イ．=SUMIFS($A$3:$C$10,3,B13:B14)

ウ．=DSUM($A$3:$C$10,3,B13:B14)

問2．次の表は，SUBSTITUTE 関数の動作を確認する表である。B4 に次の式が設定されている場合，B4 に表示されるデータを答えなさい。

=SUBSTITUTE(SUBSTITUTE(A4,"A","B",1),"A","B",2)

	A	B
1		
2	確認表	
3	入力データ	出力データ
4	ABABABAB	※

(注) ※印は，値の表記を省略している。

問3．次の表は，ある水泳大会の記録について示したものである。A～C 列は，コースごとにタイムと選手名を示したものであり，E～G 列は，これをもとにして，順位の高い順に並べ替えて示したものである。F3, G3 には次の式が設定されている。G6 に表示される「選手名」を答えなさい。ただし，同タイムはないものとする。

	A	B	C	D	E	F	G
1							
2	コース	タイム	選手名		順位	タイム	選手名
3	1	48.63	石川		1	※	※
4	2	49.31	後藤		2	※	※
5	3	48.99	南田		3	※	※
6	4	48.23	横山		4	※	※
7	5	48.17	北島		5	※	※
8	6	49.30	町田		6	※	※
9	7	49.23	小松		7	※	※
10	8	48.56	寺田		8	※	※

F3：=SMALL($B$3:$B$10,E3)　　**G3**：=VLOOKUP(F3,$B$3:$C$10,2,FALSE)

問4．次の表は，ある生徒の模擬問題の点数一覧表である。B14 には「平均点」を B15 には「中央値」を示している。B15 に設定する式として適切なものを選び，記号で答えなさい。

ア．=MODE(B3:B12)

イ．=MEDIAN(B3:B12)

ウ．=FORECAST(B3:B12)

	A	B
1		
2	模擬問題番号	点数
3	第１回	92
4	第２回	94
5	第３回	77
6	第４回	83
7	第５回	91
8	第６回	93
9	第７回	94
10	第８回	93
11	第９回	86
12	第１０回	75
13		
14	平均点	87.8
15	中央値	91.5

問5．次の表は，ある商店における売上予測シミュレーションである。次の条件から，今年度売上予測の販売数を求めたい。表計算ソフトのデータ分析機能に設定する制約条件の組み合わせとして適切なものを選び，記号で答えなさい。

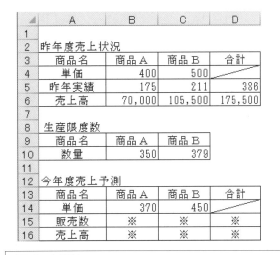

条件

・D15 には次の式を入力し，D16 までコピーする。

=SUM(B15:C15)

・B16 には次の式を入力し，C16 までコピーする。

=B14*B15

・各商品の販売数は昨年実績以上で，生産限度数を超えないように設定する。

・販売数の合計は 450 以下となるように設定する。

・今年度の売上高の合計は，昨年度の売上高の合計と同じになるように設定する。

(注)　※印は，値の表記を省略している。

ア．$B$15:$C$15<=$B$10:$C$10
$B$15:$C$15=整数
$B$15:$C$15>=$B$5:$C$5
$D$15<=450

イ．$B$15:$C$15>=$B$10:$C$10
$B$15:$C$15=整数
$B$15:$C$15<=$B$5:$C$5
$D$15<=450

ウ．$B$15:$C$15<=$B$10:$C$10
$B$15:$C$15=整数
$B$15:$C$15>=$B$5:$C$5
$D$15>=450

第8回模擬

問1		問2		問3		問4		問5	

【7】 次の表は，ある印刷会社のフリーペーパーの印刷料金計算表である。作成手順にしたがって，各問いに答えなさい。

シート名「印刷料金計算表」

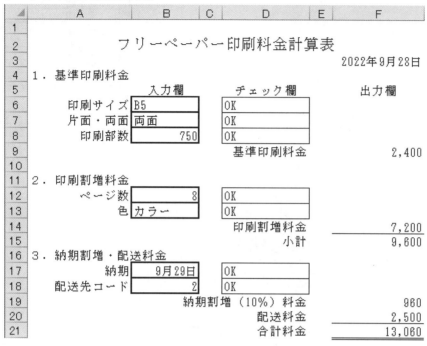

	A	B	C	D	E	F
1						
2		フリーペーパー印刷料金計算表				
3						2022年9月28日
4	1．基準印刷料金					
5		入力欄		チェック欄		出力欄
6	印刷サイズ	B5		OK		
7	片面・両面	両面		OK		
8	印刷部数	750		OK		
9				基準印刷料金		2,400
10						
11	2．印刷割増料金					
12	ページ数	8		OK		
13	色	カラー		OK		
14				印刷割増料金		7,200
15				小計		9,600
16	3．納期割増・配送料金					
17	納期	9月29日		OK		
18	配送先コード	2		OK		
19				納期割増（10%）料金		960
20				配送料金		2,500
21				合計料金		13,060

シート名「基準料金表」

	A	B	C	D	E	F
1						
2	基準料金表（モノクロ印刷で4ページの場合の料金）					
3			サイズ			
4	部数		A4		B5	
5			片面	両面	片面	両面
6	100 ～ 500		1,400	2,800	1,100	2,100
7	501 ～ 1,000		1,600	3,200	1,200	2,400
8	1,001 ～ 2,000		1,900	3,800	1,500	2,900
9	2,001 ～ 4,000		2,400	4,900	1,800	3,700
10	4,001 ～ 6,000		2,900	5,800	2,200	4,400
11	6,001 ～ 8,000		3,400	6,900	2,600	5,200
12	8,001 ～ 10,000		3,900	7,900	3,000	6,000

シート名「配送料金表」

	A	B	C
1			
2	配送料金表		
3	配送先コード	地域	配送料金
4	0	大阪	0
5	1	京都・奈良	1,500
6	2	兵庫・和歌山	2,500

シート名「印刷割増率表」

	A	B	C
1			
2	印刷割増率表		
3	ページ数	色	
4		モノクロ	カラー
5	4	0	2.20
6	8	0.60	3.00
7	12	1.20	3.80
8	16	2.52	6.20
9	20	3.00	7.00
10	24	3.60	7.80

作成手順

1．シート名「印刷料金計算表」のB6〜B8，B12〜B13，B17〜B18に適切なデータを順に入力すると，印刷料金を求めることができる。

2．シート名「印刷料金計算表」は，次のように作成されている。

(1) F3には，本日の日付を表示するための関数が設定されている。

(2) B6の「印刷サイズ」の入力欄は，A4サイズであれば A4，B5サイズであれば B5 を入力する。

(3) B7の「片面・両面」の入力欄は，片面印刷であれば 片面，両面印刷であれば 両面 を入力する。

(4) B8の「印刷部数」の入力欄は，印刷する部数を入力する。ただし100部以上で，かつ10,000部以下とする。

(5) D6〜D8は，B6〜B8のデータが正しい場合は OK，それ以外の場合は NG を表示する。

(6) F9の「基準印刷料金」は，B6の「印刷サイズ」，B7の「片面・両面」，B8の「印刷部数」をもとに，シート名「基準料金表」を参照して表示する。ただし，D6〜D8のいずれかが NG の場合は何も表示しない。

(7) B12の「ページ数」の入力欄は，フリーペーパーのページ数を4の倍数で入力する。ただし，最大24とする。

(8) B13の「色」の入力欄は，モノクロ印刷であれば モノクロ，カラー印刷であれば カラー を入力する。

(9) D12〜D13は，B12〜B13のデータが正しい場合は OK，それ以外の場合は NG を表示する。

(10) F14の「印刷割増料金」は，F9の「基準印刷料金」に，B12の「ページ数」，B13の「色」をもとに，シート名「印刷割増率表」を参照して求めた印刷割増率を掛けて求める。ただし，D12〜D13のいずれかが NG の場合は何も表示しない。

(11) F15の「小計」は，F9の「基準印刷料金」とF14の「印刷割増料金」の合計を求める。

(12) B17の「納期」の入力欄は，納期希望日を入力する。ただし，注文日の翌日以降とする。

(13) B18の「配送先コード」の入力欄は，配送先コードの 0〜2 を入力する。

(14) D17〜D18は，B17〜B18のデータが正しい場合は OK，それ以外の場合は NG を表示する。

(15) F19の「納期割増(10%)料金」は，B17の「納期」が注文日(本日)の翌日から7日以内の場合は，F15の「小計」の10%を割増料金として求める。ただし，小数点以下を四捨五入し，整数部のみ表示する。なお，D17が NG の場合は何も表示しない。

(16) F20の「配送料金」は，B18の「配送先コード」をもとに，シート名「配送料金表」を参照して「配送料金」を表示する。ただし，D18が NG の場合は何も表示しない。

(17) F21の「合計料金」は，F15の「小計」とF19の「納期割増(10%)料金」とF20の「配送料金」の合計を求める。

第8回模擬

「問題を読みやすくするために，
　このページは空白にしてあります。」

問1．シート名「印刷料金計算表」のD6には次の式が設定されている。この式と同様の結果が得られる適切な式を選び，記号で答えなさい。

=IF(OR(B6="A4",B6="B5"),"OK","NG")

ア．=IF(NOT(OR(B6="A4",B6="B5")),"NG","OK")

イ．=IF(OR(NOT(B6="A4"),NOT(B6="B5")),"NG","OK")

ウ．=IF(NOT(AND(B6="A4",B6="B5")),"NG","OK")

問2．シート名「印刷料金計算表」のD12に設定する式の空欄にあてはまる適切なものを選び，記号で答えなさい。

=IF(AND(B12>=4,B12<=24,[_____]),"OK","NG")

ア．MATCH(B12,印刷割増率表!A5:A10,0)=B12

イ．INT(B12/4)=0

ウ．MOD(B12,4)=0

問3．シート名「印刷料金計算表」のF14に設定する式の空欄をうめなさい。

=IF(OR(D12="NG",D13="NG"),"",F9*[_____](B12,印刷割増率表!A5:C10,

MATCH(B13,印刷割増率表!B4:C4,0)+1,FALSE))

問4．シート名「印刷料金計算表」のF19に設定する式の空欄にあてはまる適切なものを選び，記号で答えなさい。

=IF(D17="NG","",ROUND(IF([_____],F15*10%,0),0))

ア．B17-F3<=7

イ．B17-F3>=7

ウ．F3-B17<=7

問5．シート名「印刷料金計算表」に，次のようにデータを入力したとき，F21の「合計料金」に表示される適切な数値を答えなさい。

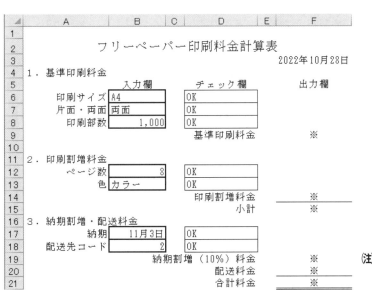

(注) 受注日（本日）は，2022年10月28日とする。

※印は，値の表記を省略している。

問1		問2		問3		問4		問5	

主催　公益財団法人　全国商業高等学校協会

情報処理検定模擬試験問題　第1級

<u>制限時間60分</u>

【1】　次の説明文に最も適した答えを解答群から選び，記号で答えなさい。

1．複数台のハードディスク装置を1台のハードディスク装置として運用し，その構成により読み込みや書き込み速度の向上などが期待できる技術。

2．開発工程におけるテスト作業の一つで，分割して作成したモジュールを組み合わせて，モジュール間のインタフェースに着目して行うテスト。

3．暗号化してデータを送受信する際，暗号化と復号に同一の鍵を使用する方式。

4．プロトコルの異なるネットワークを，相互に接続するための装置。

5．電子メールを宛先のメールサーバまで転送する際に使用されるプロトコル。

```
解答群
ア．SMTP          イ．ルータ         ウ．ゲートウェイ
エ．HTTP          オ．RAID          カ．RASIS
キ．単体テスト     ク．公開鍵暗号方式  ケ．結合テスト
コ．共通鍵暗号方式  サ．ハブ           シ．システムテスト
```

1		2		3		4		5	

【2】　次のA群の語句に最も関係の深い説明文をB群から選び，記号で答えなさい。

〈A群〉　1．VoIP　　　　　2．システムログ　　　　3．安全性
　　　　4．ロールバック　　5．プライベートIPアドレス

〈B群〉

ア．OSの稼働中に起こったさまざまな出来事の記録。エラーや障害の発生などを記録することにより，原因究明などに利用する。

イ．WebサーバとWebブラウザが通信をした際，ユーザ側における利便性向上のため，ユーザIDやアクセス履歴などの情報がブラウザ側の端末に一時的に保存されるしくみ。

ウ．RASISの示す指標の一つで，システムが必要な場面で，継続して稼働できる能力を表したもの。稼働率が用いられる。

エ．企業や家庭などのネットワーク内において，コンピュータ機器を特定するためのIPアドレス。同じネットワーク内では重複してはならないが，他のネットワークにおいては同じIPアドレスが利用できる。

オ．インターネットで通信するために必要となる，コンピュータや通信機器に割り振られた重複しないIPアドレス。インターネット上の住所に相当する。

カ．RASISの示す指標の一つで，システムが不正なアクセスや情報の流出を防ぐことを表したもの。

キ．ネットワークの利用状況を記録したファイルの一種で，Webサイトを閲覧した日時や内容などを記録したもの。

ク．データベースにおいて，トランザクション処理の途中で論理的な障害が発生した場合，ジャーナルファイルを用いて，トランザクション処理開始時点の状態に戻し，データの整合性を保つこと。

ケ．データベースに障害が発生し，データが破損した場合，バックアップファイルとジャーナルファイルを用いて，障害発生直前の状態にすること。

コ．音声データをパケットに変換し，インターネットを通して音声通話を実現する技術。インターネット電話などに利用されている。

1		2		3		4		5	

第9回模擬

【3】 次の説明文に最も適した答えをア，イ，ウの中から選び，記号で答えなさい。なお，5．については数値を答えなさい。

1．利用者からの要求をより明確に反映させるために，開発の早い段階で試作品を利用させ，その評価を反映させる開発手法。

ア．ウォータフォールモデル　　　イ．スパイラルモデル　　　ウ．プロトタイピングモデル

2．システムの障害発生時に，システム全体を停止させるのではなく正常に稼働する部分でシステムを運用し，影響を最小限にとどめる設計思想。

ア．フェールソフト　　　イ．フォールトアボイダンス　　　ウ．フールプルーフ

3．次の式で算出され，コンピュータが正常に稼働を開始してから，障害発生するまでの平均時間。値が大きいほど，信頼性が高いとされる。

「稼働時間の合計　÷　故障回数」

ア．MIME　　　イ．MTBF　　　ウ．MTTR

4．ある合唱コンクールにおける，各団体の発表を撮影した動画がある。27 の団体が発表し，一団体あたりの動画のデータ容量が 1.2 GB であった。この動画をさらに 70% に圧縮して，DVD（4.7 GB）に記録する。一枚の DVD には複数団体の発表を記録し，一つの団体の発表を複数枚のディスクに分割して記録しない場合，発表団体すべてを記録するには最低何枚の DVD が必要か求めなさい。ただし，$1\,GB = 10^9\,B$ とする。

ア．4　　　イ．5　　　ウ．6

5．あるサーバに保存してあるデータ A とデータ B について，データ量を比べたところ，A のほうが 450 MB 多いことがわかっている。同じサーバ内に保存されている 675 MB のデータ C をダウンロードする時間が 60 秒，データ B をダウンロードする時間が 40 秒の場合，データ A をダウンロードする時間は何秒か。なお，その他の外部要因は考えないものとする。ただし，$1\,MB = 10^6\,B$ とする。

1		2		3		4		5		秒

【4】 次の各問いに答えなさい。

問1. 次の図のような手順で，問題点を明確にし，解決の道筋を示すための手法がある。手順(a)を実施する方法として，適切なものを選び，記号で答えなさい。

(a)情報収集 → カード化 → グループ化 → 図解化 → 文章化

ア．個人情報保護法　　　　　イ．線形計画法　　　　　ウ．ブレーンストーミング

問2. 次のコンピュータAおよびB～Eのネットワーク設定から，ネットワークアドレスがコンピュータAと同じになる適切なものを選び，記号で答えなさい。なお，コンピュータA～Eのサブネットマスクは，255.255.192.0 が設定されている。

コンピュータAのネットワーク設定

コンピュータ	IPアドレス
コンピュータA	172. 16. 12. 16

コンピュータB～Eのネットワーク設定

コンピュータ	IPアドレス
コンピュータB	172. 16. 54. 9
コンピュータC	172. 16.192. 10
コンピュータD	192.168. 12. 16
コンピュータE	192.168. 60. 7

ア．コンピュータB　　イ．コンピュータC　　ウ．コンピュータD　　エ．コンピュータE

問3. ABC分析をするうえで必要となるデータとして適切なものを選び記号で答えなさい。

ア．製品の市場成長率，市場占有率

イ．各商品の売上高，売上累計比率

ウ．顧客の名前，性別，年齢，購入回数，購入金額

問4．次のような相関係数と近似曲線の式の散布図として，適切なものを選び，記号で答えなさい。

相関係数：−0.00293

近似曲線の式：y = −0.194x + 1312.7

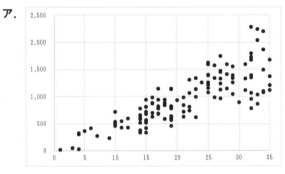

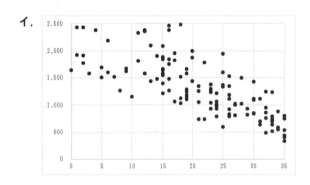

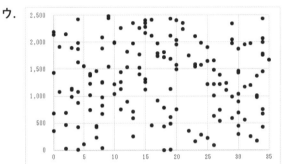

問5．コアコンピタンスを説明している次の文章のうち適切なものを選び，記号で答えなさい。

ア． 企業の中核となる，企業活動上の強みのこと。企業が独自に持つ優れた技術や能力のことで，競合する他社にはない先進的で汎用性の高い技術や，真似をできない物流ネットワークなどがある。

イ． 企業や組織などにおける個人情報や商品情報などの情報資産を守るため，具体的な対策の方針や行動指針をまとめたもの。

ウ． 企業などが法律や規則などにしたがい活動することをいう。また，法を守るだけではなく，社会通念上，守るべき倫理も含まれる。これに違反した企業などは，消費者などからの信用を失い，経営を揺るがせる事態ともなりうる。

問1		問2		問3		問4		問5	

【5】 ある家具販売店では，商品の売上状況を次のようなリレーショナル型データベースを利用し管理している。次の各問いに答えなさい。

処理の流れ

① 新規の会員は登録の手続きを行い，会員表にデータを入力する。

② 売上表は，一回の売上につき1レコード作成される。ただし，同日に同会員が同商品を購入した場合でも，サービスコードが異なる場合は複数のレコードが作成される。

③ 商品の配送希望の場合，売上表の配送に1を入力する。なお，各商品の配送料金は，商品表の料金に設定されている。ただし，配送希望がない場合，売上表の配送に0を入力する。

④ 配送料金やサービス金額は，数量が複数であっても代金は同じ金額とする。

⑤ 売上代金は，以下のように求める。

売上代金 ＝ 商品代金 ＋ サービス金額 ＋ 配送料金

会員表

会員コード	会員名	電話番号
A000001	高谷　武	XXXX-XX-XXXX
A000002	唐沢　智希	XXXX-XX-XXXX
A000003	宮坂　里紗	XX-XXXX-XXXX
〜	〜	〜

サービス表

サービスコード	サービス名	金額
S1	なし	0
S2	設置	4000
S3	組立	2500
S4	引取	3000
S5	設置・引取	6000
S6	組立・引取	5000

商品表

商品コード	商品名	商品単価	料金
B101	△□□△△	65000	0
B102	○□◇△◎□	85000	0
〜	〜	〜	〜
B519	□▽▽□△◇◎	74000	0
B520	△◎□△	9000	1000

売上表

購入日	会員コード	商品コード	サービスコード	数量	配送
〜	〜	〜	〜	〜	〜
2022/01/31	A000088	B311	S3	2	0
2022/02/01	A000061	B103	S1	1	1
2022/02/01	A000061	B103	S4	1	1
2022/02/02	A000114	B520	S2	1	0
〜	〜	〜	〜	〜	〜

問1. 売上表の主キーとして適切なものを選び，記号で答えなさい。ただし，主キーは，必要最低限かつ十分な条件を満たしていること。

　　ア. 購入日と会員コード

　　イ. 購入日と会員コードと商品コード

　　ウ. 購入日と会員コードと商品コードとサービスコード

第9回模擬

問2．商品コードがB101の商品単価を¥65,000から¥3,000の値上げをすることになった。そのため，商品表の該当
レコードを更新する。次のSQL文の空欄にあてはまる適切なものを選び，記号で答えなさい。

UPDATE　商品表　SET　商品単価 = [　　　　　] WHERE　商品コード = 'B101'

ア． 3000 　　　　　　**イ．** 商品単価 + 3000 　　　　　　**ウ．** 商品単価 + 68000

問3．2022年10月1日から2022年12月31日に，配送を希望し，設置や組立，引取のサービスを希望しなかった
会員の会員コードと会員名を重複なく抽出する。次のSQL文の空欄をうめなさい。

SELECT　　[　　　　　] A.会員コード，会員名
　FROM　　会員表 A, 売上表 B
　WHERE　　A.会員コード = B.会員コード
　　AND　　購入日　BETWEEN　'2022/10/01' AND '2022/12/31'
　　AND　　配送 = 1
　　AND　　サービスコード = 'S1'

会員コード	会員名
A000016	江口　正和
A000024	杉本　雄一郎
〜	〜

問4．2022年の間に，引取サービスの注文を受け付けた件数を抽出する。次のSQL文の空欄をうめなさい。

SELECT　　COUNT(*)　AS　件数
　FROM　　サービス表 A, 売上表 B
　WHERE　　A.サービスコード = B.サービスコード
　　AND　　購入日　BETWEEN　'2022/01/01' AND '2022/12/31'
　　AND　　[　　　　　]　'%引取'

件数
1061

問5．2022年12月16日分の会員ごとの請求金額を抽出する。次のSQL文の空欄をうめなさい。

SELECT　　A.会員コード，会員名，SUM(商品単価 * 数量 + 金額 + [　　　　　]) AS　請求金額
　FROM　　会員表 A, サービス表 B, 商品表 C, 売上表 D
　WHERE　　A.会員コード = D.会員コード
　　AND　　B.サービスコード = D.サービスコード
　　AND　　C.商品コード = D.商品コード
　　AND　　購入日 = '2022/12/16'
　GROUP　BY　A.会員コード，会員名

問1		問2		問3	
問4			問5		

【6】 次の各問いに答えなさい。

問1. 次の表は，絶対値の表である。次の式は，B4 に設定する式である。この二つの式が同等の結果が得られるように，下の式の空欄(a)，(b)をうめなさい。

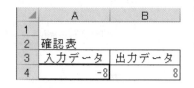

	A	B
1		
2	確認表	
3	入力データ	出力データ
4	-8	8

= [____(a)____](A4)

= [____(b)____](A4,A4*-1)

問2. 次の表は，ある釣り大会の団体の部の得点を入力して順位を求め，表彰する上位 3 団体を求めたものである。G4 に設定する式として適切なものを選び，記号で答えなさい。ただし，この式を G6 までコピーするものとする。なお，同順位はないものとする。

	A	B	C	D	E	F	G
1							
2	得点表					表彰団体	
3	番号	団体名	得点	順位		順位	団体名
4	1	みだき釣友会	1,105	2		1	汐風釣りクラブ
5	2	白浜親睦会	864	6		2	みだき釣友会
6	3	朝日釣り愛好会	971	4		3	港南釣り同好会
7	4	汐風釣りクラブ	1,216	1			
8	5	釣りバカ倶楽部	883	5			
9	6	港南釣り同好会	998	3			

ア. =VLOOKUP(MATCH(F4,$D$4:$D$9,0),$A$4:$D$9,2,FALSE)

イ. =VLOOKUP(MATCH(D4,$A$4:$A$9,0),$A$4:$D$9,2,FALSE)

ウ. =VLOOKUP(MATCH(F4,$A$4:$A$9,0),$A$4:$D$9,2,FALSE)

問3. 次のシート名「集計表」は，シート名「売上表」の「売上数」を「曜日」ごとに平均したものである。シート名「集計表」の C4 に設定する次の式の空欄(a)，(b)をうめなさい。ただし，この式を I7 までコピーする。

シート名「売上表」

	A	B	C	D
1				
2	売上表			
3	日付	曜日	商品コード	売上数
4	2022/1/1	土	S1	30
5	2022/1/1	土	S2	26
6	2022/1/1	土	S3	31
≀	≀	≀	≀	≀
1461	2022/12/31	土	S2	19
1462	2022/12/31	土	S3	20
1463	2022/12/31	土	S4	38

シート名「集計表」

	A	B	C	D	E	F	G	H	I
1									
2	集計表								
3	商品コード	商品名	日	月	火	水	木	金	土
4	S1	しょうゆラーメン	40.8	30.7	31.0	32.3	30.7	33.2	37.7
5	S2	みそラーメン	38.6	34.2	32.6	29.6	32.3	31.1	37.0
6	S3	しおラーメン	42.1	34.5	33.1	31.0	33.8	32.7	39.8
7	S4	とんこつラーメン	41.5	32.9	33.3	30.3	32.3	31.5	40.0

=AVERAGEIFS(売上表![____(a)____],売上表!$B$4:$B$1463,[____(b)____],**解答不要**)

第9回模擬

問4．次の表は，ある野球団体に所属する選手の打点一覧表である。E2は打点一覧表の「打点」の最頻値，E3は打点一覧表の「打点」の中央値，E4は打点一覧表の「打点」の平均値を求める。E2, E3, E4に設定する式として適切なものを選び，記号で答えなさい。

	A	B	C	D	E
1	打点一覧表				
2	選手名	打点		最頻値	87
3	赤木 隼人	39		中央値	76
4	赤沢 秀太	50		平均値	76
5	赤松 快人	54			
≀	≀	≀			
398	福留 輝	87			
399	福原 巧	35			
400	藤 涼	108			
401	藤川 英樹	119			
402	藤木 泰智	115			

ア． =MODE(B3:B402)

イ． =MEDIAN(B3:B402)

ウ． =AVERAGE(B3:B402)

問5．次のシート名「予定表」は，シート名「年間行事予定」から予定を抽出して表示するものである。シート名「予定表」のF1は，本日の日付を表示する関数が設定している。シート名「予定表」の「日付」は，本日の日付から5日間の日付を表示する。シート名「予定表」の「予定」は，シート名「予定表」の「日付」をもとに，シート名「年間行事予定」より参照する。シート名「予定表」のB3, B4に設定する次の式の空欄(a), (b)をうめなさい。ただし，B3に設定した式はF3までコピーし，B4に設定した式はF7までコピーする。

シート名「予定表」

	A	B	C	D	E	F
1					本日	2022/4/8
2						
3	日付	2022/4/8	2022/4/9	2022/4/10	2022/4/11	2022/4/12
4		大掃除			入学式	新入生歓迎会
5	予定	着任式				個人写真撮影
6		新任式				
7		始業式				

シート名「年間行事予定」

	A	B	C	D	E	F
1						
2	年間行事予定					
3	日付	曜日	予定			
4	2022/4/1	金				
≀	≀	≀	≀	≀	≀	≀
11	2022/4/8	金	大掃除	着任式	新任式	始業式
12	2022/4/9	土				
13	2022/4/10	日				
14	2022/4/11	月	入学式			
15	2022/4/12	火	新入生歓迎会	個人写真撮影		
16	2022/4/13	水	実力テスト			
17	2022/4/14	木				
18	2022/4/15	金				
≀	≀	≀	≀	≀	≀	≀
368	2023/3/30	木				
369	2023/3/31	金				

B3:=$F$1+   (a)   ()-2

B4:=IF(**解答不要**   ,"",

　　　　VLOOKUP(B$3,年間行事予定!$A$4:$F$369,   (b)   ()-1,FALSE))

問1	(a)		(b)			問2		問3	(a)			(b)	
問4	E2		E3		E4		問5	(a)			(b)		

【7】 次の表は，あるテーマパークにおける計算書である。作成条件および作成手順にしたがって，各問いに答えなさい。

シート名「計算書」

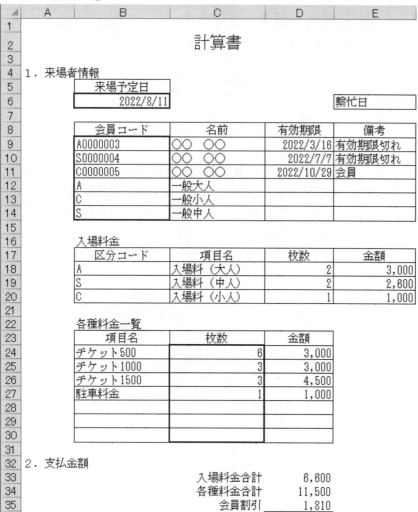

シート名「繁忙日表」

	A
1	繁忙日表
2	日付
3	2022/3/21
4	2022/3/22
5	2022/3/28
6	2022/3/29
7	2022/3/31
8	2022/4/29
9	2022/4/30
10	2022/5/1
11	2022/5/2
12	2022/5/3
13	2022/5/4
14	2022/5/5
15	2022/7/18
16	2022/8/11
17	2022/8/12
18	2022/8/15
19	2022/8/16
20	2022/8/17
21	2022/8/18
22	2022/8/19
23	2022/8/25
24	2022/8/26

シート名「会員表」

	A	B	C
1	会員表		
2	会員コード	名前	有効期限
3	A	一般大人	
4	S	一般中人	
5	C	一般小人	
6	S0000001	○○　○○	2022/11/28
7	S0000002	○○　○○	2022/12/28
8	A0000003	○○　○○	2022/3/16
9	S0000004	○○　○○	2022/7/7
10	C0000005	○○　○○	2022/10/29
～	～	～	～
1044	A0001039	○○　○○	2022/12/16
1045	A0001040	○○　○○	2022/8/10
1046	C0001041	○○　○○	2022/11/9

シート名「料金表」

	A	B
1	料金表	
2	項目名	金額
3	入場料（大人）	1,500
4	入場料（中人）	1,300
5	入場料（小人）	1,000
6	乗り放題券	2,500
7	園内ツアーA	1,500
8	園内ツアーB	1,200
9	チケット500	500
10	チケット1000	1,000
11	チケット1500	1,500
12	駐車料金	1,000

作成条件

1. シート名「計算書」の入力欄に適切なデータを順に入力すると，入場料金合計，各種料金合計，会員割引，合計を求めることができる。なお，入力欄は，太罫線で囲われており，確認欄は，関数や数式が設定されたセルである。

2. 入力欄に入力された値が適切でない場合や，コードが参照する表にない場合，確認欄に エラー を表示し，入力欄が未入力の場合，確認欄に何も表示しない。また，確認欄が空欄または エラー の場合，その次の入力項目以降の確認欄に何も表示しない。

3. 一度に入力できるのは，6人以下とする。

4. 会員コードは，次のように8文字で構成されている。区分コードはA(大人)とS(中人)，C(小人)である。なお，会員でない場合，大人はA，中人はS，小人はCの1文字とする。

   例　A0000001　→　　A　　　0000001
                   区分コード　　　　連番

5. 入場料は，会員の場合，無料となる。ただし，来場予定日に有効期限が切れている場合，区分コードに応じた入場料金が発生する。

6. 来場予定日が繁忙日の場合，乗り放題券と園内ツアーA，園内ツアーB は販売しない。

7. 一人でも会員がいる場合，割り引きを受けることができる。割引率は，繁忙日の場合，1割，それ以外の場合，3割とする。ただし，有効期限が切れている場合，会員割引きを受けることができない。

作成手順

1. シート名「計算書」は，次のように作成されている。
   (1) B6は，「来場予定日」を入力する。
   (2) E6は，B6が 2022/1/1 から 2022/12/31 以外の場合，エラー を表示し，シート名「繁忙日表」の「日付」に含まれる場合，繁忙日 を表示し，それ以外の場合は OK を表示する。
   (3) B9～B14は，「会員コード」を入力する。
   (4) C9～C14は，「会員コード」をもとに，シート名「会員表」を参照し，「名前」を表示する。また，D9～D14は，同様に「有効期限」を表示する。
   (5) E9～E14は，「有効期限」が「来場予定日」以降の場合，会員 を表示し，それ以外の場合は 有効期限切れ を表示する。
   (6) B18は，B17から当該の一つ前の行までに A がなく，または「会員コード」の中で区分コードに A がある場合，A を表示し，同様に S または C を表示する。なお，B19～B20 も同様にして求める。
   (7) C18は，B18が A の場合，入場料(大人)を表示し，S の場合，入場料(中人)を表示し，C の場合，入場料(小人)を表示する。なお，C19～C20 も同様にして求める。
   (8) D18は，「会員コード」から B18 の個数と，「会員コード」が B18 で始まりかつ，「備考」が 有効期限切れ の個数を合計して求める。なお，D19～D20 も同様にして求める。
   (9) E18～E20は，C18～C20 をもとに，シート名「料金表」を参照し，求めた「金額」に「枚数」を掛けて求める。
   (10) B24～B30は，作成条件6を踏まえ，シート名「料金表」の入場料以外の販売可能な「項目名」のみを表示する。
   (11) C24～C30は，購入枚数を入力する。
   (12) D24～D30は，B24～B30 をもとに，シート名「料金表」を参照し，求めた「金額」に「枚数」を掛けて求める。
   (13) D33は，E18～E20 の合計を求める。
   (14) D34は，D24～D30 の合計を求める。
   (15) D35は，作成条件7より求めた割引率に，「入場料金合計」と「各種料金合計」の合計を掛けて求める。
   (16) D36は，D33 と D34 の合計から，D35 を引いて求める。

問1．シート名「計算書」の E6 に設定する次の式の空欄にあてはまる適切なものを選び，記号で答えなさい。

  =IF(B6="","",IF(OR(　　　　　　　　　　　　　　　　　　　　),"エラー",

    IF(COUNTIFS(繁忙日表!A3:A24,B6)>0,"繁忙日","OK")))

  ア． B6<2022/1/1,B6>2022/12/31

  イ． B6<"2022/1/1",B6>"2022/12/31"

  ウ． B6<DATE(2022,1,1),B6>DATE(2022,12,31)

「問題を読みやすくするために，
このページは空白にしてあります。」

第9回模擬

問2．シート名「計算書」のD18に設定する次の式の空欄(a), (b)にあてはまる適切な組み合わせを選び，記号で答えなさい。

=IF(OR(COUNTA($B$9:$B$14)=0,COUNTIFS($C$9:$C$14,"エラー")>0,B18=""),"",
　　COUNTIFS($B$9:$B$14,B18)+COUNTIFS($B$9:$B$14,B18& (a) ,$E$9:$E$14, (b)))

ア. (a) "*"
　　(b) "有効期限切れ"

イ. (a) "?"
　　(b) "有効期限切れ"

ウ. (a) "*"
　　(b) "会員"

エ. (a) "?"
　　(b) "会員"

問3．シート名「計算書」のD24に設定する次の式の空欄をうめなさい。

=IF(C24="","",IF(□□□□□(C24)=1,C24*VLOOKUP(B24,料金表!$A$3:$B$12,2,FALSE),"エラー"))

問4．次の式は，シート名「計算書」のD35に設定する式である。この二つの式が同等の結果となるように，下の式の空欄(a)～(c)をうめなさい。

=IF(OR(COUNTA($B$9:$B$14)=0,COUNTIFS($C$9:$C$14,"エラー")),"",
　　IF(COUNTIFS(E9:E14,"会員")=0,0,SUM(D33:D34)*IF(E6="繁忙日",0.1,0.3)))

=IF(OR(COUNTA($B$9:$B$14)=0,COUNTIFS($C$9:$C$14,"エラー")),"",
　　SUM(D33:D34)*ROUNDUP(COUNTIFS(E9:E14,"会員")/100, (a))*IF(E6="繁忙日", (b) , (c)))

問5．シート名「計算書」が次のように表示されているとき，D36に表示される適切なデータを答えなさい。

計算書

1．来場者情報

来場予定日			
2022/8/29			※

会員コード	名前	有効期限	備考
A0001039	※	※	※
A0001040	※	※	※
C0001041	※	※	※
A	※	※	※
	※	※	※
	※	※	※

入場料金

区分コード	項目名	枚数	金額
※	※	※	※
※	※	※	※
※	※	※	※

各種料金一覧

項目名	枚数	金額
※	4	※
※	4	※
※		※
※		※
※		※
※		※
※		※

2．支払金額

入場料金合計	※
各種料金合計	※
会員割引	※
合計	※

(注)　※印は，値の表記を省略している。

問1		問2		問3		
問4	(a)		(b)		(c)	問5

主催　公益財団法人　全国商業高等学校協会
情報処理検定模擬試験問題　第1級

<u>制限時間60分</u>

【1】　次の説明文に最も適した答えを解答群から選び，記号で答えなさい。

1．電子的なサインの役割を持ち，ネットワーク上でやり取りされるデータが送信者本人から送られたもので，さらに改ざんされていないことを証明するもの。

2．磁気ディスク装置を直接ネットワークに接続して使用するファイルサーバ専用機。

3．複数台のハードディスク装置を一つのディスク装置のように扱う技術の一つで，複数のハードディスクにデータを分散して書き込む方式。

4．ソフトウェアのアルゴリズムや外部設計で定められた機能などを詳細に設計する開発工程。

5．データストア，データフロー，プロセス，データの源泉と吸収の4つの記号を用いて，データの流れと処理を視覚的にわかりやすく表した図。

解答群

ア．内部設計	イ．ミラーリング	ウ．RAID
エ．認証局	オ．DFD	カ．ストライピング
キ．NAS	ク．TCP/IP	ケ．NAT
コ．プログラム設計	サ．電子署名	シ．プロトコル

1		2		3		4		5	

【2】　次のA群の語句に最も関係の深い説明文をB群から選び，記号で答えなさい。

〈A群〉　1．ハブ　　　　　　　2．アクセスログ　　　　　3．ネットワークアドレス
　　　　　4．フェールセーフ　　5．単体テスト

〈B群〉

　ア．コンピュータの利用状況やサイトへのアクセス状況などを記録したファイル。

　イ．複数のネットワークにおいて，データを中継する働きを持つ通信機器。受け取ったデータをどの経路に転送すべきか，選択する機能を持つ。

　ウ．開発工程におけるテスト作業の一つで，開発したシステム全体が，設計どおりの機能を備えているかを確認する開発者側の最終テスト。

　エ．個々のプログラムが，仕様書の要求どおりに機能しているかを確認するテスト。

　オ．起動や終了，再起動，発生したエラーなど，コンピュータシステムの動作のなかで重要な動作を時系列に記録したもの。

　カ．LANケーブルの中継や分岐に用いられる集線装置。

　キ．装置やシステムなどに故障や誤動作などによる障害が発生した場合，常に安全な状態に保てるように設計すること。

　ク．物理アドレスともいわれ，ネットワーク機器の製造時に，一意に設定された48ビットで表現されるアドレス。

　ケ．「人間はミスをするもの」という前提に立って，利用者が誤った操作をしても問題が起こらないよう設計の段階で安全対策を施しておくこと。

　コ．IPアドレスを構成するビット列のうち，各組織が管理するネットワークを識別するのに使われるアドレス。

1		2		3		4		5	

第10回模擬

【3】 次の説明文に最も適した答えをア，イ，ウの中から選び，記号で答えなさい。なお，5.については数値を答えなさい。

1．Web サーバとブラウザとの間で，Web サーバにある HTML 文書の情報をやりとりするためのプロトコル。

    ア．CIDR   **イ**．IMAP   **ウ**．HTTP

2．質より量，批判禁止，便乗歓迎，自由奔放の四つのルールを遵守し，何らかの決定事項を導き出すのではなく，一つでも多くのアイディアを出すための手法。

    ア．ブレーンストーミング   **イ**．シンクライアント   **ウ**．KJ法

3．RASIS の示す指標の一つで，システムの機密性が高く，情報漏えいの起こりにくさを表す。

    ア．保守性   **イ**．安全性   **ウ**．完全性

4．100 Mbps の通信回線を使用して 720 MB のデータ転送する時間が 72 秒であった。この通信回線の伝送効率を求めなさい。なお，その他の外部要因は考えないものとする。ただし，1 MB $= 10^6$ B とする。

    ア．8%   **イ**．80%   **ウ**．100%

5．装置A，装置Bが，次の図のように配置されているシステム全体の稼働率を小数第4位まで求めなさい。ただし，それぞれの稼働率は，装置Aが0.9，装置Bが0.8とする。

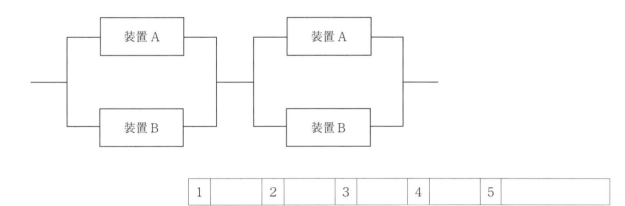

1		2		3		4		5	

【4】 次の各問いに答えなさい。

問1. 次のようにネットワークの設定がされている場合，同じネットワークグループとなるホストアドレスの数として適切なものを選び，記号で答えなさい。

ネットワーク設定

IP アドレス　　　：172.16.8.1

サブネットマスク：255.255.255.0

ア. 100　　　　　　　　　　　　イ. 254　　　　　　　　　　　　ウ. 65534

問2. ある理髪店では，次の条件で顧客に値引きサービスなどをしている。条件にしたがって決定表を作成したとき，(a), (b), (c)にあてはまる記号を答えなさい。

条件

(1) 平日の場合は，200 円引きとする。

(2) 18 時以降の場合は，400 円引きとする。

(3) Web 予約の場合は，800 円引きとする。

(4) クーポン券を持参した場合は，100 円引きとする。

(5) 複数の値引きサービスは同時に受けられない。

(6) いずれの値引き対象にもならなかった場合には，次回から使用できるクーポン券を配布する。

条件部	平日の来店	Y	N	N	N	N
	18 時以降の来店	N	Y	N	N	N
	Web 予約後の来店	N	N	Y	N	N
	クーポン券を持参	N	N	N	Y	N
動作部	値引き額 100 円	※	※	※	※	－
	値引き額 200 円	※	(a)	※	※	－
	値引き額 400 円	※	(b)	※	※	－
	値引き額 800 円	※	(c)	※	※	－
	クーポン券の配布	※	※	※	※	X

(注)　Y：条件を満たす　N：条件を満たさない

　　　X：行動　　－：行動なし

　　　※印は，値の表記を省略している。

問3. Z グラフを用いるのに適した事例を選び，記号で答えなさい。

ア. 売れ筋商品であった商品の売上高が減少している。過去 2 年間の売上データを使用して，今期 1 年間の売上傾向を把握したい。

イ. 取り扱う商品の種類が多く，在庫管理が煩雑である。売上高に対する各商品の売上比率から，売れ筋商品を把握し，在庫管理に役立てたい。

ウ. ある商品は，過去のデータから気温と売上高に一定の関係があることがわかっている。本日の予想気温によって売上高を予測したい。

問4．次の図は，ある仕事の作業工程と各作業に必要な日数を表したアローダイアグラムである。Gの作業が2日間になった場合，この仕事が完了するまでにかかる最短の所要日数は，何日間短縮できるかを求めなさい。

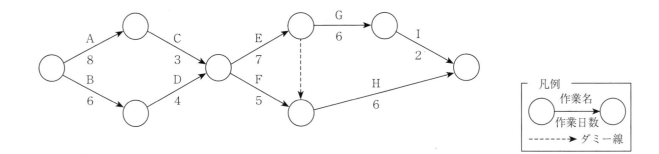

問5．CRMを説明している次の文章のうち適切なものを選び，記号で答えなさい。

ア． 顧客の通信機器や情報発信用のサーバなどを自社の回線設備の整った施設に設置し，通信回線や電源などを提供するサービス。顧客は，自前で設置するよりも，高速な回線や電源設備などを安価に利用することができる。

イ． 本来は「同盟」，「連合」などの意味で，企業同士の提携やグループを指す。参加する企業の対等性を保ちながら，各社の資産を有効活用し，パートナーとして事業を行う。

ウ． 詳細な顧客データベースを元に，個々の顧客のニーズにきめ細かく対応し，顧客との長期的で親密な関係を構築する経営手法。これにより，顧客の満足度を高め，企業の利益を向上させる効果が期待できる。

問1		問2	(a)		(b)		(c)	
問3		問4			日間	問5		

【5】 ある野球チームでは，観客数を次のようなリレーショナル型データベースを利用し管理している。次の各問いに答えなさい。

処理の流れ

試合終了後に，日付，試合番号，チームコード，観客数，球場コードを観客数表に入力する。

チーム表

チームコード	チーム名
S01	○▽□
S02	△◇◎
S03	□○▽
S04	◎△◇
S05	▽□○
P01	◇△◎
P02	▽○□
P03	◎◇△
P04	□▽○
P05	△◎◇
P06	○□▽

球場表

球場コード	球場名	収容人数
K001	Tドーム	55000
K002	K球場	47000
K003	Mスタジアム	33000
K004	Nドーム	38000
K005	Yスタジアム	30000
K006	M野球場	34000
K007	Cスタジアム	33000
K008	SBドーム	33000
K009	Kドーム	36000
K010	Fドーム	38000
K011	Sドーム	40000
K012	スタジアムM	28000

観客数表

日付	試合番号	チームコード	観客数	球場コード
2021/03/29	1	S02	44980	K001
2021/03/30	2	S02	44273	K001
～	～	～	～	～
2021/10/05	143	S01	47046	K002
2021/10/05	144	S05	45816	K001
2022/03/28	1	S01	44971	K001
2022/03/29	2	S01	45028	K001
～	～	～	～	～
2022/10/03	142	S04	45897	K001
2022/10/04	143	S04	45022	K001
2022/10/06	144	S02	30502	K003
～	～	～	～	～

問1．観客数表の主キーとして適切なものを選び，記号で答えなさい。

ア. 日付と試合番号の複合キー　　**イ.** 観客数表の日付　　**ウ.** 観客数表の試合番号

問2．2022年のSリーグ所属チームの試合において，観客数が50000を超えた試合の日付，チーム名を抽出する。次のSQL文の空欄をうめなさい。なお，Sリーグ所属チームはチームコードの左端から1文字がSである。

```
SELECT    日付, チーム名
  FROM    チーム表 A, 観客数表 B
  WHERE   A.チームコード = B.チームコード
    AND   日付 BETWEEN '2022/01/01' AND '2022/12/31'
    AND   観客数 > 50000
    AND   A.チームコード [    ] 'S%'
```

日付	チーム名
2022/04/22	◎△◇
2022/08/23	□○▽
2022/09/21	▽□○

問3．Tドームで開催された試合において，チーム名ごとに観客数の平均を求め，観客数平均の降順にチーム名と観客数平均を抽出する。次のSQL文の(a)，(b)，(c)にあてはまる適切なものを選び，記号で答えなさい。

チーム名	観客数平均
◇△◎	50568
□▽○	48115
△◎◇	48039.5
○□▽	45533.75
◎◇△	44533.75
○▽□	44474
□○▽	44249
▽○□	43550.75
△◇◎	41977
◎△◇	40428
▽□○	38666

```
SELECT    チーム名, AVG(観客数) AS 観客数平均
  FROM    チーム表 A, 観客数表 B
  WHERE   A.チームコード = B.チームコード
          ┌──────────────────────┐
          │         (a)          │
          ├──────────────────────┤
          │         (b)          │
          ├──────────────────────┤
          │         (c)          │
          └──────────────────────┘
```

ア．AND 球場コード = 'K001' 　　**イ**．GROUP BY チーム名 　　**ウ**．ORDER BY AVG(観客数) DESC

問4．球場名ごとに収容人数に対する観客数の割合の平均を収容率として求め，収容率が 90 以上の球場名と収容率を抽出する。次の SQL 文の (a)，(b)，(c)をうめなさい。

```
SELECT    球場名, AVG( (a)  * 100 /  (b) ) AS  (c)
  FROM    球場表 A, 観客数表 B
  WHERE   A.球場コード = B.球場コード
  GROUP BY  球場名
    HAVING  AVG( (a)  * 100 /  (b) ) >= 90
```

球場名	収容率
Fドーム	94.31184211
K球場	92.54468085
SBドーム	96.01136364

問5．2022 年 12 月に開始したTドームの改修工事が，様々な事情により，2023 年 6 月まで工期が延期されることが判明した。そのため，2023 年 6 月まで，収容人数が 50,000 人のTスタジアムを一時的に使用することになったため，球場表に球場コード K013 としてデータを追加することにした。次の SQL 文の空欄にあてはまる適切なものを選び，記号で答えなさい。

```
INSERT INTO 球場表 VALUES ( ┌────────────────────┐ )
                          └────────────────────┘
```

ア．50000, 'Tスタジアム', 'K013'
イ．'Tスタジアム', 50000, 'K013'
ウ．'K013', 'Tスタジアム', 50000

問1		問2		問3	(a)		(b)		(c)	
問4	(a)		(b)			(c)			問5	

【6】 次の各問いに答えなさい。

問1. 次の表は，あるバスケットボールのリーグ戦試合結果とチーム別試合結果集計表である。「最少得点」は，「チーム名」ごとに「得点」の最小値を表示する。B49 に設定する次の式の(a), (b), (c)にあてはまる適切なものを選び，記号で答えなさい。ただし，この式を F49 までコピーする。

▲	A	B	C	D	E	F
1						
2	リーグ戦試合結果					
3	日付	チーム名	得点	失点		
4	10月18日（土）	横浜	50	57		
5	10月19日（日）	横浜	91	53		
6	10月25日（土）	群馬	100	70		
〜	〜		〜	〜		
41	4月19日（日）	新潟	62	65		
42	4月25日（土）	横浜	96	110		
43	4月26日（日）	横浜	93	72		
44						
45	チーム別試合結果集計表					
46		チーム名	チーム名	チーム名	チーム名	チーム名
47		秋田	岩手	新潟	群馬	横浜
48	最多得点	120	93	118	119	102
49	最少得点	89	50	51	62	50
50	最多失点	114	115	117	115	110
51	最少失点	55	57	65	53	53

=DMIN(___(a)___ , ___(b)___ , ___(c)___)

ア. 3　　　　　　　　　**イ**. $A$3:$D$43　　　　　　　　　**ウ**. B$46:B$47

問2. 次の表は，ある関数の動作確認表である。「式B」は，「式A」と同様の結果となるように別の関数を利用して表示している。C4 に設定する次の式の空欄をうめなさい。ただし，C4 の式は C14 まで，D4 の式は D14 までコピーする。また，「値1」と「値2」は 0 より大きい整数値とする。

式A：＝ _____ (A4,B4)
式B：＝ROUNDUP(A4/B4,0)*B4

▲	A	B	C	D
1				
2	関数確認表			
3	値1	値2	式A	式B
4	265	789	789	789
5	89	27	108	108
6	675	4	676	676
7	388	187	561	561
8	184	962	962	962
9	746	574	1,148	1,148
10	67	231	231	231
11	730	687	1,374	1,374
12	364	260	520	520
13	170	175	175	175
14	471	826	826	826

問3. あるクラスにおける漢字テストの結果について，分析表を作成した。分析表には「合計点」，「平均点」，「最高点」，「最低点」，「中央値」，「最頻値」のみが表示されている。在籍が35名とした場合，中央値としてはありえない値を選び，記号で答えなさい。ただし，漢字テストは2点×5題＝10点で構成されており，正答（2点）か誤答（0点）以外の判定はないものとする。なお，欠席者や未受験者はおらず35名全員が受験した。

ア. 0
イ. 5
ウ. 10

問4．次の表は，ある地域における都市のデータ比較表である。C20には，分析する次の式が設定されている。C20に表示される値を答えなさい。

	A	B	C	D	E
1					
2	都市のデータ比較表				
3	No.	都市名	人 口（人）	面 積（km²）	社会福祉施設数
4	1	A市	1,952,255	1,121	739
5	2	B市	1,073,242	786	459
6	3	C市	1,251,549	217	242
7	4	D市	965,679	272	265
8	5	E市	3,710,008	438	924
9	6	F市	1,461,043	143	396
10	7	G市	722,931	329	189
11	8	H市	808,143	726	427
12	9	I市	706,553	1,412	217
13	10	J市	791,191	1,558	205
14	11	K市	2,276,590	326	594
15	12	L市	1,469,253	828	566
16	13	M市	2,686,246	223	702
17	14	N市	840,016	150	127
18	15	O市	1,537,864	552	482
19					
20		分析結果	※		

（注）　※印は，値の表記を省略している。

=COUNTIFS(C4:C18,">=1000000",D4:D18,">=500",E4:E18,">=300")

問5．次の表は，ある商店におけるセット商品の組み合わせシミュレーションである。次の条件から，販売利益の合計が最大となるAセットとBセットのセット数を求めたい。表計算ソフトのデータ分析機能に設定する「目的セル」として (a)にあてはまるものを選び，記号で答えなさい。

	A	B	C	D
1				
2	1セットあたりの組み合わせ表			
3		Aセット	Bセット	使用上限
4	商品C	7	4	376
5	商品D	3	5	240
6	販売利益	700	500	
7				
8	組み合わせシミュレーション表			
9		Aセット	Bセット	合計
10	セット数	※	※	※
11	商品C	※	※	※
12	商品D	※	※	※
13	販売利益	※	※	※

条件

・B11には次の式を入力し，C13までコピーする。

=B4*B$10

・D10には次の式を入力し，D13までコピーする。

=B10+C10

・Aセット，Bセットは1個以上製造する。

・各商品の合計は，「使用上限」を超えないよう設定する。

ア．$B$10:$C$10

イ．$D$11:$D$12

ウ．$D$13

パラメータ設定

目的セル： (a) ［実行］

目標値： ● 最大値 ○ 最小値 ○ 値 ［　　］ ［閉じる］

変化させるセル
※ ［自動］

制約条件
$B$10:$C$10=整数
$B$10:$C$10>=1
$D$11:$D$12<=$D$4:$D$5
［追加］［変更］［削除］

（注）　※印は，値の表記を省略している。

問1	(a)		(b)		(c)		問2	
問3			問4			問5		

【7】 次の表は，あるうどん店の料金計算表である。作成条件および作成手順にしたがって，各問いに答えなさい。

シート名「料金計算表」

	A	B	C	D
1				
2		料金計算表		
3				
4	本日の日付：	2022/12/22		
5	現在の時刻：	9:10		
6	本日のお得内容：	丼：8%引き		
7				
8	メニューコード	メニュー名	価格	備考
9	DN01	丼：カレー	368	日替わりお得：8%引き
10	NG04	おにぎり：明太子	130	
11	UD03	うどん：ちから	450	
12	TP02	天ぷら：なす	110	
13				
14				
15				
16				
17				
18				
19				
20				
21				
22				
23				
24		合計	953	早朝割：10%引き

シート名「メニュー表」

	A	B	C
1			
2	メニュー表		
3	メニューコード	メニュー名	価格
4	UD01	うどん：たぬき	250
5	UD02	うどん：きつね	350
6	UD03	うどん：ちから	450
7	UD04	うどん：カレー	450
8	UD05	うどん：野菜	500
9	UD06	うどん：鶏南蛮	500
10	DN01	丼：カレー	400
11	DN02	丼：玉子	400
12	DN03	丼：かき揚げ	450
13	DN04	丼：焼肉	500
14	SE01	セットメニュー：Aセット	600
15	SE02	セットメニュー：Bセット	600
16	SE03	セットメニュー：Cセット	650
17	SE04	セットメニュー：Dセット	700
18	SE05	セットメニュー：Eセット	750
19	NG01	おにぎり：梅	110
20	NG02	おにぎり：こんぶ	110
21	NG03	おにぎり：鮭	120
22	NG04	おにぎり：明太子	130
23	TP01	天ぷら：いか	110
24	TP02	天ぷら：なす	110
25	TP03	天ぷら：ちくわ	110
26	TP04	天ぷら：さつまいも	120
27	TP05	天ぷら：かぼちゃ	120
28	TP06	天ぷら：半熟卵	130
29	TP07	天ぷら：えび	150
30	SD01	ドリンク：オレンジ	120
31	SD02	ドリンク：コーラ	120
32	SD03	ドリンク：コーヒー	140
33	KD01	期間限定：牡蠣うどん	600

シート名「期間限定メニュー表」

	A	B	C
1			
2	期間限定メニュー表		
3	月	メニュー名	価格
4	1	もち天うどん	550
5	2	海鮮うどん	600
6	3	味噌煮込みうどん	600
7	4	さくらうどん	500
8	5	よもぎうどん	450
9	6	とろろうどん	500
10	7	豚おろしうどん	500
11	8	なめこうどん	450
12	9	ごまだれ肉うどん	550
13	10	松茸うどん	650
14	11	きのこうどん	450
15	12	牡蠣うどん	600

シート名「日替わりお得表」

	A	B
1		
2	日替わりお得表	
3	曜日	内容
4	月	天ぷら：40円引き
5	火	おにぎり：30円引き
6	水	セットメニュー：20%引き
7	木	丼：8%引き
8	金	うどん：30%引き
9	土	ドリンク：50%引き
10	日	期間限定：100円引き

作成条件

1．シート名「料金計算表」は，従業員が注文をもとに入力する。

2．シート名「料金計算表」のB4，B5，B6は，会計の開始時にF9ボタンを押して更新する。

3．シート名「料金計算表」のA9〜A23に適切なデータを入力すると，合計を求めることができる。なお，A9〜A23が未入力の場合，B9〜D23，C24〜D24は何も表示しない。また，A9〜A23のメニューコードがシート名「メニュー表」になければ，B9〜B23に メニューコードエラー を表示し，C9〜D24には何も表示しない。

作成手順

1．シート名「メニュー表」は，次のように作成されている。

⑴　B33は，期間限定：に，本日の月をもとに，シート名「期間限定メニュー表」を参照して求めた「メニュー名」を結合して表示する。

⑵　C33は，本日の月をもとに，シート名「期間限定メニュー表」を参照して「価格」を表示する。

2．シート名「料金計算表」は，次のように作成されている。

⑴　B4は，本日の日付を自動的に表示するために，TODAY関数が設定されている。

⑵　B5は，以下のような式が設定されている。

B5に設定されている式：=NOW()-TODAY()

⑶　B6は，B4をもとに曜日を求め，シート名「日替わりお得表」を参照して「内容」を表示する。

⑷　B9〜B23は，「メニューコード」をもとに，シート名「メニュー表」を参照して「メニュー名」を表示する。

⑸　C9〜C23は，「メニューコード」をもとに，シート名「メニュー表」を参照して「価格」を表示する。なお，「本日のお得内容：」と「メニュー名」から，割引き，または値引き対象の場合，適切な計算をして表示する。

⑹　D9〜D23は，C9〜C23が割引き，または値引きの対象の場合，B6に表示されている内容の左端から：までの文字列を 日替わりお得： と置き換えて表示し，それ以外の場合は何も表示しない。

⑺　C24は，C9〜C23を合計して求める。なお，B5が10:00以前の場合，早朝割として10%の割引きをする。ただし，割引額の円未満を切り捨てとする。

⑻　D24は，B5が10:00以前の場合，早朝割：10%引き を表示し，それ以外の場合は何も表示しない。

問1．シート名「メニュー表」のB33に設定する次の式の空欄をうめなさい。

="期間限定:"&VLOOKUP(☐(TODAY()),期間限定メニュー表!A4:B15,2,FALSE)

問2．シート名「料金計算表」のC9に設定する次の式の空欄(a), (b), (c)をうめなさい。

=IF(OR(A9="",B9="メニューコードエラー"),"",
　IF(LEFT($B$6,SEARCH(":",$B$6))<>LEFT(B9,SEARCH(":",B9)),
　　VLOOKUP(A9,メニュー表!$A$4:$C$33,3,FALSE),
　　VLOOKUP(A9,メニュー表!$A$4:$C$33,3,FALSE)*
　　　(☐(a)☐-IFERROR(VALUE(MID($B$6,SEARCH(":",$B$6)+1,SEARCH("%",$B$6)-SEARCH(":",$B$6))),☐(b)☐))
　　　　-IFERROR(VALUE(MID($B$6,SEARCH(":",$B$6)+1,SEARCH("円",$B$6)-SEARCH(":",$B$6)-1)),☐(c)☐)))

「問題を読みやすくするために，
このページは空白にしてあります。」

第10回模擬

問3．シート名「料金計算表」のD9に設定する次の式の(a), (b), (c)にあてはまる適切なものを選び，記号で答えなさい。

=IF(OR(A9="",B9="メニューコードエラー",
　IFERROR(LEFT($B$6,SEARCH(":",$B$6))<>LEFT(B9,SEARCH(":",B9)),TRUE)),"",
　　SUBSTITUTE((a) , (b) , (c)))

ア． "日替わりお得："　　　**イ．** $B$6　　　**ウ．** LEFT($B$6,SEARCH(":",$B$6))

問4．シート名「料金計算表」のC24に設定する次の式の空欄にあてはまる適切なものを選び，記号で答えなさい。

=IF(OR(COUNTA(A9:A23)=0,COUNTIFS(B9:B23,"メニューコードエラー")>=1),"",
　　　　(SUM(C9:C23)*(1-IF(B5<=TIME(10,0,0),10%,0)),0))

ア． ROUNDDOWN　　　**イ．** ROUNDUP　　　**ウ．** FLOOR

問5．シート名「料金計算表」に，次のようにデータを入力したとき，C24の「合計」に表示される適切な数値を答えなさい。

▲	A	B	C	D
1				
2		料金計算表		
3				
4	本日の日付：	2022/12/30		
5	現在の時刻：	7:02		
6	本日のお得内容：	うどん：30%引き		
7				
8	メニューコード	メニュー名	価格	備考
9	UD05	※	※	※
10	NG02	※	※	※
11	TP07	※	※	※
12	SD03	※	※	※
13				
14				
15				
16				
17				
18				
19				
20				
21				
22				
23				
24		合計	※	※

(注)　※印は，値の表記を省略している。

問1		問2	(a)		(b)		(c)	
問3	(a)		(b)		(c)		問4	問5

主催　公益財団法人　全国商業高等学校協会

情報処理検定模擬試験問題　第1級

<u>制限時間60分</u>

【1】　次の説明文に最も適した答えを解答群から選び，記号で答えなさい。

1．コンピュータの利用状況やサイトへのアクセス状況などを記録したファイル。

2．内部設計，外部設計などいくつかの工程に分割して進め，原則として前の工程に戻らない開発手法。比較的大規模な開発に向いている。

3．暗号化と復号に異なる鍵を用いる暗号方式。

4．ネットワークに接続されたコンピュータのIPアドレスとドメイン名を対応付けるしくみ。

5．コンピュータシステムに処理を指示してから，その処理が始まるまでに要する時間。

```
┌─ 解答群 ──────────────────────────────────┐
│  ア．共通鍵暗号方式        イ．公開鍵暗号方式        ウ．アクセスログ     │
│  エ．DNS               オ．DMZ               カ．電子署名       │
│  キ．プロトタイピングモデル    ク．ウォータフォールモデル    ケ．DHCP         │
│  コ．ターンアラウンドタイム    サ．スパイラルモデル        シ．レスポンスタイム   │
└──────────────────────────────────────────┘
```

1		2		3		4		5	

【2】　次のA群の語句に最も関係の深い説明文をB群から選び，記号で答えなさい。

〈A群〉　1．KJ法　　　　　2．NAT　　　　　3．POP
　　　　4．専有ロック　　　5．リスクマネジメント

〈B群〉

ア．メールサーバのメールボックスから電子メールを受信するために用いるプロトコル。

イ．データベースにおいて，複数の処理が排他制御を行い互いにロックをかけることでロック解除待ち状態が発生してしまい，先に進まなくなる状態。

ウ．磁気ディスク装置などにあるデータを安全に更新するため，他のトランザクションからのデータの更新，削除，参照などを一切禁止すること。

エ．危機を組織的に管理し，経営上の損失を回避したり，不利益を最小限に抑えたりするためのプロセス。

オ．磁気ディスク装置を直接ネットワークに接続して使用するファイルサーバ専用機。

カ．批判禁止，自由奔放，質より量，便乗歓迎の四つの原則により，グループのメンバーが自由に意見を出し合い，多数のアイディアを生み出す手法の一つ。

キ．情報収集，カード化，グループ化，図解化，文章化の一連のステップを行うことによりデータを整理し，問題解決を行う手法。

ク．電子メールをユーザのコンピュータからメールサーバへ送信する際や，メールサーバ間でメールを転送する際に用いるプロトコル。

ケ．プライベートIPアドレスをグローバルIPアドレスに変換する技術。

コ．リスクに備えるリスク特定，リスク分析，リスク評価までのプロセス。

1		2		3		4		5	

【3】 次の説明文に最も適した答えをア，イ，ウの中から選び，記号で答えなさい。なお，5．については数値を答えなさい。

1．パケットのフィルタリング機能や経路選択機能を持ち，ネットワーク上のデータを中継する通信機器。

    ア．ハブ   **イ**．ルータ   **ウ**．ゲートウェイ

2．システムの障害発生時に，システム全体を停止させるのではなく常に稼働する部分でシステムを運用し，影響を最小限にとどめる設計思想。

    ア．フェールソフト   **イ**．フェールセーフ   **ウ**．フォールトアボイダンス

3．RASIS の示す指標の一つで，システムが外部からの侵入や外部への情報の漏れが起こりにくく，また，不正アクセスがされにくいこと。

    ア．信頼性   **イ**．保守性   **ウ**．安全性

4．あるコンピュータシステムを 200 日間運用した際の稼働率が 0.98 であった。故障のために運用できなかった時間を求めなさい。ただし，毎日 12 時間連続運用しているものとする。

    ア．4 時間   **イ**．48 時間   **ウ**．96 時間

5．A さんと B さんが共同して作業を行うと 4 日間かかる仕事がある。この仕事を A さんが一人で行うと，6 日間かかった場合，B さんが一人で行うと何日間かかるか。

1		2		3		4		5		日間

【4】 次の各問いに答えなさい。

問1．次の図は，ある仕事の作業工程と各作業に必要な日数を表したアローダイアグラムである。Cの作業が2日間になった場合，この仕事が完了するまでにかかる最短の所要日数は，何日間短縮できるかを求めなさい。

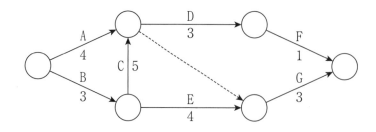

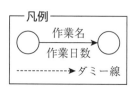

凡例
○ ─作業名─ ○
　　作業日数
------▶ ダミー線

問2．ある企業では，取引先との値引き率を次の表にもとづいて決めている。取引年数が12年で，かつ受注額が400万円である取引先の値引額を答えなさい。

条件	取引年数10年以上	Y	Y	N	N
	受注額500万円以上	Y	N	Y	N
行動	値引き率6％	X	−	−	−
	値引き率5％	−	X	−	−
	値引き率4％	−	−	X	−
	値引きなし	−	−	−	X

㊟　Y：条件を満たす　N：条件を満たさない　X：行動　−：行動なし

問3．回帰分析を用いるのに適した事例を選び，記号で答えなさい。

ア．ある商品は，過去のデータから気温と売上高に一定の関係があることがわかっている。本日の予想気温によって売上高を予測したい。

イ．売れ筋商品であった商品の売上高が減少している。過去2年間の売上データを使用して，今期1年間の売上傾向を把握したい。

ウ．取り扱う商品の種類が多く，在庫管理が煩雑である。売上高に対する各商品の売上比率から，売れ筋商品を把握し，在庫管理に役立てたい。

問4．PPM分析を表している図の(a)に入る適切なものを選び，記号で答えなさい。

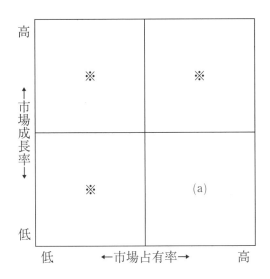

ア．負け犬 　　　　　　　　　　**イ**．花形 　　　　　　　　　　**ウ**．金のなる木

問5．PaaSを説明している次の文章のうち適切なものを選び，記号で答えなさい。

　ア．企業が，組織内部で行っていた人事や経理業務，製造や販売業務などの一部を，外部の企業などに委託すること。これにより，コストの削減効果が期待できる。また，企業が自前で行うよりも，高い付加価値が得られることもある。

　イ．インターネットを介して，アプリケーション開発に必要な環境を提供するサービスのこと。アプリケーション開発に必要な環境や管理の必要がないため，費用を削減することができる。

　ウ．詳細な顧客データベースを元に，個々の顧客のニーズにきめ細かく対応し，顧客との長期的で親密な関係を構築する経営手法。これにより，顧客の満足度を高め，企業の利益を向上させる効果が期待できる。

問1		日間	問2		万円	問3		問4		問5	

【5】 ある高校では，進路説明会の講座希望を次のようなリレーショナル型データベースを利用し管理している。次の各問いに答えなさい。

処理の流れ

① 生徒は，講座表から希望する講座を一つ選択し，進路説明会講座希望票に必要事項を記入して提出する。

② 担当教員は，進路説明会講座希望票の内容を希望表に登録する。なお，20名未満の講座については，体育館や特別教室で実施する。

進路説明会講座希望票

生徒コード : 140103　　生徒名 : 小倉 ○○

講座コード	講座名
K02	大学進学講座コース2

講座表

講座コード	講座名	進路コード
K01	大学進学講座コース1	S01
K02	大学進学講座コース2	S01
K03	大学進学講座コース3	S01
K04	短大進学講座コース1	S02
K05	短大進学講座コース2	S02
K06	専門学校講座コース1	S03
K07	専門学校講座コース2	S03
K08	専門学校講座コース3	S03
K09	公務員講座	S04
K10	就職講座	S04

進路コード表

進路コード	進路
S01	大学
S02	短大
S03	専門学校
S04	就職

生徒表

生徒コード	生徒名
140101	石井 ○○
140102	岩波 ○○
140103	小倉 ○○
～	～
141038	山下 ○○
141039	山本 ○○
141040	渡邊 ○○

希望表

生徒コード	講座コード
140101	K03
140102	K06
140103	K02
～	～
141038	K07
141039	K03
141040	K01

前回受講表

生徒コード	講座コード
140101	K01
140102	K06
140103	K07
～	～
141038	K08
141039	K03
141040	K01

問1. 講座名ごとに希望者数を集計し，希望者数が20名未満の講座一覧表を作成する。次のSQL文の空欄をうめなさい。

```
SELECT    講座名, COUNT(*) AS  希望者数
  FROM    講座表 A, 希望表 B
  WHERE   A.講座コード = B.講座コード
  GROUP BY  講座名
  ┌─────────┐ COUNT(*) < 20
  └─────────┘
```

講座名	希望者数
公務員講座	18
短大進学講座コース1	19

問2. 進路コードごとに希望者数を集計し，進路別希望者数の降順に並べ替え，進路別希望者数一覧表を作成する。次のSQL文の空欄をうめなさい。ただし，進路別希望者数が同一の場合は進路コードの昇順に並べ替える。

```
SELECT    B.進路コード，進路，COUNT(*) AS  進路別希望者数
  FROM    講座表 A，進路コード表 B，希望表 C
  WHERE   A.進路コード = B.進路コード
    AND   A.講座コード = C.講座コード
  GROUP BY  B.進路コード，進路
  [    ] BY COUNT(*) DESC，B.進路コード ASC
```

進路コード	進路	進路別希望者数
S03	専門学校	161
S01	大学	155
S02	短大	42
S04	就職	42

問3. 前回の進路説明会で就職の講座を希望し，今回も就職の講座を希望している生徒の一覧を作成する。次のSQL文の空欄(a)，(b)をうめなさい。

```
SELECT    A.生徒コード，生徒名
  FROM    生徒表 A，希望表 B
  WHERE   A.生徒コード = B.生徒コード
    AND   (講座コード = 'K09' OR 講座コード = 'K10')
    AND   A.生徒コード  (a)
        (SELECT  生徒コード  FROM    (b)    WHERE  講座コード = 'K09' OR  講座コード = 'K10')
```

問4. 今回の進路説明会の希望講座について，生徒コード「140101」の生徒の講座コードを「K10」に変更したい。次のSQL文の空欄(a)，(b)，(c)にあてはまる適切なものを選び，記号で答えなさい。

```
UPDATE  [    (a)    ] SET [    (b)    ] WHERE [    (c)    ]
```

ア．講座コード = 'K10'   **イ**．生徒コード = 140101   **ウ**．希望表

問5. 次の作業のうち，参照整合性に反することなく実行できる適切なものを選び，記号で答えなさい。

ア．進路コード表から1レコードを削除する。

イ．講座表から1レコードを削除する。

ウ．希望表から1レコードを削除する。

問1		問2		問3	(a)		(b)	
問4	(a)		(b)		(c)		問5	

【6】 次の各問いに答えなさい。

問1．次の表は，高等学校の略称を示した表である。「名称」を「略称」のように変換して表示する。B3 に設定する式として正しいものを選び，記号で答えなさい。

	A	B
1		
2	名称	略称
3	千葉県立千葉高等学校	千葉
4	千葉県立千葉商業高等学校	千葉商業
5	千葉市立千葉高等学校	市立千葉
6	千葉県立船橋高等学校	船橋
7	船橋市立船橋高等学校	市立船橋
8	習志野市立習志野高等学校	市立習志野
9	志学館高等部	志学館高等部

ア．=IFERROR(MID(A3,SEARCH("市立",A3),2),"")&
 IFERROR(SUBSTITUTE(LEFT(A3,SEARCH("立",A3)),SUBSTITUTE(A3,"高等学校",""),""),A3)

イ．=IF(IFERROR(SEARCH("立",A3),0)>0,"",LEFT(A3,SEARCH("立",A3)))&
 SUBSTITUTE(SUBSTITUTE(A3,"高等学校",""),LEFT(A3,SEARCH("市立",A3)),"")

ウ．=IF(IFERROR(SEARCH("市立",A3),0)>0,"市立","")&
 IFERROR(SUBSTITUTE(SUBSTITUTE(A3,"高等学校",""),LEFT(A3,SEARCH("立",A3)),""),A3)

問2．次の表は，あるコンビニチェーンの実績一覧である。E4 には，優良店を判定するために次の式が設定されている。この式を E14 までコピーしたとき，「備考」に表示される ○ の数を答えなさい。

	A	B	C	D	E
1					
2	チェーン店舗実績一覧				
3	店名	客数	金額	客単価	備考
4	相生店	700	474,530	677.9	※
5	朝来店	863	641,589	743.4	※
6	尼崎店	730	489,684	670.8	※
7	伊丹店	550	421,598	766.5	※
8	加古川店	894	606,336	678.2	※
9	川西店	855	634,581	742.2	※
10	神戸店	745	612,985	822.8	※
11	高砂店	848	596,059	702.9	※
12	宝塚店	567	438,628	773.6	※
13	三木店	518	436,855	843.3	※
14	養父店	563	384,866	683.6	※

=IF(OR(B4>=LARGE($B$4:$B$14,3),C4>=LARGE($C$4:$C$14,3),D4>=LARGE($D$4:$D$14,3)),"○","")

問3．次の表は，あるプロ野球球団の選手一覧と集計結果である。K5 には次の式が設定されている。空欄(a)，(b)，(c)をうめなさい。ただし，この式を N8 までコピーするものとする。

	A	B	C	D	E	F	G	H	I	J	K	L	M	N
1														
2	選手一覧									集計結果				
3	No.	選手名	守備	年齢	身長	体重	投	打		投	右投げ	右投げ	左投げ	左投げ
4	1	寺南　崇徹	内野手	30歳	177cm	74kg	右投げ	右打ち		打	右打ち	左打ち	右打ち	左打ち
5	2	藤内　大幸	内野手	24歳	174cm	73kg	右投げ	左打ち		投手	19	2	0	15
6	3	高村　康介	投手	32歳	182cm	84kg	左投げ	左打ち		捕手	6	2	0	0
7	4	井木　弘成	内野手	39歳	173cm	75kg	右投げ	右打ち		内野手	12	6	0	0
8	5	田端　啓和	投手	19歳	182cm	90kg	左投げ	左打ち		外野手	5	4	0	3
～	～	～	～	～	～	～	～	～						
73	70	田中　麗一	投手	18歳	171cm	75kg	左投げ	左打ち						
74	71	奥口　展斗	内野手	18歳	178cm	72kg	右投げ	左打ち						
75	72	平村　拳征	投手	18歳	181cm	70kg	右投げ	右打ち						
76	73	土良　瑞太郎	投手	24歳	181cm	85kg	右投げ	右打ち						
77	74	阿田　徹起	投手	29歳	182cm	80kg	左投げ	左打ち						

=COUNTIFS($C$4:$C$77,____(a)____,$G$4:$G$77,____(b)____,$H$4:$H$77,____(c)____)

問4. 次の表は，ある学校のコンピュータ室利用状況確認表である。「利用状況」は，PC室(C3)と曜日(C4)，時限目(C5)からコンピュータ室利用状況を確認し，授業が実施されていない場合(空白("")の場合)は 利用可能 を表示し，それ以外の場合は科目名とクラスを表示する。D7に設定する式として正しいものを選び，記号で答えなさい。

コンピュータ室利用状況確認表

第 [2] PC室

月 [ ] 曜日

[5] 時限目

利用状況 [ビ情 (2A)]

第1PC室

	月	火	水	木	金
1	情処 (1A)	情処 (1D)	情処 (1F)	情処 (1C)	情処 (1E)
2			情処 (1B)		
3	情処 (1C)	情処 (1A)			情処 (1D)
4			情処 (1E)	情処 (1B)	情処 (1F)
5	情処 (1F)	情処 (1E)			情処 (1C)
6	情処 (1D)	情処 (1B)			情処 (1A)

第2PC室

	月	火	水	木	金
1	ビ情 (2B)	ビ情管 (3年)	プロ (2年)	ビ情 (2F)	ビ情 (2D)
2	電商引 (3年)		ビ情 (2C)	ビ情 (2A)	ビ情 (2E)
3		ビ情 (2E)	ビ情管 (3年)	プロ (2年)	電商引 (3年)
4		ビ情 (2F)	電商引 (3年)	ビ情管 (3年)	プロ (2年)
5	ビ情 (2A)	ビ情 (2D)			ビ情 (2C)
6	プロ (2年)				ビ情 (2B)

第3PC室

	月	火	水	木	金
1	総実 (3C)	総実 (3D)	総実 (3F)	総実 (3A)	総実 (3E)
2	総実 (3C)	総実 (3D)	総実 (3F)	総実 (3A)	総実 (3E)
3	総実 (3F)		総実 (3E)	総実 (3D)	総実 (3B)
4	総実 (3F)		総実 (3E)	総実 (3D)	総実 (3B)
5	総実 (3A)	総実 (3B)			総実 (3C)
6	総実 (3A)	総実 (3B)			総実 (3C)

注 D7 と E7 は結合されている。

ア. =IF(HLOOKUP(C4,IF(C3=1,B11:F17,IF(C3=2,I2:M8,I11:M17)),C5,FALSE)="",
"利用可能",HLOOKUP(C4,IF(C3=1,B11:F17,IF(C3=2,I2:M8,I11:M17)),C5,FALSE))

イ. =IF(INDEX((B12:F17,I3:M8,I12:M17),C5,MATCH(C4,B11:F11,0),C3)="",
"利用可能",INDEX((B12:F17,I3:M8,I12:M17),C5,MATCH(C4,B11:F11,0),C3))

ウ. =IF(VLOOKUP(C5,IF(C3=1,A12:F17,IF(C3=2,H3:M8,H12:M17)),MATCH(C4,B11:F11,0),FALSE)="",
"利用可能",VLOOKUP(C5,IF(C3=1,A12:F17,IF(C3=2,H3:M8,H12:M17)),
MATCH(C4,B11:F11,0),FALSE))

問5. 次の表は，ある工場における製造シミュレーションをするための表である。次の条件から，利益計の合計が最大となる製品Aと製品Bの製造数を求めたい。表計算ソフトのデータ分析機能に設定する制約条件として(a)にあてはまるものを選び，記号で答えなさい。

条件

・B12には次の式を入力し，C15までコピーする。

=B4*B$11

・D11には次の式を入力し，D15までコピーする。

=B11+C11

・製品A，製品Bは1個以上製造する。

・各部品の合計は，使用上限を超えないように設定する。

	A	B	C	D
1				
2	1個あたりの製造データ表			
3		製品A	製品B	使用上限
4	部品C	1	6	800
5	部品D	3	5	900
6	部品E	5	2	700
7	利益	1,200	1,100	
8				
9	製造シミュレーション表			
10		製品A	製品B	合計
11	製造数	※	※	※
12	部品C	※	※	※
13	部品D	※	※	※
14	部品E	※	※	※
15	利益計	※	※	※

パラメータ設定

目的セル： $D$15 　[実行]

目標値： ● 最大値 ○ 最小値 ○ 値 [ ] 　[閉じる]

変化させるセル

$B$11:$C$11 　[自動]

制約条件

$B$11:$C$11=整数
$B$11:$C$11>=1
(a)

[追加] [変更] [削除]

注 ※印は，値の表記を省略している。

ア. $D$12:$D$14<=$D$4:$D$6

イ. $D$12:$D$14>=$D$4:$D$6

ウ. $D$15<=MAX($B$15:$C$15)

問1		問2		問3	(a)		(b)		(c)	
問4		問5								

【7】 次の表は，多色ペン注文サービスを行う文房具店の注文確認表である。作成条件および作成手順にしたがって，各問いに答えなさい。

シート名「注文表」

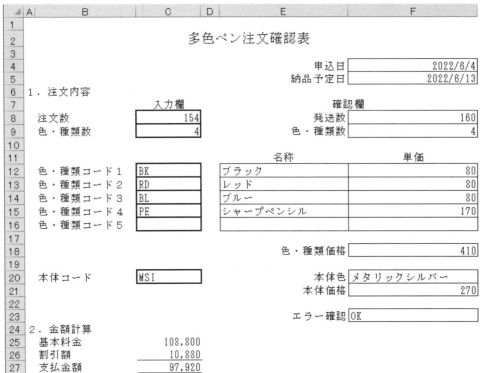

多色ペン注文確認表	
申込日	2022/6/4
納品予定日	2022/6/13

1．注文内容

	入力欄		確認欄	
注文数	154		発送数	160
色・種類数	4		色・種類数	4

			名称	単価
色・種類コード1	BK		ブラック	80
色・種類コード2	RD		レッド	80
色・種類コード3	BL		ブルー	80
色・種類コード4	PE		シャープペンシル	170
色・種類コード5				

		色・種類価格	410
本体コード	MSI	本体色	メタリックシルバー
		本体価格	270
		エラー確認	OK

2．金額計算
基本料金	108,800
割引額	10,880
支払金額	97,920

シート名「本体色表」

	A	B
1		
2	本体色表	
3	本体コード	本体色
4	CWH	クリアホワイト
5	CBK	クリアブラック
6	CPI	クリアピンク
7	CBL	クリアブルー
8	CSI	クリアシルバー
9	MPI	メタリックピンク
10	MOR	メタリックオレンジ
11	MGY	メタリックグレー
12	MBK	メタリックブラック
13	MSI	メタリックシルバー
14	MWH	メタリックホワイト

シート名「本体価格表」

	A	B	C	D	E	F
1						
2	本体価格表					
3			色・種類数			
4	本体コード	1	2	3	4	5
5	CWH / CBK	80	100	150	200	250
6	CPI / CBL / CSI	90	120	160	210	260
7	MPI / MOR / MGY	120	150	190	240	300
8	MBK / MSI / MWH	160	200	230	270	330

シート名「色種類表」

	A	B	C
1			
2	色種類表		
3	色・種類コード	名称	単価
4	BK	ブラック	80
5	RD	レッド	80
6	BL	ブルー	80
7	GR	グリーン	110
8	VI	バイオレット	110
9	PI	ピンク	110
10	OR	オレンジ	110
11	PE	シャープペンシル	170
12	TA	タッチペン	160
13	ER	消しゴム	250

シート名「割引率表」

	A	B	C
1			
2	割引率表		
3	注文数		割引率
4	40 ～ 80		0%
5	81 ～ 150		5%
6	151 ～ 300		10%
7	301 ～		20%

作成条件

1．入力データはすべて半角で入力する。

2．入力箇所が未入力の場合は何も表示しない。

3．F4 には TODAY 関数が設定されている。

4．C8 は，40 以上とし，40 未満の場合は，F8 に 注文数エラー を表示する。

5．C9 は，1 以上 5 以下とし，それ以外の場合は，F9 に 色・種類数エラー を表示する。

6．C12〜C16 は，シート名「色種類表」から選択し，2 桁のアルファベットで入力する。入力されたデータがシート名「色種類表」にない場合は，E12〜F16 のそれぞれ対応する箇所に 色・種類コードエラー を表示する。

7．F18 は，C9 に入力された値と C12〜C16 に入力されたデータ数が異なる場合は何も表示しない。また，E12〜F16 に色・種類コードエラーがある場合は，色・種類コードエラー を表示する。

8．C20 は，シート名「本体色表」から選択し，3 桁のアルファベットで入力する。入力されたデータがシート名「本体色表」にない場合は，F20 に 本体コードエラー を表示する。

9．F21 は，F9 が 色・種類数エラー か，または F20 が 本体コードエラー の場合は何も表示しない。

10．C25〜C27 は，「エラー確認」が OK の場合は計算し，NG の場合は何も表示しない。

作成手順

1．シート名「注文表」の C8〜C9，C12〜C16，C20 に適切なデータを順に入力すると，支払金額を求めることができる。

2．シート名「注文表」は，次のように作成されている。

⑴　F5 は，F4 が月曜日〜金曜日の場合には 7 日後となり，土曜日か日曜日の場合には翌週の月曜日となる。つまり，土曜日の場合には 9 日後，日曜日の場合には 8 日後となる。

⑵　F8 は，C8 を 10 個単位に切り上げる。

⑶　F9 は，C9 の値を表示する。

⑷　E12 は，C12 をもとにシート名「色種類表」を参照して表示する。なお，この式を F16 までコピーするものとする。

⑸　F18 は，F12〜F16 の合計を表示する。

⑹　F20 は，C20 をもとにシート名「本体色表」を参照して表示する。

⑺　F21 は，C20 をもとにシート名「本体価格表」を参照して表示する。

⑻　F23 は，F8 に 注文数エラー，F9 に 色・種類数エラー，F18 に 色・種類コードエラー，F20 に 本体コードエラー 表示があった場合には NG を表示し，そうでなければ OK を表示する。

⑼　C25 は，次の式で求める。

「発送数　×　（本体価格　＋　色・種類価格）」

⑽　C26 は，「基本料金」に，「発送数」をもとにシート名「割引率表」を参照して求めた割引率を掛けて求める。

⑾　C27 は，「基本料金　−　割引額」で求める。

問 1．シート名「注文表」の F5 に設定する次の式の空欄(a)，(b)をうめなさい。

=IF(　　(a)　　(F4,2)<6,F4+7,F4−　　(a)　　(F4,2)+　(b)　)

（注）　WEEKDAY 関数の第 2 引数が 2 の場合，戻り値として 1（月曜日）〜7（日曜日）を返す。

「問題を読みやすくするために，
このページは空白にしてあります。」

問2．シート名「注文表」のF8に設定する次の式の空欄をうめなさい。

=IF(C8="","",IF(C8>=40,⬚(C8,-1),"注文数エラー"))

問3．次の式は，シート名「注文表」のE12に設定する式である。この2つの式が同等の結果を得られるように，下の式の空欄をうめなさい。

=IF($C12="","",
　IFERROR(VLOOKUP($C12,色種類表!$A$4:$C$13,MATCH(E$11,$E$11:$F$11,0)+1,FALSE),
　"色・種類コードエラー"))

=IF($C12="","",
　IFERROR(VLOOKUP($C12,色種類表!$A$4:$C$13,⬚(色種類表!B$3),FALSE),
　"色・種類コードエラー"))

問4．シート名「注文表」のF21に設定する次の式の空欄をうめなさい。

=IF(OR(C9="",F9="色・種類数エラー",C20="",F20="本体コードエラー"),"",
　VLOOKUP(⬚,本体価格表!A5:F8,C9+1,FALSE))

問5．シート名「注文表」に，次のようにデータを入力したとき，C27の「支払金額」に表示される適切な数値を答えなさい。

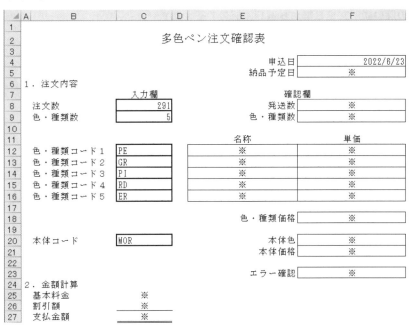

（注）　※印は，値の表記を省略している。

問1	(a)		(b)		問2	
問3		問4		問5		

主催　公益財団法人　全国商業高等学校協会

情報処理検定模擬試験問題　第1級

<u>制限時間60分</u>

【1】　次の説明文に最も適した答えを解答群から選び，記号で答えなさい。

1. 「人間はミスをする」ということを前提として，システムの利用者が誤った操作をしても，致命的な状況に陥らないようにしていく考え方。

2. データベースにおいて，障害時に，記録してある内容のデータを再現した上で，記録ファイルに残っている内容後の処理を再現し，障害直前の状態にまで戻すこと。

3. プログラムの内部構造に着目せず，設計したとおりの結果が得られるかを検証するテスト。

4. コンピュータシステムが故障してから，完全に復旧するまでにかかる平均時間。

5. インターネットにおいて，電子メールを宛先のコンピュータに送信するためのプロトコル。

解答群		
ア．フェールセーフ	**イ**．フェールソフト	**ウ**．ロールフォワード
エ．フールプルーフ	**オ**．ロールバック	**カ**．MTBF
キ．SMTP	**ク**．ホワイトボックステスト	**ケ**．ブラックボックステスト
コ．POP	**サ**．MTTR	**シ**．チェックポイント

1		2		3		4		5	

【2】　次のA群の語句に最も関係の深い説明文をB群から選び，記号で答えなさい。

〈A群〉　1．システムテスト　　　　2．可用性　　　　3．デジタル署名
　　　　4．プライベートIPアドレス　5．DMZ

〈B群〉

ア．公開鍵暗号方式で必要となる，電子証明書を発行する第三者機関。電子証明書の廃棄処理およびそのリストの公開も行っている。

イ．ネットワークに接続されたコンピュータのIPアドレスとドメイン名を対応付けるしくみ。

ウ．システム全体が，設計どおりの機能を備えているかを確認するテスト。

エ．RASISの示す指標の一つで，システムが，外部からの侵入や外部への情報の漏れが起こりにくく，また，不正アクセスがされにくいこと。

オ．RASISの示す指標の一つで，システムが要求された機能を継続して実行できることを表したもの。稼働率が用いられる。

カ．ネットワーク利用状況の把握や，不正侵入の分析をするためなどに用いられ，コンピュータ間の接続履歴を記録したもの。

キ．LAN内で，ネットワーク管理者が任意に設定できるIPアドレス。

ク．内部のネットワークのセキュリティを確保するために，外部のネットワークとの間に設けられた領域。

ケ．インターネットでコンピュータ機器を識別するため，一意に割り当てられたIPアドレス。

コ．データ通信の際，送信元の確認と伝送経路上においてデータが改ざんされていないことを証明するための技術。

1		2		3		4		5	

第12回模擬

【3】 次の説明文に最も適した答えをア，イ，ウの中から選び，記号で答えなさい。なお，5.については数値を答えなさい。

1．データベースの設計段階の説明として適切なものを選びなさい。

    ア．論理設計は，処理内容などの観点から，ハードウェアの選択や，最適配置などの検討を行う作業である。
    イ．概念設計は，業務内容を分析して必要なデータや管理方法を検討する作業である。
    ウ．物理設計は，対象範囲を限定して定義し，システムで必要とするデータを洗い出す作業である。

2．音声信号をデジタル信号に変換しTCP/IPを利用して音声通話を行う技術。

    ア．DHCP   **イ**．HTTP   **ウ**．VoIP

3．電子メールにおいて，音声や画像などのデータを送受信するための規格。

    ア．MIME   **イ**．SSL(TLS)   **ウ**．Cookie

4．450MBのデータを，20秒でダウンロードするために必要な通信速度(Mbps)を求めなさい。ただし，伝送効率は90％とする。

    ア．22.5Mbps   **イ**．200Mbps   **ウ**．250Mbps

5．装置Aと装置Bが，次の図のように配置されているシステムにおいて，システム全体の稼働率が0.97のとき，装置Bの稼働率を求めなさい。ただし，装置Aの稼働率は0.8とする。

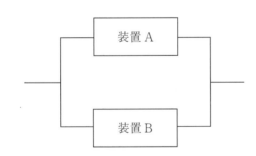

1		2		3		4		5	

【4】 次の各問いに答えなさい。

問1. 次の表はDFDの記号と名称を表したものである。空欄(a)にあてはまる適切なものを選び, 記号で答えなさい。

記号	名　称
→	(a)
▭	※
○	※
──	※

（注）　※印は, 表記を省略している。

　　ア. データストア　　　　　　イ. データの源泉と吸収　　ウ. データフロー

問2. 企業の経営戦略に使用するSWOT分析の四つの要因のうち, 空欄(a)にあてはまる適切なものを選び, 記号で答えなさい。

	内部環境	外部環境
好影響	※	※
悪影響	※	(a)

（注）　※印は, 表記を省略している。

　　ア. 脅威（Threat）　　　　　　イ. 強み（Strength）　　　　ウ. 弱み（Weakness）

問3. 特性要因図を用いるのに適した事例を選び, 記号で答えなさい。

　　ア. ある駅では, 朝の通勤時間に混雑が見られる。通勤客の利用時間を午前6時から9時まで, 15分ごと（区間）に分けて人数合計（度数）を棒グラフとして描き, 一番混雑する時間帯はいつなのか, また, 各時間帯でどのようなばらつきがあるかを調べたい。

　　イ. ある運動部では, 大会成績が以前ほど伸びていない。そこで, 大会成績を伸ばすため, 原因と結果の関連を魚の骨のような形態で整理し, 図式化することによってそれぞれの結果に対してどのような原因があるのかを明確にしたい。

　　ウ. ある企業では, 多種類の商品を販売している。取扱商品の中で, 売上数量の伸び率が高い商品を把握するため, ある月を基準として各商品の月ごとの販売数の伸び率や下落率を折れ線グラフで比較したい。

問4. 次の散布図で気温と売上高の関係が負の相関になっているものを選び，記号で答えなさい。

ア．

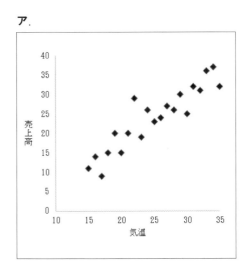

イ．

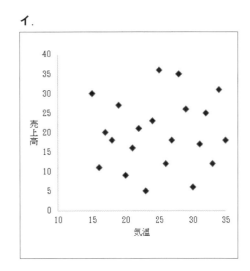

ウ．

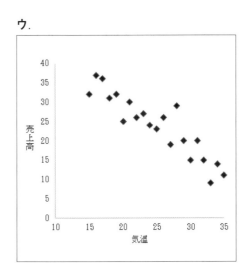

問5. IaaS を説明している次の文章のうち適切なものを選び，記号で答えなさい。

ア． 企業が，組織内部で行っていた人事や経理業務，製造や販売業務などの一部を，外部の企業などに委託することと。これにより，コストの削減効果が期待できる。また，企業が自前で行うよりも，高い付加価値が得られることもある。

イ． 本来の意味は「同盟」，「連合」などの意味で，複数の企業の連携や共同行動をいう。企業系列を超えた動きがあり，ノウハウの提供，販売提携や生産提携などのさまざまな形での連携が広がっている。

ウ． 仮想サーバのハードウェアやネットワークなどのインフラを，インターネットを介してサービスとして提供すること。ユーザは，OS の種類やコンピュータのスペックを柔軟に構成できる。

問1		問2		問3		問4		問5	

【5】　ある高等学校では，修学旅行の体験コース選択を次のようなリレーショナル型データベースを利用し管理している。次の各問いに答えなさい。

処理の流れ

①　生徒は体験コース希望票に必要事項を記入して提出する。なお，必ず第3希望まで記入する。

②　担当教員は，体験コース希望票のデータを希望表に入力し，調整を行ったうえで生徒の体験コースを決定する。

③　生徒の体験コースが決定した後，希望表の該当する行の「確定」を初期値0から1に更新する。

体験コース希望票

生徒コード　250479　　生徒氏名　渡辺　○○

希望順位	体験コード	体験学習名
1	TA116	郷土料理2
2	TA205	カヌー1
3	TA202	シュノーケリング2

生徒表

学籍コード	氏名	学科コード
250101	飯岡　○○	KC01
250102	石川　○○	KC01
250103	磯野　○○	KC01
〜	〜	〜
250478	山中　○○	KC04
250479	渡辺　○○	KC04
250480	度會　○○	KC04

学科表

学科コード	学科名
KC01	商業科
KC02	会計科
KC03	情報ビジネス科
KC04	情報システム科

体験学習一覧表

体験コード	体験学習名	受入人数
TA101	工芸体験01	20
TA102	工芸体験02	20
TA103	工芸体験03	10
TA104	工芸体験04	10
TA105	工芸体験05	15
TA106	工芸体験06	15
TA107	工芸体験07	10
TA108	工芸体験08	10
TA109	工芸体験09	10
TA110	工芸体験10	10
TA111	工芸体験11	15
TA112	工芸体験12	15
TA113	工芸体験13	5
TA114	工芸体験14	5
TA115	郷土料理1	40
TA116	郷土料理2	40
TA201	シュノーケリング1	15
TA202	シュノーケリング2	15
TA203	トレッキング1	30
TA204	トレッキング2	30
TA205	カヌー1	20
TA206	カヌー2	20

希望表

学籍コード	希望順位	体験コード	確定
250101	1	TA105	1
250101	2	TA110	0
250101	3	TA107	0
250102	1	TA206	1
250102	2	TA113	0
250102	3	TA115	0
〜	〜	〜	〜
250479	1	TA116	1
250479	2	TA205	0
250479	3	TA202	0
250480	1	TA108	1
250480	2	TA115	0
250480	3	TA206	0

問1．次の図は四つの表のリレーションシップを表したE-R図である。空欄(a),(b)にあてはまるものを選び，記号で答えなさい。

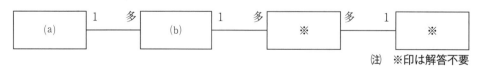

(注)　※印は解答不要

ア．生徒表　　　　　**イ**．希望表　　　　　**ウ**．学科表　　　　　**エ**．体験学習一覧表

問2．体験学習名ごとに希望者数を集計し，受入人数が半分以下の体験学習一覧を作成する。次のSQL文の空欄をうめなさい。ただし，希望順位が1のみを対象とする。

```
SELECT    体験学習名, 受入人数, COUNT(*) AS 第1希望者数
  FROM    体験学習一覧表, 希望表
 WHERE    体験学習一覧表.体験コード = 希望表.体験コード
   AND    希望順位 = 1
GROUP BY    体験学習名, 受入人数
  HAVING    COUNT(*) <=[          ]
```

体験学習名	受入人数	第1希望者数
工芸体験02	20	9
工芸体験06	15	7
工芸体験09	10	3
工芸体験12	15	6

問3．学科コードごとに野外活動希望者の人数を集計し，野外活動希望者の一覧を学科コードの昇順に作成する。次のSQL文の空欄に**あてはまらないもの**を選び，記号で答えなさい。なお，体験コードは5桁で構成され，野外活動は左端から3文字目が2である。ただし，希望順位が1のみを対象とする。

```
SELECT    学科表.学科コード, 学科名, COUNT(*) AS 野外活動希望者
  FROM    生徒表, 学科表, 希望表
 WHERE    生徒表.学籍コード = 希望表.学籍コード
   AND    生徒表.学科コード = 学科表.学科コード
   AND    希望順位 = 1
   AND    体験コード LIKE [          ]
GROUP BY    学科表.学科コード, 学科名
ORDER BY    学科表.学科コード ASC
```

学科コード	学科名	野外活動希望者
KC01	商業科	34
KC02	会計科	39
KC03	情報ビジネス科	31
KC04	情報システム科	36

ア．'__2%'　　　　　**イ**．'%2_'　　　　　**ウ**．'__2__'

問4．希望に偏りが見られ，調整が困難を極めるため，業者と相談した結果，体験学習一覧表に追加登録をすることになった。次の登録内容を追加するSQL文の空欄(a), (b)をうめなさい。

```
［登録内容］    体験コード    :TA207
               体験学習名    :シュノーケリング3
               受入人数      :15
[   (a)   ] INTO 体験学習一覧表 [   (b)   ] ('TA207','シュノーケリング3',15)
```

問5．工芸体験01と工芸体験02を1件に集約して，工芸体験Aとすることとし，次のSQL文を実行した。次のSQL文の空欄(a), (b)にあてはまる適切なものを選び，記号で答えなさい。

```
UPDATE 希望表 SET 体験コード = 'TA101' WHERE 体験コード = 'TA102'
UPDATE 体験学習一覧表 SET 体験学習名 = '工芸体験A', 受入人数 = 40 WHERE 体験コード = 'TA101'
DELETE FROM [   (a)   ] WHERE [   (b)   ]
```

ア．体験コード = 'TA101'　　　**イ**．体験学習一覧表　　　**ウ**．体験コード = 'TA102'

問1	(a)		(b)		問2			問3	
問4	(a)			(b)		問5	(a)		(b)

【6】 次の各問いに答えなさい。

問1．次の表は，あるラーメンチェーン店の来店者数と売上金額の比較表である。C16の「目標達成店舗数」は，「来店者数」が1000以上，かつ「売上金額」が1000000以上を達成した店舗数を表示する。C16に設定する式として**正しいもの**を選び，記号で答えなさい。

ア．=DCOUNTA(A3:C11,1,B13:C14)

イ．=DCOUNT(A3:C11,1,B13:C14)

ウ．=COUNT(A3:C11)

	A	B	C
1			
2	ラーメンチェーン店売上比較		
3	店舗名	来店者数	売上金額
4	高知店	1,326	1,191,616
5	室戸店	1,159	944,259
6	安芸店	1,074	945,788
7	南国店	836	1,181,601
8	土佐店	934	933,446
9	須崎店	1,273	1,220,587
10	宿毛店	987	1,193,675
11	香南店	1,457	1,273,872
12			
13		来店者数	売上金額
14		>=1000	>=1000000
15			
16	目標達成店舗数		3

問2．次の表は，得点集計システムのシミュレーションをするために，乱数を利用し，得点テストデータを自動的に生成するものである。B4に設定する次の式の空欄をうめなさい。ただし，「得点」は0以上100以下の整数とする。

=□(0,100)

	A	B
1		
2	得点テストデータ	
3	受験者コード	得点
4	10001	95
5	10002	26
6	10003	30
～	～	～
1001	10998	1
1002	10999	32
1003	11000	56

問3．次の表は，あるカラオケ大会成績一覧である。この統計結果からわかることとして，適切なものを選び，記号で答えなさい。ただし，評価は0～100とする。

	A	B	C	D	E
1					
2	カラオケ大会成績一覧			分析表	
3	参加番号	評価		平均値	50
4	1	87		中央値	50
5	2	54		最頻値	50
～	～	～			
101	98	74			
102	99	39			
103	100	84			

ア．平均値が50の場合，50以上の人数と50未満の人数は常に等しい。

イ．中央値が50の場合でも，50以上の人数と50未満の人数が常に等しいとは限らない。

ウ．最頻値が50の場合，50以上の人数と50未満の人数は常に等しい。

第12回模擬

問4．次の表は，あるホテルの宿泊料金確認表である。「本日の日付」にはTODAY関数が設定されている。「通常価格」は，「部屋コード」をもとに「部屋表」を参照して表示する。「支払代金」は，宿泊予定日が「本日の日付」から15日未満なら「通常価格」，15日以上1か月未満なら「通常価格」の5%引き，1か月以上なら「通常価格」の10%引きを表示する。B6に設定する次の式の空欄をうめなさい。

	A	B	C	D	E	F	G
1							
2	宿泊料金確認表				西暦	月	日
3	本日の日付	2022/1/30		宿泊予定日	2022	2	28
4				部屋コード	D		
5	通常価格	19,000					
6	支払代金	17,100		部屋表			
7				部屋コード	S	D	T
8				通常価格	10,000	19,000	23,000

=IF(DATE(E3,F3,G3)<B3+15,B5,
　IF(MONTH(DATE(YEAR(B3),MONTH(B3)+1,DAY(B3)))=MONTH(B3)+1,
　　IF(DATE(E3,F3,G3)<DATE(YEAR(B3),MONTH(B3)+1,DAY(B3)),B5*0.95,B5*0.9),
　　　IF(DATE(E3,F3,G3)<DATE(YEAR(B3),[＿＿＿＿＿＿],1)-1,B5*0.95,B5*0.9)))

問5．次の表は，ある商店の販売シミュレーションである。次の条件から，A商品とB商品が昨年度と同数の数量の場合，今年度販売目標を達成するために必要なC商品の目標数量を求めたい。表計算ソフトのデータ分析機能を実行した場合，図のパラメータに設定する組み合わせとして，適切な記号を答えなさい。

	A	B	C	D	E	F
1						
2	昨年度実績					
3	商品名	売価	原価	数量	売上金額	利益
4	A商品	300	220	831	249,300	66,480
5	B商品	400	300	601	240,400	60,100
6	C商品	500	350	616	308,000	92,400
7				合計	2,048	797,700	218,980
8						
9	今年度販売目標					
10	商品名	売価	原価	数量	売上金額	利益
11	A商品	300	240	831	249,300	49,860
12	B商品	400	330	601	240,400	42,070
13	C商品	500	410		0	0
14				合計	1,432	489,700	91,930

実行後の例 ↓

	A	B	C	D	E	F
9	今年度販売目標					
10	商品名	売価	原価	数量	売上金額	利益
11	A商品	300	240	831	249,300	49,860
12	B商品	400	330	601	240,400	42,070
13	C商品	500	410	※	※	※
14				合計	※	※	218,980

条件
・E11には次の式を入力し，E13までコピーする。
　　=B11*D11
・F11には次の式を入力し，F13までコピーする。
　　=(B11-C11)*D11
・D14には次の式を入力し，F14までコピーする。
　　=SUM(D11:D13)
・今年度の目標利益合計は，昨年度の利益合計と同数とする。

パラメータ設定
数式入力セル：(a)
目標値：(b)
変化させるセル：(c)
実行　　閉じる

ア．(a) $F$14　(b) $F$7　(c) $D$13
イ．(a) $D$13　(b) 218980　(c) $F$14
ウ．(a) $F$14　(b) 218980　(c) $D$13

（注）※印は，値の表記を省略している。

問1		問2		問3		問4		問5	

【7】 次の表は，ある大ホールの使用見積計算表である。作成条件および作成手順にしたがって，各問いに答えなさい。

シート名「見積計算表」

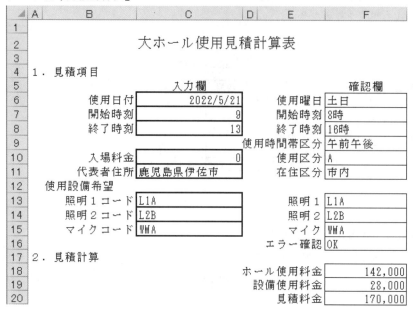

シート名「使用時間帯表」

	A	B
1		
2	使用時間帯表	
3	使用時間帯	使用時間帯区分
4	8時～12時	午前
5	12時～16時	午後
6	16時～20時	夜間
7	8時～16時	午前午後
8	12時～20時	午後夜間
9	8時～20時	全日

シート名「設備セット料金表」

	A	B	C	D	E
1					
2	設備プランセット表				
3	プラン名	プランA	プランB	プランC	プランD
4	照明1	L1A	L1A	L1B	L1C
5	照明2	L2A	L2B	L2C	L2C
6	マイク	WMA	WMB	WMB	WMC
7					
8	設備プラン料金表				
9	プラン名	プランA	プランB	プランC	プランD
10	市内	22,000	28,000	37,000	46,000
11	県内	24,000	31,000	41,000	51,000
12	県外	26,000	34,000	46,000	56,000

シート名「使用区分表」

	A	B	C
1			
2	使用区分表		
3	入場料金		使用区分
4	0 ～ 1,000		A
5	1,001 ～ 2,000		B
6	2,001 ～		C

シート名「大ホール料金表」

	A	B	C	D	E	F	G	H
1								
2	大ホール料金表							
3			使用時間帯区分					
4	使用曜日	使用区分	午前	午後	夜間	午前午後	午後夜間	全日
5		A	55,000	64,000	82,000	118,000	145,000	180,000
6	平日	B	136,000	159,000	205,000	295,000	384,000	450,000
7		C	191,000	216,000	286,000	384,000	509,000	630,000
8		A	65,000	76,000	98,000	142,000	174,000	216,000
9	土日	B	164,000	191,000	245,000	354,000	436,000	540,000
10		C	229,000	267,000	384,000	498,000	611,000	756,000

作成条件

1. 入力欄が未入力の場合は確認欄に何も表示しない。また，入力欄以外には何も入力できないように設定する。

2. C6 は，YYYY/MM/DD の形式で入力する。

3. C7 は，8 以上 19 以下の整数とし，それ以外の場合は F7 に 時刻エラー を表示する。

4. C8 は，C7 より大きく，20 以下の整数とし，それ以外の場合は F8 に 時刻エラー を表示する。

5. C10 は，0 以上の整数とし，それ以外の場合は F10 に 入場料金エラー を表示する。

6. C11 は，都道府県名＋市町村名で入力する。

7. C13〜C15 は，シート名「設備セット料金表」の「設備プランセット表」から選択し，設備コードを 3 桁で入力する。入力されたデータがシート名「設備セット料金表」の「設備プランセット表」にない場合は，F13〜F15 のそれぞれ対応する箇所に コードエラー を表示する。

8. 各設備の使用はプラン名によって決定される。各設備は，使用設備ごとに個別の選択ができず，使用しない設備が含まれることもある。例えば，照明 1 のみが L1C の使用希望があり，照明 2 は L2A，マイクは WMA の使用希望であっても，プラン D が適用される。ただし，各設備コードの 3 桁目が C の場合，A と B の設備は使用できる。B の場合，A の設備は使用できる。

9. F16 は，入力欄のすべてにデータが入力されていない場合は，何も表示しない。

10. F18，F19，F20 は，「エラー確認」が OK の場合は各料金を表示し，エラーの場合は何も表示しない。

作成手順

1. シート名「見積計算表」の C6〜C8，C10〜C11，C13〜C15 に適切なデータを順に入力すると，見積料金を求めることができる。

2. シート名「見積計算表」は，次のように作成されている。

   (1) F6 は，C6 が月曜日〜金曜日の場合には 平日，土曜日か日曜日の場合には 土日 を表示する。

   (2) F7 は，C7 を超えない 4 の倍数で最大の値を求め，時 を結合して表示する。

   (3) F8 は，C8 を超える 4 の倍数で最小の値を求め，時 を結合して表示する。

   (4) F9 は，F7 と 〜，F8 を結合した値をもとに，シート名「使用時間帯表」を参照して表示する。

   (5) F10 は，C10 をもとにシート名「使用区分表」を参照して表示する。

   (6) F11 は，C11 の左端から 5 桁目より 3 文字を抽出した値が 伊佐市 の場合は 市内，C11 の左端から 4 文字を抽出した値が 鹿児島県 の場合は 県内，それ以外の場合は 県外 を表示する。

   (7) F13 は，C13，E13 をもとに，シート名「設備セット料金表」の「設備プランセット表」から各種コードを表示する。ただし，この式を F15 までコピーするものとする。

   (8) F16 は，F7 か F8 に 時刻エラー，F10 に 入場料金エラー，F13 か F14，F15 に コードエラー がある場合には，エラー を表示し，そうでなければ OK を表示する。

   (9) F18 は，F6，F9，F10 をもとに，シート名「大ホール料金表」から料金を表示する。

   (10) F19 は，F11 をもとに，シート名「設備セット料金表」の「設備プラン料金表」を参照し，料金を表示する。

   (11) F20 は，**「ホール使用料金 ＋ 設備使用料金」** で求める。

問1．シート名「見積計算表」の F7 に設定する次の式の (a)，(b)をうめなさい

=IF(C7="","",IF((a) (C7>=8,C7<=19), (b) (C7,4)&"時","時刻エラー"))

「問題を読みやすくするために，
このページは空白にしてあります。」

問2．次の式は，シート名「見積計算表」の F16 に設定する式である。この二つの式が同等の結果が得られるように，下の式の(a)，(b)をうめなさい。

=IF(COUNTA(C6:C15)<8),"",
　　IF(OR(F7="時刻エラー",F8="時刻エラー",F10="入場料金エラー",
　　　　F13="コードエラー",F14="コードエラー",F15="コードエラー"),"エラー","OK"))

=IF(COUNTA(C6:C15)<8),"",IF(〔　(a)　〕(F6:F15,〔　(b)　〕)>=1,"エラー","OK"))

問3．シート名「見積計算表」の F18 に設定する次の式の(a)，(b)，(c)にあてはまる適切なものを選び，記号で答えなさい。

=IF(F16="OK",INDEX((大ホール料金表!C5:H7,大ホール料金表!C8:H10),
　　MATCH〔　(a)　〕,MATCH〔　(b)　〕,MATCH〔　(c)　〕),"")

ア．(F10,{"A","B","C"},-1)　　**イ**．(F9,大ホール料金表!C4:H4,1)　　**ウ**．(F6,{"平日","土日"},0)
エ．(F10,{"C","B","A"},0)　　**オ**．(F9,大ホール料金表!C4:H4,0)　　**カ**．(F6,{"土日","平日"},0)
キ．(F10,{"A","B","C"},0)　　**ク**．(F9,大ホール料金表!C4:H4,-1)　　**ケ**．(F6,{"平日","土日"},1)

問4．シート名「見積計算表」の F19 に設定する次の式の空欄をうめなさい。

=IF(F16="OK",
　　VLOOKUP(F11,設備セット料金表!A10:E12,〔　　〕(MATCH(F13,設備セット料金表!B4:E4,0),
　　　MATCH(F14,設備セット料金表!B5:E5,0),MATCH(F15,設備セット料金表!B6:E6,0))+1,FALSE),"")

問5．シート名「見積計算表」に次のように表示されているとき，F10，F13 に表示される適切なデータを答えなさい。

	A	B	C	D	E	F
1						
2			大ホール使用見積計算表			
3						
4		1．見積項目				
5			入力欄			確認欄
6		使用日付	2022/5/24		使用曜日	※
7		開始時刻	※		開始時刻	※
8		終了時刻	17		終了時刻	※
9					使用時間帯区分	※
10		入場料金	※		使用区分	※
11		代表者住所	熊本県水俣市		在住区分	※
12		使用設備希望				
13		照明1コード	※		照明1	※
14		照明2コード	L2A		照明2	L2A
15		マイクコード	WMA		マイク	WMA
16					エラー確認	OK
17		2．見積計算				
18					ホール使用料金	384,000
19					設備使用料金	※
20					見積料金	430,000

（注）　※印は，値の表記を省略している。

問1	(a)		(b)		問2	(a)		(b)	
問3	(a)		(b)		(c)		問4		
						問5	F10		F13

（令和5年9月24日実施）　　主催　公益財団法人 全国商業高等学校協会　　　　制限時間60分

令和5年度（第69回）情報処理検定試験ビジネス情報部門　第1級

【1】　次の説明文に最も適した答えを解答群から選び，記号で答えなさい。

1．システムを独立性の高い機能ごとに分割し，設計，プログラミング，テストという工程を繰り返し，らせん状に徐々に開発範囲を広げながら，完成へと向かう開発手法。

2．複数のハードディスクに分散して記録することで，読み込みや書き込み速度を向上させる技術。複数のハードディスクのうち，1台でも障害が発生すると，すべてのデータの使用ができなくなるため，1台のハードディスクに記録するより，信頼性は低下する。

3．ネットワーク通信において，受信したデータに含まれるIPアドレスやポート番号などを検査し，データ通過の可否を判定するセキュリティ機能。

4．データを暗号化する際，暗号化と復号に同一の鍵を使用する方式。

5．データベースにおいて，複数の処理が排他制御をおこない，お互いにロックの解除待ち状態になり，処理が進行しない状態。

```
┌─ 解答群 ─────────────────────────────────────────┐
│  ア．チェックポイント      イ．共有ロック        ウ．共通鍵暗号方式      │
│  エ．パケットフィルタリング  オ．デッドロック      カ．プロトタイピングモデル  │
│  キ．ミラーリング         ク．スループット      ケ．公開鍵暗号方式      │
│  コ．スパイラルモデル      サ．Cookie           シ．ストライピング      │
└──────────────────────────────────────────────┘
```

【2】　次のA群の語句に最も関係の深い説明文をB群から選び，記号で答えなさい。

＜A群＞　1．フォールトアボイダンス　　2．グローバルIPアドレス　　3．保守性
　　　　　4．ロールバック　　　　　　5．HTTP

＜B群＞
　　ア．データベースのトランザクション実行中に障害が発生した際，ジャーナルファイルを用いてトランザクション実行前の状態に戻す処理。

　　イ．システムを構築する際，構成する個々の部品の品質を高めたり，従業員の研修を徹底したりするなど，障害の原因を極力取り除き，障害がおきないようにする考え方。

　　ウ．インターネット上のサーバに保存された電子メールを，ブラウザを用いて端末にダウンロードすることなく，閲覧や操作を行うことができるプロトコル。

　　エ．RASISの示す指標の一つで，システムが要求された機能を継続して実行できることを表したもの。稼働率が用いられる。

　　オ．データベースを保存しているハードディスクなどで障害が発生した際，データベースをバックアップ時の状態に復旧させた後，ジャーナルファイルを用いて，障害発生前の状態に戻す処理。

　　カ．インターネットに接続するコンピュータやルータなどに，一意に割り振られているIPアドレス。

　　キ．Webサーバとブラウザとの間で，HTMLデータや画像などのデータを送受信する際に使用されるプロトコル。

　　ク．システムを構築する際，装置や部品などで障害が発生することを考慮し，障害が発生しても安全な方向にシステムを動作させようとする考え方。

　　ケ．RASISの示す指標の一つで，障害復旧のしやすさやメンテナンスのしやすさなどを表したもの。平均修復時間が用いられる。

　　コ．コンピュータやプリンタなどに，ネットワーク管理者が任意に割り振ることができるIPアドレス。

【3】　次の説明文に最も適した答えをア，イ，ウの中から選び，記号で答えなさい。なお，5. については数値を答えなさい。

1．個人や組織に及ぼす悪影響や被害，危険などに対して，予想損失や発生確率などを分析し，損失の発生を最小限に抑えようとする活動。

　　　　ア．ソーシャルエンジニアリング　イ．インシデント　　　　ウ．リスクマネジメント

2．斬新なアイディアや多くの意見などを集めたい場合に用いる集団発想法。「批判禁止」，「自由奔放」，「質より量」，「便乗歓迎」という四つのルールがある。

　　　　ア．PPM分析　　　　　　イ．ブレーンストーミング　　ウ．KJ法

3．インターネット上で，情報システムの稼働に必要なハードウェアやネットワークの基盤などを提供するサービス。

　　　　ア．IaaS　　　　　　　　イ．SaaS　　　　　　　　ウ．ASP

4．160Mbpsの通信回線を使用して480MBのデータを転送した際にかかった時間が48秒であった。この通信回線の伝送効率を求めなさい。なお，その他の外部要因は考えないものとする。ただし，1MB=10^6Bとする。

　　　　ア．6.25%　　　　　　　イ．50.0%　　　　　　　ウ．62.5%

5．イメージスキャナで写真を読み込み，圧縮せずに保存したところ，記憶容量が21.6MBであった。写真のサイズは，縦10.0cm，横12.5cmであり，24ビットカラーを指定している。画像を読み込んだ際の解像度(dpi)を求めなさい。ただし，1MB=10^6Bとし，1インチ＝2.5cmとする。

【4】　次の各問いに答えなさい。

問1．Zグラフの説明として適切なものを選び，記号で答えなさい。

　　　ア．商品を重視する項目や指標に沿って優先順位を付け，重要度によって，商品群をA，B，Cに分類し，
　　　　売れ筋商品の把握や商品の入れ替えの検討など，効率的な商品管理を実現するために用いられる。

　　　イ．各月の売上高，売上高の累計額，移動合計の三つの要素を折れ線グラフとして表現する。長期間の
　　　　売上推移を，視覚的にとらえることができるため，発注数や在庫数の検討などに用いられる。

　　　ウ．企業の販売や生産において，複数の制約条件のなかで，費用を最小に抑えるためや，利益を最大に得
　　　　るためなど，最適な解を求めるために用いられる。

問2．次のようにネットワークの設定がされているコンピュータAと，同じネットワークグループとなる
　　　IPアドレスとして適切なものを選び，記号で答えなさい。

　　　コンピュータAのネットワーク設定
　　　IPアドレス　　　　：192.168.8.1
　　　サブネットマスク：255.255.255.0

　　　ア．192.168.8.8　　　　　　　　**イ**．192.168.12.124　　　　　　　**ウ**．172.16.7.2

問3．次の図でWebサーバとDNSサーバを設置する場所として適切なものを選び，記号で答えなさい。ただし，
　　　Webサイトで，自社の情報をインターネットに公開し，外部からの不正なアクセスを制御できる場所に設置
　　　する。また，DNSサーバは，インターネット公開用としてのみ使用する。なお，ファイアウォールは，
　　　インターネットから社内ネットワークへのアクセスは許可しない。

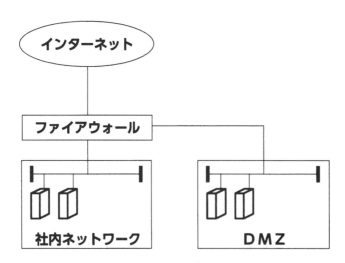

　　　ア．WebサーバをDMZに設置し，DNSサーバを社内ネットワークに設置する。
　　　イ．WebサーバとDNSサーバを社内ネットワークに設置する。
　　　ウ．WebサーバとDNSサーバをDMZに設置する。

問4．課題や結果に対して，影響を与えている原因を整理して体系的にまとめ，課題や結果に対してどのような
　　原因が関連しているかを明確にするために用いる魚の骨のような形態をしている図の名称と，図として
　　適切なものを選び，記号で答えなさい。

名称　ア．ヒストグラム
　　　イ．散布図
　　　ウ．特性要因図

図　ア．

イ．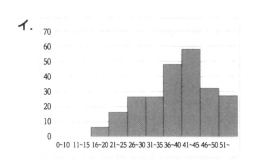

ウ．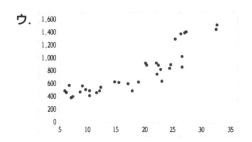

問5．CRMを説明している次の文章のうち適切なものを選び，記号で答えなさい。

　　ア．企業が既存の組織や業務，ルールなどを抜本的に見直し，組織全体を再構築すること。業務の効率や
　　　生産性の向上，コスト削減などを目指す。

　　イ．企業が持つ資金，設備，情報などの経営資源を有効に活用するため，組織全体で一元的に管理する
　　　しくみ。非効率な部分を排除したり，業務の連携を図ったりするなど，効率的な経営活動を目指す。

　　ウ．企業が顧客と良好な関係を築くことを目的に，顧客情報を組織全体で一元的に管理すること。共有
　　　されたデータを営業戦略に活用し，きめ細かい対応を行う体制を整え，顧客満足度の向上を目指す。

【5】　ある運動公園では，施設の貸し出し状況を次のようなリレーショナル型データベースを利用し管理している。次の各問いに答えなさい。

処理の流れ
① 新規の利用希望者の登録を受け付けると，利用者表にデータを入力する。
② 施設の利用申し込みがあった場合，貸し出し状況を調べ，空きがあれば施設利用表に入力する。貸し出し時間は8時から20時の間で，1時間単位で貸し出す。
③ 施設表の基本料金は，施設利用1時間分の料金である。

利用者表

利用者コード	利用者名	住所	電話番号
R00001	尾崎 ○○	○○市◎◎1-3-10	XXX-XXXX-XXXX
R00002	平山 ○○	○○市△△1-3-15	XXX-XXX-XXXX
R00003	遠藤 ○○○	○○市□×2-3-38	XXX-XXX-XXXX
R00004	森田 ○○	○○市□3-2-1204	XXX-XXXX-XXXX
～	～		～
R02001	千葉 ○○	○○市△×2-5-10	XXX-XXXX-XXXX
R02002	川部 ○○	○○市○○2-5-1108	XXX-XXX-XXXX
R02003	稲垣 ○	△△市◎区○2-2-7	XXX-XXXX-XXXX
R02004	加藤 ○○	○○市○-22	XXX-XXX-XXXX
～	～		～

施設表

施設コード	施設名	基本料金
AR1	アリーナ1	3600
AR2	アリーナ2	1200
BA	野球場	6800
FR	サッカー・ラグビー場	1600
TN1	テニスコート1	800
TN2	テニスコート2	800
TN3	テニスコート3	800
TN4	テニスコート4	800
TT1	卓球台1	150
TT2	卓球台2	150
TT3	卓球台3	150
TT4	卓球台4	150
TT5	卓球台5	150
TT6	卓球台6	150

施設利用表

利用日	施設コード	利用者コード	開始時刻	利用時間
2023/04/01	TN3	R00211	15	3
2023/04/01	TN2	R01523	10	2
～	～	～	～	～
2023/08/23	AR2	R01164	9	6
2023/08/23	FR	R01478	12	8
～	～	～	～	～
2023/09/01	AR2	R01164	12	1
2023/09/01	BA	R01131	8	12
～	～	～	～	～

問1．次の図は，三つの表のリレーションシップを表したE-R図である。(a)～(d)は，データの多重度を表すため，1 または 多 を示す。(a)～(d)にあてはまる適切なものを選び，記号で答えなさい。

```
┌─────────┐ (a)    (b) ┌─────────┐ (c)    (d) ┌─────────┐
│ 施設表  │────────────│施設利用表│────────────│ 利用者表 │
└─────────┘            └─────────┘            └─────────┘
```

ア．(a) 1　　(b) 多　　(c) 多　　(d) 1
イ．(a) 多　　(b) 1　　(c) 多　　(d) 1
ウ．(a) 1　　(b) 多　　(c) 1　　(d) 多

問2．新規の利用希望者のデータを利用者表に追加する。実行するSQL文の空欄(a)，(b)をうめなさい。

　　　[新規利用希望者]　利用者コード：R02145　　利用者名：宮原 ○○
　　　　　　　　　　　　住所：□□市△△6-24　　電話番号：XXX-XXX-XXXX

　　　┌─── (a) ───┐┌─── (b) ───┐ 利用者表　VALUES（'R02145', '宮原 ○○', '□□市△△6-24', 'XXX-XXX-XXXX'）

問3．2023年7月中における，野球場を利用した利用者名，住所，電話番号を抽出する。次のSQL文の空欄にあてはまる適切なものを選び，記号で答えなさい。

```
SELECT   利用者名，住所，電話番号
  FROM   利用者表
 WHERE   利用者コード  _____  (SELECT   利用者コード
                           FROM   施設利用表
                          WHERE   施設コード = 'BA'
                            AND   利用日  BETWEEN  '2023/07/01'  AND  '2023/07/31')
```

利用者名	住所	電話番号
前田 ○○	○○市○1-3-4	XXX-XXX-XXXX
高橋 ○○	○○市□2-2-22××6	XXX-XXXX-XXXX
永井 ○○	○○市◎○3-14-6	XXX-XXX-XXXX
～	～	～

ア．EXISTS **イ**．IN **ウ**．OR

問4．2023年8月23日のアリーナの利用申し込みがあり，利用日，施設名，開始時刻，終了時刻を抽出する。次のSQL文の空欄をうめなさい。

```
SELECT   利用日，施設名，開始時刻，開始時刻 + 利用時間  AS  終了時刻
  FROM   施設表 A，施設利用表 B
 WHERE   A.施設コード = B.施設コード
   AND   利用日 = '2023/08/23'
   AND   B.施設コード  _____  'AR%'
```

利用日	施設名	開始時刻	終了時刻
2023/08/23	アリーナ1	9	12
2023/08/23	アリーナ1	13	18
2023/08/23	アリーナ2	9	15
2023/08/23	アリーナ2	16	20

問5．2023年8月中における，利用者コードと施設コードごとの利用件数を集計し，利用件数が5件以上の利用者コードと施設コードを利用件数の降順に並べ替えた。次のSQL文の空欄(a)～(c)にあてはまる適切なものを選び，記号で答えなさい。

```
SELECT   利用者コード，施設コード，COUNT(*)  AS  利用件数
  FROM   施設利用表
 WHERE   利用日  BETWEEN  '2023/08/01'  AND  '2023/08/31'
         _____(a)_____
         _____(b)_____
         _____(c)_____
```

利用者コード	施設コード	利用件数
R01783	TN1	8
R00881	AR1	7
～	～	～
R00919	BA	6
R01467	TT1	5

ア．HAVING COUNT(*) >= 5
イ．GROUP BY 利用者コード，施設コード
ウ．ORDER BY COUNT(*) DESC

【6】 次の各問いに答えなさい。

問1. 次の表は，あるフィットネスクラブの1か月における利用回数一覧表である。F列には，「平均値」「中央値」「最頻値」を求める。F5に設定する次の式の空欄にあてはまる適切なものを選び，記号で答えなさい。

	A	B	C	D	E	F
1						
2	利用回数一覧表					
3	会員番号	名前	利用回数			
4	1	青山○○	10		平均値	11.9
5	2	上野○	15		中央値	9.5
6	3	上川○○	20		最頻値	9
7	4	木村○○	5			
8	5	児島○	9			
9	6	佐々木○○	9			
10	7	鈴村○○	7			
11	8	瀬尾○○	9			
12	9	立花○○○	15			
13	10	津川○○	20			

=⬜⬜⬜⬜⬜(C4:C13)

ア. SUMIFS　　　イ. MODE　　　ウ. MEDIAN

問2. 次の表は，スマートフォン利用時間と平均利用時間である。平均利用時間（分）は，利用時間調査表の「利用時間（分）」の平均を，「性別」，「区分」ごとに求め，整数未満を四捨五入して表示する。G4に設定する次の式の空欄(a)，(b)をうめなさい。ただし，この式をI5までコピーする。

	A	B	C	D	E	F	G	H	I
1									
2	利用時間調査表					平均利用時間（分）			
3	番号	性別	区分	利用時間（分）		性別＼区分	小学生	中学生	高校生
4	1	女	小学生	70		男	83	117	120
5	2	男	中学生	120		女	73	127	144
6	3	男	中学生	110					
7	4	女	小学生	50					
8	5	男	小学生	50					
9	6	男	高校生	100					
10	7	男	高校生	150					
11	8	女	高校生	100					
12	9	男	小学生	70					
13	10	女	高校生	110					
14	11	男	中学生	110					
15	12	男	小学生	70					
16	13	女	高校生	220					
17	14	女	中学生	170					
≀	≀	≀	≀	≀					
219	216	男	高校生	100					
220	217	女	高校生	110					
221	218	女	小学生	120					
222	219	男	高校生	70					
223	220	女	高校生	130					
224	221	男	小学生	60					
225	222	男	中学生	120					

=ROUND(AVERAGEIFS($D$4:$D$225,$B$4:$B$225,　(a)　,$C$4:$C$225,　(b)　),0)

問3. 次の表は，所属名称変更表である。「旧所属名」を「新所属名」のように変換して設定する。C4に設定する式として適切なものを選び，記号で答えなさい。ただし，この式をC9までコピーする。

	A	B	C
1			
2	所属名称変更表		
3	所属番号	旧所属名	新所属名
4	1	営業課営業一係	営業部営業一課
5	2	営業課営業二係	営業部営業二課
6	3	情報課システム係	情報部システム課
7	4	情報課セキュリティ係	情報部セキュリティ課
8	5	人事課人事係	人事部人事課
9	6	経理課経理係	経理部経理課

ア. =SUBSTITUTE(SUBSTITUTE(B4,"課","部"),"係","課")

イ. =SUBSTITUTE(SUBSTITUTE(B4,"部","課"),"課","係")

ウ. =SUBSTITUTE(SUBSTITUTE(B4,"係","部"),"部","課")

問4．次の表は，名簿を利用した班分け表である。表のように名簿の「名前」を図のように左側から4班構成で並べて表示する。D4に設定する次の式の空欄(a)，(b)をうめなさい。ただし，この式をG11までコピーする。

	A	B	C	D	E	F	G
1							
2	名簿			班分け表			
3	番号	名前		第1班	第2班	第3班	第4班
4	1	安達〇〇		安達〇〇	池山〇〇	石居〇〇	石里〇〇
5	2	池山〇〇		内山〇〇〇	大垣〇〇	大沢〇〇	大竹〇〇〇
6	3	石居〇〇		落合〇	亀山〇〇	川俣〇〇	川村〇〇
7	4	石里〇〇		小海〇〇〇	香田〇〇	小島〇〇	小平〇〇
8	5	内山〇〇〇		小和田〇〇	齋藤〇〇	篠﨑〇〇	鈴木〇〇
9	6	大垣〇〇		高島〇〇	滝川〇〇	巽〇〇	冨島〇〇
10	7	大沢〇〇		藤田〇	星川〇〇	本田〇〇	前田〇〇
11	8	大竹〇〇〇		間下〇〇	松木〇〇	三田〇〇	渡辺〇
12	9	落合〇					
13	10	亀山〇〇					
14	11	川俣〇〇					
15	12	川村〇〇					
16	13	小海〇〇〇					
17	14	香田〇〇					
18	15	小島〇〇					
19	16	小平〇〇					
20	17	小和田〇〇					
21	18	齋藤〇〇					
22	19	篠﨑〇〇					
23	20	鈴木〇〇					
24	21	高島〇〇					
25	22	滝川〇〇					
26	23	巽〇〇					
27	24	冨島〇〇					
28	25	藤田〇					
29	26	星川〇〇					
30	27	本田〇〇					
31	28	前田〇〇					
32	29	間下〇〇					
33	30	松木〇〇					
34	31	三田〇〇					
35	32	渡辺〇					

=VLOOKUP((COLUMN()-3)+((a) ()-4)* (b) ,$A$4:$B$35,2,FALSE)

問5．次の表は，シェアサイクルの利用料金一覧表である。「利用時間」は「返却時刻」から「利用開始時刻」を引いて，15分単位で切り上げて求め，「利用料金」は「利用時間」に「15分単価」を掛けて求める。F4に設定する式として適切なものを選び，記号で答えなさい。

	A	B	C	D	E	F	G
1							
2	利用料金一覧表						
3	車両番号	種別	15分単価	利用開始時刻	返却時刻	利用時間	利用料金
4	1	電動	50	11:51	15:20	3:30	700
5	2	電動S	100	10:12	13:55	3:45	1,500
6	3	電動	50	10:59	13:25	2:30	500
7	4	電動S	100	9:05	9:15	0:15	100
8	5	電動	50	13:22	16:47	3:30	700
9	6	電動	50	14:36	17:41	3:15	650
10	7	電動S	100	10:12	13:41	3:30	1,400

ア．=FLOOR(E4-D4,TIME(0,15,0))
イ．=CEILING(E4-D4,TIME(0,15,0))
ウ．=CEILING(E4-D4,15)

【7】　次の表は，あるビジネスホテルの宿泊料金計算書である。作成条件および作成手順にしたがって，各問いに答えなさい。

シート名「宿泊料金計算書」

	A	B	C	D	E
1					
2			宿泊料金計算書		
3					
4			受　付　日		2023/9/1
5		1．宿泊予約			
6			入力欄		確認欄
7		チェックイン	2023/10/10		OK
8		泊　　数	2	チェックアウト	2023/10/12
9		客室コード	TW		OK
10		人　　数	2		OK
11					
12		2．希望部屋検索結果			
13		客室タイプ	宿泊日	空き状況	客室料金
14		ツイン	2023/10/10	空室	18,000
15			2023/10/11	空室	18,000
16					
17					
18					
19				予約可	
20		3．お食事			
21		食事コード	M1D1		OK
22				朝食（ビュッフェ）	1,500
23				夕食（ビュッフェ）	2,000
24		4．料金計算			
25		客室料金計	36,000		
26		食事料金計	14,000		
27		定員外割増料金	0		
28		割引料金	1,500		
29		宿泊料金	48,500		

シート名「客室料金表」

	A	B	C	D	E
1					
2	通常料金表				
3	客室コード	客室タイプ	定員	客室料金	客室数
4	SI	シングル	1	8,000	18
5	DO	ダブル	2	12,000	6
6	TW	ツイン	2	18,000	12
7	FA	ファミリー	4	30,000	4
8					
9	週末料金表				
10	客室コード	客室タイプ	定員	客室料金	客室数
11	SI	シングル	1	10,000	18
12	DO	ダブル	2	14,000	6
13	TW	ツイン	2	22,000	12
14	FA	ファミリー	4	40,000	4

シート名「予約表」

	A	B
1		
2	予約表	
3	宿泊日	客室コード
4	2023/9/1	SI
～	～	～
214	2023/9/24	SI
215	2023/9/24	TW
216	2023/9/24	FA
217	2023/9/24	TW
～	～	～
970	2023/10/10	FA
971	2023/10/10	SI
972	2023/10/10	SI
973	2023/10/11	DO
974	2023/10/11	FA
～	～	～
1002		

シート名「食事表」

	A	B	C
1			
2	食事表		
3	食事コード	お食事	単価
4	M0	朝食なし	0
5	M1	朝食（ビュッフェ）	1,500
6	D0	夕食なし	0
7	D1	夕食（ビュッフェ）	2,000
8	D2	夕食（ルームサービス）	2,500

作成条件

1. シート名「宿泊料金計算書」の入力欄に適切なデータを順に入力すると，宿泊料金を求めることができる。なお，入力欄は，太罫線で囲われており，確認欄は，関数や数式が設定されたセルである。

2. 入力欄に入力された値が適切でない場合や，コードが参照する表にない場合，確認欄に NG を表示し，入力欄が未入力の場合，確認欄に何も表示しない。また，確認欄が空欄または NG の場合，その次の入力項目以降の確認欄に何も表示しない。

3. 「泊数」は，1泊から5泊までとする。

4. 「人数」は，シート名「客室料金表」の「定員」に1名を加えた値まで予約することができる。

5. 「空き状況」は，シート名「客室料金表」の「客室数」と，シート名「予約表」の予約状況から，空室または 満室 のいずれかを表示する。なお，「空き状況」に 満室 が1件もない場合，予約することができる。

6. 「客室料金」は，1泊1室の料金であり，「宿泊日」の曜日が 金，土，日 の場合，「週末料金」，それ以外の曜日は「通常料金」とする。

7. 「食事コード」は，シート名「食事表」の食事コードを，朝食コード，夕食コードの順で組み合わせて，次のように入力する。

 例 M1D1 → <u>M1</u> <u>D1</u>
       朝食コード 夕食コード

8. 「定員外割増料金」は，補助ベッド等を利用して客室の「定員」に1名を加えた値で利用する場合，「客室料金計」に0.3を掛けた料金とする。

9. 「割引料金」は，「チェックイン」の日が「受付日」の30日以降の場合，1,500円とし，それ以外は0円とする。

10. シート名「予約表」は，予約を受け付けた後，滞在する日数分のデータが作成される。例えば，2023/10/10からツインで2泊する場合，「宿泊日」に2023/10/10，2023/10/11が，「客室コード」に TW がそれぞれ作成される。なお，宿泊者の記録は別途行っている。

作成手順

1. シート名「宿泊料金計算書」は，次のように作成されている。

(1) E4は，本日の日付を自動表示するための関数が設定されている。

(2) C7は，「チェックイン」の日を入力する。また，E7は，「チェックイン」の日が「受付日」以降である場合，OK を表示し，それ以外の場合，NG を表示する。

(3) C8は，「泊数」を入力する。また，E8は，「チェックイン」の日に「泊数」を加えた日を表示する。

(4) C9は，「客室コード」を入力する。また，E9は，入力された「客室コード」がシート名「客室料金表」にある場合，OK を表示し，それ以外の場合，NG を表示する。

(5) C10は，「人数」を入力する。また，E10は，作成条件4を満たしていない場合，NG を表示する。

(6) B14は，C9をもとに，シート名「客室料金表」を参照し，「客室タイプ」を表示する。

(7) C14〜C18は，「チェックイン」の日と「泊数」から，「宿泊日」を表示する。

(8) D14〜D18は，C9に入力された「客室コード」をもとに，作成条件5にしたがって，空室 または 満室 を表示する。

(9) E14〜E18は，対応するD列が 空室 の場合，C14〜C18の「宿泊日」をもとに，シート名「客室料金表」を参照し，作成条件6にしたがって，「客室料金」を表示する。ただし，D列が 満室 の場合，何も表示しない。

(10) E19は，「空き状況」がすべて 空室 の場合，予約可 と表示し，それ以外の場合，予約不可 と表示する。

(11) C21は，作成条件7にしたがって，「食事コード」を入力する。また，E21は，「食事コード」が作成条件7にしたがって入力されている場合，OK を表示し，それ以外の場合，NG を表示する。

(12) D22は，C21に入力された「食事コード」の左端から2文字分をもとに，シート名「食事表」を参照し，「お食事」を表示する。また，E22も同様に，シート名「食事表」を参照し，「単価」を表示する。

(13) D23は，C21に入力された「食事コード」の右端から2文字分をもとに，シート名「食事表」を参照し，「お食事」を表示する。また，E23も同様に，シート名「食事表」を参照し，「単価」を表示する。

(14) C25は，E14〜E18を合計して「客室料金計」を求める。

(15) C26は，E22とE23を合計したものに，C8とC10を掛けて「食事料金計」を求める。

(16) C27は，作成条件8にしたがって，「定員外割増料金」を求める。

(17) C28は，作成条件9にしたがって，「割引料金」を求める。

(18) C29は，C25からC27の合計から，C28を引いて求める。

「問題を読みやすくするために，

このページは空白にしてあります。」

問１．シート名「宿泊料金計算書」のE8に設定する次の式の空欄にあてはまる適切なものを選び，記号で答えなさい。

=IF(OR(E7="",E7="NG",C8=""),"",IF(◻))

ア．OR(C8>=1,C8<5),"NG",C7+C8　**イ**．AND(C8>=1,C8<=5),C7+C8,"NG"　**ウ**．AND(C8>=1,C8<=5),"OK",C7+C8

問２．シート名「宿泊料金計算書」のE9に設定する次の式の空欄(a)，(b)にあてはまる適切な組み合わせを選び，記号で答えなさい。

=IF(OR(E8="",E8="NG",C9=""),"",IF(IFERROR(◻(a)◻(C9,客室料金表!A4:A7,0),0)◻(b)◻,"OK","NG"))

ア．(a) VLOOKUP　(b) =1　　**イ**．(a) MATCH　(b) <1　　**ウ**．(a) MATCH　(b) >=1

問３．シート名「宿泊料金計算書」のD14に設定する次の式の空欄(a)，(b)にあてはまる適切なものを選び，記号で答えなさい。ただし，この式をD18までコピーする。

=IF(C14="","",IF(INDEX((客室料金表!$A$4:$E$7,客室料金表!$A$11:$E$14),
　MATCH($C$9,客室料金表!$A$4:$A$7,0),◻(a)◻,IF(WEEKDAY(C14,2)<5,1,2))
　-◻(b)◻(予約表!$A$4:$A$1002,C14,予約表!$B$4:$B$1002,$C$9)>0,"空室","満室"))

(注)　**WEEKDAY関数の第2引数が 2 の場合，戻り値として，1（月曜日）〜 7（日曜日）を返す。**

ア．5　　　　　　　　　**イ**．2　　　　　　　　　**ウ**．MIN
エ．1　　　　　　　　　**オ**．INDEX　　　　　　　**カ**．COUNTIFS

問４．シート名「宿泊料金計算書」のE21には次の式が設定されている。この式と同等の結果を表示する式の空欄をうめなさい。ただし，空欄には同じものが入る。

=IF(OR(E19="",E19="予約不可",C21=""),"",IFERROR(IF(AND(LEFT(C21,1)="M",MID(C21,3,1)="D",
　VALUE(MID(C21,2,1))<=1,VALUE(RIGHT(C21,1))<=2,LEN(C21)=4),"OK","NG"),"NG"))

同等の結果を表示する式。
=IF(OR(E19="",E19="予約不可",C21=""),"",IFERROR(IF(AND(◻("M",C21)=1,◻
　("D",C21)=3,VALUE(MID(C21,2,1))<=1,VALUE(RIGHT(C21,1))<=2,LEN(C21)=4),"OK","NG"),"NG"))

問５．シート名「宿泊料金計算書」が次のように表示されているとき，C29に表示される適切なものを選び，記号で答えなさい。
　なお，2023年9月29日は金曜日である。

ア．124,000
イ．142,500
ウ．144,000

	A	B	C	D	E
1					
2			宿泊料金計算書		
3					
4			受　付　日		2023/9/1
5		1. 宿泊予約			
6			入力欄		確認欄
7		チェックイン	2023/9/29		OK
8		泊　　　数	2	チェックアウト	2023/10/1
9		客室コード	FA		OK
10		人　　　数	5		OK
11					
12		2. 希望部屋検索結果			
13		客室タイプ	宿泊日	空き状況	客室料金
14		※	2023/9/29	空室	※
15			2023/9/30	空室	※
16					
17					
18					
19					予約可
20		3. お食事			
21		食事コード	M1D2		OK
22				※	※
23				※	※
24		4. 料金計算			
25		客室料金計	※		
26		食事料金計	※		
27		定員外割増料金	※		(注) ※印は，値の表記を省略している。
28		割引料金	※		
29		宿泊料金	※		

（令和6年1月21日実施）　　主催　公益財団法人 全国商業高等学校協会

制限時間60分

令和5年度（第70回）情報処理検定試験ビジネス情報部門　第1級

【1】　次の説明文に最も適した答えを解答群から選び，記号で答えなさい。

1．システム開発において，データの処理方法やプログラムの処理内容を設計する工程。要件定義に基づき，入出力画面や帳票などを設計した後の開発工程。

2．ネットワークで複数の機器を利用するために，LANケーブルを用いて各機器を接続するための集線装置。

3．ネットワークを介してファイルを転送するためのプロトコル。Webページの更新や，ファイルのダウンロードなどを行う際，用いられる。

4．TCP/IP通信において，送信されたデータがどのサービスやソフトウェアを使用するのかを識別するために割り振られた16ビットの値。

5．コンピュータシステムやネットワーク機器などが一定時間内に処理できる仕事量や情報量。コンピュータシステムの処理能力を表す評価指標の一つ。

```
─ 解答群 ─
ア．ハブ              イ．POP              ウ．VoIP
エ．シンクライアント    オ．外部設計          カ．スループット
キ．DMZ              ク．内部設計          ケ．MACアドレス
コ．RAID             サ．ポート番号        シ．FTP
```

【2】　次のA群の語句に最も関係の深い説明文をB群から選び，記号で答えなさい。

＜A群＞　1．信頼性　　　　　2．ウォータフォールモデル　　　3．フールプルーフ
　　　　　4．コミット　　　　5．クロスサイトスクリプティング

＜B群＞

ア．システムを評価する指標の一つで，システムの壊れにくさや障害の発生の少なさを評価したもの。

イ．データベースにおいて，分けることができない一連の処理を，一つにまとめた処理単位。

ウ．システムの開発を行う際，試作品を作成してユーザからの評価を取り入れ，改良しながら進めていく開発手法。

エ．人間が操作する以上，操作ミスは必ずあることと想定し，誤った操作をできないようにするなど対策をして，システム全体に致命的な障害が起こらないようにする設計思想。

オ．コンピュータシステムにアクセスするための必要な情報を，不正に入手するために，専門的な情報通信技術を使用せず，本人や周辺の人への接触などを通じて盗み取る手法の総称。

カ．システムを評価する指標の一つで，故意，過失または災害などによるデータの破損や不整合がなく，データの一貫性が保たれているかを評価したもの。

キ．データベースにおいて，分けることのできない複数の処理のすべてが成功し，データベースの状態を更新して処理を確定させ，正常終了すること。

ク．システムや機械に障害が発生した際，システムを常に安全な方向に動作させ，被害を最小限にする設計思想。

ケ．システムの開発を行う際，基本設計からテストまでの工程を上位から順に進め，原則として前の工程に戻らない開発手法。

コ．悪意のある第三者が，脆弱性のあるWebページ上の入力フォームや掲示板などにプログラムを組み込んで悪質なページに誘導し，マルウェアに感染させたり，個人情報を盗み出したりする攻撃手法。

【3】　次の説明文に最も適した答えをア，イ，ウの中から選び，記号で答えなさい。なお，5. については**数値を答えなさい。**

1．ネットワークに直接接続して使用する記憶装置。ファイルサーバと同様の機能を持ち，複数のコンピュータからの同時アクセスが可能。

　　　　ア. NAT　　　　　　　　　　**イ**. NAS　　　　　　　　　　**ウ**. DNS

2．Webサイトを閲覧したブラウザ側の端末に，閲覧日時やアクセス回数，ユーザIDなどの情報が，ファイルとして一時的に保存されるしくみ。

　　　　ア. Cookie　　　　　　　　　**イ**. MIME　　　　　　　　　**ウ**. ASP

3．インターネット上で送受信するデータを暗号化する際に用いられ，公開鍵暗号方式を応用した暗号化による通信相手の認証や，共通鍵暗号方式による通信の暗号化などの機能を提供するプロトコル。

　　　　ア. DHCP　　　　　　　　　　**イ**. SSL(TLS)　　　　　　　**ウ**. SMTP

4．次のような稼働状況のサーバの稼働率を選びなさい。ただし，小数第3位未満を四捨五入して，小数第3位まで答えなさい。

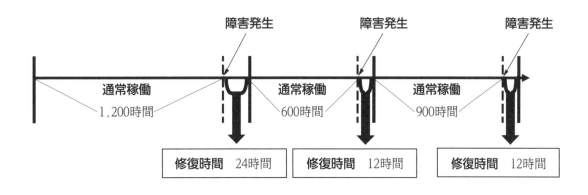

　　　　ア. 0.981　　　　　　　　　　**イ**. 0.982　　　　　　　　　**ウ**. 0.983

5．ある作業を，6人で行うと42日で作業が完了する。この作業を7人で行うと完了までの日数は何日か。ただし，作業員の作業能力は全員同じとする。

【4】 次の各問いに答えなさい。

問1．次の文章はある企業の上司と部下の会話である。空欄にあてはまる適切なグラフ名を選び，記号で答えなさい。

上司 ： 売れている商品と売れていない商品について知りたいのだが，資料の作成をお願いできますか。

部下 ： 少々お時間をください。

（ 後 日 ）

部下 ： お待たせしました。対象商品の売上データから売上金額を基準に降順に並べ替え，売上金額と累計比率を用いて＿＿＿＿＿＿＿を作成しました。このグラフによりますと，全12種類の商品のうち3種類の商品で売上全体の70％を占めているのがわかり，売上が厳しい商品は5種類です。

上司 ： わかった，上位3商品については売上高に大きな影響を与えるので，在庫管理を注視しよう。

ア．Zグラフ 　　　　　 **イ**．散布図 　　　　　 **ウ**．パレート図

問2．データベースにおいて，ある資源Zに対しトランザクションAが参照するために共有ロックを掛けている状態のとき，トランザクションBが同じ資源Zに対していえるものを選び，記号で答えなさい。

　　ア．共有ロック，専有ロックのいずれも掛けられない。
　　イ．共有ロックは掛けられないが，専有ロックは掛けられる。
　　ウ．共有ロック，専有ロックのいずれも掛けられる。
　　エ．共有ロックは掛けられるが，専有ロックは掛けられない。

問3．企業の経営戦略に使用するSWOT分析の四つの要因について，空欄(a)～(c)にそれぞれあてはまる適切なものを選び，記号で答えなさい。

	内的要因	外的要因
好影響	(a)	(b)
悪影響	(c)	**解答不要**

ア．(a) 強み 　　(b) 機会 　　(c) 弱み
イ．(a) 機会 　　(b) 強み 　　(c) 脅威
ウ．(a) 機会 　　(b) 脅威 　　(c) 強み
エ．(a) 強み 　　(b) 弱み 　　(c) 脅威

問4．利用者からみたホスティングサービスとハウジングサービスの比較一覧表について，以下の表記をもとに
　　○ が入る場所として適切なものを選び，記号で答えなさい。

表記

利用者が準備をする必要がない　　―

利用者が準備をする必要がある　　○

	サーバ・通信機器	設置場所
ホスティングサービス	(a)	(b)
ハウジングサービス	(c)	(d)

ア．(a)と(b)　　　　　　　　　**イ**．(a)と(c)　　　　　　　　　**ウ**．(c)

問5．コンプライアンスを説明している次の文章のうち適切なものを選び，記号で答えなさい。

ア．複数の企業がお互いの利益のために提携し活動すること。参加する企業の対等性を保ちながら，
　　各社の資産や技術を相互に有効活用することで，利益獲得，開発コストの抑制等の効果が期待される。

イ．企業が経営活動において，法律や規則，社会規範などを遵守し，業務を遂行すること。これに違反
　　した企業は，消費者などの利害関係者から信用を失い，経営を揺るがす事態ともなりうる。

ウ．企業が顧客と良好な関係を築くため，顧客情報を一元管理してサービスの向上や販売促進に活用
　　するシステムのこと。部門間で顧客情報を共有することができ，顧客ごとに最適なアフターケアや
　　サービスなどを行うことができる。

【5】 あるクリーニング店では，利用に関する情報を次のようなリレーショナル型データベースを利用し，管理している。次の各問いに答えなさい。

処理の流れ
① 会員表は，新規会員の登録申し込みを受け付けた際，会員データを入力する。なお，入会時には退会に 0 を入力し，会員から退会の申し出があった際，1 に更新する。
② 受注表は，クリーニングの申し込みを受け付けた際，受注番号に連番が付与され作成される。
③ 受注明細表は，クリーニングの申し込みを受け付けた際，品名コードおよびOPコードごとに作成される。なお，その際，納品および受取に 0 が入力される。
④ 工場でクリーニングが終了し，店舗に納品された際，受注明細表の納品を 1 に更新し，会員に物品を引き渡した際，受注明細表の受取を 1 に更新する。

会員表

会員コード	会員名	郵便番号	住所	電話番号	退会
M0001	田中〇〇	×××-××××	〇〇県〇〇市〇〇××-×	×××-××-××××	0
M0002	加藤〇〇	×××-××××	〇〇県〇〇市〇〇××	×××-××-××××	0
M0003	中村〇〇	×××-××××	〇〇県〇〇市〇〇×-×-×	×××-×××-××××	0
〜	〜	〜	〜	〜	〜
M0031	高野〇〇	×××-××××	〇〇県〇〇市〇〇×-×-×	×××-×××-××××	1
〜	〜	〜	〜	〜	〜
M0116	小林〇〇〇	×××-××××	〇〇県〇〇市〇〇×-×-×	×××-××-××××	0
M0117	高橋〇〇	×××-××××	〇〇県〇〇市〇〇××-×	×××-××-××××	0
M0118	伊藤〇〇〇	×××-××××	〇〇県〇〇市〇〇××-×	×××-××-××××	0
〜	〜	〜	〜	〜	〜

受注表

受注番号	受注日	会員コード
1	2023/10/06	M0001
〜	〜	〜
972	2023/12/20	M0004
973	2023/12/20	M0118
974	2023/12/20	M0044
〜	〜	〜
1421	2024/01/20	M0102
〜	〜	〜

受注明細表

受注番号	品名コード	OPコード	数量	納品	受取
1	YS01	C01	2	1	1
1	YS01	C02	1	1	1
〜	〜	〜	〜	〜	〜
972	WP01	C02	1	1	0
973	YS01	C02	2	1	1
973	ZP01	C06	2	1	1
974	ZP01	C01	1	1	1
〜	〜	〜	〜	〜	〜
1421	BR01	C03	2	0	0
1421	SK01	C04	3	0	0
〜	〜	〜	〜	〜	〜

品名表

品名コード	品名	基本料金	仕上日数
BR01	ブラウス	380	5
DS01	デザインシャツ	380	7
SK01	スカート	330	5
〜	〜	〜	〜
WP01	ワンピース	720	5
YS01	ワイシャツ	126	5
ZP01	ズボン・パンツ	330	5

オプション表

OPコード	オプション名	追加料金	追加日数
C01	なし	0	0
C02	特急	150	-2
C03	シミ抜き	200	2
C04	折り目加工	150	2
C05	特急・シミ	350	0
C06	特急・折り目	300	0
C07	シミ・折り目	350	4

問1．受注表の会員コードは，会員表において主キーになっている。このような列の名称として，適切なものを選び，記号で答えなさい。

ア．エンティティ　　　　　　　イ．複合キー　　　　　　　ウ．外部キー

問2．受注番号 972 かつ，品名コード WP01 かつ，OPコード C02 の物品を会員に引き渡したので，受取を 1 に更新する。次のSQL文の空欄(a)~(c)にあてはまる適切なものを選び，記号で答えなさい。

```
UPDATE      (a)        SET       (b)        WHERE       (c)
AND      解答不要      AND      解答不要
```

ア．受取 = 1   **イ**．受注番号 = 972   **ウ**．受注明細表

問3．受注番号 973 のすべての物品が仕上がる日を求める。なお，仕上がり日は，受注日に仕上日数と追加日数を加えて求める。次のSQL文の実行結果として適切なものを選び，記号で答えなさい。

```
SELECT    MAX(受注日 ＋ 仕上日数 ＋ 追加日数)   AS   仕上がり日
FROM      受注表 A，受注明細表 B，品名表 C，オプション表 D
WHERE     A.受注番号 = B.受注番号
   AND    B.品名コード = C.品名コード
   AND    B.OPコード = D.OPコード
   AND    B.受注番号 = 973
```

仕上がり日
※

(注) ※印は，表記を省略している。

ア．2023/12/23   **イ**．2023/12/25   **ウ**．2023/12/27

問4．受注番号 1421 の代金を集計する。なお，代金は，基本料金に追加料金を加え，数量を掛けて求める。次のSQL文の空欄をうめなさい。

```
SELECT    C.受注番号，会員名，SUM((基本料金 ＋ 追加料金) ＊ 数量)   AS   代金
FROM      会員表 A，受注表 B，受注明細表 C，品名表 D，オプション表 E
WHERE     A.会員コード = B.会員コード
   AND    B.受注番号 = C.受注番号
   AND    C.品名コード = D.品名コード
   AND    C.OPコード = E.OPコード
GROUP BY  C.受注番号，会員名
          C.受注番号 = 1421
```

受注番号	会員名	代金
1421	杉山○○	2600

問5．販売促進の一環として，2か月間注文がない会員に，利用案内のはがきを送付することにした。2023年11月21日から2024年1月20日まで，クリーニングの申し込みがない会員の会員コードと会員名，郵便番号，住所を抽出する。次のSQL文の空欄にあてはまる適切なものを選び，記号で答えなさい。

会員コード	会員名	郵便番号	住所
MO003	中村○○	×××-××××	○○県○○市○○×-×-×
MO088	佐野○	×××-××××	○○県○○市○○××-×

```
SELECT    会員コード，会員名，郵便番号，住所
FROM      会員表 A
WHERE     退会 = 0
   AND    [        ] (SELECT    会員コード
                      FROM      受注表 B
                      WHERE     A.会員コード = B.会員コード
                         AND    受注日  BETWEEN  '2023/11/21'  AND  '2024/01/20')
```

ア．NOT EXISTS   **イ**．会員名 NOT IN   **ウ**．EXISTS

【6】 次の各問いに答えなさい。

問1．次の表は，あるアトラクションの予想待ち時間評価表である。「評価」は，当該日付の「予想待ち時間（分）」と「実際待ち時間(分)」の差が±10%以内の場合 良好 を，±30%以内の場合 適正 を表示し，それ以外の場合 要改善 を表示する。E4に設定する次の式の空欄をうめなさい。なお，空欄には同じものが入る。

	A	B	C	D	E
1					
2	予想待ち時間評価表				
3	日付	曜日	予想待ち時間(分)	実際待ち時間(分)	評価
4	4月28日	土	60	82	要改善
5	4月29日	日	90	112	適正
6	4月30日	月	90	101	適正
7	5月1日	火	60	77	適正
8	5月2日	水	60	83	要改善
9	5月3日	木	60	67	適正
10	5月4日	金	120	118	良好
11	5月5日	土	100	106	良好
12	5月6日	日	80	65	適正

=IF(☐(C4-D4)<=C4*0.1,"良好",IF(☐(C4-D4)<=C4*0.3,"適正","要改善"))

問2．次の表は，ある配送会社の配送料金一覧表と料金表である。「料金」はJ3の「発地」，J4の「着地」，J5の「サイズ」をもとに，配送料金一覧表を参照して求める。J6に設定する次の式の空欄にあてはまる適切なものを選び，記号で答えなさい。なお，空欄には同じものが入る。また，「発地」，「着地」はA〜Dのみを入力し，「サイズ」は240未満とする。

	A	B	C	D	E	F	G	H	I	J
1										
2			配送料金一覧表						料金表	
3			サイズ（未満）		着地				発地	D
4				A	B	C	D		着地	C
5		A	60	940	1,190	1,460	1,610		サイズ	158
6			120	1,530	1,790	2,050	2,200		料金	2,190
7			180	2,190	2,450	2,710	2,860			
8			240	3,060	3,870	4,130	4,830			
9		B	60	1,190	940	1,060	1,190			
10			120	1,790	1,530	1,650	1,790			
11			180	2,450	2,190	2,310	2,450			
12	発地		240	3,870	3,060	3,730	3,870			
13		C	60	1,460	1,060	940	940			
14			120	2,050	1,650	1,530	1,530			
15			180	2,710	2,310	2,190	2,190			
16			240	4,130	3,730	3,060	3,060			
17		D	60	1,610	1,190	940	940			
18			120	2,200	1,790	1,530	1,530			
19			180	2,860	2,450	2,190	2,190			
20			240	4,830	3,870	3,060	3,060			

=INDEX((D5:G8,D9:G12,D13:G16,D17:G20),
☐(J5/C5)+1,MATCH(J4,D4:G4,0),☐(MATCH(J3,B5:B20,0)/4)+1)

ア． CEILING 　　　　**イ．** MOD 　　　　**ウ．** INT

問3．次の表は，ある自動販売機のホットコーヒー販売数一覧表と予測表である。「予測販売数」は，「平均気温」と「販売数」をもとに，予測数を求める。F4に設定する次の式の空欄にあてはまる適切なものを選び，記号で答えなさい。ただし，「平均気温」と「販売数」には相関関係が認められるものとする。

	A	B	C	D	E	F
1						
2	ホットコーヒー販売数一覧表				予測表	
3	日付	平均気温	販売数		予想気温	10.0
4	2020/10/1	19.0	25		予測販売数	55
5	2020/10/2	21.9	20			
6	2020/10/3	22.1	15			
7	2020/10/4	23.5	10			
8	2020/10/5	23.9	10			
9	2020/10/6	22.8	15			
10	2020/10/7	21.3	19			
〜	〜	〜	〜			
854	2023/1/29	3.4	77			
855	2023/1/30	4.2	70			
856	2023/1/31	4.6	73			

=ROUNDDOWN(FORECAST(F3,☐,**解答不要**),0)

ア． B4:B856 　　　　**イ．** C4:C856 　　　　**ウ．** B4:C856

問4．次の表は，ある会社の扶養人数調査表と集計結果を表示するための条件表である。I9には次の式が設定されている。I9に表示される適切な値を答えなさい。

	A	B	C	D	E	F	G	H	I	J	K
1											
2	扶養人数調査表							条件表			
3	社員番号	社員名	職種	部	課	扶養人数		職種	部	課	扶養人数
4	20110	安達　○○	総合	技術部	開発課	0		一般			>=1
5	20111	石居　○○	一般	管理本部	総務課	1				人事課	>=1
6	20102	上野　○○	総合	営業部	営業3課	2				総務課	>=1
7	20109	江田　○○	総合	管理本部	総務課	1					
8	20108	大垣　○○	総合	技術部	開発課	3					
9	20112	川俣　○○	一般	営業部	営業1課	2		集計結果	※		
10	20101	木村　○○	総合	営業部	営業1課	4					
11	20113	久保田　○○	一般	営業部	営業2課	3					
12	20115	権藤　○○	一般	営業部	営業2課	0					
13	20104	小林　○○	総合	技術部	設計課	2					
14	20105	坂本　○○	総合	管理本部	人事課	0					
15	20107	篠塚　○○	総合	営業部	営業2課	1					
16	20114	須藤　○○	一般	営業部	営業3課	1					
17	20103	世良　○○○	総合	営業部	営業1課	3					
18	20106	園田　○	総合	技術部	運用保守課	1					

(注) ※印は，値の表記を省略している。

I9：=DCOUNT(A3:F18,F3,H3:K6)

問5．次の表は，ある企業の売上高シミュレーションである。次の条件にしたがって計画を立てるため，表計算ソフトウェアのデータ分析機能により「予想売上高（千円）」が 100,000 となる「期間（年）」を求めたい。パラメータ設定の空欄(a)，(b)にあてはまる適切なものを選び，記号で答えなさい。

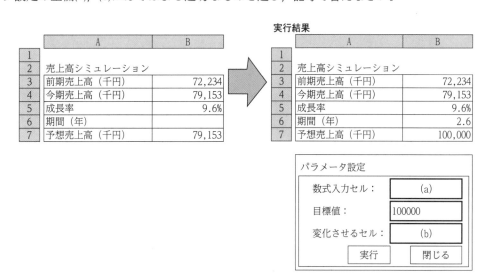

条件
・市場調査から，今後3年（単位）で同様の成長が見込まれることとする。
・B5には 次の式を入力する。
　=(B4-B3)/B3
・B7には 次の式を入力する。
　=B4*(1+B5)^B6

ア．$B$4　　　イ．$B$5　　　ウ．$B$6　　　エ．$B$7

【7】 次の表は，あるオーダーメイド家具製作店のオーダーラック注文計算書である。作成条件および作成手順にしたがって，各問いに答えなさい。

シート名「計算書」

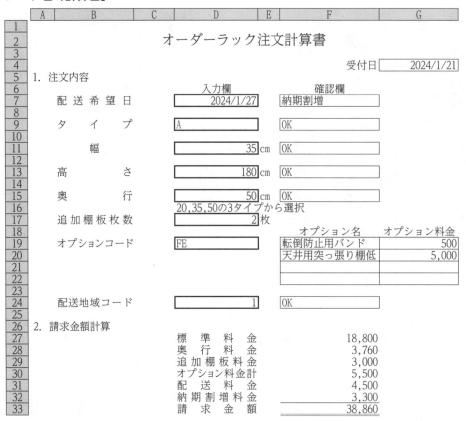

	A	B	C	D	E	F	G
1							
2			オーダーラック注文計算書				
3							
4						受付日	2024/1/21
5		1. 注文内容					
6				入力欄		確認欄	
7		配送希望日		2024/1/27		納期割増	
8							
9		タ　イ　プ		A		OK	
10							
11		幅		35 cm		OK	
12							
13		高　　さ		180 cm		OK	
14							
15		奥　　行		50 cm		OK	
16			20,35,50の3タイプから選択				
17		追加棚板枚数		2 枚			
18						オプション名	オプション料金
19		オプションコード		FE		転倒防止用バンド	500
20						天井用突っ張り棚低	5,000
21							
22							
23							
24		配送地域コード		1		OK	
25							
26		2. 請求金額計算					
27			標　準　料　金			18,800	
28			奥　行　料　金			3,760	
29			追加棚板料金			3,000	
30			オプション料金計			5,500	
31			配　送　料　金			4,500	
32			納期割増料金			3,300	
33			請　求　金　額			38,860	

シート名「標準料金表」

	A	B	C	D	E	F	G	H	I	J
1										
2	標準料金表									
3						高さ(cm)				追加棚板
4	タイプ	幅(cm)〜	50	70	90	120	150	180	200	
5	A	25	9,800	12,800	12,500	14,800	17,800	18,800	20,200	1,500
6	A	40	11,300	12,800	13,500	15,800	18,800	20,800	22,300	2,000
7	A	55	12,000	13,800	14,500	16,800	20,800	21,800	23,800	3,000
8	A	70	12,800	14,800	15,500	17,800	23,800	23,800	25,800	4,000
9	B	25	12,500	13,400	14,500	16,300	20,600	21,000	23,400	2,000
10	B	40	13,500	14,400	15,500	17,300	24,500	25,000	26,700	3,500
11	B	55	14,500	15,400	16,900	20,300	26,300	28,000	31,500	2,500
12	B	70	15,500	16,400	17,600	21,300	27,300	31,000	34,300	5,500
13	B	90	16,500	17,400	18,500	23,800	30,300	34,800	37,600	6,500
14	B	100	17,500	18,400	19,500	24,800	31,800	35,800	39,200	7,000
15	B	120	18,500	19,400	21,500	26,800	33,800	36,800	42,700	8,000
16	C	110	25,000	27,000	29,000					
17	C	120	30,000	31,000	32,000					

シート名「オプション表」

	A	B	C
1			
2	オプション表		
3	オプションコード	オプション名	オプション料金
4	D	天井用突っ張り棚高	7,500
5	E	天井用突っ張り棚低	5,000
6	F	転倒防止用バンド	500
7	G	ピッチ加工	300

シート名「配送料金表」

	A	B	C
1			
2	配送料金表		
3	配送地域コード	地域名	配送料金
4	1	北海道	4,500
5	2	東北	3,000
6	3	関東甲信越	1,500
7	4	東海・北陸	2,000
8	5	近畿	2,500
9	6	中国・四国	3,000
10	7	九州・沖縄	4,500

作成条件

1．シート名「計算書」の入力欄に適切なデータを順に入力すると，請求金額を求めることができる。なお，入力欄は，太罫線で囲われており，確認欄は，関数や数式が設定されたセルである。
2．入力欄に入力された値が適切でない場合や，コードが参照する表にない場合，確認欄に NG を表示し，入力欄が未入力の場合，確認欄に何も表示しない。また，確認欄が NG の場合，それ以降の項目は表示しない。
3．「オプションコード」の入力については「オプション表」を参照して，「オプション名」と「オプション料金」を表示する。未入力の場合は「オプション名」，「オプション料金」に何も表示しない。
4．「タイプ」は材質や板厚の違いで，Aタイプ，Bタイプ，Cタイプの3種類がある。「幅」はタイプ別に入力できる値に指定があり，1cm単位で入力する。Aタイプは幅25cm～70cmまでが製作可能，Bタイプは幅25cm～120cmまで製作可能，Cタイプは幅110cm～120cmが製作可能である。
5．「高さ」はAタイプとBタイプは，50cm，70cm，90cm，120cm，150cm，180cm，200cmがあり，Cタイプは50cm，70cm，90cmがある。「追加棚板枚数」は追加する棚板がある場合，入力する。
6．「奥行」は20cm，35cm，50cmの3種類がある。「奥行料金」は，35cmの場合，0とし，20cmの場合，「標準料金」に-0.2を掛けた値とし，50cmの場合，「標準料金」に0.2を掛けた値とする。
7．「オプションコード」は4種類あり，必要なオプションを4つまで指定できる。ただし，入力の順序は問わない。なお，4文字を超えて入力された場合や存在しないオプションコードが入力された場合，何も表示しない。
8．「配送希望日」が「受付日」の翌日から起算して3日以内の場合は注文できない。4日以上7日以内の場合，「納期割増料金」を請求する。「納期割増料金」は，「標準料金」に「奥行料金」を加えた値に0.15を掛けた値を100円単位で切り捨てて求める。

作成手順

1．シート名「計算書」は，次のように作成されている。
  (1) G4は，本日の日付を自動表示するための関数が設定されている。
  (2) D7は，「配送希望日」を入力する。また，F7は，「配送希望日」が「受付日」の翌日から起算して4日以上7日以内である場合，納期割増 を表示し，8日以上である場合，OK を表示し，それ以外の場合，NG を表示する。
  (3) D9は，「タイプ」を入力する。また，F9は，「タイプ」が A，B，C の場合，OK を表示し，それ以外の場合，NG を表示する。
  (4) D11は，作成条件4にしたがって入力する。また，F11は，作成条件を満たしている場合，OK を表示し，それ以外の場合，NG を表示する。
  (5) D13は，作成条件5にしたがって入力する。また，F13は，作成条件を満たしている場合，OK を表示し，それ以外の場合，NG を表示する。
  (6) D15は，作成条件6にしたがって入力する。また，F15は，作成条件を満たしている場合，OK を表示し，それ以外の場合，NG を表示する。
  (7) D17は，追加購入する棚板の枚数を入力する。
  (8) D19は，作成条件7にしたがって入力する。F19～F22はD19に入力されたオプションコードから，行番号を利用して抽出したオプションコードをもとに，シート名「オプション表」を参照し，「オプション名」を表示する。
  (9) G19～G22は，D19に入力された「オプションコード」をもとに，作成手順(8)と同様にシート名「オプション表」を参照し，「オプション料金」を表示する。
  (10) D24は，「配送地域コード」を入力する。またF24は，入力された「配送地域コード」が，シート名「配送料金表」の「配送地域コード」にある場合，OK を表示し，それ以外の場合，NG を表示する。
  (11) F27は，D9に入力された「タイプ」，D11に入力された「幅」，D13に入力された「高さ」をもとにシート名「標準料金表」を参照し，「標準料金」を表示する。
  (12) F28は，D15に入力された「奥行」をもとに，作成条件6にしたがって，「奥行料金」を計算して求める。
  (13) F29は，D17に入力された「追加棚板枚数」に，D9に入力された「タイプ」，D11に入力された「幅」をもとにシート名「標準料金表」を参照して求めた「追加棚板」を掛けて，「追加棚板料金」を求める。
  (14) F30は，G19～G22の合計を求める。
  (15) F31は，D24をもとに，シート名「配送料金表」を参照し，「配送料金」を表示する。
  (16) F32は，作成条件8にしたがって，「納期割増料金」を求める。
  (17) F33は，F27～F32の合計を求める。

「問題を読みやすくするために，
このページは空白にしてあります。」

問１．シート名「計算書」のF7に設定する次の式の空欄にあてはまる適切なものを選び，記号で答えなさい。

=IF(AND(☐,D7<=G4+7),"納期割増",IF(D7>=G4+8,"OK","NG"))

ア．D7-4<=G4 　　　　　　**イ**．D7<G4+4 　　　　　　**ウ**．D7>=G4+4

問２．シート名「計算書」のF19に設定する次の式の空欄(a)，(b)にあてはまる適切な組み合わせを選び，記号で答えなさい。ただし，この式をF22までコピーする。

=IF(AND(LEN($D$19)<=4,☐(a)☐($D$19)>=☐(b)☐(A1)),IFERROR(VLOOKUP(MID($D$19,☐(b)☐(A1),1),
オプション表!$A$4:$C$7,2,FALSE),""),"")

ア．(a) ROW 　　(b) LEN 　　　**イ**．(a) LEN 　　(b) ROW 　　　**ウ**．(a) ROW 　　(b) COLUMN

問３．シート名「計算書」のF27に設定する次の式の空欄をうめなさい。

=IFERROR(VLOOKUP(D11,OFFSET(標準料金表!A5,MATCH(D9,標準料金表!A5:A17,0)-1,1,
☐(標準料金表!A5:A17,D9),MATCH(D13,標準料金表!C4:I4,0)+1),
MATCH(D13,標準料金表!C4:I4,0)+1,TRUE),"")

問４．シート名「計算書」のF32に設定する次の式として適切なものを選び，記号で答えなさい。

ア．=IF(F7="納期割増",FLOOR(SUM(F27:F28)*0.15,100),0)
イ．=IF(F7="納期割増",FLOOR(SUM(F27:F28),100)*0.15,0)
ウ．=IF(F7="納期割増",ROUNDDOWN(SUM(F27:F28)*0.15/100,-2),0)

問５．シート名「計算書」が次のように表示されているとき，F33に表示される適切なデータを答えなさい。

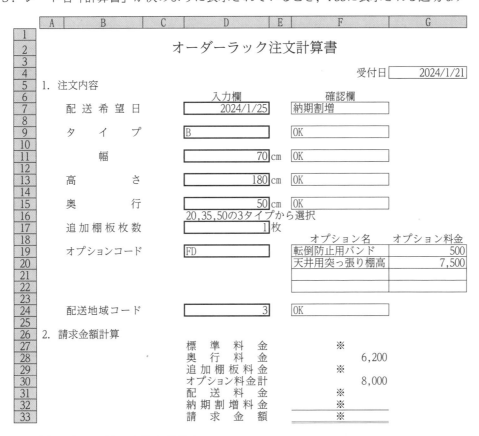

(注) ※印は，値の表記を省略している。

直前 check

ハードウェア・ソフトウェアに関する知識

【システムの開発と運用】

比較的大規模な開発に向いており，要件定義，外部設計などいくつかの工程に分割してシステムを開発する手法。原則として前の工程には戻らない。	①
試作品に対するユーザの評価をもとに，システムを開発する手法。	②
システムを独立性の高い部分ごとに分割し，ユーザの要求やインタフェースの検討などを経て，設計・プログラミング・テストの工程を繰り返してシステムを開発する手法。	③
システム開発の初期段階で，必要な機能や要求をまとめ，どのようなシステムなのか，何ができるシステムを作成するのかを定義すること。	④
システム開発において，画面や帳票などを利用者側の視点から設計するシステム開発工程。	⑤
ソフトウェアのアルゴリズムや入出力データなどを詳細に設計する開発工程。	⑥
内部設計に基づいて，各プログラムの内部構造を設計する開発工程。	⑦
プログラム設計の結果を受けて，プログラム言語を用いて実際にプログラムを作成(コーディング)する開発工程。	⑧
開発者だけでなくユーザも参加して，完成されたプログラムの検証を行うこと。	⑨
個々のプログラム(部品)が，仕様書の要求どおりに機能しているかを確認するテスト。	⑩
複数のモジュール(部品)を組み合わせて，モジュール間でデータの受け渡しが設計どおりに行われているかなどを確認するテスト。	⑪
開発したシステム全体が，設計どおりの機能を備えているかを確認する最終テスト。	⑫
開発したシステムが安定して稼働するように管理したり，運用中の問題点を修正する業務。	⑬
プログラムが仕様を満たしているかを確認するために，プログラムの内部構造には着目しないで，データ入力に対する出力結果に注目して実施するテスト。	⑭
プログラムの内部構造や処理の流れに着目し，プログラムが設計通りに動いているかを確認するテスト。	⑮

①ウォータフォールモデル　②プロトタイピングモデル　③スパイラルモデル　④要件定義　⑤外部設計　⑥内部設計　⑦プログラム設計　⑧プログラミング　⑨テスト　⑩単体テスト　⑪結合テスト　⑫システムテスト　⑬運用・保守　⑭ブラックボックステスト　⑮ホワイトボックステスト

【性能・障害管理】

コンピュータシステムに関する評価指標で，信頼性，可用性，保守性，完全性(保全性)，安全性(機密性)の5項目の英文字の頭文字を組み合わせた用語。	①
システムの故障発生が少ないこと。	②
一定期間にシステムが正常に使える時間の割合が長いこと。	③
故障の際の修復時間が短いこと。	④
データの矛盾が起きないように，その整合性を維持すること。	⑤
不正に情報を持ち出したりすることから守ること。	⑥
コンピュータシステムが，一定時間内で正常に動作している時間の割合(確率)。	⑦
コンピュータシステムが故障してから復旧し，次に故障するまでの平均時間。	⑧
コンピュータシステムが故障してから，完全に復旧するまでの平均時間。	⑨

コンピュータシステムや通信回線などが，一定の時間内に処理できる仕事量や伝送できる情報量。	⑩
コンピュータシステムに処理を要求してから，最初の応答が得られるまでの時間。	⑪
コンピュータに処理実行の指示を出してから，すべての実行結果が得られるまでの時間。	⑫
障害が発生しても，システム全体が機能を停止することなく稼働し続けられるようにするしくみ。	⑬
信頼性の高い部品の採用や利用者の教育など，コンピュータシステムに可能な限り故障や障害が起きないようにすること。	⑭
障害が発生しても，被害や障害を最小限に止め，安全性を保つしくみ。	⑮
障害が発生した場合でも，システムの一部を停止して，他のシステムは継続して全体のシステムには支障をきたさないようにするしくみ。	⑯
誤った操作をしても，システムの安全性と信頼性を保つしくみ。	⑰
コンピュータネットワークに直接接続して使用する記憶装置のこと。	⑱
信頼性や処理速度を向上させるために，複数のハードディスク装置を並列に組み合わせて一体化し，全体を一つのディスク装置のように扱う方式。	⑲
RAID1 に相当し，複数のハードディスクに同じデータを書き込む方式。	⑳
RAID0 に相当し，複数のハードディスクに分散して書き込む方式。	㉑

①RASIS　②信頼性　③可用性　④保守性　⑤完全性（保全性）　⑥安全性（機密性）　⑦稼働率　⑧平均故障間隔（MTBF）　⑨平均修復時間（MTTR）　⑩スループット　⑪レスポンスタイム　⑫ターンアラウンドタイム　⑬フォールトトレラント　⑭フォールトアボイダンス　⑮フェールセーフ　⑯フェールソフト　⑰フールプルーフ　⑱NAS　⑲RAID　⑳ミラーリング　㉑ストライピング

直前チェック

通信ネットワークに関する知識

【ネットワークの構成】

国際標準化機構（ISO）で制定された，ネットワークで使用する機器や，データを送受信する手順など七つの階層に定義したもの。	①
LAN ケーブルの中継や分岐に用いられる集線装置。	②
ネットワーク間の接続を行う中継機器の一つで，IP アドレスをもとにデータの行き先を認識して転送し，パケットの経路選択機能などを持つ装置。	③
ルータが持つ機能の一つで，パケットの通過可否を判断する機能のこと。	④
プロトコルが異なるネットワーク間において，プロトコルを変換することでデータの送受信を可能にするための装置。	⑤
ネットワークを通して，コンピュータどうしが通信を行うために決められた手順で，通信規約ともいう。	⑥
インターネットやイントラネットで標準的に使用され，OS などの環境が異なるコンピュータ間でも通信を可能にする通信規約。	⑦
Web サーバと Web ブラウザとの間で，HTML 文書や関連した画像などのデータを送受信するための通信規約。	⑧
HTML ファイルを Web サーバへアップロードするときなど，ネットワークを介してファイルを転送するための通信規約。	⑨
メールサーバのメールボックスに保存されたメールを，受信するために用いる通信規約。	⑩
メールサーバ上で電子メールを管理する通信規約。	⑪
電子メールをユーザのコンピュータからメールサーバへ送信するときや，メールサーバ間でメールを転送するときに用いる通信規約。	⑫
コンピュータをネットワークに接続する際に，IP アドレスなどを自動的に割り当てる通信規約。	⑬
ルータなどのネットワーク機器に割り当てられているハードウェア固有の番号。	⑭
TCP/IP プロトコルを用いたネットワーク上で，コンピュータを識別するための番号。	⑮
会社や家庭の LAN 内部でコンピュータ機器を識別するために，ネットワークアドレス部とホストアドレス部で構成された番号。	⑯
インターネットに接続されたコンピュータを識別するため，一意となるように割り当てられた番号。	⑰
IP アドレスから，特定のグループを示すネットワークアドレスを取り出すための値。	⑱
IP アドレスを構成する 32 ビットのビット列のうち，個々の組織が管理するネットワーク（サブネット）を識別するのに使われる部分。	⑲
コンピュータネットワークに接続されているすべての機器にデータを送信する特別なアドレス。	⑳
同一のネットワークグループ内で接続された個々のコンピュータ機器を識別するためのアドレス。	㉑
TCP/IP プロトコルを用いたネットワーク上で，IP アドレスに設けられている補助アドレスであり，アプリケーションの識別をするための番号。	㉒
インターネットのグローバル IP アドレスとプライベート IP アドレスを 1 対 1 で結びつけて相互に変換し，LAN 内のコンピュータがインターネットを利用できるようにするためのアドレス変換の技術。	㉓
"非武装地帯" と呼ばれ，インターネットなどの外部ネットワークと内部ネットワークから隔離された区域（セグメント）のこと。	㉔
インターネット上で使用するドメイン名と IP アドレスを互いに変換するためのしくみ。	㉕
インターネット上に構築される仮想的な専用回線。	㉖

ネットワーク上でデータを送受信するときに，1秒間に転送できるデータのビット数。	㉗
データをインターネット上のサーバなどから送信・転送するときの所要時間。	㉘
データ通信において，実質的にデータを送ることができる回線の割合。	㉙

①OSI 参照モデル　②ハブ　③ルータ　④パケットフィルタリング　⑤ゲートウェイ　⑥プロトコル　⑦TCP/IP　⑧HTTP　⑨FTP　⑩POP
⑪IMAP　⑫SMTP　⑬DHCP　⑭MAC アドレス　⑮IP アドレス　⑯プライベート IP アドレス　⑰グローバル IP アドレス　⑱サブネットマスク
⑲ネットワークアドレス　⑳ブロードキャストアドレス　㉑ホストアドレス　㉒ポート番号　㉓NAT　㉔DMZ　㉕DNS　㉖VPN　㉗通信速度
(bps)　㉘転送時間　㉙伝送効率

【ネットワークの活用】

クライアントサーバシステムで，クライアントには必要最小限の機能だけを持たせ，サーバでアプリケーションなどの管理を行うシステム構成で，情報漏えい対策としても注目されている。	①
Web サイトの訪問日時や回数などの情報を，利用者のコンピュータに保存するしくみ。	②
各国の文字や画像，動画など，形式の異なるさまざまなデータを電子メールで扱うための規格。	③
インターネットやイントラネットなどの情報通信ネットワークを使って，音声データを送受信する技術。	④

①シンクライアント　②Cookie　③MIME　④VoIP

直前チェック

情報モラルとセキュリティに関する知識

インターネットでデータを送受信する際に，第三者に内容が知られないようにデータを変換する場合，同一の鍵を用いて暗号化と復号を行う方法。	①
インターネットでデータを送受信する際に，第三者に内容が知られないようにデータを変換する場合，異なる鍵を用いて暗号化と復号を行う方法。	②
公開鍵暗号方式を応用して，文書の作成者が本人であることと，その文書が改ざんされていないことを確認する技術。電子商取引でよく利用される。	③
電子商取引で利用される暗号化通信などで必要となる，デジタル証明書を発行する機関。	④
オンラインショッピングなど，インターネット上で個人情報などのデータを暗号化して，安全にやり取りするために広く普及している技術。ブラウザの URL を示す部分は「https://」で始まる。	⑤
HTTP に，SSL によるデータ暗号化機能を付加した通信規約。	⑥
コンピュータの利用状況やデータ通信の状況を記録したファイル。	⑦
OS やアプリケーションソフトなど，コンピュータシステムの動作状態を記録したもの。何らかのトラブルなどの情報も記録される。	⑧
Web サーバにアクセスした人物が，いつ，どのコンピュータからどのサイトを閲覧したかなどを記録したもの。	⑨
コンピュータシステムやネットワークの運用時に，セキュリティ上の問題として発生した事故や事例のこと。	⑩
リスクが発生する前に，そのリスクを組織的に管理し，リスクの発生による損失を回避，または不利益を最小限に抑えるためのプロセス。	⑪
リスクマネジメントに対する一連の取組として，リスク特定，リスク分析，リスク評価を行う。	⑫
SNS や掲示板などユーザが入力した内容を表示する Web ページの脆弱性を利用した罠を仕掛け，偽サイトに誘導してさまざまな被害を引き起こす攻撃のこと。	⑬
心理的な隙や行動のミスにつけ込むなど，情報通信技術を使用せず，情報資産を不正に収集する手口の総称。のぞき見やなりすましなどがある。	⑭
データベースと連携した Web アプリケーションの脆弱性を利用して不当な SQL 文を実行させることにより，データベースの不正な閲覧や改ざんをする攻撃のこと。	⑮

①共通鍵暗号方式　②公開鍵暗号方式　③電子署名 (デジタル署名)　④認証局 (CA)　⑤SSL (TLS)　⑥HTTPS　⑦ログファイル　⑧システムログ　⑨アクセスログ　⑩インシデント　⑪リスクマネジメント　⑫リスクアセスメント　⑬クロスサイトスクリプティング　⑭ソーシャルエンジニアリング　⑮SQL インジェクション

関連知識

【問題解決の手法】

四つの原則を守りながら，新しいアイディアを引き出すことを目的に行われる話し合いの技法。	①
問題点を明確にするために，情報収集→カード・グループ化→図解化→文章化の手順で行われるデータの整理方法。	②
問題を解決するために，複数の条件とその条件に対応する処理を表形式に示した図。	③
四つの記号（1組の平行線，矢印，円，四角形）を用いて，データの流れと処理の関係を表す図。	④
アローダイアグラムともいい，プロジェクトの日程計画や日程管理に用いられ，相互関係にある作業を矢印でつないだ図。	⑤
パート図（PERT）において，作業の開始から終了までの所要日数が最長となる経路。この経路の一部に遅れが生じると，作業全体のスケジュールに影響する。	⑥
パレート図を使用して，各項目を重要な順に三つのグループに分けて，在庫管理などで分析する方法。	⑦
ABC 分析のときに用いられることが多いグラフで，データを降順に並べた棒グラフと，その累計比率を表す折れ線グラフからなるグラフ。	⑧
移動合計値（過去1年間分の売上累計）という特徴があるデータを用いて，一定期間の売上高の傾向を分析するときに用いるグラフ。	⑨
相関関係にある二つのデータ間の関係や傾向を分析して，結果を予測すること。	⑩
二つの項目の間の相関関係の有無などを示すグラフ。	⑪
二つの項目の間で，一つが増加すると，もう一つも増加する関係で，散布図においては，点のばらつき具合が右上がりの状態。	⑫
二つの項目の間で，一つが増加すると，もう一つが減少する関係で，散布図においては，点のばらつき具合が右下がりの状態。	⑬
相関関係にあるデータ間の中心的な分布傾向を表す直線。	⑭
費用を最小限に抑えて最大の利益を得るための生産計画など，複数の制約条件の中で，最大（最小）値を求める手法のこと。	⑮
データ範囲をいくつかの区間に分け，各区間に入るデータの数を柱状で表したグラフ。	⑯
結果とそれに影響を及ぼしたと思われる原因の関係を体系的に表した図。直接的な原因と間接的な原因に分別して，真の問題点を明確にする効果がある。	⑰
ある時点のデータを基準に，その後のデータの変動を比率で表す折れ線グラフのこと。	⑱
自社の現状を，強み・弱み・機会・脅威の四つの要素に整理して，市場環境を分析すること。	⑲
事業管理手法の一つで，自社の製品またはサービスを，市場の成長率と市場の占有率から，金のなる木・花形・問題児・負け犬の4つの区分に分類して，事業展開を決定するための手法。	⑳

①ブレーンストーミング ②KJ 法 ③決定表（デシジョンテーブル） ④DFD ⑤パート図（PERT） ⑥クリティカルパス ⑦ABC 分析 ⑧パレート図 ⑨Z グラフ ⑩回帰分析 ⑪散布図 ⑫正の相関 ⑬負の相関 ⑭回帰直線（近似曲線） ⑮線形計画法 ⑯ヒストグラム ⑰特性要因図 ⑱ファンチャート ⑲SWOT 分析 ⑳PPM 分析

【経営計画と管理】

「法令遵守」といわれるが，企業が法律や条例を守るだけではなく，企業倫理や社会貢献などを含めて自発的に取り組んでいくこと。	①
企業や団体などの組織における情報セキュリティに関する基本的な方針であり，アクセス権限や保護対象範囲の設定などを具体的にまとめたもの。	②
企業の持つ人材，資金，設備，情報など様々な経営資源を一元的に管理，有効活用し，業務の効率化を図るための経営全体の最適化を目指す手法。	③

企業のすべての部門と顧客との間に信頼関係を築いて，企業と顧客の利益を共に向上することを目指す経営手法。	④
企業活動に関する売り上げなどの目標を設定して，目標達成のための業務内容，流れ，組織を分析し，最適化や再構築すること。	⑤
企業活動において，競合他社にはない自社ならではの中枢・中核となる強み。	⑥
コスト削減などのために，自社の業務や機能の一部または全部を，それを専門とする外部の専門業者に委託すること。	⑦
複数の企業が互いに経済的なメリットを期待するために，企業が連携して協力体制を構築すること。	⑧
顧客のサーバ自体を，ネットワーク環境の整った場所に設置するサービス。	⑨
情報通信ネットワークを利用して，自社のサーバを貸し出すサービス。	⑩
インターネット上でアプリケーションソフトウェアや環境を提供するサービス提供者のこと。	⑪
サービス提供者がインターネットを経由して，アプリケーションソフトウェアなどを提供するサービスのこと。	⑫
インターネットを経由して，アプリケーションソフトウェアが稼働するための環境を提供するサービスのこと。	⑬
インターネットを経由して，ハードディスクや仮想サーバなどの機材やインフラ環境を提供するサービスのこと。	⑭

①コンプライアンス　②セキュリティポリシー　③ERP（経営資源計画）　④CRM（顧客関係管理）　⑤BPR（業務プロセス再設計）　⑥コアコンピタンス　⑦アウトソーシング　⑧アライアンス　⑨ハウジングサービス　⑩ホスティングサービス　⑪ASP　⑫SaaS　⑬PaaS　⑭IaaS

データベースソフトウェアに関する知識

【DBMS】

データベースにおいて、あるデータを処理しているとき、他からの更新や書き込みなどを制限することによって、データの整合性を保つしくみ。	①
同じデータに、複数のアクセスをする場合の整合性を取るための工夫。	②
データベースにおいて、ファイルを保持するために、ファイルを読み込むことは可能だが、レコードのデータの変更はできないこと。	③
一つのレコードに対して一つの参照・変更・削除だけが取得できる。データを更新している途中で、他がデータを読み込んだり、変更できないようになる。	④
排他制御を行った複数の処理が互いにロックをかけることで、相手のロック解除待ち状態が発生してしまい先に進まなくなる状態。	⑤
データベースにおいて、一連の更新処理のこと。	⑥
データベースにおいて、更新処理などがすべて正常に完結したという宣言。	⑦
データベースの更新前と更新後のデータの状態を記録したファイル。	⑧
メモリ上のデータをディスクに書き込むタイミングのこと。障害発生の際、復旧作業に利用されることもある。	⑨
データベースにおける更新処理の途中などで、何らかの理由で不都合があった場合、データの整合性を保つために、ジャーナルファイルを用いてトランザクション処理開始時点の状態に戻すこと。	⑩
データが保存されているハードディスクに障害が発生した場合、バックアップファイルとジャーナルファイルを用いて、ハードディスクの障害発生直前の状態に復元すること。	⑪

①排他制御　②ロック　③共有ロック　④専有ロック　⑤デッドロック　⑥トランザクション　⑦コミット　⑧ジャーナルファイル　⑨チェックポイント　⑩ロールバック　⑪ロールフォワード

【データベースの設計】

データベース設計の初期段階で、業務内容を分析して必要なデータや管理方法を検討する作業。	①
概念設計の結果をシステム化の対象範囲に限定して定義すること。実際の業務での画面や帳票を参考にして、システムで必要とするデータを洗い出す。	②
論理設計の結果を用いて、処理内容などの観点から、ハードウェアの選択や、最適配置などの検討を行うこと。主キーやインデックスの設定、必要容量の算定も行う。	③
データの矛盾や重複(冗長性)があり、DBMSへの負担がかかる表の構造。	④
非正規形から、重複して繰り返し現れる項目を排除すること。	⑤
第1正規形から、主キーと関連のある項目を別のテーブルに分割すること。	⑥
第2正規形から、主キーでない項目について、関連のある項目を別のテーブルに分割すること。	⑦
データベース設計において、データの関連性をモデル化するために、「実体」、「属性」、「関係」の三つの要素を用いて表す図。	⑧
一単位として扱われるデータのまとまりや、データベースとして表現すべき対象物のこと。論理設計の段階では、表に相当する。	⑨
エンティティが持つ特性、特徴などの値。	⑩
エンティティとエンティティの相互関係。	⑪
レコードの追加や削除が勝手に行われないようにするためのデータベースの参照関係の整合性に関する規則。	⑫
ある表に対して問い合わせを行い、その結果を利用してさらに、次の問い合わせを行うときの最初の問い合わせ。	⑬

①概念設計　②論理設計　③物理設計　④非正規形　⑤第1正規化(正規形)　⑥第2正規化(正規形)　⑦第3正規化(正規形)　⑧E-R図　⑨エンティティ　⑩アトリビュート　⑪リレーションシップ　⑫整合性制約(参照整合性)　⑬副問合せ

3級，ビジネス情報2級で学習する関数

直前チェック

	関数の書式	説明
3級	=SUM(範囲)	引数によって示された値や範囲の合計を求める。
	=AVERAGE(範囲)	引数によって示された値や範囲の平均を求める。
	=MAX(範囲)	引数によって示された値や範囲の最大値を求める。
	=MIN(範囲)	引数によって示された値や範囲の最小値を求める。
	=RANK(数値, 参照[, 順序])	指定した数値が，範囲内のデータの中で何位なのか，順序の指定(0：降順，1：昇順)にしたがって順位をつける。
	=IF(条件, 値1, 値2)	引数によって示された条件を判定して，結果が真であれば値1を，偽であれば値2を，表示または実行する。
	=COUNT(範囲)	引数によって示された値や範囲に存在している数値データの件数を求める。
	=COUNTA(範囲)	引数によって示された値や範囲に存在しているデータの件数を求める。
	=ROUND(数値, 桁数)	引数によって示された数値を四捨五入して指定された桁数にする。桁数が正の数(1, 2, …)ならば小数位を，負の数(-1, -2, …)ならば整数位を処理する(切り上げ・切り捨ても同様)。
	=ROUNDUP(数値, 桁数)	引数によって示された数値を指定された桁数に切り上げる。
	=ROUNDDOWN(数値, 桁数)	引数によって示された数値を指定された桁数に切り捨てる。
	=LEN(文字列)	文字定数やセル内のデータの長さ(文字数)を求める。
	=LEFT(文字列, 文字数)	文字列の左端から指定した文字数のデータを抽出する。
	=RIGHT(文字列, 文字数)	文字列の右端から指定した文字数のデータを抽出する。
	=MID(文字列, 開始位置, 文字数)	文字列の開始位置から右側へ指定した文字数のデータを抽出する。
	=VALUE(文字列)	数値定数やセル内の文字列を数値に変換する。
	=NOW()	現在の日付と時刻のシリアル値を求める。
	=TODAY()	現在の日付のシリアル値を求める。
ビジネス情報2級	=DATE(年, 月, 日)	指定した日付のシリアル値を求める。
	=YEAR(シリアル値)	指定したシリアル値の年を求める。
	=MONTH(シリアル値)	指定したシリアル値の月を求める。
	=DAY(シリアル値)	指定したシリアル値の日を求める。
	=WEEKDAY(シリアル値[, 種類])	指定した日付の曜日を求める。
	=TIME(時, 分, 秒)	指定した時刻のシリアル値を求める。
	=HOUR(シリアル値)	指定したシリアル値の時を求める。
	=MINUTE(シリアル値)	指定したシリアル値の分を求める。
	=SECOND(シリアル値)	指定したシリアル値の秒を求める。
	=INT(数値)	引数によって示された数値の小数点以下を切り捨て，その数値を超えない最大の整数を求める。
	=MOD(数値, 除数)	数値を除数で割った余りを求める。
	=SUMIFS(合計対象範囲, 条件範囲1, 条件1, …)	複数の条件に一致する数値の合計を求める。
	=AVERAGEIFS(平均対象範囲, 条件範囲1, 条件1, …)	複数の条件に一致する数値の平均を求める。
	=COUNTIFS(検索条件範囲1, 検索条件1, …)	複数の条件に一致するセルの個数を求める。
	=LARGE(配列, 順位)	配列(範囲)内の順位(n)番目に大きい数値を求める。
	=SMALL(配列, 順位)	配列(範囲)内の順位(n)番目に小さい数値を求める。
	=VLOOKUP(検索値, 範囲, 列番号, 検索方法[TRUE または FALSE])	範囲内の左端の列を上から下方向に検索し，検索値と一致(完全一致)した場合は，列番号のデータを参照し，一致しない場合は，検索値より小さいデータの中の最大値を一致するデータとみなし(近似一致)て参照する。
	=HLOOKUP(検索値, 範囲, 行番号, 検索方法[TRUE または FALSE])	範囲内の上端の行を左から右方向に検索し，検索値と一致(完全一致)した場合は，行番号のデータを参照し，一致しない場合は，検索値より小さいデータの中の最大値を一致するデータとみなし(近似一致)て参照する。
	=INDEX(配列, 行番号, 列番号)	指定した行番号と列番号が交差したセルのデータを参照する。
	=MATCH(検査値, 検査範囲, 照合の種類)	検査範囲を検索し，検査値と一致する値の相対的な位置を表す数値を参照する。
	=TEXT(値, 表示形式)	値を指定した表示形式に変換する。
	=FIND(検索文字列, 対象, 開始位置)	セル内のデータのうち，文字列がそのデータ内の開始位置から何番目にあるかを検索する。(全角と半角，大文字と小文字を区別する。)
	=SEARCH(検索文字列, 対象, 開始位置)	セル内のデータのうち，文字列がそのデータ内の開始位置から何番目にあるかを検索する。(全角と半角，大文字と小文字を区別しない。)
	=論理演算子(AND, OR, NOT)	AND…すべての条件を満たす。　　　OR…いずれかの条件を満たす。NOT…条件を満たさない。

※　模擬試験問題，検定試験問題の解答用紙は，弊社 Web サイトからダウンロードできます。
　　https://www.jikkyo.co.jp/download/
※　補充問題は，弊社 Web サイトからダウンロードしてご利用いただけます。
　　パスワードは「bijyomogi01」です。

令和6年度版　全国商業高等学校協会主催

情報処理検定模擬試験問題集

ビジネス情報　1級　解答編

年　　　組　　　番

実教出版

第1級　解答編目次

p.6　ハードウェア・ソフトウェアに関する知識

【1】

| 1 | イ | 2 | エ | 3 | ウ | 4 | オ | 5 | カ | 6 | ア |

【2】

| 1 | ウ | 2 | イ | 3 | カ | 4 | ア | 5 | エ | 6 | オ |

【3】

| 1 | カ | 2 | オ | 3 | ウ | 4 | イ | 5 | ア | 6 | エ |

【4】

| 1 | オ | 2 | ア | 3 | ウ | 4 | エ | 5 | イ | 6 | カ |

【5】

| 1 | ア | 2 | エ | 3 | イ | 4 | ウ | 5 | オ | 6 | カ |

【6】

| 1 | エ | 2 | カ | 3 | ウ | 4 | ア | 5 | オ | 6 | イ |

p.11　通信ネットワークに関する知識

【1】

| 1 | ア | 2 | オ | 3 | イ | 4 | エ | 5 | ウ |

【2】

| 1 | エ | 2 | ア | 3 | オ | 4 | ウ | 5 | イ |

【3】

| 1 | イ | 2 | エ | 3 | ウ | 4 | ア | 5 | オ |

【4】

| 1 | ウ | 2 | イ | 3 | エ | 4 | オ | 5 | ア |

【5】

| 1 | オ | 2 | ウ | 3 | ア | 4 | イ | 5 | エ |

【6】

| 1 | ウ | 2 | ア | 3 | エ | 4 | オ | 5 | イ |

p.15　情報モラルとセキュリティに関する知識

【1】

| 1 | オ | 2 | カ | 3 | ア | 4 | イ | 5 | ウ | 6 | エ |

【2】

| 1 | ア | 2 | ウ | 3 | イ | 4 | エ | 5 | オ |

【3】

| 1 | イ | 2 | オ | 3 | エ | 4 | ウ | 5 | ア |

p.16　計算問題トレーニング

【1】

| 1 | 20人日 | 2 | 4か月 | 3 | 4人 |
| 4 | 7日間 | 5 | 16日間 | 6 | 10日間 |

1．工数＝要員×期間
  　　＝ 5 × 4
  　　＝ 20（人日）
2．期間＝工数÷要員
  　　＝ 12 ÷ 3
  　　＝ 4（か月）
3．要員＝工数÷期間
  　　＝ 20 ÷ 5
  　　＝ 4（人）
4．A さんの 1 日の作業量

$$1 \div 15 = \frac{1}{15}$$

B さんの 1 日の作業量

$$1 \div 12 = \frac{1}{12}$$

A さんと B さんが共同した 1 日の作業量

$$\frac{1}{15} + \frac{1}{12} = \frac{4}{60} + \frac{5}{60} = \frac{9}{60}$$

A さんと B さんが共同して作業を行った場合の期間

$$1 \div \frac{9}{60} = 6.6666\cdots（日間）$$

以上から作業の終了には 7 日間を要する。

5．C さんの 1 日の作業量

$$1 \div 20 = \frac{1}{20}$$

D さんの 1 日の作業量

$$1 \div 15 = \frac{1}{15}$$

C さんと D さんが共同した 1 日の作業量

$$\frac{1}{20} + \frac{1}{15} = \frac{3}{60} + \frac{4}{60} = \frac{7}{60}$$

C さんと D さんが共同して作業を行った 3 日間の作業量

$$\frac{7}{60} \times 3 = \frac{21}{60}$$

残りの作業量

$$1 - \frac{21}{60} = \frac{39}{60}$$

残りの作業量を C さんのみで実施した場合の期間
  期間＝工数÷要員

$$\frac{39}{60} \div \frac{1}{20} = \frac{39}{60} \times 20 = 13$$

作業期間の合計
  3 + 13 = 16（日間）

6．F さんの 1 日の作業量

$$1 \div 15 = \frac{1}{15}$$

E さんと F さんが共同した 1 日の作業量

$$E さんの作業量 + \frac{1}{15}$$

E さんと F さんが共同して作業を行った場合の期間を求める式

$$1 \div \left(E さんの作業量 + \frac{1}{15} \right) = 6$$

$$1 = 6 \left(E さんの作業量 + \frac{1}{15} \right)$$

$$1 = 6 \times E さんの作業量 + \frac{6}{15}$$

$$1 - \frac{6}{15} = 6 \times E さんの作業量$$

$$\frac{9}{15} = 6 \times E さんの作業量$$

$$\frac{9}{15} \div 6 = E さんの作業量$$

$$\frac{9}{15} \times \frac{1}{6} = E さんの作業量$$

$$\frac{1}{10} = E さんの作業量$$

E さんが一人で行った場合の期間
  期間＝工数÷要員

$$1 \div \frac{1}{10} = 10（日間）$$

【2】

| 1 | 0.975 | 2 | 0.96 | 3 | 0.97 |
| 4 | 0.855 | 5 | 0.684 | 6 | 0.995 |

1．稼働率＝ MTBF ÷（MTBF ＋ MTTR）
  　　＝ 195 ÷（195 ＋ 5）

$$= 195 \div (200)$$
$$= 0.975$$

2．1日の稼働時間が24時間のため，12日間を時間に直すと288時間となる。

稼働率＝平均故障間隔÷（平均故障間隔＋平均修復時間）
$$= 288 \div (288 + 12)$$
$$= 288 \div 300$$
$$= 0.96$$

3．並列システムの稼働率＝1－（1－Aの稼働率）×（1－Bの稼働率）
$$= 1 - (1 - 0.8) \times (1 - 0.85)$$
$$= 1 - 0.2 \times 0.15$$
$$= 1 - 0.03$$
$$= 0.97$$

4．直列システムの稼働率＝Cの稼働率×Dの稼働率
$$= 0.95 \times 0.9$$
$$= 0.855$$

5．直列システムの稼働率＝Aの稼働率×Bの稼働率×Cの稼働率
$$= 0.8 \times 0.9 \times 0.95$$
$$= 0.684$$

6．並列システムの稼働率
$$= 1 - (1 - Dの稼働率) \times (1 - Eの稼働率) \times (1 - Fの稼働率)$$
$$= 1 - (1 - 0.9) \times (1 - 0.75) \times (1 - 0.8)$$
$$= 0.995$$

【3】

1	16GB	2	16GB	3	5.76MB	4	105MB	5	326枚

1．記憶容量＝1セクタあたりの記憶容量×セクタ数
　　　　　　×トラック数×総シリンダ数

1セクタあたりの記憶容量は400B，セクタ数は200，トラック数は100，総シリンダ数は2,000のため，

記憶容量 $= 400 \times 200 \times 100 \times 2,000$
$$= 16,000,000,000 (B)$$
となる。$1GB = 10^9 B (= 1,000,000,000)$のため，
$$16,000,000,000 \div 1,000,000,000 = 16 (GB)$$
となる。

2．記憶容量＝1シリンダあたりのトラック数×セクタ数
　　　　　　×1セクタあたりの記憶容量

トラック番号は0から始まり，999までの1,000トラックはセクタ数が300のため，300,000セクタ（＝ 300 × 1,000），1,000から1,499までの500トラックはセクタ数が200のため，100,000（＝ 200 × 500）となり，トラック数×セクタ数は300,000 + 100,000となる。1シリンダあたりのトラック数が20，1セクタあたりの記憶容量が2,000Bのため，

記憶容量 $= 20 \times (300,000 + 100,000) \times 2,000$
$$= 20 \times 400,000 \times 2,000$$
$$= 16,000,000,000$$
となる。$1GB = 10^9 B (= 1,000,000,000)$のため，
$$16,000,000,000 \div 1,000,000,000 = 16 (GB)$$
となる。

3．記憶容量＝解像度×色情報×圧縮率

解像度は「2,000 × 1,600」，色情報は「24 ÷ 8」，圧縮率は60%，

記憶容量 $= 2,000 \times 1,600 \times 24 \div 8 \times 0.6$
$$= 5,760,000 (B)$$
となる。$1MB = 10^6 B (= 1,000,000)$のため，
$$5,760,000 \div 1,000,000 = 5.76 (MB)$$
となる。

4．記憶容量＝解像度×横×解像度×縦×色情報×圧縮率

解像度は600，横は「21 ÷ 2.5」，縦は「29 ÷ 2.5」，色情報は「24 ÷ 8」，圧縮率は1（圧縮を行わないため），

記憶容量 $= 600 \times 21 \div 2.5 \times 600 \times 29 \div 2.5 \times 24 \div 8 \times 1$
$$= 105,235,200 (B)$$
となる。$1MB = 10^6 B (= 1,000,000)$のため，
$$105,235,200 \div 1,000,000 = 105.2352 (MB)$$
MB未満を四捨五入のため，105MBとなる。

5．画像一枚あたりの記憶容量＝解像度×色情報×圧縮率

解像度は「3,000 × 2,000」，色情報は「24 ÷ 8」，圧縮率は80%のため，

画像一枚あたりの記憶容量 $= 3,000 \times 2,000 \times 24 \div 8 \times 0.8$
$$= 14,400,000 (B)$$
$1GB = 10^9 B (1,000,000,000)$のため，DVDの4.7GBは
$$4.7 \times 1,000,000,000 = 4,700,000,000 (B)$$
となり，
$$4,700,000,000 \div 14,400,000 = 326.38 \cdots (326枚)$$

【4】

1	2秒	2	100Mbps	3	80%	4	1.35GB

1．データ量と通信速度の単位を統一するために，データ量に8を掛け，

20MB（メガバイト）× 8 ＝ 160Mb（メガビット）
転送時間＝データ量÷（通信速度×伝送効率）
$$= 160Mb \div (100Mbps \times 0.8)$$
$$= 160Mb \div 80Mbps$$
$$= 2 (秒)$$

2．データ量と通信速度の単位を統一するために，データ量に8を掛け，

90MB（メガバイト）× 8 ＝ 720Mb（メガビット）
通信速度＝データ量÷（伝送効率×通信時間）
$$= 720Mb \div (0.9 \times 8秒)$$
$$= 720Mb \div 7.2秒$$
$$= 100 (Mbps)$$

3．データ量と通信速度の単位を統一するために，データ量に8を掛け，

45MB（メガバイト）× 8 ＝ 360Mb（メガビット）
伝送効率＝データ量÷（通信速度×通信時間）
$$= 360Mb \div (150Mbps \times 3)$$
$$= 360Mb \div 450$$
$$= 0.8$$

4．データ量＝通信速度×伝送効率×通信時間
$$= 200Mbps \times 0.9 \times 60秒$$
$$= 10,800Mb$$
単位をMBにするため，データ量を8で割り，
$$10,800Mb \div 8 = 1,350MB$$
$1GB = 10^3 MB (1,000)$のため，
$$1,350 \div 1,000 = 1.35 (GB)$$

p.21 　関連知識

【1】

1	ウ	2	イ	3	ア	4	オ	5	エ

【2】

1	エ	2	ア	3	オ	4	ウ	5	イ

【3】

1	ア	2	イ	3	オ	4	エ	5	ウ

【4】

1	ア	2	エ	3	ウ	4	イ	5	オ

【5】

1	オ	2	ウ	3	イ	4	エ	5	ア

【6】

1	ア	2	オ	3	イ	4	エ	5	カ	6	ウ

【7】

問1	ア	問2	ウ	問3	(1)	イ	(2)	8日間
問4	エ	問5	イ	問6	ウ	問7	イ	

問1．決定表（デシジョンテーブル）とは，条件とその条件に対応した処理（行動）を整理して，表にまとめたものである。

決定表から読み取れるのは，次の4通りである。

① 速度が700字より多く，文書が80点より高い場合は，合格
② 速度が700字より多く，文書が80点以下の場合は，部門合格
③ 速度が700字以下で，文書が80点より高い場合は，部門合格
④ 速度が700字以下で，文書が80点以下の場合は，不合格

イ．文書が100点であっても，速度が700字以下の場合は，③より部門合格となる。

ウ．決定表において，"部門合格"は，条件ではなく，ある条件に対応した行動なので，部門合格という条件は示されていない。

問2．DFDとは，システム開発において，データの流れと処理の関係を表すために用いられる図のことで，次の四つの記号で表す。

記号	名称	説明
→	データフロー	データの流れ
○	プロセス	データの処理
＝	データストア	データファイル
□	データの源泉と吸収	データの発生源と行き先

問3．
(1) クリティカルパスとは，パート図において作業の開始から終了までの所要日数が最長となる経路のことである。

ア．2日＋5日＋2日＋1日＝10日

イ．2日＋7日＋4日＋1日＝14日

ウ．作業の開始から終了までの経路ではないので，クリティカルパスではない。

また，クリティカルパスとは，「最早結合点時刻と最遅結合点時刻との差がない経路」でもある。

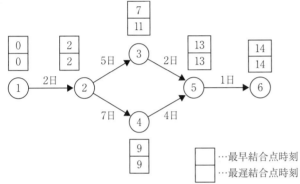

③…最早結合点時刻
　…最遅結合点時刻

③において，最早結合点時刻が7，最遅結合点時刻が11と差が出てしまうので，③を通過しない経路がクリティカルパスとなる。

(2) この仕事が完了するには，①→②→③→⑤(A経路)と①→②→④→⑤(B経路)の二つの経路の作業が終了しなければならない。そのため，この仕事の最短の所要日数とは，A経路とB経路で所要日数の長い経路，つまり「所要日数が最長となる経路」，すなわち「クリティカルパス」を求めればよい。A経路は7日(＝2日＋4日＋1日)，B経路は8日(＝2日＋3日＋3日)のため，この仕事の最短の所要日数は，8日間である。

問4．特性要因図とは，結果(特性)とそれに影響を及ぼす原因(要因)との関連を魚の骨のような形にまとめた図である。

矢印の先にある(b)が結果(特性)となり，(a)は，その結果に影響を及ぼす原因(要因)という関係を示している。

ア～ウの機会，属性，源泉は，特性要因図において，関係を示す言葉ではない。

問5．ファンチャートとは，ある時点のデータを基準に，その後のデータの変動を比率で表した折れ線グラフである。

ア．降順に並べたデータを縦棒グラフで表し，そのデータの構成比率累計を折れ線グラフで表した複合グラフのパレート図である。販売管理や在庫管理などの効率化を図るABC分析に用いられる。

ウ．一定の間隔でデータの範囲を区切り，区切られた各範囲(各区分)のデータ量(個数，度数，頻度)を縦棒グラフで表したヒストグラムである。データの分布やばらつきを分析するために用いられる。

問6．SWOT分析とは，企業が経営戦略を立てるために，自社の現状を，強み(Strength)，弱み(Weakness)，機会(Opportunity)，脅威(Threat)の四つの要素に整理する分析である。

自社の技術力や資金力などの経営資源(内的要因)を強み(S)・弱み(W)に分け，経済政策や流行の変化などの環境(外的要因)を機会(O)・脅威(T)に分けて四つの要素を縦軸と横軸で表す分析である。

		外的要因	
		機会　　　　　→　　脅威	
内的要因	強み↑	積極的攻撃 自社の強みを生かした事業の検討	差別化戦略 自社の強みを生かして，脅威の回避を検討
	↓弱み	段階的施策 事業チャンスを逃さない方策の検討	リスク回避または撤退 撤退も含めて，最悪の事態を想定した対応の検討

問7．PPM分析とは，自社の製品や事業を，戦略的な意味を明確にして最適な経営資源の配分を決定する経営分析，管理手法である。次のような，四つの領域に分けたポートフォリオを作成する。

高↑ 市場成長率 ↓低	問題児 (question mark /problem child)	花形 (star)
	負け犬 (dog)	金のなる木 (cash cow)

低← 市場占有率 →高

花　　形：市場成長率と市場占有率がともに高く，現在および将来とも力を入れるべき製品や事業。

問　題　児：市場成長率は高いが，市場占有率が低いため，力を注ぐことによって将来伸びる可能性がある製品や事業。

金のなる木：市場占有率は高いが，市場成長率が低いため，現在の大きな収入源とはなっているが，将来的には難しい製品や事業。

負　け　犬：市場成長率と市場占有率がともに低く，現在および将来とも力を入れるべき商品ではない製品や事業。

p.33　表計算ソフトウェアの活用に関する知識

問1	イ	問2	イ	問3	C$3	問4	B
問5	DCOUNTA		問6	MODE	問7	COUNTIFS	
問8	ROW	問9	OFFSET	問10	FORECAST		
問11	イ	問12	ウ	問13	イ		

問1．「コーヒー」と「ミルク」の合計を「人数」で割り，合計より少なくならないように「一人あたり」の金額を設定する。そのためには，合計を「人数」で割った値を50の倍数の近い値に切り上げれば求められる。指定された基準値の倍数のうち，最も近い値に数値を切り上げるには，CEILING関数を利用する。

`=CEILING(数値，基準値)`

数　　　値	(B5+C5)/D5((「コーヒー」＋「ミルク」)÷「人数」)
基　準　値	50(50円単位で集めるため)

`=CEILING((B5+C5)/D5,50)`

となる。

ア．ROUND関数は，任意の桁数で四捨五入をする関数である。

`=ROUND(数値，桁数)`

桁数が-1の場合は，10未満を四捨五入する。

ウ．FLOOR関数は，基準値の倍数の最も近い値に数値を切り下げる関数である。

`=FLOOR(数値，基準値)`

問2．A列の「旧住所」の鳩ヶ谷をB列の「新住所」に川口に置き換えて表示するには，SUBSTITUTE関数を利用する。

`=SUBSTITUTE(文字列，検索文字列，置換文字列)`

文　字　列	A4
検索文字列	"鳩ヶ谷"
置換文字列	"川口"

=SUBSTITUTE(A4,"鳩ヶ谷","川口")

ア．FORECAST 関数は，現在のデータから一定の予測値を算出する関数である。

=FORECAST(X, 既知のY, 既知のX)

ウ．IFERROR 関数は，エラーではない場合は値に設定した式の値を返し，そうでない場合は，エラーの場合の値を返す関数である。

=IFERROR(値, エラーの場合の値)

問3．各部署が支払う経費の計算式は，お茶代（C3）を全社員数（SUM(B4:B8)）で割り，所属する「社員数」を掛けると求められるため，

お茶代÷全社員数×「社員数」

となる。また，円位未満を四捨五入するため，ROUND 関数を利用する。C4 と D8 の計算式は以下のとおりである。

コピー元　C4=ROUND(C3/SUM(B4:B8)*B4,0)
コピー先　D8=ROUND(D3/SUM(B4:B8)*B8,0)

二つの式を比較し，C3 は行のみ固定の複合番地とし C$3，B4:B8 は絶対番地とし $B$4:$B$8，B4 は列のみ固定の複合番地 $B4 となる。よって，コピー元の計算式 C4 は，

コピー元　C4=ROUND(C$3/SUM($B$4:$B$8)*$B4,0)

コピー先の計算式は

コピー先　D8=ROUND(D$3/SUM($B$4:$B$8)*$B8,0)

となる。

問4．AND 関数は，複数の論理式を満たす場合を真の場合とする関数である。

=AND(論理式1, 論理式2…)

以上から，

=IF(SUM(B4:D4)>=14,"S",

（B4 から D4 の合計が 14 以上の場合は，S を表示し，そうでなければ①へ）

① IF(AND(SUM(B4:D4)>=12,MIN(B4:D4)>=3),"A","B"))

（① B4 から D4 の合計が 12 以上で，かつ B4 から D4 の最小値が 3 以上を満たす場合は A を表示し，そうでない場合は B を表示する）

となる。E8 に表示される文字は，B8 から D8 の合計が 12 以上になるが，最小値が 2 のため，A ではなく，B が表示される。

問5．『部活動所属一覧表』から「部活動部員合計」（D325）を求めるには，集計条件が一つの場合と，二つの場合がある。また，集計条件は D322 だけに入力することがないため，D322 に集計条件が入力された場合は，集計条件が二つあることになる。

以上から，「部活動部員合計」（D325）に設定する式は，

=IF(D322="",

　集計条件が一つで部員数を集計する，

　集計条件が二つで部員数を集計する）

となる。集計条件が一つで部員を集計するには，DCOUNTA 関数を利用し，

=DCOUNTA(データベース, フィールド, 条件)

データベース	A3:D317
フィールド	4
条件	D320:D321（条件が一つのため）

DCOUNTA(A3:D317,4,D320:D321)

となる。同様に，集計条件が二つで部員数を集計する場合にも DCOUNTA 関数を利用し，

データベース	A3:D317
フィールド	4
条件	D320:D322（条件が二つのため）

DCOUNTA(A3:D317,4,D320:D322)

となる。以上から，「部活動部員合計」（D325）に設定する式は，

=IF(D322="",

　DCOUNTA(A3:D317,4,D320:D321),

　DCOUNTA(A3:D317,4,D320:D322))

となる。

問6．受験者の最多年代を求めるには，MODE 関数を利用する。

=MODE(数値1, 数値2…)

数　　値	C4:C2804（「年代」の最頻値を求めるため）

=MODE(C4:C2804)

問7．『クイズ大会結果一覧表』から，「種別」・「性別」ごとに全問正解者数の件数を数えるには，COUNTIFS 関数を利用する。

=COUNTIFS(検索条件範囲1, 検索条件1, 検索条件範囲2…)

検索条件範囲1	B4:B144
検索条件1	F4（「種別」）
検索条件範囲2	C4:C144
検索条件2	G3（「性別」）
検索条件範囲3	D4:D144
検索条件3	"=12"（全問正解は12のため）

=COUNTIFS(B4:B144,F4,C4:C144,G3,D4:D144,"=12")

となるため，G4 と H8 に入る計算式は以下のとおりである。

コピー元　G4=COUNTIFS(B4:B144,F4,C4:C144,G3,D4:D144,"=12")
コピー先　H8=COUNTIFS(B4:B144,F8,C4:C144,H3,D4:D144,"=12")

2つの式を比較し，B4:B144 と C4:C144，D4:D144 は，行列の固定の絶対番地とし，F4 は列のみ固定の複合番地 $F4，G3 は行のみ固定の複合番地 G$3 となる。よって，コピー元の計算式は，

コピー元　G4=COUNTIFS($B$4:$B$144,$F4,$C$4:$C$144,G$3,
　　　　　　　　　$D$4:$D$144,"=12")

コピー先の計算式は，

コピー先　H8=COUNTIFS($B$4:$B$144,$F8,$C$4:$C$144,H$3,
　　　　　　　　　$D$4:$D$144,"=12")

となる。

問8．「受付番号」に自動的に番号を表示するには，セルの行番号を求めればよいため，ROW 関数を利用する。

=ROW(参照)

参　照	A4

ROW(A4)

となる。ただし，ROW(A4) は 4 を求めてしまい，「受付番号」が 4 から始まってしまうため，3 を引いて，

ROW(A4)-3

となる。以上から，A4 に設定する式は，

=IF(B4="","", ROW(A4)-3)

となる。

※　なお，下記の式でも同様の結果を得ることができる。

=IF(B4="","", ROW()-3)

問9．『マラソン大会成績表』から，「学年」ごとの件数を数えるには，COUNTIFS 関数を利用する。入力された値により，

=COUNTIFS(検索条件範囲1, 検索条件1, 検索条件範囲2…)

検索条件範囲1	B15 に入力された「順位」までの「クラス」
検索条件1	A18&"*"

=COUNTIFS(B15 に入力された「順位」までの「クラス」, A18&"*")

となる。B15 に入力された「順位」までの「クラス」のセル範囲を求めるには，OFFSET 関数を利用し，

=OFFSET(参照, 行数, 列数, 高さ, 幅)

参　　照	$A$3
行　　数	1
列　　数	3
高　　さ	$B$15
幅	1

OFFSET($A$3,1,3,$B$15,1)

となる。以上から，B18 に設定する式は，

=COUNTIFS(OFFSET($A$3,1,3,$B$15,1),A18&"*")

となる。

問10．「予測売上数」は，相関関係が認められる売上データと「予測最高気温」をもとに算出できるため，FORECAST 関数を利用する。

=FORECAST(x, 既知のy, 既知のx)

x	F3（「予測最高気温」）
既知のy	C4:C65（「売上数」）
既知のx	B4:B65（「最高気温」）

=FORECAST(F3,C4:C65,B4:B65)
となる。

問11. 『通学時間調査表』から，「クラス」と「主な交通手段」の複数条件を満たす「時間」の平均を算出するには，AVERAGEIFS関数を利用する。

=AVERAGEIFS(平均対象範囲, 条件範囲1, 条件1, …)

平均対象範囲	$E$4:$E$163（「時間」）
条件 範 囲 1	$B$4:$B$163（「クラス」）
条 件 1	G5（「クラス」がA）
条 件 範 囲 2	$D$4:$D$163（「主な交通手段」）
条 件 2	H4（「主な交通手段」が自転車）

=AVERAGEIFS($E$4:$E$163,$B$4:$B$163,G5,$D$4:$D$163,H4)
となる。また，上記からH5とJ8に設定する式は以下のとおりである。
コピー元 H5=AVERAGEIFS($E$4:$E$163,
$B$4:$B$163,G5,$D$4:$D$163,H4)
コピー先 J8=AVERAGEIFS($E$4:$E$163,
$B$4:$B$163,G8,$D$4:$D$163,J4)
二つの式を比較し，G5は列のみ固定の複合番地とし$G5，H4は行のみ固定の複合番地とし H$4 となる。よって，H5の計算式は，
コピー元 H5=AVERAGEIFS($E$4:$E$163,
$B$4:$B$163,$G5,$D$4:$D$163,H$4)
となる。
ア．平均対象範囲が条件範囲と条件の後に設定されており，正しい結果が得られないため，不適切である。
ウ．条件範囲の前に条件が設定されており，正しい結果が得られないため，不適切である。

問12. 条件より，「数式入力セル」は，"14行目の「合計」は各列の合計を求める。"ため，$D$14 となり，「目標値」は，"今年度の目標とする金額の「合計」は，昨年度の金額の「合計」と同額とする。"とあるため，3585000 となる。また，「変化させるセル」は，"C11をデータ分析機能で求める。"とあるため，$C$11 となる。
ア．「数式入力セル」に入力すべき内容が「変化させるセル」，「変化させるセル」に入力すべき内容が「数式入力セル」に入力されており，正しい結果が得られないため，不適切である。
イ．「目標値」には，数値のみ入力が可能であり，セルや数式は入力できないため，$D$7 では正しい結果が得られず，不適切である。

問13. 条件より，制約条件には，"製品A，製品Bは1個以上生産する。"ため，
$B$10:$C$10>=1
が必要となる。また，求めるのは「生産数」であり，整数でなければならないため，
$B$10:$C$10=整数
が必要となる。"各材料の合計は，使用上限を超えないように設定する。"ため，
$D$11:$D$12<=$D$4:$D$5
が必要となる。
ア．「$D$11:$D$12>=$D$4:$D$5」では，「"各材料の合計は，使用上限以上"」となってしまい，正しい結果が得られないため，不適切である。
ウ．「$D$11:$D$12=整数」を設定しても，「$B$10:$C$10=整数」という条件が満たされた段階でD11とD12は整数となるため意味がなく，「$D$11:$D$12<=$D$4:$D$5」という条件がなければ，正しい結果が得られないため，不適切である。

p.45　データベースソフトウェアに関する知識

【1】

1	コ	2	チ	3	ツ	4	キ
5	ソ	6	エ	7	タ	8	シ

解答以外の解答群の語句の説明は以下のとおりである。
ア．ユーザの処理中は他のユーザに対して書き込みなどを制限する

ことによって，データの整合性を保持しようとするしくみ。
イ．データ参照(SELECT文)時にかけるロックで，データの変更はできないが，読み込むことは可能な状態。
ウ．データの変更(UPDATE文など)時にかけるロックで，データの変更も読み込みも不可能な状態。
オ．データベースにおける一連の更新処理のこと。
カ．データベースのトランザクションが正常に終了した宣言。
ク．トランザクション処理中にトラブルが発生した場合，トランザクション処理開始前の状態に戻すこと。
ケ．データベース設計の初期段階に，業務内容を分析して必要なデータなどを検討する作業。
サ．論理設計を，処理内容などの観点から，ハードウェアの選択や，どのように構築するかを決定する作業。
ス．一方の値が決まれば，もう一方の値が決まるような「関数従属」と呼ばれる関連に基づいて表を分割すること。
セ．エンティティなどの相関関係を図式化したもの。

【2】

1	(1)	*	(2)	価格 >= 250
2	(1)	ORDER BY	(2)	DESC
3	(1)	INSERT	(2)	社員表
4	DISTINCT			

1．特定の条件に合うものだけを取り出すにはWHERE句を利用する。
書式　SELECT　選択項目リスト　FROM　表名　WHERE　条件
となる。問題文等から，
選択項目リスト…*(すべてのフィールドを抽出するため)
表名…商品台帳
条件…価格 >= 250
となり，テーブル名「商品台帳」より，価格が250円以上の商品のデータ(すべて)を抽出するには，
SELECT * …(すべてのフィールドを抽出する)
FROM　商品台帳…(商品台帳から)
WHERE　価格 >= 250…(価格が250以上の)
となる。
2．販売個数の降順に並べ替えるにはORDER BY 〜 を利用する。
書式　SELECT　選択項目リスト　FROM　表名　ORDER BY　並べ替え項目
選択項目リスト…(省略)
表名…売上台帳
並べ替え項目…販売個数 DESC
となり，テーブル名「売上台帳」を，販売個数の多い順に並べ替えるには，
SELECT(省略)…(省略)
FROM　売上台帳…(売上台帳から)
ORDER BY　販売個数　DESC…(販売個数の多い順に)
となる。
3．新しいデータレコードを追加するにはINSERT INTO 〜 VALUES 〜 を利用する。
書式　INSERT INTO　表名(フィールド名)
VALUES (挿入データ)
※フィールド名は省略可
表名…社員表
挿入データ…17, '前田', '女'
となり，テーブル名「社員表」に，社員番号17, 氏名 前田, 性別 女を追加するには，
INSERT INTO　社員表…(社員表に)
VALUES(17, '前田', '女')…(17, 前田, 女を追加する)
となる。
4．商品名が重複しないように抽出するにはDISTINCTを利用する。
書式　SELECT DISTINCT　選択項目リスト　FROM　表名
選択項目リスト…商品名
表名…売上表
となり，テーブル名「売上表」の商品名の値が重複しないように「商品名」を抽出するには，
SELECT DISTICT　商品名…(重複のない商品名を抽出する)

FROM　売上表…(売上表から)
となる。

【3】

問1	ア	問2	ウ	問3	イ	問4	ウ	問5	イ

問1．データを重複なく抽出するには DISTINCT を利用する。
　　書式　　SELECT DISTINCT　選択項目リスト　FROM　表名
　　特定の条件に合うものだけを取り出すには WHERE 句を利用する。
　　書式　　SELECT　選択項目リスト　FROM　表名　WHERE　条件
　　以上をまとめると，
　　SELECT DISTINCT　選択項目リスト
　　FROM　表名　WHERE　条件
　　となる。問題文等から，
　　選択項目リスト…部活動名
　　表名…部活動表 A，請求一覧表 B
　　条件…A.部活動コード＝B.部活動コード
　　となる。また，表名の箇所で，部活動表は「A」，請求一覧表は「B」
　　と表名の別名指定を行っている。以上から，予算支出を請求した部
　　活動名を重複なく抽出するには，
　　SELECT DISTINCT　部活動名…(部活動名を重複なく抽出する)
　　FROM　部活動表 A，請求一覧表 B…(部活動表と請求一覧表から)
　　WHERE A.部活動コード＝B.部活動コード…(部活動表の部活動コ
　　ードと請求一覧表の部活動コードが一致していて)
　　となる。
　イ．文法が間違っている。LIKE は，文字列データの中から指定し
　　た文字列を検索する命令である。
　　書式　　SELECT　選択項目リスト　FROM　表名
　　　　　　WHERE　列名　LIKE　パターン
　ウ．文法が間違っている。IN は，値の集合を明確に定義する命令
　　である。
　　書式　　SELECT　選択項目リスト　FROM　表名
　　　　　　WHERE　列名　IN(値1，値2)

問2．特定の条件に合うものだけを取り出すには WHERE 句を利用する。
　　書式　　SELECT　選択項目リスト　FROM　表名　WHERE　条件
　　特定の範囲内を抽出するには BETWEEN を利用する。
　　書式　　SELECT　選択項目リスト　FROM　表名
　　　　　　WHERE　選択項目　BETWEEN　条件 A　AND　条件 B
　　以上をまとめると，
　　SELECT　選択項目リスト　FROM　表名　WHERE　条件
　　　　AND　選択項目　BETWEEN　条件 A　AND　条件 B
　　となる。問題文等から，
　　選択項目リスト…日付，部活動名，分類名，摘要，金額
　　表名…部活動表 A，費用分類表 B，請求一覧表 C
　　条件1…A.部活動コード＝C.部活動コード
　　条件2…B.分類コード＝C.分類コード
　　選択項目…日付
　　条件 A…'2022/06/28'
　　条件 B…'2022/07/08'
　　となる。また，表名の箇所で，部活動表は「A」，費用分類表は「B」，
　　請求一覧表は「C」と表名の別名指定を行っている。以上から，
　　2022年6月28日から2022年7月8日に予算支出を請求した部活
　　動を抽出するには，
　　SELECT　日付，部活動名，分類名，摘要，金額…(日付と部活動名，
　　分類名，摘要，金額を抽出する)
　　FROM　部活動表 A，費用分類表 B，請求一覧表 C…(部活動表と費
　　用分類表，請求一覧表から)
　　WHERE A.部活動コード＝C.部活動コード…(部活動表の部活動コ
　　ードと請求一覧表の部活動コードが一致していて)
　　AND B.分類コード＝C.分類コード…(費用分類表の分類コードと
　　請求一覧表の分類コードが一致していて)
　　AND　日付　BETWEEN　'2022/06/28' AND　'2022/07/08'…(日付が
　　2022年6月28日から2022年7月8日の)
　　となる。
　ア．文法が間違っている。
　イ．文法が間違っている。

問3．合計を計算するには SUM 関数を利用する。
　　書式　　SELECT　集計関数(項目)　FROM　表名
　　抽出した列に別の名前を指定するには AS を利用する。
　　書式　　SELECT　選択項目リスト　AS　別名
　　特定の条件に合うものだけを取り出すには WHERE 句を利用する。
　　書式　　SELECT　選択項目リスト　FROM　表名　WHERE　条件
　　グループごとにデータをまとめるには GROUP BY を利用する。
　　書式　　SELECT　選択項目リスト　FROM　表名
　　　　　　GROUP BY　グループ化項目
　　以上をまとめると，
　　SELECT　選択項目リスト，集計関数(項目)　AS　別名
　　FROM　表名　WHERE　条件　GROUP BY　グループ化項目
　　となる。問題文等から，
　　選択項目リスト…分類名
　　集計関数(項目)…SUM(金額)
　　別名…金額合計
　　表名…費用分類表 A，請求一覧表 B
　　条件…A.分類コード＝B.分類コード
　　グループ化項目…分類名
　　となる。また，表名の箇所で，費用分類表は「A」，請求一覧表は「B」
　　と表名の別名指定を行っている。以上から，分類名ごとの金額合計
　　を抽出するには，
　　SELECT　分類名，…(分類名を抽出する)
　　SUM(金額)　AS　金額合計…(金額を合計し，金額合計として抽出
　　する)
　　FROM　費用分類表 A，請求一覧表 B…(費用分類表と請求一覧表
　　から)
　　WHERE　A.分類コード＝B.分類コード…(費用分類表の分類コード
　　と請求一覧表の分類コードが一致していて)
　　GROUP BY　分類名…(分類名ごとにグループ化し)
　　となる。
　ア．HAVING は，GROUP BY によってグループ化された各グループか
　　ら指定した条件に合致するグループだけを取り出す命令である。
　　書式　　SELECT　選択項目リスト　FROM　表名
　　　　　　GROUP BY　グループ化項目　HAVING　制約条件
　ウ．ORDER BY は，データを並べ替える命令である。
　　書式　　SELECT　選択項目リスト　FROM　表名
　　　　　　ORDER BY　並べ替え項目

問4．予算請求をしている部活動コード，つまり請求一覧表にデータ
　　がある部活動コードを検索するには EXISTS(副問合せ)を利用する。
　　ただし，抽出するのは予算請求をしていない，つまり請求一覧表に
　　データがない部活動コードを検索するため NOT を加える必要があ
　　る。よって，部活動名を抽出する主問合せでは部活動表，副問合せ
　　では請求一覧表を利用する。以上から，予算請求をしていない部活
　　動名を抽出するには，
　　SELECT　部活動名…(部活動名を抽出する)
　　FROM　部活動表 A…(部活動表から)
　　WHERE NOT EXISTS
　　(SELECT ＊ FROM　請求一覧表 B
　　WHERE A.部活動コード＝B.部活動コード)
　　…(請求一覧表に存在しない部活動コードを)
　　となる。
　ア．IN は値の集合を明確に定義する命令であり，NOT と合わせて利
　　用することで，値以外を定義する命令となる。
　　書式　　SELECT　選択項目リスト　FROM　表名
　　　　　　WHERE　列名　NOT IN(値1，値2)
　イ．EXISTS を利用すると，請求一覧表の部活動コードと部活動表
　　の部活動コードが一致する部活動コード，つまり予算請求をした
　　部活動名を抽出してしまう。

問5．データベースに新しいレコードを追加するには，INSERT INTO
　　～ VALUES ～ を利用する。
　　書式　　INSERT INTO　表名(フィールド名)　VALUES(挿入データ)
　　※フィールド名は省略可

問題文等から，
　　INSERT INTO　部活動表…(部活動表に)
　　VALUES('A08','調理',30000)…(調理部のデータを挿入する)
となる。
　ア．UPDATE ～ SET ～ は，データベースの内容を更新する命令である。
　　書式　　UPDATE　表名　SET　フィールド名＝変更データ
　　　　　　WHERE　条件
　ウ．DELETE ～ FROM ～ は，データベースのレコードを削除する命令である。
　　書式　　DELETE FROM　表名　WHERE　条件

【4】

問1	ウ	問2	イ	問3	ア	問4	ア	問5	ウ

問1．特定の条件に合うものだけを取り出すには WHERE 句を利用する。
　　書式　　SELECT　選択項目リスト　FROM　表名　WHERE　条件
データの降順に並べ替えるには ORDER BY ～ を利用する。
　　書式　　SELECT　選択項目リスト　FROM　表名
　　　　　　ORDER BY　並べ替え項目　DESC
以上をまとめると，
　　SELECT　選択項目リスト　FROM　表名
　　WHERE　条件　ORDER BY　並べ替え項目　DESC
となる。問題文等から，
　　選択項目リスト…名前，学科名，点数
　　表名…学籍表 A，学科表 B，履修表 C
　　条件1…A.学科コード＝B.学科コード
　　条件2…A.生徒コード＝C.生徒コード
　　条件3…科目コード＝'B04'
　　並べ替え項目…点数　DESC
となる。
※条件1と条件2から「A」として表名の別名指定をしている表は，「学科コード」と「生徒コード」を含んでいる必要がある。そのため「A」は学籍表となる。学籍表以外で「学科コード」を含んでいる表は学科表であるため，「B」は学科表となる。
また，表名の箇所で，学籍表は「A」，学科表は「B」，履修表は「C」と表名の別名指定を行っている。以上から，ビジネス情報の点数を降順に抽出するには，
　　SELECT　名前，学科名，点数…(名前と学科名，点数を抽出する)
　　FROM　学籍表 A，学科表 B，履修表 C…(学籍表と学科表，履修表から)
　　WHERE　A.学科コード＝B.学科コード…(学籍表の学科コードと学科表の学科コードが一致していて)
　　AND　A.生徒コード＝C.生徒コード…(学籍表の生徒コードと履修表の生徒コードが一致していて)
　　AND　科目コード＝'B04'…(科目コードが B04 と一致していて)
　　ORDER BY　点数　DESC…(点数の降順に並べ替える)
となる。
　ア．選択科目表を B としているため，不適切である。
　イ．点数の昇順に並べ替えてしまうため，不適切である。なお，ASC を省略した場合も昇順で並べ替える。

問2．文字列データの中から指定した文字列を検索するには LIKE を利用する。
　　書式　　SELECT　選択項目リスト　FROM　表名
　　　　　　　WHERE　列名　LIKE　パターン
問題文等から，
　　選択項目リスト…科目名
　　表名…選択科目表
　　列名…科目コード
　　パターン…'B%'
となる。以上から，科目コードが B で始まる科目名を抽出するには，
　　SELECT　科目名…(科目名を抽出する)
　　FROM　選択科目表…(選択科目表から)
　　WHERE　科目コード　LIKE　'B%'…(科目コードが B で始まる)
となる。
※ _(アンダースコア記号)は任意の1文字に相当する。%(パーセ

ント記号)は任意(0文字も含む)の連続した文字に相当する。
　ア．'B_' では，B の後に一文字が付く科目コードを抽出できるが，科目コードは B の後に二文字が付くため抽出できず，不適切である。
　ウ．文法が間違っている。DISTINCT は，重複データを取り除くための命令である。
　　書式　　SELECT DISTINCT　選択項目リスト　FROM　表名

問3．データの件数を数えるには COUNT 関数を利用する。
　　書式　　SELECT　集計関数(項目)　FROM　表名
抽出した列に別の名前を指定するには AS を利用する。
　　書式　　SELECT　選択項目リスト　AS　別名
特定の条件に合うものだけを取り出すには WHERE 句を利用する。
　　書式　　SELECT　選択項目リスト　FROM　表名　WHERE　条件
グループごとにデータをまとめるには GROUP BY を利用する。
　　書式　　SELECT　選択項目リスト　FROM　表名
　　　　　　GROUP BY　グループ化項目
グループ化した各グループから，条件に合ったグループを抽出するには HAVING 句を利用する。
　　書式　　SELECT　選択項目リスト　FROM　表名
　　　　　　GROUP BY　グループ化項目　HAVING　制約条件
以上をまとめると，
　　SELECT　選択項目リスト，集計関数(項目)　AS　別名
　　FROM　表名　WHERE　条件　GROUP BY　グループ化項目
　　HAVING　制約条件
となる。問題文等から，
　　選択項目リスト…科目名
　　集計関数(項目)…COUNT(*)
　　別名…履修者数
　　表名…選択科目表 A，履修表 B
　　条件…A.科目コード＝B.科目コード
　　グループ化項目…科目名
　　制約条件…COUNT(*) >= 25
となる。また，表名の箇所で，選択科目表は「A」，履修表は「B」と表名の別名指定を行っている。以上から，履修者数が25名以上の科目名を抽出するには，
　　SELECT　科目名，…(科目名を抽出する)
　　COUNT(*) AS　履修者数…(履修人数を計算し，履修者数として抽出する)
　　FROM　選択科目表 A，履修表 B…(選択科目表と履修表から)
　　WHERE　A.科目コード＝B.科目コード…(選択科目表の科目コードと履修表の科目コードが一致していて)
　　GROUP BY　科目名…(科目名ごとにグループ化し)
　　HAVING COUNT(*) >= 25…(25以上のデータがあるグループを)
となる。
　イ．文法が間違っている。「履修者数」というフィールドは仮想表にしか存在していないため，HAVING 句で使用するのは不適切である。
　ウ．BETWEEN ～ AND ～ は，ある値が特定の範囲にあるかを調べる命令である。
　　書式　　SELECT　選択項目リスト　FROM　表名
　　　　　　WHERE　選択項目　BETWEEN　条件 A　AND　条件 B

問4．特定の条件に合うものだけを取り出すには WHERE 句を利用する。
　　書式　　SELECT　選択項目リスト　FROM　表名　WHERE　条件
値を定義するには IN 演算子を利用する。
　　書式　　SELECT　選択項目リスト　FROM　表名
　　　　　　WHERE　列名　IN(値1，値2)
以上をまとめると，
　　SELECT　選択項目リスト　FROM　表名
　　WHERE　条件　AND　列名　IN(値1，値2)
となる。問題文等から，
　　選択項目リスト…A.生徒コード，名前，学科名，科目名
　　表名…学籍表 A，学科表 B，選択科目表 C，履修表 D
　　条件1…A.生徒コード＝D.生徒コード
　　条件2…A.学科コード＝B.学科コード

条件3…C.科目コード = D.科目コード
列名…学科名
値1…'情報処理'
値2…'会計'
となる。また，表名の箇所で，学籍表は「A」，学科表は「B」，選択科目表は「C」，履修表は「D」と表名の別名指定を行っている。以上から，学科名が情報処理と会計の生徒が履修している科目名を抽出するには，

SELECT A.生徒コード，名前，学科名，科目名…(学籍表の生徒コードと名前，学科名，科目名を抽出する)
FROM 学籍表 A，学科表 B，選択科目表 C，履修表 D…(学籍表，学科表，選択科目表，履修表から)
WHERE A.生徒コード = D.生徒コード…(学籍表の生徒コードと履修表の生徒コードが一致していて)
AND A.学科コード = B.学科コード…(学籍表の学科コードと学科表の学科コードが一致していて)
AND C.科目コード = D.科目コード…(選択科目表の科目コードと履修表の科目コードが一致していて)
AND 学科名 IN('情報処理'，'会計')…(学科名が情報処理，会計と一致している)

となる。
イ．文法が間違っている。EXISTS句は，データが存在するか調べる命令であり，不適切である。

書式　SELECT 選択項目リスト FROM 表名
　　　　WHERE EXISTS(SELECT ～)
ウ．学科名が情報処理か会計以外，つまり，商業と国際経済を抽出してしまうため，不適切である。

問5．データベースの内容を変更するには UPDATE ～ SET ～ を利用する。
　　書式　UPDATE 表名 SET フィールド名 = 変更データ
　　　　　WHERE 条件
となる。問題文等から，
　表名…履修表
　フィールド名…点数
　変更データ…98
　条件…生徒コード = 120257
となる。以上から，選択科目の希望を変更する場合には，
　UPDATE 履修表…(履修表の)
　SET 点数 = 98…(点数を98に変更する)
　WHERE 生徒コード = 120257…(生徒コードが120257の)
となる。
ア．フィールド名と変更データ，条件が適切に設定されていないため，不適切である。
イ．表名と，フィールド名と変更データが適切に設定されていないため，不適切である。

練習問題

p.50【練習1】

問1	VLOOKUP	問2	INDEX	問3	ウ
問4	ウ	問5	207		

問1．作成手順3．(1)，(2)より，「商品分類名」を求めるため，『商品表』から，列方向に検索するには VLOOKUP 関数を利用する。

=VLOOKUP(検索値，範囲，列番号，検索方法)

検索値	「商品コード」の10の位(=左側から1文字)
範囲	商品表!A5:G7
列番号	2(「商品分類名」は左から2列目のため)
検索方法	FALSE

=VLOOKUP(「商品コード」の10の位，商品表!A5:G7,2,FALSE)
検索値は，「商品コード」の左側から1文字を抽出するために，LEFT関数を利用する。

=LEFT(文字列，文字数)

文字列	B6(商品コード)
文字数	1

LEFT(B6,1)
『商品表』の「分類コード」が右寄せになっていることから，数値と考えられる。LEFT関数で抽出したデータは文字列として扱われてしまい検索できないため，文字列を数値に変換するVALUE関数を使用する。

=VALUE(文字列)

文字列	LEFT(B6,1)

VALUE(LEFT(B6,1))
以上から，C7に設定する式は，
=VLOOKUP(VALUE(LEFT(B6,1))，商品表!A5:G7,2,FALSE)
となる。

問2．作成手順3．(1)，(3)より，「商品名」を求めるため，「分類コード」と「メニューコード」から『商品表』を参照するには INDEX 関数を利用する。

=INDEX(配列，行番号，列番号)

配列	商品表!C5:G7
行番号	「商品コード」の10の位(=左側から1文字)
列番号	「商品コード」の1の位(=右側から1文字)

行番号は，「商品コード」の左側から1文字を抽出するため，LEFT関数を利用する。

=LEFT(文字列，文字数)

文字列	B6(商品コード)
文字数	1

LEFT(B6,1)
列番号は，「商品コード」の右側から1文字を抽出するため，RIGHT関数を利用する。

=RIGHT(文字列，文字数)

文字列	B6(商品コード)
文字数	1

RIGHT(B6,1)
以上から，C8に設定する式は，
=INDEX(商品表!C5:G7,VALUE(LEFT(B6,1))，VALUE(RIGHT(B6,1)))
となる。

問3．作成手順3．(5)より，「売上数計」は，「商品コード」を含む「売上コード」ごとに「売上数」の合計を求めるため，SUMIFS関数を利用する。

=SUMIFS(合計対象範囲，条件範囲1，条件1，…)

合計対象範囲	売上表!B4:B27
条件範囲1	売上表!A4:A27
条件1	「商品コード」を含む「売上コード」

作成手順2．より，「売上コード」は
「支店コード」&「商品コード(分類コード&メニューコード)」
で入力され，検索条件としては「支店コード」の部分は何でもよいため，ワイルドカードを利用し，
"?"&B6
となる。以上からC10に設定する式は，
=SUMIFS(売上表!B4:B27，売上表!A4:A27,"?"&B6)
となる。
※　"?"は1文字として利用でき，"*"は複数の文字に利用できる。

よって，本問題では"*"&B6でもよい。
ア．「商品コード」のみの「売上コード」を検索してしまい，正しい結果が得られないため，不適切である。
イ．「商品コード」で始まる「売上コード」を検索してしまい，正しい結果が得られないため，不適切である。

問4．作成手順3.(7)より，C12には，「商品コード」の支店間の「売上数」の比較結果を表示させる。処理方法は
ⅰ　"E"を含む「売上コード」の「売上数」が大きければ 東
ⅱ　"W"を含む「売上コード」の「売上数」が大きければ 西
ⅲ　「売上数」が同じであれば 同数
の3通りである。
"E"を含む「売上コード」の「売上数」を求めるため，『売上表』から列方向に検索するにはVLOOKUP関数を利用する。

=VLOOKUP(検索値，範囲，列番号，検索方法)

検　索　値	"E"&B6("E"を含む「売上コード」)
範　　　囲	売上表!A4:B27
列　番　号	2(「売上数」は左から2列目のため)
検 索 方 法	FALSE

VLOOKUP("E"&B6, 売上表!A4:B27,2,FALSE)
となる。同様に，"W"を含む「売上コード」の「売上数」を求めるには，
VLOOKUP("W"&B6, 売上表!A4:B27,2,FALSE)
となる。
西 を表示するには，"W"を含む「売上コード」の「売上数」が大きい場合のため，
IF(VLOOKUP("E"&B6, 売上表!A4:B27,2,FALSE)
　　<VLOOKUP("W"&B6, 売上表!A4:B27,2,FALSE),"西"
となる。また，東 を表示するには，"E"を含む「売上コード」の「売上数」が大きい場合のため，
IF(VLOOKUP("E"&B6, 売上表!A4:B27,2,FALSE)
　　>VLOOKUP("W"&B6, 売上表!A4:B27,2,FALSE),"東"
となる。なお，上記のどちらでもない(「売上数」が同じ)場合には，同数 を表示する。以上から，C12に設定する式は，
=IF(VLOOKUP("E"&B6, 売上表!A4:B27,2,FALSE)
　　<VLOOKUP("W"&B6, 売上表!A4:B27,2,FALSE),"西",
(Eを含む「売上コード」の「売上数」が，Wを含む「売上コード」の「売上数」より小さければ，西と表示し，そうでなければ①へ)
① IF(VLOOKUP("E"&B6, 売上表!A4:B27,2,FALSE)
　　>VLOOKUP("W"&B6, 売上表!A4:B27,2,FALSE),"東",
(①Eを含む「売上コード」の「売上数」が，Wを含む「売上コード」の「売上数」より大きければ，東と表示し，それでなければ②へ)
②"同数"))
(同数と表示する)
となる。
ア．"E"が大きい場合，"E"と"W"が等しい場合に"同数"と表示してしまい，不適切である。
イ．"E"と"W"が等しい場合に"東"と表示し，"E"が大きい場合に"同数"と表示してしまい，不適切である。

問5．作成手順3.(11)より，「総売上数」は，B15の「支店コード」とB16の「分類コード」を含んだ「売上コード」の「売上数」を合計すればよい。「支店コード」がE，「分類コード」が2の「売上コード」を『売上表』から抽出すると，

売上コード	売上数
E21	47
E22	28
E23	32
E24	52
E25	48

となり，「売上数」を合計すると207となる。

p.52【練習2】

問1	イ	問2	ア	問3(1)	ウ
問3(2)		AVERAGEIFS		問4	31.0

問1．作成手順2.(1)より，B5の「都県コード」をもとに，『都県コード表』を列方向に検索するにはVLOOKUP関数を利用する。

=VLOOKUP(検索値，範囲，列番号，検索方法)

検　索　値	B5(「都県コード」)
範　　　囲	都県コード表!A4:B6
列　番　号	2
検 索 方 法	FALSE

VLOOKUP(B5, 都県コード表!A4:B6,2,FALSE)
となる。『都県コード表』から参照できない場合に"エラー"を表示するには，戻り値がエラー値のときTRUEを返す必要があるため，IFERROR関数を利用する。

=IFERROR(値，エラーの場合の値)

値	VLOOKUP(B5, 都県コード表!A4:B6,2,FALSE)
エラーの場合の値	"エラー"

IFERROR(VLOOKUP(B5, 都県コード表!A4:B6,2,FALSE),"エラー")
以上から，
=IF(B5="","",
(B5が未入力なら空白を表示し，)
IFERROR(VLOOKUP(B5, 都県コード表!A4:B6,2,FALSE),"エラー"))
(都県コードから県名を表示し，見つからなければ エラー を表示する)
となる。
ア．IFERROR関数で値とエラーの場合の値が逆になっているため，正しい結果が表示されない。
ウ．未入力のときにエラーを，都県コードが見つからなければ空白を表示してしまうため，正しい結果が表示されない。

問2．作成手順2.(3)より，「都県別売上合計」を求めるため，「都県コード」を含む「店舗コード」ごとに「売上数」の合計を求めるにはSUMIFS関数を使用する。

=SUMIFS(合計対象範囲，条件範囲1，条件1，…)

合計対象範囲	売上一覧!E4:E21
条 件 範 囲 1	売上一覧!C4:C21
条 　件　 1	都県コード(B5)を含む「店舗コード」

SUMIFS(売上一覧!E4:E21, 売上一覧!C4:C21, 都県コード(B5)を含む「店舗コード」)
となる。「店舗コード」は，
「都県コード」&番号
で構成されており，検索条件として番号の部分は何でもよいのでワイルドカードを利用する。番号は2文字のため，1文字の置き換えができる?を利用する場合は"??"となり，複数文字の置き換えができる*を利用する場合は"*"となるため，
B5&"??"
もしくは
B5&"*"
が適切な検索条件となる。
よって，正しい結果を表示するのはイ．の
SUMIFS(売上一覧!E4:E21, 売上一覧!C4:C21,B5&"*")
もしくは，ウ．の
SUMIFS(売上一覧!E4:E21, 売上一覧!C4:C21,B5&"??")
となる。以上から，検索条件を
B5&"?"
とするア．は都県コードと1文字を組み合わせた文字となり，正しい結果が表示されないため不適切である。

問3．
(1) 作成手順2.(4)より，各条件を満たした値の平均を求めるにはDAVERAGE関数を利用する。

=DAVERAGE(データベース，フィールド，検索条件)

データベース	売上一覧!A3:E21
フィールド	5
検 索 条 件	B4:C5

※「都県コード」はB4:B5，「ラーメン種別コード」はC4:C5のため，検索条件はB4:C5となる。データベース関数は，「都県コード」

と「ラーメン種別コード」のように複数の検索条件を設定することもできる。

DAVERAGE(売上一覧!A3:E21,5,B4:C5)

となる。

ア．検索条件とデータベースが逆になっているため，正しい結果が表示されない。

イ．検索条件とフィールドが逆になっているため，正しい結果が表示されない。

(2) DAVERAGE 関数以外で，作成手順2.(4)を満たす関数は AVERAGEIFS 関数である。

=AVERAGEIFS(平均対象範囲,条件範囲1,条件1,条件範囲2,条件2…)

平均対象範囲	売上一覧!E4:E21
条 件 範 囲 1	売上一覧!B4:B21
条　件　1	B5
条 件 範 囲 2	売上一覧!D4:D21
条　件　2	C5

AVERAGEIFS(売上一覧!E4:E21,売上一覧!B4:B21,B5,
　売上一覧!D4:D21,C5)

となる。

問4．「都県コード」が B30 のため，「都県名」は 千葉 となる。「ラーメン種別コード」が T0 のため，「ラーメン種別名」は とんこつ となる。「都県別売上合計」は『売上一覧』の「都県コード」が B30 の売上数(E13～E21)を合計すればよいので，267 となる。「都県ラーメン種別売上平均」は，『売上一覧』の「都県コード」が B30 で，「ラーメン種別コード」が T0 の売上数(E14,E17,E20)を平均すればよいので，31.0 となる。

p.54【練習3】

問1	IFERROR	問2	イ	問3	ウ
問4	ア	問5	22,570		

問1．作成手順2.(2)より，B5 の「出張先コード」をもとに，『旅費一覧』を列方向に検索するには VLOOKUP 関数を利用する。

=VLOOKUP(検索値，範囲，列番号，検索方法)

検　索　値	B5(「出張先コード」)
範　　　囲	旅費一覧!A5:B8
列　番　号	2
検 索 方 法	FALSE

VLOOKUP(B5,旅費一覧!A5:B8,2,FALSE)

となる。『旅費一覧』から参照できない場合に"エラー"を表示するには，戻り値がエラー値のとき TRUE を返す必要があるため，IFERROR 関数を利用する。

=IFERROR(値，エラーの場合の値)

値	VLOOKUP(B5,旅費一覧!A5:B8,2,FALSE)
エラーの場合の値	"エラー"

IFERROR(VLOOKUP(B5,旅費一覧!A5:B8,2,FALSE),"エラー")
以上から，
=IF(B5="","",
　(B5 が未入力なら空白を表示し，)
IFERROR(VLOOKUP(B5,旅費一覧!A5:B8,2,FALSE),"エラー"))
　(出張先コードから出張先を表示し，見つからなければエラーを表示する)
となる。

問2．作成手順2.(3)より，「出発日」を求めるには，DATE 関数を使用する。

=DATE(年，月，日)

年	D3 から参照する
月	B6 から計算する
日	B6 から計算する

DATE(D3 から参照する，B6 から計算する，B6 から計算する)
となる。D3 から年のみを算出するために YEAR 関数を利用する。

=YEAR(シリアル値)

シリアル値	D3(「本日」の日付)

YEAR(D3)

となる。B6 から月を求めるには 100 で割り，整数のみを算出すればよいため INT 関数を利用する。

=INT(数値)

数値	B6/100

INT(B6/100)

となる。また，B6 から日を求めるには 100 で割った余りを算出すればよいため MOD 関数を利用する。

=MOD(数値，除数)

数値	B6
除数	100

MOD(B6,100)

となる。以上をまとめると，「出発日」を求めるには

DATE(YEAR(D3),INT(B6/100),MOD(B6,100))

となる。B6 の値が暦にあるか判定するには，DATE 関数の式から日のみを算出したものと，B6 から日を求めた値が一致するか確かめればよい。日のみを算出するために DAY 関数を利用する。

=DAY(シリアル値)

シリアル値	DATE(YEAR(D3),INT(B6/100),MOD(B6,100))

DAY(DATE(YEAR(D3),INT(B6/100),MOD(B6,100)))

つまり，

MOD(B6,100)=DAY(DATE(YEAR(D3),INT(B6/100),MOD(B6,100)))

を満たせばよい。

※ B6 に 931 と入力すると，D6 には 2022/10/1 と表示される。DAY 関数で日のみを算出すると 1，MOD(B6,100)から 31 が算出される。また，DATE 関数から月のみを算出したものと，B6 から月を求めた値が一致するか確かめることでも判定できる。月のみを算出するために MONTH 関数を利用する。

=MONTH(シリアル値)

シリアル値	DATE(YEAR(D3),INT(B6/100),MOD(B6,100))

MONTH(DATE(YEAR(D3),INT(B6/100),MOD(B6,100)))

つまり，

INT(B6/100)=MONTH(DATE(YEAR(D3),INT(B6/100),MOD(B6,100)))

を満たせばよい。

イ．B6 から日を求めた値と，DATE 関数から月のみを求めた値が一致するか判定しているため，正しい結果が得られない。

問3．作成手順2.(5)より，B5 の「出張先コード」と D6 の「出発日」をもとに，『旅費一覧』の「飛行機基本料金」を参照するには INDEX 関数を利用する。

=INDEX(配列，行番号，列番号)

配　列	旅費一覧!D5:F8
行番号	「出張先コード」
列番号	「区分」

INDEX(旅費一覧!D5:F8,「出張先コード」,「区分」)

となる。行番号(「出張先コード」)を求めるために，MATCH 関数を利用する。

=MATCH(検査値，検査範囲，照合の種類)

検　査　値	B5(「出張先コード」)
検 査 範 囲	旅費一覧!A5:A8
照合の種類	0

MATCH(B5,旅費一覧!A5:A8,0)

となる。列番号(「区分」)を求めるために，MATCH 関数を利用する。

検　査　値	『飛行機運賃区分表』を参照
検 査 範 囲	旅費一覧!D4:F4
照合の種類	0

MATCH(『飛行機運賃区分表』を参照,旅費一覧!D4:F4,0)

となる。『飛行機運賃区分表』から「出発日」をもとに，「区分」を列方向に検索するには VLOOKUP 関数を利用する。

=VLOOKUP(検索値，範囲，列番号，検索方法)

検　索　値	D6(「出発日」)
範　　　囲	飛行機運賃区分表!A4:D8
列　番　号	4
検 索 方 法	TRUE

VLOOKUP(D6, 飛行機運賃区分表!A4:D8,4,TRUE)

となり，列番号を求めるには

MATCH(VLOOKUP(D6, 飛行機運賃区分表!A4:D8,4,TRUE), 旅費一覧
!D4:F4,0)

となる。以上をまとめると，

INDEX(旅費一覧!D5:F8,MATCH(B5, 旅費一覧!A5:A8,0),

　MATCH(VLOOKUP(D6, 飛行機運賃区分表!A4:D8,4,TRUE),

　　旅費一覧!D4:F4,0))

となる。

ア．配列と行番号が逆になってしまっているため，正しい結果が得
　られない。

イ．配列が行番号，行番号が列番号，列番号が配列になっているた
　め正しい結果が得られない。

問4．表示されている式と同様の結果が得られるとは，作成手順2.
(6)より，B6 から D3 を引いた値から参照した割引率に C10 を掛けれ
ばよい。

　ア．=IF(C10="","",

　　(C10 が空白ならば空白とし，そうでなければ①へ)

　　① IF(D6-D3>=50,45%,

　　　(① D6 から D3 を引いた値が 50 以上ならば 45% とし，そうでな
　　　ければ②へ)

　　② IF(D6-D3>=30,25%,0%))*C10)

　　　(② D6 から D3 を引いた値が 30 以上ならば 25% とし，そうでな
　　　ければ 0% とし，IF 文で得られた値に C10 を掛ける)

　　D6 から D3 を引いた値が 50 以上の場合に 45%，49 から 30 の場
　　合に 25%，20 から 0 の場合に 0% の割引率が得られるため，適
　　切である。

　イ．=IF(C10="","",

　　(C10 が空白ならば空白とし，そうでなければ①へ)

　　① IF(D6-D3>=30,25%,

　　　(① D6 から D3 を引いた値が 30 以上ならば 25% とし，そうでな
　　　ければ②へ)

　　② IF(D6-D3>=50,45%,0%))*C10)

　　　(② D6 から D3 を引いた値が 50 以上ならば 45% とし，そうでな
　　　ければ 0% とし，IF 文で得られた値に C10 を掛ける)

　　②では必ず 0% となってしまい，割引率が 45% 得られず，正
　　しい結果が得られないため，不適切である。

　ウ．=IF(C10="","",

　　(C10 が空白ならば空白とし，そうでなければ①へ)

　　① IF(D6-D3<=30,0%,

　　　(① D6 から D3 を引いた値が 30 以下ならば 0% とし，そうでな
　　　ければ②へ)

　　② IF(D6-D3>=50,25%,45%))*C10)

　　　(② D6 から D3 を引いた値が 50 以上ならば 25% とし，そうでな
　　　ければ 45% とし，IF 文で得られた値に C10 を掛ける)

　　② D6 から D3 を引いた値が 50 以上の場合に 45% としなければな
　　らない箇所で 25% としており，正しい結果が得られないため，
　　不適切である。

　　以上から，正答はア．である。

問5．「出張先コード」が B04 のため，D5 は福岡となり，D8 は
22,570 となる。「出発日」が 925 のため，D6 は 2022/9/25 となり，
「区分」は 区分1 となる。「出張先コード」と「区分」から C10 は
30,300 となる。D6 (2022/9/25) から D3 (2022/8/20) を引いた値 (36)
から，割引率 25% となり，C10 (30,300) を掛け，C11 は 7,575 と
なる。C10 (30,300) から C11 (7,575) を引き，D12 は 22,725 となる。
D14 は，D8 (22,570) と D12 (22,725) の安い方を表示するため，22,570
となる。

p.56【練習4】

問1	VLOOKUP		問2	ア	問3	ウ
問4	イ	問5	523,500			

問1．作成手順2.(1)より，C6 の「サイズコード」をもとに，『サイ
ズコード表』を列方向に検索するには VLOOKUP 関数を利用する。

=VLOOKUP(検索値，範囲，列番号，検索方法)

検 索 値	C6(「サイズコード」)
範　　　囲	サイズコード表!$A$4:$B$7
列 番 号	2
検 索 方 法	FALSE

VLOOKUP(C6, サイズコード表!$A$4:$B$7,2,FALSE)

となる。以上から，

=IF(C6="","",

　(C6 が未入力なら空白を表示し，)

IFERROR(VLOOKUP(C6, サイズコード表!$A$4:$B$7,2,FALSE),

　"エラー"))

　(サイズコードからサイズを表示し，見つからなければエラーを表
　示する)

となる。

問2．作成手順2.(2)より，C7 の値が 8 以上 24 以下で，4 の倍数であ
れば，C7 の値を表示する。4 の倍数ということは，4 で割ったとき
に余りがなければよい。余りを算出するには MOD 関数を利用する。

=MOD(数値，除数)

数値	C7
除数	4

MOD(C7,4)

となり，余りがないということは算出される値が 0 の場合，4 の倍
数といえるため，

MOD(C7,4)=0

を満たせばよいことになる。

　イ．CEILING 関数は，指定された基準値の倍数のうち，数値を超え
　る最も近い値を求める関数である。

　=CEILING(数値，基準値)

　ウ．FLOOR 関数は，指定された基準値の倍数のうち，最も近い値に
　数値を切り下げる関数である。

　=FLOOR(数値，基準値)

問3．作成手順2.(4)より，C6 の「サイズコード」によって，複数の
範囲から参照先を決定し，C7 の「ページ数」と C8 の「部数」をも
とに，『基準料金一覧』を参照するには INDEX 関数を利用する。

=INDEX(範囲，行番号，列番号，領域番号)

範　　　囲	(基準料金一覧!C5:G7, 基準料金一覧!C11:G13, 基準料金一覧!C17:G19, 基準料金一覧!C23:G25)
行 番 号	「部数」
列 番 号	「ページ数」
領 域 番 号	C6(「サイズコード」)

INDEX((基準料金一覧!C5:G7, 基準料金一覧!C11:G13,

　基準料金一覧!C17:G19, 基準料金一覧!C23:G25),

　「部数」,「ページ数」,C6)

となる。行番号(「部数」)を求めるために，MATCH 関数を利用する。

=MATCH(検査値，検査範囲，照合の種類)

検 査 値	C8(「部数」)
検 査 範 囲	基準料金一覧!A5:A7
照合の種類	1

MATCH(C8, 基準料金一覧!A5:A7,1)

となる。列番号(「ページ数」)を求めるために，MATCH 関数を利用する。

検 査 値	C7(「ページ数」)
検 査 範 囲	基準料金一覧!C4:G4
照合の種類	0

MATCH(C7, 基準料金一覧!C4:G4,0)

となる。以上をまとめると，

INDEX((基準料金一覧!C5:G7, 基準料金一覧!C11:G13,

　基準料金一覧!C17:G19, 基準料金一覧!C23:G25),

　　MATCH(C8, 基準料金一覧!A5:A7,1),

　　　MATCH(C7, 基準料金一覧!C4:G4,0),C6)

となる。

　ア．「部数」の検査範囲を『基準料金一覧』の「ページ数」とし，「ペ
　ージ数」の検査範囲を『基準料金一覧』の「部数」としているた
　め，正しい結果が得られない。

イ．行番号と列番号が逆になっているため，正しい結果が得られない。

問4．作成手順2．(6)より，仮に本日が2018年5月9日，配送希望日が2018年5月12日とすると，3日以内のため 要相談 を表示する。
ア．TODAY関数は日付のシリアル値を返す関数である。
※2018年5月9日のシリアル値は43229，2018年5月12日のシリアル値は43232である。
IF(C14-TODAY()>=3,C14,"要相談")
の式で上記の例にあてはめると，C14(43232)からTODAY()(43229)を引くと3となり，3以上となるためC14(5月12日)を表示する。本来は 要相談 のはずが，配送希望日を表示してしまうため，不適切である。
イ．NOW関数は日付と時刻のシリアル値を返す関数である。
※5月9日18時のシリアル値は43229.75である。
IF(C14-NOW()>=3,C14,"要相談")
の式で上記の例にあてはめると，C14(43232)からNOW()(43229.75)を引くと2.25となり，3以上とはならないため 要相談 を表示するため，適切である。
ウ．DAY関数は日付を返す関数である。
※5月9日18時から返される値は9である。
IF(C14-DAY(NOW())>=3,C14,"要相談")
の式で上記の例にあてはめると，C14(43232)からDAY(NOW())(9)を引くと43223となり，3以上となるためC14(5月12日)を表示する。本来は 要相談 のはずが，配送希望日を表示してしまうため，不適切である。
以上から，正答はイ．である。

問5．「サイズコード」が3のため，F6はA4となる。「ページ数」が20のため，F7は20となる。「部数」が9,000のため，F8は9,000となる。「サイズ」(A4)と「部数」(9,000)，「ページ数」(20)のため，『基準料金一覧』から参照し，F9は58となる。「基準料金」が58，「部数」が9,000のため，H10は522,000となる。「配送先コード」が13のため，H16は1,500となる。「印刷料金」が522,000，「配送料」が1,500のため，H17は523,500となる。

p.58【練習5】

問1	イ	問2	イ	問3	ア	問4	ウ
問5	6,200						

問1．作成手順2．(2)より，曜日を求めるため，B4の「本日の日付・現在の時刻」の本日の曜日の戻り値をもとに，『曜日表』を列方向に検索するにはVLOOKUP関数を利用する。
=VLOOKUP(検索値，範囲，列番号，検索方法)

検 索 値	本日の曜日の戻り値
範 囲	曜日表!A4:B10
列 番 号	2(曜日は左端から2列目のため)
検 索 方 法	FALSE

VLOOKUP(本日の曜日の戻り値,曜日表!A4:B10,2,FALSE)
本日の曜日の戻り値を表示するにはWEEKDAY関数を利用する。
=WEEKDAY(シリアル値［，種類］)

シリアル値		B4(本日の日付)					
種類	日	月	火	水	木	金	土
1	1	2	3	4	5	6	7
2	7	1	2	3	4	5	6
3	6	0	1	2	3	4	5

WEEKDAY(B4,1)
※WEEKDAY関数の種類を省略すると1を入力したものと同様になる。以上をまとめると，
=VLOOKUP(WEEKDAY(B4,1),曜日表!A4:B10,2,FALSE)
ア．作成手順2．(1)より，B4にはNOW関数が設定されている。検索値が現在の日付と時刻のシリアル値になっているためエラーとなる。
ウ．アと同様である。

問2．作成手順2．(4)より，『上映スケジュール表』から映画の最終

上映開始時刻を参照するにはINDEX関数を利用する。
=INDEX(配列，行番号，列番号)

配 列	上映スケジュール表!C5:E9
行 番 号	B6(「映画コード」)
列 番 号	上映回数

INDEX(上映スケジュール表!C5:E9,B6,上映回数)
上映回数を求めるため，B6の「映画コード」から『上映スケジュール表』を列方向に検索するにはVLOOKUP関数を利用する。
=VLOOKUP(検索値，範囲，列番号，検索方法)

検 索 値	B6(「映画コード」)
範 囲	上映スケジュール表!A5:F9
列 番 号	6(上映回数は左端から6列目のため)
検 索 方 法	FALSE

VLOOKUP(B6,上映スケジュール表!A5:F9,6,FALSE)
となる。よって，
INDEX(上映スケジュール表!C5:E9,B6,
VLOOKUP(B6,上映スケジュール表!A5:F9,6,FALSE))
となる。
現在の時刻が，最終上映開始時刻前であるかどうかを判断するには，INDEX関数で参照した最終上映開始時刻(シリアル値)にTODAY関数で求めたシリアル値を加えた値がB4(NOW関数が設定)のシリアル値より小さければ最終上映開始時刻前であることが判断できる。例えば，2022年5月1日午前11時30分00秒のシリアル値は44682.47917となる。映画コードが1の「アイと氷の王様」の最終上映開始時刻は，INDEX関数で15:15と参照することができ，0.63542というシリアル値が得られ，TODAY関数で得られる2022年5月1日のシリアル値44682を加えた44682.63542と現在時刻のシリアル値を比較して上映があるかどうかを判断する。
以上をまとめると，
=IF(INDEX(上映スケジュール表!C5:E9,
B6,VLOOKUP(B6,上映スケジュール表!A5:F9,6,FALSE))+TODAY()
(『上映スケジュール表』のA5:F9からB6(映画コード)行目とVLOOKUP(B6,上映スケジュール表!A5:F9,6,FALSE)(上映回数)列目から最終上映開始時刻を参照して本日の日付のシリアル値を加える)
<B4，"本日の上映は終了しました","上映があります")
(B4に設定されているNOW関数のシリアル値と比較して，小さければ，本日の上映は終了しました と表示し，そうでなければ，上映があります と表示する。)
ア．INDEX関数で行番号と列番号が逆になっているため，正しい結果が表示されない。
ウ．最終上映開始時刻のシリアル値に本日の日付のシリアル値を加えた値が小さいにもかかわらず，上映があります と表示し，逆の場合も正しい結果が表示されない。

問3．作成手順2．(8)より，
=IF(B6=4,料金表!B8*C17,
(B6の「映画コード」が4(映画名が鳥山ドッグアイ)ならば，『料金表』のB8(深夜上映料金)で計算し，そうでなければ①へ)
① IF(C13="○",料金表!B9*C17,
(①C13の「1st Dayチケット」が○(1日)ならば，『料金表』のB9(1st Day料金)で計算し，そうでなければ②へ)
② IF(C12="○",料金表!B6*C17,料金表!B4*C17)))
(②C12の「レディースチケット」が○(本日が水曜日かつ1日ではない)ならば，『料金表』のB6(レディース料金)で計算し，そうでなければ，『料金表』のB4(大人料金)で計算する。)
イ．鳥山ドッグアイ(映画コード(B6)が4)を希望しているときは正しく計算しているが，1日(C13="○")なのに大人料金で計算，どの条件にも当てはまらないにもかかわらず，1st Day料金で計算しているため正しい結果が得られない。
ウ．鳥山ドッグアイ(映画コード(B6)が4)を希望しているにもかかわらず，大人料金で計算，どの条件にも当てはまらないにもかかわらず，深夜上映料金で計算しているため正しい結果が得られない。

問４．作成手順２．⑽より，

=IF(E22="再入力","販売不可",

（E22 のチェックが 再入力 の場合は，販売不可 と表示し，そうでなければ①へ）

① IF(B6=4,"深夜上映料金適用",

（① B6 の「映画コード」が 4，つまり深夜上映映画「鳥山ドッグアイ」の場合は，深夜上映料金適用 と表示し，そうでなければ②へ）

② IF(C12="○","レディースチケット適用",

（②C12 の「レディースチケット」が ○ の場合は，レディースチケット適用 と表示し，そうでなければ，③へ）

③ IF(C13="○","1st Day チケット適用",

（③C13 の「1st Day チケット」が ○ の場合は，1st Day チケット適用 と表示し，そうでなければ④へ）

④"通常料金適用")))）

（④どの条件にも当てはまらない場合は，通常料金適用 と表示する。）

ア．深夜上映の鳥山ドッグアイ（映画コード(B6) が 4）の場合に レディースチケット適用 と表示し，C12 のレディースチケットが ○ なのに，深夜上映料金適用 と表示してしまうので正しい結果が表示されない。

イ．深夜上映の鳥山ドッグアイ（映画コード(B6) が 4）の場合に 1st Day チケット適用 と表示し，C13 の 1st Day チケットが ○ なのに 深夜上映料金適用と表示してしまうので正しい結果が表示されない。

問５．問題を検証する場合は，B4 には NOW 関数を用いないで，手入力で 2022/5/18 16:45 と入力し，B10 には

IF(INDEX(上映スケジュール表!C5:E9,

B6,VLOOKUP(B6,上映スケジュール表!A5:F9,6,FALSE))+INT(B4)<B4,

"本日の上映は終了しました","上映があります")

と設定するとよい。

B6 の「映画コード」が 5 であるので，B8 の「映画名」は 祖母たちの手紙 となる。C12 の「レディースチケット」は，D4 が 水 なので，○ となる。C13 の「1st Day チケット」は，B4 の「本日の日付・現在の時刻」で 1 日ではないことがわかるので，× となる。よって，B24 の「チケットコメント」は，レディースチケット適用 となり，E17 の「大人（女）」と E19「学生（女）」の金額がレディース料金の単価で 1,000 円となる。E17 の「大人（女）」の金額は，C17 に 1 と入力されているので，1,000 となる。E19 の「学生（女）」の金額は，C19 に 2 と入力されているので，2,000 となる。

E16 の「大人（男）」は，1,700，E18 の「学生（男）」は 1,500 となる。よって，E25 の「料金」は，E16～E21 の合計 6,200 が表示される。

p.60【練習 6】

問1	ウ	問2	CEILING	問3	ア	問4	イ
問5	11,520						

問１．表示されている式と同じ結果を得るには，作成手順２．⑵より，B7 の「人数」が 1 以上 10 以下の場合は B7 を表示し，そうでない場合は エラー を表示すればよい。なお，

=IF(B7="","",

（B7 が空白ならば空白とし，そうでなければ①へ）

について，以下では省略する。

ア．IF(OR(B7>=1,B7<=10),B7,"エラー"))

（B7 が 1 以上か 10 以下ならば B7 を表示し，そうでなければエラーを表示する）

仮に B7 が 11 の場合，1 以上であるため，B7 を表示してしまう。また，B7 が 0 の場合でも，10 以下であるため，B7 を表示してしまう。つまり，B7 にどのような数字が入力されていても，B7 をそのまま表示してしまうため，不適切である。

イ．IF(NOT(OR(B7<1,B7>10)),"エラー",B7))

（B7 が 1 より小さくないか，B7 が 10 より大きくないならばエラーを表示し，そうでなければ B7 を表示する）

1 より小さくないか（1 より小さいとダメ），10 より大きくない（10 より大きいとダメ）場合にエラーを表示し，そうでない場合に B7 を表示してしまう。つまり，1 以上 10 以下でエラー，そうでないと

B7 と逆の処理をしてしまうため，不適切である。

ウ．IF(NOT(OR(B7<1,B7>10)),B7,"エラー"))

（B7 が 1 より小さくないか，B7 が 10 より大きくないならば B7 を表示し，そうでなければエラーを表示する）

1 より小さくないか（1 より小さいとダメ），10 より大きくない（10 より大きいとダメ）場合に B7 を表示し，そうでない場合にエラーを表示する。つまり，1 以上 10 以下で B7，そうでないとエラーを表示する正しい結果が得られるため，適切である。

以上から，正答はウ．である。

問２．作成手順２．⑸より，30 分を基準とし，もっとも近い値に切り上げた値を求めるには CEILING 関数を利用する。

=CEILING(数値, 基準値)

数 値	B12*60+B13-B9*60-B10
基準値	30

CEILING(B12*60+B13-B9*60-B10,30)

となる。

問３．作成手順２．⑹より，B7 の「人数」をもとに，『単価表』を列方向に検索するには VLOOKUP 関数を利用する。

=VLOOKUP(検索値, 範囲, 列番号, 検索方法)

検 索 値	B7（「人数」）
範　　囲	単価表内の A5:C7 か E5:G7
列 番 号	3
検索方法	TRUE

VLOOKUP(B7,単価表内の A5:C7 か E5:G7,3,TRUE)

となる。範囲については，区分コードが 1 ならば A5:C7，2 ならば E5:G7 を選択できればよいため，

IF(B5=1,単価表!A5:C7,単価表!E5:G7)

となる。以上をまとめると，

VLOOKUP(B7,IF(B5=1,単価表!A5:C7,単価表!E5:G7),3,TRUE)

となる。

イ．区分コードが 1 の場合，単価表!E5:G7 を選択し，そうでない場合に単価表!A5:C7 を選択しており，真の場合と偽の場合が逆になっているため，正しい結果が得られない。

ウ．区分コードが 2 の場合，単価表!A5:C7 を選択し，そうでない場合に単価表!E5:G7 を選択しており，真の場合と偽の場合が逆になっているため，正しい結果が得られない。

問４．作成手順２．⑻より，「利用料金」に『割引率表』の割引率を掛けることで求めることができる。E10 の「開始時刻」をもとに，『割引率表』を行方向に検索するには HLOOKUP 関数を利用する。

=HLOOKUP(検索値, 範囲, 行番号, 検索方法)

検 索 値	E10（「開始時刻」）
範　　囲	割引率表!C3:E5
行 番 号	B5（「区分コード」）+1
検索方法	TRUE

HLOOKUP(E10,割引率表!C3:E5,B5+1,TRUE)

となる。「割引額」を求めるには「利用料金」を掛けて，

E19*HLOOKUP(E10,割引率表!C3:E5,B5+1,TRUE)

となる。

※学生の割引率は『割引率表』の 2 行目となる。「区分コード」は学生が 1 であるため，+1 をしなくてはならない。

ア．「区分コード」と「開始時刻」をもとに割引率を参照する INDEX 関数を利用する場合，

=INDEX(配列, 行番号, 列番号)

配　　列	割引率表!C4:E5
行 番 号	B5（「区分コード」）
列 番 号	「開始時刻」

INDEX(割引率表!C4:E5,B5,「開始時刻」)

となる。列番号（「開始時刻」）を求めるために，MATCH 関数を利用する。

=MATCH(検査値, 検査範囲, 照合の種類)

検 査 値	E10（「開始時刻」）
検査範囲	割引率表!C3:E3
照合の種類	1

MATCH(E10, 割引率表!C3:E3,1)

となる。以上をまとめると，

INDEX(割引率表!C4:E5,B5,MATCH(E10, 割引率表!C3:E3,1))

となる。

INDEX(割引率表!C4:E5,MATCH(E10, 割引率表!C3:E3,1),B5)

では，行番号と列番号が逆になっており，正しい結果が得られないため，不適切である。

ウ．列方向に検索する VLOOKUP 関数を利用する場合，

`=VLOOKUP(検索値，範囲，列番号，検索方法)`

検 索 値	B5(「区分コード」)
範　　囲	割引率表!A4:E5
列 番 号	「開始時刻」+2
検 索 方 法	FALSE

VLOOKUP(B5, 割引率表!A4:E5,「開始時刻」+2,FALSE)

※列番号は「区分コード」と「区分」の列があるため，+2 をしなければならない。

となる。列番号(「開始時刻」)を求めるために，MATCH 関数を利用する。

`=MATCH(検査値，検査範囲，照合の種類)`

検 査 値	E10(「開始時刻」)
検 査 範 囲	割引率表!C3:E3
照合の種類	1

MATCH(E10, 割引率表!C3:E3,1)

となり，+2 をして

MATCH(E10, 割引率表!C3:E3,1)+2

となる。以上をまとめると，

VLOOKUP(B5, 割引率表!A4:E5,

MATCH(E10, 割引率表!C3:E3,1)+2,FALSE)

となる。

VLOOKUP(B5, 割引率表!A4:E5,

MATCH(E10, 割引率表!C3:E3,1)+1,FALSE)

では，+2 にしなければならないところが，+1 になっており，列がずれてしまい，正しい結果が得られないため，不適切である。

問5．「区分コード」が 2 のため，E5 は 一般 となる。「人数」が 8 のため，E7 は 8 となる。「終了時刻」(22:12)と「開始時刻」(20:35)から，E15 は 120 となる。「人数」(8)と「区分」(一般)から，E17 は 400 となる。「1 人あたり」(400)と「利用時間」(120)から，E19 は 12,800 となる。「区分コード」(2)と「開始時刻」(20:35)，「利用料金」(12,800)から，E21 は 1,280 となる。「利用料金」(12,800)と「割引額」(1,280)から「代金」は 11,520 となる。

p.62【練習7】

問1	ア	問2	ウ	問3	イ	問4	MATCH
問5	21,100						

問1．作成手順 2.(2)より，B7 の「タテ(cm)」が 90 未満か，270 以上の場合は タテのサイズエラー，B9 の「ヨコ(cm)」が 30 未満か，300 以上の場合は ヨコのサイズエラー となる。つまり，「タテ(cm)」90 以上 270 未満，「ヨコ(cm)」30 以上 300 未満なら OK となればよい。なお，

=IF(OR(B7="",B9=""),"",

(B7 か B9 が未入力ならば空白とし，そうでなければ)

について，以下では省略する。

ア．IF(OR(B7>90,B7<270),"タテのサイズエラー",

(B7 が 90 より大きいか，270 より小さければタテのサイズエラーを表示し，そうでなければ)

IF(OR(B9>30,B9<300),"ヨコのサイズエラー","OK"))

(B9 が 30 より大きいか，300 より小さければヨコのサイズエラーを表示し，そうでなければ OK を表示する)

B7 が 80 の場合，270 より小さいためエラー表示。100 の場合，90 より大きいのでエラー表示。300 の場合，90 より大きいのでエラー表示となり，B7 にどのような数字が入力されていても，タテのサイズエラーを表示してしまうため，不適切である。

イ．IF(NOT(AND(B7>=90,B7<270)),"タテのサイズエラー",

(B7 が 90 以上 270 未満でないならばタテのサイズエラーを表示し，そうでなければ)

IF(NOT(AND(B9>=30,B9<300)),"ヨコのサイズエラー","OK"))

(B9 が 30 以上 300 未満でないならばヨコのサイズエラーを表示し，そうでなければ OK を表示する)

作成手順どおりの正しい結果が得られるため，適切である。

ウ．IF(OR(B7<90,B7>=270),"タテのサイズエラー",

(B7 が 90 より小さいか，270 以上ならばタテのサイズエラーとし，そうでなければ)

IF(OR(B9<30,B9>=300),"ヨコのサイズエラー","OK"))

(B9 が 30 より小さいか，300 以上ならばヨコのサイズエラーとし，そうでなければ OK を表示する)

作成手順どおりの正しい結果が得られるため，適切である。

以上から，正答は ア．である。

問2．作成手順 2.(3)より，B7 の「タテ(cm)」と B9 の「ヨコ(cm)」が『既製カーテン価格表』のそれぞれと一致した場合は 既製品 と表示し，それ以外は オーダー を表示する。つまり，B7 と B9 で入力した値が『既製カーテン価格表』にあれば 既製品，なければ オーダー と表示すればよい。

『既製カーテン価格表』に B7 および B9 の値と一致したセルを検索するために，MATCH 関数を利用する。

`=MATCH(検査値，検査範囲，照合の種類)`

検 査 値	B7(「タテ(cm)」)
検 査 範 囲	既製カーテン価格表!A6:A10
照合の種類	0

MATCH(B7, 既製カーテン価格表!A6:A10,0)

となる。また，B7 の値が検索できなかった場合，エラー表示ではなく，0 の値を返すには IFERROR 関数を利用する。

`=IFERROR(値，エラーの場合の値)`

値	MATCH(B7, 既製カーテン価格表!A6:A10,0)
エラーの場合の値	0

IFERROR(MATCH(B7, 既製カーテン価格表!A6:A10,0),0)

となる。上記で返される値が 0 より大きければ，B7 の値が検索できたことになり，式にまとめると，

IFERROR(MATCH(B7, 既製カーテン価格表!A6:A10,0),0)>0…①

となる。B9 の「ヨコ(cm)」についても同様に，MATCH 関数を利用し，

MATCH(B9, 既製カーテン価格表!B5:C5,0)

となる。B9 が検索できなかった場合に IFERROR 関数を利用し，

IFERROR(MATCH(B9, 既製カーテン価格表!B5:C5,0),0)

となり，検索できたかの判断を加えて，

IFERROR(MATCH(B9, 既製カーテン価格表!B5:C5,0),0)>0…②

となる。作成手順から，①を満たしかつ②を満たした場合に 既製品 と表示する。以上をまとめると，

=IF(D10<>"OK","",

(D10 が OK でなければ空白を表示し，そうでなければ)

IF(AND(IFERROR(MATCH(B7, 既製カーテン価格表!A6:A10,0),0)>0,

IFERROR(MATCH(B9, 既製カーテン価格表!B5:C5,0),0)>0),"既製品","オーダー"))

(B7 が『既製カーテン価格表』にあり，かつ B9 が『既製カーテン価格表』にある場合は既製品を表示し，そうでなければオーダーを表示する)

となる。

ア．式の途中の論理式が"<0"となっており，「『既製カーテン価格表』から見つかって得られた結果が 0 より小さい場合に，既製品を表示する」となってしまっている。B7 および B9 が『既製カーテン価格表』から見つかって得られる結果は整数値となり，常にオーダーを表示してしまうため，不適切である。

イ．B7 と B9 が『既製カーテン価格表』から見つかった場合に，オーダーを表示してしまうため，不適切である。

問3．作成手順 2.(4)より，「タテ(cm)」をもとに，『既製カーテン価格表』を列方向に検索するには VLOOKUP 関数を利用する。以下では，B5 が S の場合，つまり『標準表』を検索するものとする。

`=VLOOKUP(検索値，範囲，列番号，検索方法)`

検 索 値	「タテ(cm)」
範　　　囲	既製カーテン価格表!A6:C10
列 番 号	「ヨコ(cm)」
検 索 方 法	TRUE

VLOOKUP(「タテ(cm)」, 既製カーテン価格表!A6:C10, 「ヨコ(cm)」, TRUE)

となる。検索値(「タテ(cm)」)については，B7 が 110 より小さい場合は 110 とし，それ以外は B7 とするため，

IF(B7<110,110,B7)

となる。列番号(「ヨコ(cm)」)については，B9 が 100 より大きい場合は 3 (「150」の列は左から 3 列目)，100 未満の場合には 2 (「100」の列は左から 2 列目)となるため，

IF(B9>100,3,2)

となる。以上をまとめると，

VLOOKUP(IF(B7<110,110,B7), 既製カーテン価格表!A6:C10,
　　IF(B9>100,3,2),TRUE)

となる。

ア．「タテ(cm)」と「ヨコ(cm)」が逆になっており，正しい結果が得られないため，不適切である。

ウ．B9 の「ヨコ(cm)」が 100 を超えた場合と，100 未満の場合が逆になっており，正しい結果が得られないため，不適切である。

問4．作成手順 2.(5)より，B5 の「カーテンの性能」によって，複数の範囲から参照先を決定し，B7 の「タテ(cm)」と B9 の「ヨコ(cm)」をもとに，『オーダーカーテン価格表』を参照するには INDEX 関数を利用する。

=INDEX(範囲, 行番号, 列番号, 領域番号)

範　　　囲	(オーダーカーテン価格表!C6:E11, オーダーカーテン価格表!C17:E22)
行 番 号	「タテ(cm)」
列 番 号	「ヨコ(cm)」
領 域 番 号	「カーテンの性能」

INDEX((オーダーカーテン価格表!C6:E11,
　　オーダーカーテン価格表!C17:E22),
　　　「タテ(cm)」,「ヨコ(cm)」,「カーテンの性能」)

となる。行番号(「タテ(cm)」)を求めるために，MATCH 関数を利用する。

=MATCH(検査値, 検査範囲, 照合の種類)

検 査 値	B7(「タテ(cm)」)
検 査 範 囲	オーダーカーテン価格表!A6:A11
照合の種類	1

MATCH(B7, オーダーカーテン価格表!A6:A11,1)

となる。列番号(「ヨコ(cm)」)を求めるために，MATCH 関数を利用する。

検 査 値	B9(「ヨコ(cm)」)
検 査 範 囲	オーダーカーテン価格表!C4:E4
照合の種類	1

MATCH(B9, オーダーカーテン価格表!C4:E4,1)

となる。また，範囲において，S(『標準表』)，M(『多機能表』)の順に設定している。領域番号において，指定した範囲の何番目を利用するのかを指定する必要があるため，MATCH 関数を利用する。

検 査 値	B5(「カーテンの性能」)
検 査 範 囲	{"S","M"}
照合の種類	0

MATCH(B5, {"S","M"},0)

となる。以上をまとめると，

INDEX((オーダーカーテン価格表!C6:E11,
　　オーダーカーテン価格表!C17:E22),
　　　MATCH(B7, オーダーカーテン価格表!A6:A11,1),
　　　　MATCH(B9, オーダーカーテン価格表!C4:E4,1),
　　　　　MATCH(B5, {"S","M"},0))

となる。

問5．「カーテンの性能」が M のため，D5 は 多機能 となる。「タテ(cm)」が 231，「ヨコ(cm)」が 216 のため，D10 は OK となり，D12 は オーダー となる。また，D14 は 10,190，D16 は 21,100 となる。D12 が オーダー のため，D18 は 21,100 となる。

【第1回模擬】【1】～【3】…各2点　【4】・【5】…各3点　【6】・【7】…各4点

p.64

【1】

1	ウ	2	オ	3	カ	4	ク	5	イ

【2】

1	キ	2	ケ	3	コ	4	ア	5	ウ

【3】

1	ウ	2	イ	3	イ	4	イ	5	6日間

【4】

問1	イ	問2	特性要因図	問3	ア	問4	イ	問5	ウ

【5】

問1	ウ	問2	AND　納品日 = '2022/05/31'	問3	納品表 SET 発送 = 1

問4	(a)	SUM(数量*単価)	(b)	'2022/05/01' AND '2022/05/31'	問5	ア

問4は(a)と(b)の両方ができて正答

【6】

問1	3	問2	2,350	問3	ウ	問4	99	問5	ア

【7】

問1	IFERROR	問2	ア	問3	イ	問4	(1)	652	(2)	F4:G5

【1】

解答以外の解答群の語句の説明は以下のとおりである。
ア．コンピュータの利用状況などを記録したファイル。
エ．ネットワークを介してファイルを転送するためのプロトコル。
キ．システムが正常に稼働している時間を平均で表したもの。
ケ．セキュリティ上の問題として発生した事故や事例のこと。
コ．システムを安定稼働させたり，問題点を修正したりする業務。
サ．ネットワークインタフェースカードに付けられた固有の番号。
シ．規格の異なったネットワークどうしを接続する場合に使われる
　　ハードウェアやソフトウェアの総称。

【2】

解答以外のB群の説明文は，以下の語句についての説明である。
イ．サブネットマスク
エ．プライベートIPアドレス
オ．レスポンスタイム
カ．リスクアセスメント
ク．MIME

【3】

1．解答以外の語句の説明は以下のとおりである。
　ア．暗号化と復号に異なる鍵を用いる暗号方式。
　イ．インターネット上で情報を暗号化して送受信するプロトコル。
2．解答以外の語句の説明は以下のとおりである。
　ア．要件定義，外部設計など順番に開発を進めていく開発モデル。
　ウ．プロトタイピングモデルとウォータフォールモデルを組み合わ
　　せた開発モデル。
3．解答以外の語句の説明は以下のとおりである。
　ア．不当なSQL文により，データベースの不正な閲覧や改ざんをす
　　ること。
　ウ．ユーザが入力などをするWebページの脆弱性を利用して罠を仕
　　掛け，さまざまな被害を引き起こす攻撃のこと。
4．通信速度(Mbps)の単位とデータ(MB)の単位をb(ビット)に統一す
　るために，データ量に8を掛け(1B(バイト) = 8b(ビット))
　96MB(メガバイト) = 96 × 8 = 768Mb(メガビット)
　「伝送効率を考慮しない」場合は，伝送効率が100%として考える。
　データ量 = 通信速度×伝送効率×通信時間より
　768Mb = 12Mbps × 1(100%)×通信時間
　通信時間 = 768Mb ÷(12Mbps × 1(100%))
　　　　　 = 64(秒)
5．Aさんの1日の作業量
　$1 ÷ 9 = \dfrac{1}{9}$

Bさんの1日の作業量
　$1 ÷ 12 = \dfrac{1}{12}$
AさんとBさんが共同した1日の作業量
　$\dfrac{1}{9} + \dfrac{1}{12} = \dfrac{4}{36} + \dfrac{3}{36} = \dfrac{7}{36}$
AさんとBさんが共同して作業を行った場合の期間
　$1 ÷ \dfrac{7}{36} = 5.142\cdots(日間)$
以上から作業の終了には6日間を要する。

【4】

問1．決定表から読み取れるのは，イ．の「筆記試験が75点未満の
　ものは，部門合格か不合格になる」である。
　ア．筆記試験と面接試験の点数によっては 合格 となる。また，実
　技試験の条件のみを満たした場合は，不合格 となる。
　ウ．面接試験の条件のみを満たした場合は，不合格 となる。

問2．特性要因図とは，特性とそれに影響を及ぼしたと思われる要因
　の関係を体系的に表した図のことである。

問3．解答以外の説明文は，以下の語句についての説明である。
　イ．BPR
　ウ．CRM

問4．グラフから読み取れるのは，イ．の「移動合計が全体的に右肩
　下がりになっており，売上が減少傾向にある」である。
　ア．「右肩上がり」とはいえず，「増大傾向にある」とはいえない。
　ウ．「右肩下がり」ではあるが，「増大傾向にある」とはいえない。

問5．図にあてはまるのは，ウ．の「市場からの撤退」である。残り
　りをあてはめるとすると，以下のようになる。

	強み(Strength)	弱み(Weakness)
機会 (Opportunity)		イ．弱みを改善するM＆Aで自社の弱点を克服
脅威 (Threat)	ア．同業他社の進出に独自性能の追加で対応	ウ．市場からの撤退

【5】

問1．商品表から商品コードC012のデータを削除するには，DELETE
FROM ～ WHERE ～ を利用する。
　書式　　DELETE FROM　表名　WHERE　条件
問題文等から，

表名…商品表
条件…商品コード = 'C012'
となる。よって，商品表から商品コード C012 のデータを削除するには，
　　DELETE FROM　商品表…(商品表の)
　　WHERE　商品コード = 'C012'…(商品コード C012 を削除する)
となる。
　ア．文法が間違っている。INSERT INTO ～ VALUES ～ は新しいデータレコードを追加する命令である。
　　　書式　　INSERT INTO　表名(フィールド名) VALUES(挿入データ)
　　　　　　　　※フィールド名は省略可
　イ．文法が間違っている。データを削除する DELETE FROM ～ WHERE ～ については，前ページ参照。

問2．納品した数量を合計するには SUM 関数を利用する。
　　　書式　　SELECT　集計関数(項目) FROM　表名
　抽出した列に別の名前を指定するには AS を利用する。
　　　書式　　SELECT　選択項目リスト　AS　別名
　特定の条件に合うものだけを取り出すには WHERE 句を利用する。
　　　書式　　SELECT　選択項目リスト　FROM　表名　WHERE　条件
　商品名ごとにデータをまとめるには GROUP BY を利用する。
　　　書式　　SELECT　選択項目リスト　FROM　表名
　　　　　　　　　GROUP BY　グループ化項目
　以上をまとめると，
　　SELECT　選択項目リスト，集計関数(項目) AS　別名
　　FROM　表名　WHERE　条件　GROUP BY　グループ化項目
　となる。問題文等から，
　　選択項目リスト…商品名
　　集計関数(項目)…SUM(数量)
　　別名…納品数量
　　表名…商品表 A，納品表 B
　　条件 1 …A.商品コード = B.商品コード
　　条件 2 …納品日 = '2022/05/31'
　　グループ化項目…商品名
　となる。また，表名の箇所で，商品表は「A」，納品表は「B」と表名の別名指定を行っている。以上から，2022 年 5 月 31 日における商品名ごとの納品数量一覧表を作成するには，
　　SELECT　商品名，…(商品名を抽出する)
　　SUM(数量)　AS　納品数量…(数量を合計し，納品数量として抽出する)
　　FROM　商品表 A，納品表 B…(商品表と納品表から)
　　WHERE　A.商品コード = B.商品コード…(商品表の商品コードと納品表の商品コードが一致していて)
　　AND　納品日 = '2022/05/31'…(納品日が 2022 年 5 月 31 日である)
　　GROUP BY　商品名…(商品名でグループ化し)
　となる。

問3．データベースの内容を更新するには UPDATE ～ SET ～ を利用する。
　　　書式　　UPDATE　表名　SET　フィールド名 = 変更データ
　　　　　　　　　WHERE　条件
　問題文等から，
　　表名…納品表
　　フィールド名…発送
　　変更データ…1
　　条件…納品日 = '2022/05/31'
　となる。よって，2022 年 5 月 31 日に納品する商品のレコードすべての発送を 1 に更新するには，
　　UPDATE　納品表…(納品表の)
　　SET　発送 = 1…(発送を 1 に更新する)
　　WHERE　納品日 = '2022/05/31'…(納品日が 2022 年 5 月 31 日の)
　となる。

問4．請求金額の合計をするには SUM 関数を利用する。
　　　書式　　SELECT　集計関数(項目)　FROM　表名

抽出した列に別の名前を指定するには AS を利用する。
　　　書式　　SELECT　選択項目リスト　AS　別名
特定の条件に合うものだけを取り出すには WHERE 句を利用する。
　　　書式　　SELECT　選択項目リスト　FROM　表名　WHERE　条件
2022 年 5 月(2022 年 5 月 1 日から 2022 年 5 月 31 日まで)の範囲を抽出するには BETWEEN を利用する。
　　　書式　　SELECT　選択項目リスト　FROM　表名
　　　　　　　　WHERE　選択項目　BETWEEN　条件 A　AND　条件 B
顧客名ごとにデータをまとめるには GROUP BY を利用する。
　　　書式　　SELECT　選択項目リスト　FROM　表名
　　　　　　　　GROUP BY　グループ化項目
以上をまとめると，
　SELECT　選択項目リスト，集計関数(項目) AS　別名　FROM
　表名
　WHERE　条件　AND　選択項目　BETWEEN　条件 A　AND　条件 B
　GROUP BY　グループ化項目
となる。問題文等から，
　選択項目リスト…顧客名
　集計関数(項目)…SUM(数量 * 単価)
　別名…請求金額合計
　表名…納品表 A，顧客表 B，商品表 C
　条件 1 …A.顧客コード = B.顧客コード
　条件 2 …A.商品コード = C.商品コード
　条件 3 …発送 = 1
　選択項目…納品日
　条件 A…'2022/05/01'
　条件 B…'2022/05/31'
　グループ化項目…顧客名
となる。また，表名の箇所で，納品表は「A」，顧客表は「B」，商品表は「C」と表名の別名指定を行っている。以上から，2022 年 5 月の 1 か月間における顧客名ごとの請求金額合計一覧表を作成するには，
　SELECT　顧客名，…(顧客名を抽出する)
　SUM(数量 * 単価)　AS　請求金額合計…(数量と単価を掛けて合計し，請求金額合計として抽出する)
　FROM　納品表 A，顧客表 B，商品表 C…(納品表と顧客表，商品表から)
　WHERE　A.顧客コード = B.顧客コード…(納品表の顧客コードと顧客表の顧客コードが一致していて)
　AND　A.商品コード = C.商品コード…(納品表の商品コードと商品表の商品コードが一致していて)
　AND　発送 = 1…(発送が 1 の)
　AND　納品日　BETWEEN '2022/05/01' AND '2022/05/31'…(納品日が 2022 年 5 月 1 日から 2022 年 5 月 31 日の)
　GROUP BY　顧客名…(顧客名でグループ化し)
となる。

問5．重複なくデータを抽出するには DISTINCT を利用する。
　　　書式　　SELECT DISTINCT　選択項目リスト　FROM　表名
特定の条件に合うものだけを取り出すには WHERE 句を利用する。
　　　書式　　SELECT　選択項目リスト　FROM　表名　WHERE　条件
文字列データの中から指定した文字列を検索するには LIKE を利用する。
　　　書式　　SELECT　選択項目リスト　FROM　表名
　　　　　　　　WHERE　列名　LIKE　パターン
2022 年 5 月 25 日から 2022 年 5 月 31 日の範囲を抽出するには BETWEEN を利用する。
　　　書式　　SELECT　選択項目リスト　FROM　表名
　　　　　　　　WHERE　選択項目　BETWEEN　条件 A　AND　条件 B
以上をまとめると，
　SELECT DISTINCT　選択項目リスト　FROM　表名　WHERE　条件
　AND　列名　LIKE　パターン　AND　選択項目　BETWEEN　条件
　A　AND　条件 B
となる。問題文等から，
　選択項目リスト…商品名
　表名…納品表 A，商品表 B

条件…A.商品コード＝B.商品コード
列名…A.商品コード
パターン…'A%'
条件Ａ…'2022/05/25'
条件Ｂ…'2022/05/31'

となる。また，表名の箇所で，納品表は「A」，商品表は「B」と表名の別名指定を行っている。以上から，2022年5月25日から2022年5月31日に販売した商品で，商品コードがAで始まる商品名を重複なく抽出するには，

SELECT DISTINCT　商品名…（重複のない商品名を抽出する）
FROM　納品表 A，商品表 B…（納品表と商品表から）
WHERE　A.商品コード＝B.商品コード…（納品表の商品コードと商品表の商品コードが一致していて）
AND　A.商品コード　LIKE　'A%'…（Aで始まる商品コードを）
AND　納品日　BETWEEN　'2022/05/25'　AND　'2022/05/31'…（納品日が2022年5月25日から2022年5月31日の）

となる。

※ ＿（アンダースコア記号）は任意の1文字に該当する。％（パーセント記号）は任意（0回も含む）の連続した文字に相当する。

イ．文法が間違っている。EXISTS句はデータが存在するか調べる命令であり，不適切である。
　　書式　　SELECT　選択項目リスト　FROM　表名
　　　　　　　WHERE EXISTS（SELECT 〜）
ウ．文法が間違っている。ORDER BY 〜 は並べ替えをする命令である。
　　書式　　SELECT　選択項目リスト　FROM　表名
　　　　　　　ORDER BY　並べ替え項目

【6】

問1．『弁当注文一覧表』から，店舗コードごとに「売上数量」の合計を求めるにはDSUM関数を利用する。

=DSUM（データベース，フィールド，条件）

データベース	\$A\$3:\$C\$8
フィールド	3（「売上数量」はデータベースの左から3番目）
条件	B11:B12（「店舗コード」が101）

=DSUM（\$A\$3:\$C\$8,3,B11:B12）
となる。

問2．INDEX関数の引数の設定順序は

=INDEX（配列，行番号，列番号）

である。
行番号を表す引数部分のMATCH関数の引数の設定順序は

=MATCH（検査値，検査範囲，照合の種類）

であり，
MATCH（B2,A10:A12,1）
から，B2に205が入力されているため，2を返す。また，列番号は
MATCH（B3,C9:E9,0）
から，B3にＬが入力されているため，3を返す。よって，B5は
=INDEX（C10:E12,2,3）
（C10からE12の配列から，上から2行目，左から3列目を参照する）
となるため，2,350となる。

問3．自動的に連番が割り当てられるようにするには，対象のセルが何行目にあるのかを求め，1000を足せばよい。セルの行番号を求めるには，ROW関数を利用する。

=ROW（参照）

| 参照 | A4 |

ROW（A4）
となり，1000を足して，
1000+ROW（A4）
となる。ただし，ROW（A4）は4と求め，1004となってしまう。A4は1001から始まるため，3を引いて，
=1000+ROW（A4）-3
となる。

ア．3を引くのではなく，1を足しているため，正しい結果を得ることができず，不適切である。
イ．A4を求めるために，A4を参照してしまうため，正しい結果を得ることができず，不適切である。

問4．設定されている式より，右図のセル範囲（C6:E7）が参照される。SUM関数は参照された範囲の値を合計するため，99（＝13＋18＋14＋19＋15＋20）となる。

=SUM（OFFSET（A3,3,2,2,3））
↓
C6:E7
↓
=SUM（C6:E7）

問5．条件より，「数式入力セル」は\$D\$16となり，「目標値」は1250000となる。
また，「変化させるセル」は\$B\$9となる。

イ．「数式入力セル」に入力すべき内容が「変化させるセル」，「変化させるセル」に入力すべき内容が「数式入力セル」に入力されており，正しい結果が得られないため，不適切である。
ウ．「目標値」には，数値のみ入力が可能であり，数式は入力できず，「1000000*1.25」では正しい結果が得られないため，不適切である。

【7】

問1．作成手順2.（2）より，「氏名」（F6）は，「会員番号」（D6）をもとに，『会員表』を列方向に検索して求めるため，VLOOKUP関数を利用する。

=VLOOKUP（検索値，範囲，列番号，検索方法）

検索値	D6（「会員番号」）
範囲	会員表!A4:D2003
列番号	2
検索方法	FALSE

VLOOKUP（D6,会員表!A4:D2003,2,FALSE）
となる。『会員表』から参照できない場合にはエラー表示ではなく，"会員番号エラー"を表示するため，IFERROR関数を利用する。

=IFERROR（値，エラーの場合の値）

| 値 | VLOOKUP（D6,会員表!A4:D2003,2,FALSE） |
| エラーの場合の値 | "会員番号エラー" |

IFERROR（VLOOKUP（D6,会員表!A4:D2003,2,FALSE），
"会員番号エラー"）
となる。

問2．作成条件2と作成手順2.（11）より，「仕上り希望日」（D28）が「受付日」（D5）より5日以内かを判断しなければならない。「仕上り希望日」が「受付日」より5日以内かを判断するには，「仕上り希望日」から「受付日」を引けばよいため，
D28-D5
となり，計算結果が5以内かを判断するため，
D28-D5<=5 ※1
となる。
また，「特急割増料金」（F34）は，「基本料金計」（F33）に10%を掛けて求める。ただし，計算結果については，10円未満を切り捨てて求めるため，ROUNDDOWN関数を利用する。

=ROUNDDOWN（数値，桁数）

| 数値 | F33*10% |
| 桁数 | -1 |

ROUNDDOWN（F33*10%,-1）※2
となる。
以上から，「特急割増料金」に設定する式は，
=IF（F33="","",IF（D28-D5<=5,ROUNDDOWN（F33*10%,-1），0））
となる。

イ．「受付日」には，本日の日付を表示する「=TODAY()」が設定されており，「受付日」－「受付日」になってしまうため，不適切で

ある。

　ウ．「受付日」−「仕上り希望日」になっており，不適切である。

※1　D5には本日の日付を表示するTODAY関数が入力されているため，

　　D28-TODAY()<=5

　　でも，同様の結果が得られる。

※2　FLOOR関数を利用し，

　　=FLOOR(数値，基準値)

数　　値	F33*10%
基　準　値	10

　　FLOOR(F33*10%,10)

　　でも，同様の結果が得られる。

問3．作成手順2．⒃より，「今回の獲得ポイント」(F40)は，「請求金額」(F38)を300の倍数で超えない値を求め，300で割って求める。300の倍数で超えない値を求めるには，FLOOR関数を利用する。

=FLOOR(数値，基準値)

数　　値	F38(請求金額)
基　準　値	300

FLOOR(F38,300)

となる。「今回の獲得ポイント」は，上記の結果を300で割ればよいので，

FLOOR(F38,300)/300

となる。

　ア．300を超えない値を求めているが，100で割っており，正しい結果が得られないため，不適切である。

　ウ．100を超えない値を求めており，正しい結果が得られないため，不適切である。

問4．

⑴　「氏名」(F6)と「保有ポイント」(F7)は，「会員番号」(D6)に202が入力されているため，近藤　○○ と1,025となる。

　「商品名」と「料金」は，「商品コード」が1001，「オプション」に何も入力されていないため，Yシャツ と90となる。「商品コード」が2006，「オプション」の「汗抜き」と「撥水加工」に1が入力されているため，女子学生服(上下) と1,900(＝1,100＋500＋300)となる。「商品コード」が1006，「オプション」に何も入力されていないため，ネクタイ と350となる。「商品コード」が1004，「オプション」の「汗抜き」と「折目加工」に1が入力されているため，ズボン と1,300(＝500＋500＋300)となる。「商品コード」が3002，「オプション」の「防虫加工」に1が入力されているため，カーディガン と1,100(＝550＋550)となる。「商品コード」が1002，「オプション」の「汗抜き」と「撥水加工」に1が入力されているため，スーツ(上下) と1,900(＝1,100＋500＋300)となる。

　「基本料金計」(F33)は，「料金」の合計のため，6,640(＝90＋1,900＋350＋1,300＋1,100＋1,900)となる。

　「特急割増料金」(F34)は，「仕上り希望日」(D28)が「受付日」(D5)の5日以内のため，660(＝6,640×10%)となる。

　「配送料」(F35)は，「配送の希望」(D29)に1が入力されているため，1,300(＝6,640×20%)となる。

　「小計」(F36)は，「基本料金計」から「配送料」の合計のため，8,600(＝6,640＋660＋1,300)となる。

　「使用ポイント数」(F37)は，「使用ポイント数」(D30)が400のため，400となる。

　「請求金額」(F38)は，「小計」が8,600，「使用ポイント数」が400のため，8,200(＝8,600−400)となる。

　「今回の獲得ポイント」(F40)は，「請求金額」が8,200のため，27(＝8,200÷300)となる。

　『会員表』のC105に表示される数値は，「保有ポイント」が1,025，「使用ポイント数」が400，「今回の獲得ポイント」が27のため，652(＝1,025−400＋27)となる。

⑵　ポイントを保有していて，かつ過去11か月間利用していない人数を把握するにはDCOUNTA関数を利用する。

=DCOUNTA(データベース，フィールド，検索条件)

データベース	A3:D2003
フィールド	2
検　索　条　件	F4:G5

※検索条件は，ポイントを保有している場合，「保有ポイント数」が0より大きくなり(>0)，過去11か月間利用していない場合，「最終利用日」が2022/11/5より小さくなる(<2022/11/5)ことの2つを同時に満たす必要がある。

=DCOUNTA(A3:D2003,2,F4:G5)

となる。

※COUNTIFS関数を利用し，

　=COUNTIFS(検索条件範囲1，検索条件1，
　　　　　　[検索条件範囲2，検索条件2]，…)

検索条件範囲1	C4:C2003
検　索　条　件1	">0"
検索条件範囲2	D4:D2003
検　索　条　件2	"<2022/11/5"

=COUNTIFS(C4:C2003,">0",D4:D2003,"<2022/11/5")

　でも，同様の結果が得られる。

以下は問以外のセルの計算式である。
セルD5=TODAY()
セルF7=IF(D6="","",
　　　　IFERROR(VLOOKUP(D6,会員表!A4:D2003,3,FALSE),
　　　　"会員番号エラー"))
セルC12=IF(B12="","",
　　　　IFERROR(VLOOKUP(B12,価格表!$A$4:$C$56,2,FALSE),
　　　　"商品コードエラー"))
セルH12=IF(B12="","",
　　　　IFERROR(VLOOKUP(B12,価格表!$A$4:$C$56,3,FALSE)
　　　　+IF(D12=1,500,0)+IF(E12=1,300,0)
　　　　+IF(F12=1,550,0)+IF(G12=1,300),
　　　　"商品コードエラー"))
セルF30=IF(D30<=F7,"OK","使用ポイントエラー")
セルF33=IF(B12="","",SUM(H12:H26))
セルF35=IF(F33="","",IF(D29=1,FLOOR(F33*20%,100),0))
セルF36=IF(F33="","",SUM(F33:F35))
セルF37=IF(F30="OK",D30,"エラー")
セルF38=IF(F36="","",F36-F37)

p.76

【1】

1	エ	2	ク	3	シ	4	ケ	5	キ

【2】

1	コ	2	ク	3	オ	4	イ	5	ウ

【3】

1	イ	2	ア	3	ウ	4	イ	5	5MB

【4】

問1	24日間	問2	ア	問3	ア	問4	イ	問5	イ

【5】

問1	イ	問2	(a)	AS　終了時刻	(b)	B. 登録コード ＝ C. 登録コード

問3	(a)	COUNT(*)　AS　利用回数	(b)	GROUP BY　B. 登録コード	問4	ウ

問2は(a)と(b)の両方ができて正答

【6】

問1	$A19	問2	イ	問3	COLUMN	問4	RANDBETWEEN	問5	ウ

【7】

問1	ア	問2	イ	問3	ウ	問4	(a)	MIN	(b)	ABS	問5	59,704

【1】

解答以外の解答群の語句の説明は以下のとおりである。
ア．電子メールを受信するために用いられるプロトコル。
イ．コンピュータネットワークに直接接続することができる記憶装置。
ウ．全体的な流れが正しく機能しているかを確認するテスト。
オ．128ビットでコンピュータを識別するIPアドレス。
カ．処理実行の指示を出してから，すべての実行結果が得られるまでの時間。
コ．処理実行の指示を出してから，最初の応答を得るまでの時間。
サ．RAID0に相当し，複数のHDDに分散して書き込む方式。

【2】

解答以外のB群の説明文は，以下の語句についての説明である。
ア．要件定義
エ．プロトタイピングモデル
カ．ポート番号
キ．ホストアドレス
ケ．DHCP

【3】

1．解答以外の語句の説明は以下のとおりである。
ア．データをいくつかの範囲に分け，その範囲に含まれるデータの度数に比例する量を長方形の棒で表現したグラフ。
ウ．件数の多い順に並べた棒グラフとともに，その件数の累積を示した折れ線グラフを重ねた複合グラフ。
2．解答以外の語句の説明は以下のとおりである。
イ．電子署名の一種で，公開鍵暗号方式を利用して，改ざんされていないことを保証する方法。
ウ．コンピュータの利用状況などを記録したファイル。
3．解答以外の語句の説明は以下のとおりである。
ア．不当なSQL文により，データベースの不正な閲覧や改ざんをすること。
イ．情報通信技術を使用せず，情報資産を収集する手口の総称。
4．Aさんの1日の作業量

$$1 \div 15 = \frac{1}{15}$$

Bさんの1日の作業量

$$1 \div 12 = \frac{1}{12}$$

AさんとBさんが共同した1日の作業量

$$\frac{1}{15} + \frac{1}{12} = \frac{4}{60} + \frac{5}{60} = \frac{9}{60}$$

AさんとBさんが共同して作業を行った2日間の作業量

$$\frac{9}{60} \times 2 = \frac{18}{60}$$

残りの作業量

$$1 - \frac{18}{60} = \frac{42}{60}$$

残りの作業量をAさんのみで実施した場合の期間

期間＝工数÷要員

$$\frac{42}{60} \div \frac{1}{15} = \frac{42}{60} \times 15 = 10.5$$

作業期間の合計

$$2 + 10.5 = 12.5（日間）$$

以上から，作業の終了には13日間を要する。

5．データ量＝通信速度×伝送効率×通信時間より
　データ量 ＝ 8Mbps × 0.5(50%) × 10秒
　データ量 ＝ 40Mb（メガビット）
　MB（メガバイト）で解答する必要があるので，データ量を8で割り
　（1B（バイト） ＝ 8b（ビット））
　40Mb ÷ 8 ＝ 5MB

【4】
問1.

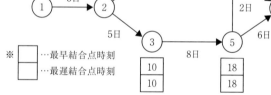

※　□…最早結合点時刻
　　□…最遅結合点時刻

上記のパート図から，クリティカルパス（最早結合点時刻と最遅結合点時刻の差がない経路，すなわち余裕のない経路）は①→②→③→⑤→⑦であり，最短の所要日数は24日間である。

問2. 図にあてはまる組み合わせはア．である。

	内部環境	外部環境
好影響	(a)強み	(b)機会
悪影響	(c)弱み	脅威

問3. 解答以外の説明文は，以下の語句についての説明である。
イ．CRM
ウ．ERP

問4. 表とグラフから読み取れるのは，イ．の「しょうゆ，みそ，塩，とんこつは売れ筋商品であり，在庫管理を適切に行い，品切れを起こさないようにする」である。
ア．表とグラフからは，「売上げの伸び」を判断できない。
ウ．「正の相関関係」は散布図によって傾向をつかむものである。

問5．PPM 分析をまとめると以下のとおりである。

よって，空欄(a)～(c)にあてはまるのは，(a)は問題児，(b)は花形，(c)は金のなる木となる。

【5】

問1．INSERT INTO ～ VALUES ～ は新しいデータレコード(行)を追加する命令である。

書式　INSERT INTO　表名(フィールド名) VALUES (挿入データ)
　　　　※フィールド名は省略可

問題文等から，
INSERT INTO　利用表…(利用表の)
VALUES　('2022/09/10'，'TU006'，10004，18，2)…(利用日が 2022 年 9 月 10 日の利用データを挿入する)
となる。

ア．データベースのレコードを削除する命令は DELETE FROM ～ WHERE ～である。
書式　DELETE FROM　表名　WHERE　条件

ウ．データベースのレコードを更新する命令は UPDATE ～ SET ～ WHERE ～ である。
書式　UPDATE　表名　SET　フィールド名 = 変更データ
　　　　WHERE　条件

問2．開始時刻と利用時間を足した列に別の名前を指定するには AS を利用する。
書式　SELECT　選択項目リスト　AS　別名
特定の条件に合うものだけを取り出すには WHERE 句を利用する。
書式　SELECT　選択項目リスト　FROM　表名　WHERE　条件
施設コードの昇順に並べ替えるには ORDER BY ～ を利用する。
書式　SELECT　選択項目リスト　FROM　表名
　　　　ORDER BY　並べ替え項目
以上をまとめると，
SELECT　選択項目リスト　AS　別名　FROM　表名　WHERE　条件
ORDER BY　並べ替え項目
となる。問題文等から，
選択項目リスト…施設名，登録チーム名，利用日，開始時刻，開始時刻 + 利用時間
別名…終了時刻
表名…施設表 A，登録表 B，利用表 C
条件1…A.施設コード = C.施設コード
条件2…B.登録コード = C.登録コード
条件3…利用日 = '2022/09/05'
条件4…開始時刻 >= 15
並べ替え項目…A.施設コード ASC
となる。また，表名の箇所で，施設表は「A」，登録表は「B」，利用表は「C」と表名の別名指定を行っている。以上から，2022 年 9 月 5 日の午後 3 時以降の体育館利用申込状況を検索し，施設コードの昇順に並べ替えるには，
SELECT　施設名，登録チーム名，利用日，開始時刻，…(施設名と登録チーム名，利用日，開始時刻を抽出する)
開始時刻 + 利用時間　AS　終了時刻…(開始時刻と利用時間を足し，終了時刻として抽出し)
FROM　施設表 A，登録表 B，利用表 C…(施設表と登録表，利用表から)
WHERE A.施設コード = C.施設コード…(施設表の施設コードと，利用表の施設コードが一致していて)
AND B.登録コード = C.登録コード…(登録表の登録コードと，利用表の登録コードが一致していて)
AND　利用日 = '2022/09/05'…(利用日が 2022 年 9 月 5 日の)

AND　開始時刻 >= 15…(開始時刻が 15 以上(時以降)の)
ORDER BY A.施設コード ASC…(施設コードの昇順に並べ替える)
となる。

問3．利用した回数を計算するには COUNT 関数を利用する。
書式　SELECT　集計関数(項目)　FROM　表名
抽出した列に別の名前を指定するには AS を利用する。
書式　SELECT　選択項目リスト　AS　別名
特定の条件に合うものだけを取り出すには WHERE 句を利用する。
書式　SELECT　選択項目リスト　FROM　表名　WHERE　条件
登録チームごとにデータをまとめるには GROUP BY を利用する。
書式　SELECT　選択項目リスト　FROM　表名
　　　　GROUP BY　グループ化項目
利用回数の降順に並べ替えるには ORDER BY ～ を利用する。
書式　SELECT　選択項目リスト　FROM　表名
　　　　ORDER BY　並べ替え項目
以上をまとめると，
SELECT　選択項目リスト　AS　別名　FROM　表名　WHERE　条件
GROUP BY　グループ化項目　ORDER BY　並べ替え項目
となる。問題文等から，
選択項目リスト…B.登録コード，登録チーム名，COUNT(*)
別名…利用回数
表名…登録表 A，利用表 B
条件1…A.登録コード = B.登録コード
条件2…利用日 >= '2022/08/01'
条件3…利用日 <= '2022/08/31'
グループ化項目…B.登録コード，登録チーム名
並べ替え項目…COUNT(*) DESC
となる。よって，2022 年 8 月における登録チームごとの体育館施設利用回数を計算し，利用回数の降順に並べ替えるには，
SELECT B.登録コード，登録チーム名，…(登録コードと登録チーム名を抽出する)
COUNT(*) AS　利用回数…(利用した回数を計算し，利用回数として抽出する)
FROM　登録表 A，利用表 B…(登録表と利用表から)
WHERE A.登録コード = B.登録コード…(登録表の登録コードと利用表の登録コードが一致していて)
AND　利用日 >= '2022/08/01'　AND　利用日 <= '2022/08/31'…(利用日が 2022 年 8 月 1 日以降で 2022 年 8 月 31 日以前の)
GROUP BY B.登録コード，登録チーム名…(利用表の登録コードと登録チーム名でグループ化し)
ORDER BY COUNT(*) DESC…(利用回数の降順に)
となる。

問4．解答以外の語句の説明は以下のとおりである。
ア．複数の処理を一つの処理としてまとめたもの。
イ．バックアップファイルとジャーナルファイルを用いて，障害発生直前の状態に復元する方法。

【6】

問1．『種類別集計表』から，「商品名」と「販売価格」の複数条件に一致する売上数の合計を算出するには，SUMIFS 関数を利用する。

=SUMIFS(合計対象範囲，条件範囲1，条件1，…)

合計対象範囲	C$4:C$15
条件範囲1	$A$4:$A$15
条件1	$A19(「商品名」)
条件範囲2	$B$4:$B$15
条件2	$B19(「販売価格」)

=SUMIFS(C$4:C$15，$A$4:$A$15，$A19，$B$4:$B$15，$B19)

問2．昨年の最高気温と売上数から，明日の予想最高気温をもとに予想販売数を求めるには，FORECAST 関数を利用する。

=FORECAST(x，既知の y，既知の x)

x	F3(『明日の販売予測』の「予想最高気温」)
既知の y	C4:C368(『昨年の販売データ』の「売上数」)
既知の x	B4:B368(『昨年の販売データ』の「最高気温」)

FORECAST(F3，C4:C368，B4:B368)

となる。「販売数」として，整数未満の数字が表示されるのは不適切である。そのため，整数未満切り上げを行い適切な表示をする必

要がある。整数未満切り上げを行うため，ROUNDUP 関数を利用し，
=ROUNDUP(FORECAST(F3,C4:C368,B4:B368),0)
となる。
ア．MODE 関数は，範囲内の最頻値を求める関数である。
=MODE(数値1，数値2…)
ウ．MEDIAN 関数は，範囲内の数値の中央値を求める関数である。
=MEDIAN(数値1，数値2…)

問3．「日」の値は，B4 には 1，C4 には 2，AF4 には 31 が表示される必要がある。つまり，「日」の値は，参照したセルの列番号を活用しても求められるため，COLUMN 関数を利用し，
=COLUMN(参照)

参 照	B4

COLUMN(B4)
となる。ただし，このままでは B4 には 2，C4 には 3，AF4 には 32 が表示されてしまうため，1 を引き，
COLUMN(B4)-1…①
となる。また，「月」に対応する日のみを表示するため，例えば 4 月の場合，末日が 30 日のため，31 は表示しない。よって，「日」と「月」が正しく対応しているかを確認する必要があるため，DATE 関数を利用する。
=DATE(年，月，日)

年	YEAR(NOW())（今の年）
月	$B$3（「月」）
日	COLUMN(B4)-1（「日」）

DATE(YEAR(NOW()),$B$3,COLUMN(B4)-1)…②
と入力し，AF4 までコピーした場合，DATE 関数の引数を値として表示した場合，
DATE(2022,4,31)
となり，セルには 5 月 1 日と表示される。つまり，B3 に設定した月と異なる月を表示することになるため，②から月を求め，B3 と比較し，異なる場合には何も表示せず，そうでない場合には①を利用し，「日」として表示すればよい。②から月を求めるには MONTH 関数を利用し，
=MONTH(シリアル値)

シリアル値	DATE(YEAR(NOW()),$B$3,COLUMN(B4)-1)

MONTH(DATE(YEAR(NOW()),$B$3,COLUMN(B4)-1))
となる。以上から，
=IF($B$3<>MONTH(DATE(YEAR(NOW()),$B$3,COLUMN(B4)-1)),
　""，COLUMN(B4)-1)
となる。

問4．乱数を利用し，一定範囲の値を求めるには RANDBETWEEN 関数を利用する。
=RANDBETWEEN(最小値，最大値)

最 小 値	10000（10000 以上のため）
最 大 値	99999（99999 以下のため）

RANDBETWEEN(10000,99999)
となる。

問5．『営業所別売上一覧表』から，地区ごとに「売上高」の平均を求めるには DAVERAGE 関数を利用する。
=DAVERAGE(データベース，フィールド，条件)

データベース	$A$3:$C$25
フィールド	3（「売上高」はデータベースの左から3番目）
条 件	F3:F4（「地区」が南部）

=DAVERAGE($A$3:$C$25,3,F3:F4)
となる。
ア．AVERAGE 関数は，平均を算出する関数である。
イ．AVERAGEIFS 関数は，複数の条件に一致する範囲の平均を算出する関数である。条件範囲と条件が適切に設定されていないため，正しい結果が得られず，不適切である。
=AVERAGEIFS(平均対象範囲，条件範囲1，条件1，…)

【7】
問1．作成条件8．と作成手順2．(2)より，G1 の「本日の日付」の月をもとに，『ラッキーワード表』を行方向に検索するには HLOOKUP 関数を利用する。
=HLOOKUP(検索値，範囲，行番号，検索方法)

検 索 値	「本日の日付」の月
範 囲	ラッキーワード表!$B$3:$M$7
行 番 号	2（「ワード1」は2行目のため）
検索方法	FALSE

=HLOOKUP(「本日の日付」の月，ラッキーワード表!$B$3:$M$7,2,FALSE)
となる。「本日の日付」の月を算出する必要があるため，MONTH 関数を利用する。
=MONTH(シリアル値)

シリアル値	G1（「本日の日付」）

MONTH($G$1)
以上から，
=HLOOKUP(MONTH($G$1)，ラッキーワード表!$B$3:$M$7,2,FALSE)
となる。しかし，上記の式を，G4〜G6 にコピーした場合，行番号が 3〜5 に変化しないため，常に「ワード1」を参照してしまう。よって，参照したセルの行番号を活用して算出する必要があるため，ROW 関数を利用する。
=ROW(参照)

参照	ROW(ラッキーワード表!A4)

ROW(ラッキーワード表!A4)
となる。上記の式からは 4 が算出され，G4〜G6 は 5〜7 となってしまい，正しい結果が得られない。そこで，上記の式に -2 を加え，
ROW(ラッキーワード表!A4)-2
とすると，G3 では 2，G4〜G6 では 3〜5 となるため，正しい結果が得られる。以上から，
=HLOOKUP(MONTH($G$1)，ラッキーワード表!$B$3:$M$7,
　ROW(ラッキーワード表!A4)-2,FALSE)
となる。なお，行番号を ROW()-1 や ROW(F3)-1 としても同様の結果が得られる。
イ．行番号が ROW() では，3〜6 が算出されてしまい，正しい結果が得られない。
ウ．行番号を 2 にしてしまうと，常にワード1を参照してしまい，正しい結果が得られない。

問2．作成条件6．と作成手順2．(11)より，B16 の「料金区分」によって，複数の範囲から参照先を決定し，C16 の「券種コード」と C8 の「会員カード」の有無をもとに，『料金一覧表』を参照するには INDEX 関数を利用する。
=INDEX(範囲，行番号，列番号，領域番号)

範 囲	（料金一覧表!$C$5:$D$7，料金一覧表!$H$5:$I$7，料金一覧表!$C$11:$D$13，料金一覧表!$H$11:$I$13）
行 番 号	「券種コード」
列 番 号	$C$8（「会員カード」の有無）
領域番号	「料金区分」

INDEX((料金一覧表!$C$5:$D$7，料金一覧表!$H$5:$I$7，
　料金一覧表!$C$11:$D$13，料金一覧表!$H$11:$I$13)，
　「券種コード」，$C$8，「料金区分」)
となる。行番号（「券種コード」）を求めるために，MATCH 関数を利用する。
=MATCH(検査値，検査範囲，照合の種類)

検 査 値	C16（「券種コード」）
検 査 範 囲	料金一覧表!$A$5:$A$7
照合の種類	0

MATCH(C16，料金一覧表!$A$5:$A$7,0)
となる。また，範囲において，シニア（料金一覧表!$C$5:$D$7），アダルト（料金一覧表!$H$5:$I$7），スクール（料金一覧表!$C$11:$D$13），ジュニア（料金一覧表!$H$11:$I$13）の順に設定している。そのため，領域番号において，何番目に設定した範囲を利用するのかを指定する必要があるため，MATCH 関数を利用し，
=MATCH(検査値，検査範囲，照合の種類)

検 査 値	B16（「料金区分」）
検 査 範 囲	$B$16:$B$19
照合の種類	0

MATCH(B16，$B$16:$B$19,0)
となる。以上をまとめると，

=IF(OR(F16="",F16="エラー"),"",
　　　INDEX((料金一覧表!$C$5:$D$7,料金一覧表!$H$5:$I$7,
　　　　　料金一覧表!$C$11:$D$13,料金一覧表!$H$11:$I$13),
　　　　　　MATCH(C16,料金一覧表!$A$5:$A$7,0),$C$8,
　　　　　　　MATCH(B16,$B$16:$B$19,0))*D16)

となる。また，領域番号を求めている MATCH 関数の検査範囲を {"シニア","アダルト","スクール","ジュニア"} としてもよい。

ア．INDEX 関数の範囲を指定する際に，"ジュニア","スクール","アダルト","シニア" の順に設定しており，領域番号を設定する MATCH 関数の検査範囲で "ジュニア","スクール","アダルト","シニア" の順に 1 ～ 4 となるように設定しているため，正しい結果が得られる。

イ．INDEX 関数の範囲を指定する際に，"ジュニア","スクール","アダルト","シニア" の順に設定しているが，領域番号を設定する MATCH 関数の検査範囲では，"シニア","アダルト","スクール","ジュニア" の順に 1 ～ 4 となるように設定しているため，正しい結果が得られない。

ウ．INDEX 関数の範囲を指定する際に，"シニア","アダルト","スクール","ジュニア" の順に設定しており，領域番号の設定に以下の IF 関数を利用しているため，正しい結果が得られる。
IF(B16="シニア",1,IF(B16="アダルト",2,
　（B16 が "シニア" ならば 1，アダルトならば 2）
　IF(B16="スクール",3,4)))
　（B16 が "スクール" ならば 3，そうでなければ 4 を表示する）

問3．作成条件5．と作成条件9．作成手順2．(14)より，D12 の「会員ワード」に，G3 の「今月のラッキーワード1」が含まれているかを大文字と小文字を区別して調べるため，FIND 関数を利用する。

=FIND(検索文字列，対象)

検索文字列	G3(「今月のラッキーワード1」)
対　象	D12(「会員ワード」)

FIND(G3,D12)

となる。検索文字列がない場合には エラー表示 ではなく，0 と表示するため，IFERROR 関数を利用する。

=IFERROR(値，エラーの場合の値)

値	FIND(G3,D12)
エラーの場合の値	0

IFERROR(FIND(G3,D12),0)

となる。上記の式で 0 より大きければラッキーワードが含まれており，0 の場合は含まれていないことになり，式にまとめると，
IFERROR(FIND(G3,D12),0)>0
さらに，ラッキーワードが含まれている場合は 1，含まれていない場合は 0 とすると，
IF(IFERROR(FIND(G3,D12),0)>0,1,0)…①
となる。①の式の G3 を G4～G6 に変えることで，今月のラッキーワード2～4 についても同様に求めることができる。
今月のラッキーワード2：IF(IFERROR(FIND(G4,D12),0)>0,1,0)…②
今月のラッキーワード3：IF(IFERROR(FIND(G5,D12),0)>0,1,0)…③
今月のラッキーワード4：IF(IFERROR(FIND(G6,D12),0)>0,1,0)…④
会員ワードにラッキーワードがいくつ含まれているかは，①～④の式の結果を合計し，10 で割り，D22 の「金額合計」を掛けるとラッキーワード割引が求められるため，
SUM(IF(IFERROR(FIND(G3,D12),0)>0,1,0),
　IF(IFERROR(FIND(G4,D12),0)>0,1,0),
　　IF(IFERROR(FIND(G5,D12),0)>0,1,0),
　　　IF(IFERROR(FIND(G6,D12),0)>0,1,0))/10*D22
となる。

ア．COUNTIFS 関数の検索条件範囲1を対象セル，検索条件1を "*"&検索セル&"*" とすると，対象セルに検索セルの内容が含まれているかを判定することが可能である。しかし，COUNTIFS 関数は，大文字と小文字の区別なく判定するため，正しい結果が得られない。

=COUNTIFS(検索条件範囲1，検索条件1，検索条件範囲2，…)

イ．SEARCH 関数は，大文字と小文字の区別なく判定するため，正しい結果が得られない。

=SEARCH(検索文字列，対象)

問4．作成条件 10～11，作成手順2．(15)より，誕生日割引で利用する

日付を求めるには，DATE 関数を利用する。

=DATE(年，月，日)

年	「本日の日付」
月	「生年月日」
日	「生年月日」

DATE(「本日の日付」,「生年月日」,「生年月日」)

「本日の日付」から年を参照するには，YEAR 関数を利用する。

=YEAR(シリアル値)

シリアル値	G1(「本日の日付」)

YEAR(G1)

となる。また，「生年月日」の月を参照するには，MONTH 関数を利用する。

=MONTH(シリアル値)

シリアル値	E12(「生年月日」)

MONTH(E12)

となる。さらに，「生年月日」の日を参照するには，DAY 関数を利用する。

=DAY(シリアル値)

シリアル値	E12(「生年月日」)

DAY(E12)

となる。以上から，誕生日割引で利用する日付を求めるには，
DATE(YEAR(G1),MONTH(E12),DAY(E12))
となり，「本日の日付」との差を算出すればよいので，
G1-DATE(YEAR(G1),MONTH(E12),DAY(E12))
を求めればよい。しかし，誕生日割のために求めた日付の方が大きくなってしまった場合，－（マイナス）となってしまう。そこで，計算結果を絶対値にする必要があるため，ABS 関数を利用する。

=ABS(数値)

数値	G1-DATE(YEAR(G1),MONTH(E12),DAY(E12))

ABS(G1-DATE(YEAR(G1),MONTH(E12),DAY(E12)))…①

となる。また，「本日の日付」が 2022 年 12 月 30 日，「生年月日」が 1989 年 1 月 1 日の場合，利用する日付は 2022 年 1 月 1 日となり，そのまま計算をすると正しい結果が得られない。そのため，利用する日付の年に 1 を加え，2023 年 1 月 1 日としなければならない。以上を式にまとめると，
ABS(G1-DATE(YEAR(G1)+1,MONTH(E12),DAY(E12)))…②
となる。さらに，「本日の日付」が 2022 年 1 月 2 日，「生年月日」が 1997 年 12 月 29 日の場合，利用する日付は 2022 年 12 月 29 日となり，そのまま計算すると正しい結果が得られない。そのため，利用する日付の年から 1 を引き，2021 年 12 月 29 日としなければならない。以上を式にまとめると，
ABS(G1-DATE(YEAR(G1)-1,MONTH(E12),DAY(E12)))…③
となる。誕生日割引を判定するには，①～③の式の結果の最も小さい値が 7 以下であれば，金額合計に 10% を掛け，そうでなければ 0 とするため，
IF(MIN(ABS(G1-DATE(YEAR(G1),MONTH(E12),DAY(E12))),
　ABS(G1-DATE(YEAR(G1)+1,MONTH(E12),DAY(E12))),
　　ABS(G1-DATE(YEAR(G1)-1,MONTH(E12),DAY(E12))))<=7,D22*0.1,0)
となる。

問5．「本日の日付」が 2022 年 4 月 6 日のため，「今月のラッキーワード1」～「今月のラッキーワード4」の G3～G6 は，G，m，U，O となる。「会員カード」が 1 のため，G8 は 会員 となる。「会員コード」が 1001MoG のため，G10 は O.K. となり，「会員ワード」の D12 は MoG，「生年月日」の E12 は 1986 年 4 月 10 日，「前回入園日」の F12 は 2022 年 2 月 6 日となる。「券種コード」が 1d，2d，2d，2d のため，「券種」の F16～F19 は 1 日券，2 日券，2 日券，2 日券となる。「料金区分」と「券種コード」，「会員カード」の有無から参照された価格に「枚数」を掛けるため，「金額」の G16～G19 は 10,000（＝ 5,000 × 2），44,000（＝ 11,000 × 4），22,800（＝ 7,600 × 3），11,000（＝ 5,500 × 2）となる。「金額合計」の D22 は G16～G19 の合計のため，87,800（＝ 10,000 + 44,000 + 22,800 + 11,000）となる。「グループ割引」の D24 は，D16～D19 の合計が 11（＝ 2 + 4 + 3 + 2）のため，6,146（＝ 7 % × 87,800）となる。「ラッキーワード割引」の D25 は，「会員ワード」の G と「今月のラッキーワード1」の G が同じため，8,780（＝ 10% × 87,800）となる（「今月のラッキーワード2」の m は小文字，「会員ワード」の M は大文字のため，割引は適用されない。「今月のラッキーワード4」の O と，「会員ワード」の o も

同様である）。「誕生日割引」の D26 は，「本日の日付」から「誕生日割引」で利用する日付を引くと，絶対値の 4（＝ 2022 年 4 月 6 日 － 2022 年 4 月 10 日）となり，「誕生日割引」の適用である前後 7 日となるため，8,780（＝ 10％ × 87,800）となる。「再来園割引」の D27 は，「本日の日付」から「前回入園日」を引くと，59（＝ 2022 年 4 月 6 日 － 2022 年 2 月 6 日※）のため，4,390（＝ 5％ × 87,800）となる。「支払金額」の D29 は，D22 から D24〜D27 の合計を引いて求めるため，59,704（＝ 87,800 －（6,146 ＋ 8,780 ＋ 8,780 ＋ 4,390））となる。
※ 2022 年 2 月 6 日から 2022 年 4 月 6 日の日数を求めればよいため，
　22（2 月）＋ 31（3 月）＋ 6（4 月）＝59（日）
　　となる。

以下は問以外のセルの計算式である。
セル G1=TODAY()
セル G8=IF(C8="","",IF(C8=1,"会員",
　　　　IF(C8=2,"非会員","エラー")))
セル G10=IF(C10="","",IF(AND(C8=1,
　　　　IFERROR(MATCH(C10,会員表!A4:A504,0),0)>0),
　　　　"O.K.","エラー"))
セル D12=IF(C10="","",IF(G10="O.K.",RIGHT(C10,3),"エラー"))
セル E12=IF($C$10="","",IF($G$10="O.K.",
　　　　VLOOKUP($C$10,会員表!$A$4:$C$504,
　　　　COLUMN(会員表!B3),FALSE),"エラー"))
セル F16=IF(OR($C$8="",$G$10="エラー",C16=""),"",
　　　　IFERROR(VLOOKUP(C16,料金一覧表!$A$5:$B$7,2,FALSE),
　　　　"エラー"))
セル D22=IF(G19="","",SUM(G16:G19))
セル D24=IF(D22="","",
　　　　VLOOKUP(SUM(D16:D19),グループ割引表!$A$4:$C$7,3,TRUE)
　　　　*D22)
セル D27=IF(OR(F12="",D22=""),"",
　　　　VLOOKUP(G1-F12,再来園割引表!$A$4:$C$7,3,TRUE)*D22)
セル D29=IF(D22="","",D22-SUM(D24:D27))

【第3回模擬】【1】～【3】…各2点　【4】・【5】…各3点　【6】・【7】…各4点

p.88

【1】

1	イ	2	エ	3	シ	4	キ	5	オ

【2】

1	ウ	2	オ	3	イ	4	ク	5	コ

【3】

1	イ	2	ア	3	ウ	4	イ	5	25.68GB

【4】

問1	(a)	ア	(b)	ウ	(c)	イ	問2	イ	問3	ア
問4	名称	ア	図	ウ	問5	ウ				

【5】

問1	(a)	イ	(b)	ウ	(c)	ア	問2	GROUP BY	問3	ア	問4	ORDER BY
問5	弁当名=											

【6】

問1	ABS	問2	(a)	LEFT	(b)	−1	問3	MODE
問4	(a)	ア	(b)	エ	(c)	イ	問5	TIME

【7】

問1	イ	問2	COUNT	問3	ウ	問4	FIND	問5	ア

複数解答問題は，問ごとにすべてができて正答

【1】

解答以外の解答群の語句の説明は以下のとおりである。
ア．システムの入出力に着目したプログラムのテスト方法。
ウ．インターネット上に構築される仮想的な専用回線。
カ．ユーザの入力ミスや誤操作の対策をシステムに組み込むこと。
ク．起動や終了など，システムの動作を記録したもの。
ケ．ネットワークに接続されているすべての機器にデータを送信する特別なアドレス。
コ．装置やシステムなどに故障や誤動作などによる障害が発生した場合，常に安全な状態に保てるように設計すること。
サ．クライアントには，最低限の機能のみを持たせ，サーバで資源を一括管理するシステム。

【2】

解答以外のB群の説明文は，以下の語句についての説明である。
ア．レスポンスタイム
エ．リスクマネジメント
カ．POP
キ．ポート番号
ケ．グローバルIPアドレス

【3】

1．解答以外の語句の説明は以下のとおりである。
　ア．プログラムが設計したとおりに動作するか確認する開発工程。
　ウ．各プログラムの内部構造を設計する開発工程。
2．解答以外の語句の説明は以下のとおりである。
　イ．ネットワークに直接接続して使用するファイルサーバ。
　ウ．フラッシュメモリにデータを記憶するドライブ装置。
3．解答以外の語句の説明は以下のとおりである。
　ア．電子署名の一種で，公開鍵暗号方式を利用して，改ざんされていないことを保証する方法。
　イ．公開鍵の正当性を保証し，管理する機関。
4．図①は0.9の稼働率である装置Aを直列システムとして稼働しているため，
　＝稼働率×稼働率×稼働率
　＝0.9×0.9×0.9
　＝0.729
となる。図②は，0.7の稼働率である装置Bを並列システムとして稼働しているため，
　＝1−（1−稼働率）×（1−稼働率）×（1−稼働率）
　＝1−（1−0.7）×（1−0.7）×（1−0.7）
　＝1−（0.3）×（0.3）×（0.3）
　＝1−0.027
　＝0.973

5．磁気ディスクの記憶容量は以下の式で求めることができる。
　＝1シリンダあたりのトラック数×トラック数×セクタ数
　　×1セクタあたりの記憶容量
トラック番号は0から始まり，899までの900トラックはセクタ数が350のため，315,000セクタ（＝350×900），900から始まり1,999までの1,100トラックはセクタ数が200のため，220,000セクタ（＝200×1,100）となり，トラック数×セクタ数は315,000＋220,000となる。1シリンダあたりのトラック数が12，1セクタあたりの記憶容量が4,000Bのため，
　磁気ディスクの記憶容量＝12×（315,000＋220,000）×4,000
　　　　　　　　　　　　＝12×535,000×4,000
　　　　　　　　　　　　＝25,680,000,000（B）
となる。$1GB＝10^9（＝1,000,000,000）B$のため，
25,680,000,000÷1,000,000,000＝25.68（GB）
となる。

【4】

問1．データベース設計の手順は，
　概念設計　→　論理設計　→　物理設計
である。

問2．DFDは以下のような記号で構成される。

記号	名称	説明
⟶	データフロー	データの流れ
◯	プロセス	データの処理
	データストア	データが記録されているファイル
☐	データの源泉と吸収	データの発生源や行先

解答以外の説明文は，以下の語句についての説明である。
ア．データストア
ウ．データフロー

問3．ブレーンストーミングは，「批判禁止」，「自由奔放」，「質より量」，「結合便乗」という4つのルールにより行われるアイディア発想法である。
　イ．「批判禁止」の事項に適さないため，不適切である。
　ウ．「自由奔放」の事項に適さないため，不適切である。

27

エ. 「結合便乗」の事項に適さないため，不適切である。

問4. 問題文から，パレート図が適切である。そのため，名称はア，図はウとなり，解答以外の選択肢の説明は以下の通りである。
特性要因図…特性とそれに影響を及ぼした要因との関連性を整理して体系的に表した図。
散布図…2つの項目におけるデータをプロットした図。

問5. 解答以外の説明文は，以下の語句についての説明である。
ア. ERP
イ. アライアンス

【5】
問1. 顧客表と関連性があるのは，注文表である。注文表と関連性があるのは，顧客表と注文明細表である。注文明細表と関連性があるのは，注文表と弁当表である。

問2. ある表の項目の合計を求めるには SUM 関数を利用する。
　　　書式　　SELECT　SUM(項目)　FROM　表名
抽出した列に別の名前を指定するには AS を利用する。
　　　書式　　SELECT　選択項目リスト　AS　別名
特定の条件に合うものだけを取り出すには WHERE 句を利用する。
　　　書式　　SELECT　選択項目リスト　FROM　表名　WHERE　条件
ある項目ごとにデータをまとめるには GROUP BY を利用する。
　　　書式　　SELECT　選択項目リスト　FROM　表名
　　　　　　　　GROUP　BY　グループ化項目
以上をまとめると，
　　SELECT　選択項目リスト，SUM(項目) AS　別名　FROM　表名
　　WHERE　条件　GROUP BY　グループ化項目
となる。問題文等から，
　　選択項目リスト　　…B.注文番号
　　SUM(項目)　　…数量 * 価格
　　別名　　…金額
　　表名　　…弁当表 A，注文表 B，注文明細表 C
　　条件1　　…A.弁当コード = C.弁当コード
　　条件2　　…B.注文番号 = C.注文番号
　　条件3　　…配達日 = '2022/09/10'
　　グループ化項目　　…B.注文番号
となる。以上から，配達日が 2022 年 9 月 10 日の，注文番号と金額を抽出するには，
　　SELECT　B.注文番号，SUM(数量 * 価格) AS　金額…(注文表の注文番号と，数量と価格を掛けた値の合計を金額として抽出する)
　　FROM　弁当表 A，注文表 B，注文明細表 C…(弁当表と注文表，注文明細表から)
　　WHERE　A.弁当コード = C.弁当コード…(弁当表の弁当コードと注文明細表の弁当コードが一致していて)
　　AND　B.注文番号 = C.注文番号…(注文表の注文番号と注文明細表の注文番号が一致していて)
　　AND　配達日 = '2022/09/10'…(配達日が 2022 年 9 月 10 日の)
　　GROUP BY　B.注文番号…(注文表の注文番号でグループ化し)
となる。

問3. SQL 文を実行した場合，
　　SELECT　名前…(名前を抽出する)
　　FROM　顧客表 A…(顧客表から)
　　WHERE　EXISTS(SELECT * FROM　注文表　WHERE　顧客番号 = A.顧客番号　AND　受付日　BETWEEN '2022/08/01' AND '2022/08/31')…(注文表から，受付日が 2022 年 8 月 1 日から 2022 年 8 月 31 日のデータを検索し，)
となる。受付日から 2022 年 8 月 1 日から 2022 年 8 月 31 日のデータの名前を抽出するとは，つまり「2022 年 8 月 1 日から 2022 年 8 月 31 日の期間に受付のあった顧客の名前」を抽出することとなる。
イ. 「WHERE NOT EXISTS (SELECT 〜)」であれば，適切であるが，「WHERE EXISTS (SELECT 〜)」のため，不適切である。
ウ. 2022 年 8 月 1 日から 2022 年 8 月 31 日以外のデータを抽出していないため，不適切である。

問4. 特定の条件に合うものだけを取り出すには WHERE 句を利用する。
　　　書式　　SELECT　選択項目リスト　FROM　表名　WHERE　条件
複数のデータから，いずれかにあてはまる場合に抽出するには IN 句を利用する。
　　　書式　　SELECT　選択項目リスト　FROM　表名
　　　　　　　　WHERE　列名　IN(値)
ある項目を基準として，並べ替えるには ORDER BY 〜 を利用する。
　　　書式　　SELECT　選択項目リスト　FROM　表名
　　　　　　　　ORDER BY　並べ替え項目
以上をまとめると，
　　SELECT　選択項目リスト　FROM　表名　WHERE　条件
　　AND　列名　IN（値）ORDER BY　並べ替え項目
となる。問題文等から，
　　選択項目リスト　　…配達日，B.注文番号，弁当名，数量
　　表名　　…弁当表 A，注文表 B，注文明細表 C
　　条件1　　…A.弁当コード = C.弁当コード
　　条件2　　…B.注文番号 = C.注文番号
　　列名　　…配達日
　　値　　…'2022/11/03'，'2022/11/10'，'2022/11/17'，'2022/11/24'
　　並べ替え項目　　…配達日 ASC
となる。以上から，2022 年 11 月 3 日，11 月 10 日，11 月 17 日，11 月 24 日に配達する配達日と注文番号，弁当名，数量を抽出するには，
　　SELECT　配達日，B.注文番号，弁当名，数量…(配達日と注文番号，弁当名，数量を抽出する)
　　FROM　弁当表 A，注文表 B，注文明細表 C…(弁当表と注文表，注文明細表から)
　　WHERE　A.弁当コード = C.弁当コード…(弁当表の弁当コードと注文明細表の弁当コードが一致していて)
　　AND　B.注文番号 = C.注文番号…(注文表の注文番号と注文明細表の注文番号が一致していて)
　　AND　配達日　IN（'2022/11/03'，'2022/11/10'，'2022/11/17'，'2022/11/24'）…(配達日が 2022 年 11 月 3 日か，11 月 10 日，11 月 17 日，11 月 24 日のいずれかの)
　　ORDER BY　配達日　ASC…(配達日の昇順に並べ替える)
となる。

問5. データベースの内容を変更するには UPDATE〜SET〜を利用する。
　　　書式　　UPDATE　表名　SET　フィールド名 = 変更データ
　　　　　　　　WHERE　条件
となる。問題文等から，
　　表名　　…弁当表
　　フィールド名　　…弁当名
　　変更データ　　…弁当名 & '（おかずのみ）'（（おかずのみ）という言葉を追加する）
　　条件　　…おかずのみの弁当コード
となる。また，おかずのみの弁当コードは右端から 1 文字が N（'%N'）のため，特定の文字列を検索する LIKE を利用する。条件は，
　　商品コード　LIKE '%N'
となる。以上から，おかずのみの弁当名に（おかずのみ）という言葉を追加するには，
　　UPDATE　弁当表…(弁当表の)
　　SET　弁当名 = 弁当名 & '（おかずのみ）'…(弁当名に（おかずのみ）を追加したものに変更する)
　　WHERE　弁当コード　LIKE '%N'…(弁当コードの右端 1 文字が N の)
となる。

【6】
問1. 「始点 A」から「終点 B」を引いた値を表示するには，
　　「始点 A」－「終点 B」
とすればよい。なお，上記で得られた値を絶対値にする必要があるため，ABS 関数を利用し，

=ABS(数値)
数　　　値　　B2-B3

=ABS(B2-B3)

となる。

問2.「割引額」は,「売上金額」に10%を掛けて,円未満を切り捨てて求めている。つまり,「売上金額」の左側から,「売上金額」の文字数から一文字分だけ小さい(-1)文字数を抽出すればよいため,LEFT関数を利用し,

=LEFT(文字列, 文字数)

| 文 字 列 | B2(「売上金額」) |
| 文 字 数 | 「売上金額」の文字数-1 |

LEFT(B2,「売上金額」の文字数 -1)

となる。「売上金額」の文字数を求めるには,LEN関数を利用し,

=LEN(文字列)

| 文 字 列 | B2(「売上金額」) |

LEN(B2)

となり,

LEFT(B2,LEN(B2)-1)

となる。

ただし,LEFT関数で抽出したデータは文字列となるため,文字列を数値に変換するVALUE関数を利用する。

=VALUE(文字列)

| 文 字 列 | LEFT(B2,LEN(B2)-1) |

=VALUE(LEFT(B2,LEN(B2)-1))

となる。

問3.「記録(回数)」の最頻値を表示するため,MODE関数を利用し,

=MODE(数値1, 数値2, …)

| 数 値 1 | B4:B268(「記録(回数)」) |

=MODE(B4:B268)

となる。

問4.「四球」が60以上(>=60)で,「三振」が80以下(<=80)の「打率」の最大値を求めるには,DMAX関数を利用し,

=DMAX(データベース, フィールド, 条件)

データベース	$A$3:$K$35
フィールド	3
条　　件	$M$3:$N$4

=DMAX($A$3:$K$35,3,$M$3:$N$4)

となる。しかし,N8までコピーした場合,「本塁打」の最大値ではなく,「打率」の最大値が算出されてしまう。そのため,フィールドを3から『分析結果』の項目であるM7(「打率」)に変更し,

=DMAX($A$3:$K$35,M7,$M$3:$N$4)

とする。N8にコピーした場合,

=DMAX($A$3:$K$35,N7,$M$3:$N$4)

となり,「本塁打」の最大値を求めることができる。

問5.「開始時刻」から「終了時刻」の「料金」の合計を求めるには,「時刻」が「開始時刻」以上(>=「開始時刻」),かつ「時刻」が「終了時刻」以下(<=「終了時刻」)という複数条件に一致する「料金」の合計を求めればよいため,SUMIFS関数を利用し,

=SUMIFS(合計対象範囲, 条件範囲1, 条件1 …)

合計対象範囲	B9:L9(「料金」)
条 件 範 囲 1	B8:L8(「時刻」)
条　件　1	">="&(「開始時刻」)
条 件 範 囲 2	B8:L8(「時刻」)
条　件　2	"<="&(「終了時刻」)

=SUMIFS(B9:L9,
　B8:L8,">="&「開始時刻」,B8:L8,"<="&「終了時刻」)

となる。B8:L8と「開始時刻」を比較するためには,「開始時刻」をシリアル値で求める必要がある。「開始時刻」をシリアル値で求めるには,TIME関数を利用する。

=TIME(時, 分, 秒)

時	B3(「開始時刻」)
分	0
秒	0

TIME(B3,0,0)

となる。「終了時刻」も同様に求められるため,

時	B4(「終了時刻」)
分	0
秒	0

TIME(B4,0,0)

となる。以上から,B5に設定する式は,

=SUMIFS(B9:L9,
　B8:L8,">="&TIME(B3,0,0),B8:L8,"<"&TIME(B4,0,0))

となる。

【7】

問1.作成条件4と作成手順2.(5)より,C4〜C6の「エラー番号」は1,10,100であり,10^nとなっていることがわかる。つまり,C4では$10^0(10\textasciicircum0)$,C5では$10^1(10\textasciicircum1)$,C6では$10^2(10\textasciicircum2)$となる。縦方向にコピーする際,指数を1ずつ大きくする必要があり,ROW関数を利用して求めればよいため,「エラー番号」は,

10^ROW()…①

で求めることができる。しかし,C4に上記の式を入力した場合,

10^4

となってしまうため,①の指数を求めている箇所から4を引いて,

10^(ROW()-4)

となる。

ア.1は指数がいくら増えても,1のため,不適切である。

ウ.100^0は1で成立するものの,100^1は100になってしまい,正しい結果が得られないため,不適切である。

問2.作成手順2.(4)(10)より,「文字組み合わせ」(F6)は,「個数」がそれぞれ1以上の場合,OKを表示する。なお,「個数」は,「判定3」に「種類」がない場合,未使用 という文字を表示する。つまり,「個数」(K4〜K7)4か所それぞれに数字が表示されている状態(数字を表示しているセルの数 =4)の場合,OKを表示する。そのため,K4〜K7で数字を表示しているセルの数を数えるには,COUNT関数を利用し,

=COUNT(値1, 値2, …)

| 値 1 | K4:K7(「個数」) |

COUNT(K4:K7)

となる。以上から,F6に設定する式は,

=IF(確認表!C6="","",IF(COUNT(K4:K7)=4,"OK","NG"))

となる。

問3.作成手順2.(7)より,「文字1」(B10)は,「希望ID」(確認表!C4)の文字列から,A10の数値を開始位置として,1文字を抽出するため,MID関数を利用し,

=MID(文字列, 開始位置, 文字数)

文 字 列	確認表!C4
開 始 位 置	A10の数値
文 字 数	1

MID(確認表!C4,A10の数値,1)

となる。A10の数値は1桁だが,A19以降は数値が2桁になるため,数値を抽出するのではなく,数値以外の文字列をなくすことによって,結果的に数値を抽出する。A10〜A29において,文字目 を何も表示しないデータ("")に置換すれば,数値を抽出することができる。そのため,文字列を置換するSUBSTITUTE関数を利用し,

=SUBSTITUTE(文字列, 検索文字列, 置換文字列)

文 字 列	A10
検索文字列	"文字目"
置換文字列	""

SUBSTITUTE(A10,"文字目","")

となる。ただし,A10の文字列から,文字列を取り除いて残ったデータは,文字列のため,数値に変換する必要がある。そのため,VALUE関数を利用し,

=VALUE(文字列)

| 文 字 列 | SUBSTITUTE(A10,"文字目","") |

VALUE(SUBSTITUTE(A10,"文字目",""))

29

となる。以上から，B10 に設定する式は，
=IF($B$4<>"OK","",
　MID(確認表!$C$4,VALUE(SUBSTITUTE(A10,"文字目","")),1))
となる。

ア．FORECAST 関数は，現在のデータから一定の予測値を算出する
　関数である。

　=FORECAST(x, 既知の y, 既知の x)

イ．MATCH 関数は，検査範囲を検索し，検査値と一致する値の相対
　的な位置を表す数値を表示する関数である。

　=MATCH(検査値, 検査範囲, 照合の種類)

問4．作成手順2．(8)より，「文字1」がシート名「確認表」の「使
　用可能文字一覧」にあるか確認する際，「英小文字」と「英大文字」
　を区別する必要があるため，FIND 関数を利用し，

　=FIND(検索文字列, 対象, [開始位置])

検索文字列	B10（「文字1」）
対象	「使用可能文字一覧」
開始位置	1

FIND(B10,「使用可能文字一覧」,1)
となる。「使用可能文字一覧」は，「確認表」の C19 と C20, C21 を
結合した値となるため，

確認表!C19&確認表!C20&確認表!C21

となる。よって，「文字1」がシート名「確認表」の「使用可能文
字一覧」にあるか確認するには，

FIND(B10,確認表!C19&確認表!C20&確認表!C21,1)

となる。また，C29 までコピーすると，C10 に設定する式は，

=IF(B10="","",
　IF(IFERROR(
　　FIND(B10,確認表!$C$19&確認表!$C$20&確認表!$C$21,1),0)>0,
　　"OK","NG"))

となる。

問5．ア～ウを入力すると，以下のようになる。
ア

	A	B	C	D	E	F	G	H
1								
2	希望ID				パスワード			
3	項目	確認欄	エラー番号		項目	確認欄	エラー番号	
4	IDの重複	OK			文字数	OK		
5	文字数	OK			使用可能文字	OK		
6	使用可能文字	OK			文字組み合わせ	OK		
7	判定	OK			判定	OK		
8								
9		文字1	判定1			文字2	判定2	判定3
10	1文字目	z	OK		1文字目	S	OK	英大文字
11	2文字目	e	OK		2文字目	3	OK	数字
12	3文字目	n	OK		3文字目	1	OK	数字
13	4文字目	g	OK		4文字目	&	OK	特殊記号
14	5文字目	h	OK		5文字目	o	OK	英大文字
15	6文字目	o	OK		6文字目	c	OK	英小文字
16	7文字目				7文字目	t	OK	英小文字
17	8文字目				8文字目			
18	9文字目				9文字目			
19	10文字目				10文字目			
20	11文字目				11文字目			
21	12文字目				12文字目			
22	13文字目				13文字目			
23	14文字目				14文字目			
24	15文字目				15文字目			
25	16文字目				16文字目			
26	17文字目				17文字目			
27	18文字目				18文字目			
28	19文字目				19文字目			
29	20文字目				20文字目			

イ

	A	B	C	D	E	F	G	H
1								
2	希望ID				パスワード			
3	項目	確認欄	エラー番号		項目	確認欄	エラー番号	
4	IDの重複	OK			文字数	OK		
5	文字数	NG	10		使用可能文字	NG	100	
6	使用可能文字	OK			文字組み合わせ	OK		
7	判定	NG			判定	NG		
8								
9		文字1	判定1			文字2	判定2	判定3
10	1文字目	a	OK		1文字目	Y	OK	英大文字
11	2文字目	d	OK		2文字目	e	OK	英小文字
12	3文字目				3文字目	a	OK	英小文字
13	4文字目				4文字目	r	OK	英小文字
14	5文字目				5文字目	=	OK	特殊記号
15	6文字目				6文字目	1	OK	数字
16	7文字目				7文字目	3	OK	数字
17	8文字目				8文字目	=	OK	特殊記号
18	9文字目				9文字目	2	OK	数字
19	10文字目				10文字目	0	OK	数字
20	11文字目				11文字目	0	OK	数字
21	12文字目				12文字目	1	OK	数字
22	13文字目				13文字目	¥	NG	NG
23	14文字目				14文字目			
24	15文字目				15文字目			
25	16文字目				16文字目			
26	17文字目				17文字目			
27	18文字目				18文字目			
28	19文字目				19文字目			
29	20文字目				20文字目			

ウ

	A	B	C	D	E	F	G	H
1								
2	希望ID				パスワード			
3	項目	確認欄	エラー番号		項目	確認欄	エラー番号	
4	IDの重複	OK			文字数	NG		10
5	文字数	OK			使用可能文字	OK		
6	使用可能文字	NG		100	文字組み合わせ	NG		1000
7	判定	NG			判定	NG		
8								
9		文字1	判定1			文字2	判定2	判定3
10	1文字目	T	NG		1文字目	N	OK	英大文字
11	2文字目	o	OK		2文字目	o	OK	英大文字
12	3文字目	k	OK		3文字目	3	OK	数字
13	4文字目	y	OK		4文字目	5	OK	数字
14	5文字目	o	OK		5文字目			
15	6文字目		OK		6文字目			
16	7文字目	M	NG		7文字目			
17	8文字目	e	OK		8文字目			
18	9文字目	t	OK		9文字目			
19	10文字目	.	OK		10文字目			
20	11文字目	1	OK		11文字目			
21	12文字目	9	OK		12文字目			
22	13文字目	7	OK		13文字目			
23	14文字目	9	OK		14文字目			
24	15文字目				15文字目			
25	16文字目				16文字目			
26	17文字目				17文字目			
27	18文字目				18文字目			
28	19文字目				19文字目			
29	20文字目				20文字目			

E4 と E6 に OK が表示されるのは，アとなる。

以下は問以外のセルの計算式である。
シート名「確認表」
セル E4=IF(C4="","",IF(判定表!B7="OK","OK","NG"))
セル C5=IF(OR(E4="",E4="OK"),"",
　　　　VLOOKUP(SUM(判定表!C4:C6)+10000,
　　　　エラーコード表!A4:B11,2,FALSE))
セル E6=IF(C6="","",IF(判定表!F7="OK","OK","NG"))
セル C7=IF(OR(E6="",E6="OK"),"",
　　　　VLOOKUP(SUM(判定表!G4:G6)+10000,
　　　　エラーコード表!A4:B11,2,FALSE))
シート名「判定表」
セル B4=IF(COUNTIFS(ID一覧表!A4:A900,確認表!C4)=0,"OK","NG")
セル B5=IF(B4="OK",IF(AND(LEN(確認表!C4)<=20,
　　　　LEN(確認表!C4)>=3),"OK","NG"),"")
セル B6=IF(B4="OK",
　　　　IF(LEN(確認表!C4)=COUNTIFS(判定表!C10:C29,"OK"),
　　　　"OK","NG"),"")
セル B7=IF(AND(B4="OK",B5="OK",B6="OK"),"OK","NG")
セル F4=IF(確認表!C6="","",
　　　　IF(AND(LEN(確認表!C6)<=20,LEN(確認表!C6)>=6),
　　　　"OK","NG"))
セル F5=IF(確認表!C6="","",
　　　　IF(LEN(確認表!C6)=COUNTIFS(判定表!G10:G29,"OK"),
　　　　"OK","NG"))
セル F7=IF(AND(F4="OK",F5="OK",F6="OK"),"OK","NG")
セル G4=IF(F4="OK","",10^(ROW()-3))
セル K4=IF(H10="","",
　　　　IF(COUNTIFS($H$10:$H$29,J4)>0,
　　　　COUNTIFS($H$10:$H$29,J4),"未使用"))
セル F10=IF(確認表!$C$6="","",
　　　　MID(確認表!$C$6,VALUE(
　　　　SUBSTITUTE(E10,"文字目","")),1))
セル G10=IF(F10="","",
　　　　IF(OR(IFERROR(FIND(F10,確認表!$C$22,1),0)>0,
　　　　COUNTIFS(確認表!$C$23:$C$25,"*"&F10&"*")>0),
　　　　"OK","NG"))
セル H10=IF(F10="","",
　　　　IF(IFERROR(FIND(F10,確認表!$C$22,1),0)>0,
　　　　確認表!$D$22,IFERROR(
　　　　VLOOKUP("*"&F10&"*",確認表!$C$23:$D$25,2,FALSE),
　　　　"NG")))

p.100

【1】

1	ウ	2	サ	3	ア	4	エ	5	ク

【2】

1	ク	2	コ	3	イ	4	エ	5	キ

【3】

1	ア	2	ウ	3	イ	4	イ	5	0.99

【4】

問1	ＤＦＤ	問2	ウ	問3	ア	問4	ウ	問5	イ

【5】

問1	ウ	問2	イ	問3	(a)	DISTINCT　氏名	(b)	性別 = '女'

問4	(1)	COUNT(＊) AS 教習回数	(2)	ORDER BY COUNT(＊) DESC

問3は(a)と(b)の両方ができて正答

【6】

問1	G4	問2	岡田市	問3	ア	問4	ウ	問5	ア

【7】

問1	ア・イ・エ	問2	COLUMN	問3	INT	問4	(a)	HLOOKUP	(b)	A3:A153	問5	4,900

問4は(a)と(b)の両方ができて正答

【1】

解答以外の解答群の語句の説明は以下のとおりである。
イ．IPアドレスのうち，ネットワークの識別に使用される部分。
オ．複数のハードディスクをまとめて1台のハードディスクとして管理する技術。
カ．分割された個々のプログラムのみを対象としたテスト。
キ．システムの入出力に着目したプログラムのテスト方法。
ケ．IPアドレスのうち，同一ネットワーク内の機器を識別するために使用される部分。
コ．システム全体が正しく機能しているかを確認するテスト。
シ．ネットワークにおいてデータを送受信する際の手順を定めた規約。

【2】

解答以外のB群の説明文は，以下の語句についての説明である。
ア．MIME
ウ．共通鍵暗号方式
オ．MTBF
カ．概念設計
ケ．アライアンス

【3】

1．解答以外の語句の説明は以下のとおりである。
　イ．情報通信技術を使用せず，情報資産を収集する手口の総称。
　ウ．ユーザが入力などをするWebページの脆弱性を利用して罠を仕掛け，さまざまな被害を引き起こす攻撃のこと。
2．解答以外の語句の説明は以下のとおりである。
　ア．ファイル転送のやり取りをするためのプロトコル。
　イ．Webサーバのデータをブラウザに表示させるためのプロトコル。
3．解答以外の語句の説明は以下のとおりである。
　ア．強み，弱み，機会，脅威の観点から経営環境を評価する方法。
　ウ．自由な意見を出し合い多数のアイディアを生み出す方法。
4．Aさんの1日の作業量

$$1 \div 9 = \frac{1}{9}$$

　AさんとBさんが共同した1日の作業量

$$\frac{1}{9} + \text{Bさんの作業量}$$

　AさんとBさんが共同して作業を行った場合の期間を求める式

$$1 \div \left(\frac{1}{9} + \text{Bさんの作業量} \right) = 6$$

$$1 = 6\left(\frac{1}{9} + \text{Bさんの作業量} \right)$$

$$1 = \frac{6}{9} + 6 \times \text{Bさんの作業量}$$

$$1 - \frac{6}{9} = 6 \times \text{Bさんの作業量}$$

$$\frac{3}{9} = 6 \times \text{Bさんの作業量}$$

$$\frac{3}{9} \div 6 = \text{Bさんの作業量}$$

$$\frac{3}{9} \times \frac{1}{6} = \text{Bさんの作業量}$$

$$\frac{1}{18} = \text{Bさんの作業量}$$

　Bさんが一人で行った場合の期間
　　期間＝工数÷要員

$$1 \div \frac{1}{18} = 18 \text{（日間）}$$

5．並列システムの稼働率
　＝ 1 －（1 －装置Aの稼働率）×（1 －装置Bの稼働率）
　＝ 1 －（1 － 0.9）×（1 － 0.9）
　＝ 1 － 0.1 × 0.1
　＝ 0.99

【4】

問1．DFDとは，システム開発に用いられるデータの流れと処理の関係を表す図のことである。

問2．決定表から読み取れるのは，ウ．の「会員実績10年以上でなくても，購入額が10万円以上で10%の割引がある」である。
　ア．会員実績10年以上が加わると割引率は15%になり，同じではない。
　イ．購入額によって割引率に差があり，同じではない。

問3．解答以外の説明文は，以下の語句についての説明である。
　イ．ハウジングサービス
　ウ．セキュリティポリシー

問4．グラフから読み取れるのは，ウ．の「各販売商品のある時点の売上を基準に，その後の売上の変動を比率でみることができる」である。
　ア．グラフから，「売上の割合など」をみることができない。
　イ．グラフから，「売上の相関関係」を判断できない。

問5．解答以外の図は以下のとおりである。
　ア．パレート図
　ウ．散布図

【5】

問1．適切な組み合わせは，ウ．である。教官表と関連性があるのは，予約表である。そのため，(c)は予約表となる。また，予約表と関連があるのは，教官表と教習生表である。よって，(b)は教習生表となる。教習生表と関連性があるのは，予約表と免許表であるため，(a)は免許表となる。

ア．免許表と予約表は関連性がない。また，教官表と免許表も関連性がないため，不適切である。

イ．予約表と免許表は関連性がない。また，教習生表と教官表も関連性がないため，不適切である。

問2．問のSQL文を実行し，新たに予約をするには「予約が入っていない」ことが条件となる。つまり，「データが抽出されない」ときに「予約可能」となる。

ア．「データが抽出される」ということは，「希望する教習日と時間および教官に，すでに予約が入っている」こととなり，予約することは不可能である。

ウ．ア．と同様である。

問3．教習生の氏名を重複なく抽出するにはDISTINCTを利用する。

　書式　SELECT DISTINCT　選択項目リスト　FROM　表名

特定の条件に合うものだけを取り出すにはWHERE句を利用する。

　書式　SELECT　選択項目リスト　FROM　表名　WHERE　条件

2022年4月24日から2022年4月30日までの範囲を抽出するにはBETWEENを利用する。

　書式　SELECT　選択項目リスト　FROM　表名
　　　　　WHERE　選択項目　BETWEEN　条件A　AND　条件B

以上をまとめると，

　SELECT DISTINCT　選択項目リスト　FROM　表名　WHERE　条件
　AND　選択項目　BETWEEN　条件A　AND　条件B

となる。問題文等から，

　選択項目リスト…氏名
　表名…予約表A，教習生表B
　条件1…A.教習生コード = B.教習生コード
　条件2…性別 = '女'
　選択項目…教習日
　条件A…'2022/04/24'
　条件B…'2022/04/30'

となる。また，表名の箇所で，予約表は「A」，教習生表は「B」と表名の別名指定を行っている。以上から，2022年4月24日から2022年4月30日に予約している女性の教習生の氏名を重複なく抽出するには，

　SELECT DISTINCT　氏名…（重複のない氏名を抽出する）
　FROM　予約表A，教習生表B…（予約表と教習生表から）
　WHERE A.教習生コード = B.教習生コード…（予約表の教習生コードと，教習生表の教習生コードが一致していて）
　AND 性別 = '女'…（性別が女で）
　AND 教習日 BETWEEN '2022/04/24' AND '2022/04/30'…（教習日が2022年4月24日から2022年4月30日の）

となる。

問4．

(1) 教官の教習回数を計算するにはCOUNT関数を利用する。

　書式　SELECT　集計関数(項目)　FROM　表名

抽出した列に別の名前を指定するにはASを利用する。

　書式　SELECT　選択項目リスト　AS　別名

特定の条件に合うものだけを取り出すにはWHERE句を利用する。

　書式　SELECT　選択項目リスト　FROM　表名　WHERE　条件

2022年4月1日から2022年4月30日までの範囲を抽出するにはBETWEENを利用する。

　書式　SELECT　選択項目リスト　FROM　表名
　　　　　WHERE　選択項目　BETWEEN　条件A　AND　条件B

教官ごとにデータをまとめるにはGROUP BYを利用する。

　書式　SELECT　選択項目リスト　FROM　表名
　　　　　GROUP BY　グループ化項目

以上をまとめると，

　SELECT　選択項目リスト，集計関数(項目)　AS　別名
　FROM　表名　WHERE　条件　AND　選択項目　BETWEEN
　条件A　AND　条件B　GROUP BY　グループ化項目

となる。問題文等から，

　選択項目リスト…A.教官コード，教官名
　集計関数(項目)…COUNT(*)

　別名…教習回数
　表名…予約表A，教官表B
　条件…A.教官コード = B.教官コード
　選択項目…教習日
　条件A…'2022/04/01'
　条件B…'2022/04/30'
　グループ化項目…A.教官コード，教官名

となる。以上から，2022年4月における教官ごとの教習回数一覧表を作成するには，

　SELECT A.教官コード，教官名…（教官コードと教官名を抽出する）
　COUNT(*) AS 教習回数…（教習した回数を計算し，教習回数として抽出する）
　FROM 予約表A，教官表B…（予約表と教官表から）
　WHERE A.教官コード = B.教官コード…（予約表の教官コードと教官表の教官コードが一致していて）
　AND 教習日 BETWEEN '2022/04/01' AND '2022/04/30'…（教習日が2022年4月1日から2022年4月30日の）
　GROUP BY A.教官コード，教官名…（教官コードと教官名でグループ化し）

となる。

(2) 教習回数の降順に並べ替えるにはORDER BY ～ を利用する。

　書式　SELECT　選択項目リスト　FROM　表名
　　　　　ORDER BY　並べ替え項目

なお，教習した回数を計算するにはCOUNT関数を利用し，

　並べ替え項目…COUNT(*)

となる。よって，教習回数で降順に並べ替えるために追加する文は，

　ORDER BY COUNT(*) DESC

となる。

【6】

問1．『英単語テスト成績一覧表』から，「年」と「組」の複数条件に一致する「得点」の平均を算出するには，AVERAGEIFS関数を利用する。

=AVERAGEIFS(平均対象範囲，条件範囲1，条件1，…)

平均対象範囲	$D$4:$D$30
条件範囲1	$A$4:$A$30
条件1	F4(「年」)
条件範囲2	$B$4:$B$30
条件2	G4(「組」)

=AVERAGEIFS($D$4:$D$30,$A$4:$A$30,F4,$B$4:$B$30,G4)

となる。

問2．IFERROR関数は，式がエラーの場合に設定した値を表示する関数であり，引数の設定順序は，

=IFERROR(値，エラーの場合の値)

となる。LEFT関数は，文字列の左から任意文字数を抽出する関数であり，引数の設定順序は，

=LEFT(文字列，文字数)

となる。また，LEFT関数の文字数を表す引数部分のSEARCH関数は，文字列から任意の文字が何文字目にあるのかを表示する関数であり，引数の設定順序は，

=SEARCH(検索文字列，対象)

となる。B4の「住所」には 岡田市西川1-36 となっているため，市までの文字数3を返す。よって，C4は

=LEFT(B4,3)　（B4の左から3文字を抽出する）

となるため，岡田市となる。今回の問題では，最初に市を検索し見つかった場合にLEFT関数の引数となる。しかし，見つからない場合にはエラーとなり，次に町を検索する。ここまでで見つからない場合には村を検索し，市・町・村いずれも含まない場合には，該当なしを表示する。

問3．「新所属名」は，「現所属名」の 経理 と 財務 をそれぞれ 会計 に置換する必要がある。まず，経理 を 会計 に置き換えて表示するには，SUBSTITUTE関数を利用する。

=SUBSTITUTE(文字列，検索文字列，置換文字列)

文　字　列	C4(「現所属」)
検索文字列	"経理"
置換文字列	"会計"

SUBSTITUTE(C4,"経理","会計")

となる。さらに，上記で置き換えられた内容について，財務 を 会計 に置き換えて表示するには，SUBSTITUTE 関数を利用する。

文　字　列	SUBSTITUTE(C4,"経理","会計")
検索文字列	"財務"
置換文字列	"会計"

=SUBSTITUTE(SUBSTITUTE(C4,"経理","会計"),"財務","会計")

となる。

イ．SUMIFS 関数は，複数の条件に一致する範囲の合計を算出する関数である。

=SUMIFS(合計対象範囲，条件範囲１，条件１，…)

ウ．FIND 関数は，セル内の文字列の中から，検索する文字を大文字と小文字を区別したうえで，最初に現れる位置を求める関数である。

=FIND(検索文字列，対象，開始位置)

問４．『漢字テスト結果一覧表』の中央値を求めるには，MEDIAN 関数を利用する。

=MEDIAN(数値１，数値２…)

数　　値	B4:B43

=MEDIAN(B4:B43)

となる。

ア．FORECAST 関数は，現在のデータから一定の予測値を算出する関数である。

=FORECAST(x，既知の y，既知の x)

イ．MODE 関数は，データ内で最も頻繁に出現する値(最頻値)を求める関数である。

=MODE(数値１，数値２…)

問５．条件より，制約条件には，"商品 A，商品 B は１箱以上生産する。"ため，「$B$11:$C$11>=1」が必要となる。また，求めるのは「生産数(箱)」であり，整数でなければならないため，「$B$11:$C$11=整数」が必要となる。"各材料の合計は，使用上限を超えないように設定する。"ため，「$D$12:$D$14<=$D$4:$D$6」が必要となる。

イ．「$B$11:$C$11<=1」では，"商品 A，商品 B は１箱以下生産する。"となってしまい，正しい結果が得られないため，不適切である。

ウ．「$D$12:$D$14>=$D$4:$D$6」では，"各材料の合計は，使用上限を超える"となってしまい，正しい結果が得られないため，不適切である。

【7】

問１．作成条件２，作成手順１．(2)より，H4 は「利用時刻」(D5)が 8，10，13，15，17 の場合，OK を表示し，それ以外の場合は エラー を表示するため，OR 関数を利用し，

=IF(D5="","",IF(OR(D5=8,D5=10,D5=13,D5=15,D5=17)，"OK","エラー"))

となる。また，D5 の時刻に変換した値が，D11～H11 にあるか判断しても，同様の結果となる。D5 を時刻に変換するには，TIME 関数を利用し，

=TIME(時，分，秒)

時	D5
分	0
秒	0

TIME(D5,0,0)

となる。さらに，D11～H11 にあるか判断するために COUNTIFS 関数を利用し，

=COUNTIFS(検索条件範囲１，検索条件１，検索条件範囲２，…)

検索条件範囲１	D11:H11
検索条件１	TIME(D5,0,0)

COUNTIFS(D11:H11,TIME(D5,0,0))

となり，D5 の時刻があるか判断するための論理式は，算出された

値が 0 より大きい場合(>0)のため，

COUNTIFS(D11:H11,TIME(D5,0,0))>0

となり，H4 に設定する式は，

=IF(D5="","",
　　IF(COUNTIFS(D11:H11,TIME(D5,0,0))>0,"OK","エラー"))

となる。また，シリアル値で時間を求めるには，24 で割ればよいため，

=IF(D5="","",
　　IF(COUNTIFS(D11:H11,D5/24)>0,"OK","エラー"))

となる。

ウ．D5 が 8, 10, 13, 15, 17 以外の場合に OK を表示してしまうため，不適切である。

問２．作成手順１．(9)より，D19 が H5 の２日前になるように H19 まで５日分の日時を表示するには，D19 から H19 までの日時と H5 の関係は以下のようになる。

セル番地	D19	E19	F19	G19	H19
セルの内容	H5-2	H5-1	H5	H5+1	H5+2

D19 に設定した式を H19 までコピーすることを想定した場合，D19 から列方向にコピーした結果，１ずつ増えていく必要がある。また，列方向にコピーするため，列番号が１ずつ増えている。よって，D19 に設定する式は，H5 に列番号を加算すればよいため，

$H$5+列番号

となり，列番号を求めるには COLUMN 関数を利用し，

$H$5+COLUMN()

となる。しかし，上記の式では，D19 では 4(COLUMN 関数に引数を設定しない場合，入力されているセルの列番号)を加算し，H19 では 8 を加算することになるため，正しい結果が得られない。D19 では -2 を加算し，H19 では +2 を加算するには，それぞれのセルにおいて，6 を引けばよい。つまり，D19 に設定する式は，

$H$5+COLUMN()-6

となる。以上から，D19 に設定する式は，

=IFERROR($H$5+COLUMN()-6,"")

となる。

問３．作成条件３，作成手順１．(10)より，該当箇所(D20 の場合は D19，H24 の場合は H19)が本日以前(<=$H$1)の場合は，予約不可 を表示するため，D20 に設定する式は，

IF(D19<=$H$1,"予約不可",解答不要)

となる。しかし，作成手順１．(1)より，H1 には TODAY 関数が設定されており，D19 は H5(日付に時刻を加算した値)に列番号を加えた値となっている。結果的に，日付が同じ場合には，時刻分(小数以下の値)だけ D19 が大きい値となり，正しい結果が得られない。そのため，H1 と比較する際には，D19 が整数値となっていなければならない。よって，D19 を整数値とするために INT 関数を利用し，

=INT(数値)

数　　値	D19

INT(D19)

となり，D20 に 予約不可 かを判断するために設定する式は，

IF(INT(D19)<=$H$1,"予約不可",解答不要)

となる。なお，H24 までコピーするため，

IF(INT(D$19)<=$H$1,"予約不可",解答不要)

となる。

問４．作成手順１．(13)より，H29 は「講師コード」(D28)をもとに，『予約表』を行方向に検索するため，HLOOKUP 関数を利用し，

=HLOOKUP(検索値，範囲，行番号，検索方法)

検　索　値	D28(「講師コード」)
範　　囲	予約表!B3:AE153
行　番　号	「時間帯」
検　索　方　法	FALSE

HLOOKUP(D28，予約表!B3:AE153，「時間帯」,FALSE)

となる。行番号は範囲内(予約表!A3:A153)における「時間帯」の相対的な位置を求める必要があるため，MATCH 関数を利用し，

=MATCH(検査値，検査範囲，照合の種類)

検 査 値	「時間帯」
検 査 範 囲	予約表!A3:A153
照合の種類	0

MATCH(「時間帯」,予約表!A3:A153,0)

となる。「時間帯」は,「予約月日」(D26)に「予約時刻」(D27)を時刻に変換した値を加算して求められるため,TIME 関数を利用し,

=TIME(時,分,秒)

時	D27
分	0
秒	0

TIME(D27,0,0)

となる。以上から,

HLOOKUP(D28,予約表!B3:AE153,
　　MATCH(D26+TIME(D27,0,0),予約表!A3:A153,0),FALSE)

となり,上記の式が空欄("")の場合,予約可 を表示し,それ以外の場合,予約不可 を表示するため,H29 に設定する式は,

=IF(OR(D28="",H28="エラー"),"",
　　IF(HLOOKUP(D28,予約表!B3:AE153,
　　　　MATCH(D26+TIME(D27,0,0),予約表!A3:A153,0),FALSE)="",
　　　　"予約可","予約不可"))

となる。

問5.「講師コード」(D28)が FRSI1 のため,「コースコード」(「講師コード」の左端から3桁目より2文字)が SI となり,「基本料金」(H31)は 7,000 となる。「予約時刻」(D27)が 8 のため,「早朝割引」(H32)は 1,400(=7,000 × 0.2)となる。問題文直後の『予約状況確認表』の「予約月日」(D26)が 2022/9/10,「平日割引」が 0 と表示されている。仮に 2022/9/10 が土曜日の場合,2022/9/13 は火曜日となる。また,2022/9/10 が日曜日 の場合,2022/9/13 は水曜日となる。いずれにしても,2022/9/13 は土曜日か,日曜日ではないため,「平日割引」(H33)は 700(= 7,000 × 0.1)となる。「基本料金」が 7,000,「早朝割引」が 1,400,「平日割引」が 700 のため,「利用料金」(H34)は 4,900(= 7,000 − 1,400 − 700)となる。

以下は問以外のセルの計算式である。

セル H5=IF(OR(D4="",D5="",H4="エラー"),"",IFERROR(
　　　　VLOOKUP(D4+TIME(D5,0,0),予約表!A4:A153,1,FALSE),
　　　　"エラー"))

セル H7=IF(D7="","",IFERROR(
　　　　VLOOKUP(D7,言語表!A4:B6,2,FALSE),"エラー"))

セル H8=IF(D8="","",IFERROR(
　　　　VLOOKUP(D8,コース表!A4:B6,2,FALSE),"エラー"))

セル B12=IF($H$5="","",IFERROR(
　　　　INDEX(講師表!$A$4:$B$33,MATCH($D$7&$D$8&ROW()-11,
　　　　講師表!$A$4:$A$33,0),1),""))

セル C12=IFERROR(VLOOKUP(B12,講師表!$A$4:$B$33,2,FALSE),"")

セル D12=IF($B12="","",IF($D$4<=$H$1,"予約不可",
　　　　INDEX(予約表!$B$4:$AE$153,
　　　　　MATCH($D$4+D$11,予約表!$A$4:$A$153,0),
　　　　　　MATCH($B12,予約表!$B$3:$AE$3,0))))

セル B20=IF($H$5="","",IFERROR(
　　　　INDEX(講師表!$A$4:$B$33,MATCH($D$7&$D$8&ROW()-19,
　　　　講師表!$A$4:$A$33,0),1),""))

セル C20=IFERROR(VLOOKUP(B20,講師表!$A$4:$B$33,2,FALSE),"")

セル H27=IF(D27="","",IF(IFERROR(
　　　　MATCH(TIME(D27,0,0),D11:H11,0),0)>0,"OK","エラー"))

セル H28=IF(D28="","",IF(IFERROR(
　　　　VLOOKUP(D28,講師表!A4:B33,2,FALSE),"エラー"))

セル H31=IF(H29<>"予約可","",
　　　　VLOOKUP(MID(D28,3,2),コース表!A4:C6,3,FALSE))

セル H32=IF(H31="","",IF(D27=8,H31*0.2,0))

セル H33=IF(H31="","",IF(WEEKDAY(D26,2)<=6,H31*0.1,0))

セル H34=IF(H31="","",H31-H32-H33)

p.112

【1】

1	イ	2	ア	3	シ	4	ウ	5	ク

【2】

1	カ	2	イ	3	キ	4	ケ	5	ウ

【3】

1	ア	2	ウ	3	イ	4	イ	5	0.12GB

【4】

問1	21日間	問2	イ	問3	ア	問4	ウ	問5	ウ

【5】

問1	イ	問2	ウ	問3	(a)	店員表B, 職種表C	(b)	ORDER BY　開始時刻
問4	(1)	GROUP BY　A.店員コード	(2)	HAVING　時給 * SUM(勤務時間) >= 100000			

問3は(a)と(b)の両方ができて正答

【6】

問1	3	問2	(a)	4	(b)	3	問3	16,300	問4	ア	問5	イ

問2は(a)と(b)の両方ができて正答

【7】

問1	IFERROR	問2	CEILING	問3	ウ	問4	イ	問5	3,920

【1】

解答以外の解答群の語句の説明は以下のとおりである。
エ．プロトタイピングモデルとウォータフォールモデルを組み合わせた開発モデル。
オ．複数のプログラムを組み合わせて行うテスト。
カ．RASIS の示す指標の一つで，システムの不整合などの起こりにくさを表したもの。
キ．コンピュータに処理実行の指示を出してから，すべての実行結果が得られるまでの時間。
ケ．ユーザの視点でシステムの設計を行う開発工程。
コ．各プログラムの内部構造を設計する開発工程。
サ．RASIS の示す指標の一つで，故障の際の修復時間が短いこと。

【2】

解答以外のB群の説明文は，以下の語句についての説明である。
ア．ネットワークアドレス
エ．SMTP
オ．ゲートウェイ
ク．フェールソフト
コ．VoIP

【3】

1．解答以外の語句の説明は以下のとおりである。
　イ．システムに障害が発生しても，全体が停止することなく稼働し続けるような設計思想。
　ウ．システムに故障や障害が起きないようにする考え方。
2．解答以外の語句の説明は以下のとおりである。
　ア．複数のハードディスクに同じデータを書き込む方式。
　イ．パケットの通過可否を判断する機能。
3．解答以外の語句の説明は以下のとおりである。
　ア．データベースにおける一連の更新処理のこと。
　ウ．エンティティが持つ特性，特徴などの値のこと。
4．Aさんの1日の作業量

$$1 \div 12 = \frac{1}{12}$$

　Bさんの1日の作業量

$$1 \div 10 = \frac{1}{10}$$

　AさんとBさんが共同した1日の作業量

$$\frac{1}{12} + \frac{1}{10} = \frac{5}{60} + \frac{6}{60} = \frac{11}{60}$$

　AさんとBさんが共同して作業を行った場合の期間

$$1 \div \frac{11}{60} = 5.454545\cdots(日間)$$

以上から作業の終了には6日間を要する。

5．ディスクの記憶容量は以下の式で求めることができる。
ディスクの記憶容量＝
　1トラックの記憶容量×1シリンダのトラック数×総シリンダ数

1トラックの記憶容量が800 B，1シリンダのトラック数が25，総シリンダ数が6,000のため，
ディスクの記憶容量 ＝ 800 × 25 × 6,000
　　　　　　　　　 ＝ 120,000,000(B)
となる。1GB は 10^9B(=1,000,000,000)のため，
120,000,000 ÷ 1,000,000,000 ＝ 0.12(GB)
となる。

【4】
問1．

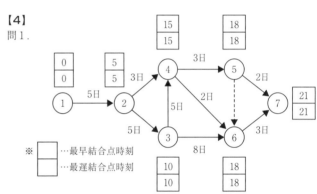

　　　※ ☐ …最早結合点時刻
　　　　☐ …最遅結合点時刻

上記のパート図から，最短の所要日数は21日間である。また，クリティカルパス(最早結合点時刻と最遅結合点時刻の差がない経路，すなわち余裕のない経路)は，①→②→③→⑥→⑦である。

問2．解答以外の図は以下のとおりである。
　ア．SWOT 分析
　ウ．決定表

問3．解答以外の説明文は，以下の語句についての説明である。
　イ．BPR
　ウ．ホスティングサービス

問4．回帰直線の適切な活用方法は，ウ．である。
　ア．回帰直線の傾きと売上個数の増減は関係がない。
　イ．回帰直線の長さと売上個数は関係がない。

問5．解答以外の説明文は，以下の語句についての説明である。
　ア．コンプライアンス
　イ．アウトソーシング

【5】
問1．処理の流れ①より，一人のアルバイト店員が一日に勤務ごとに1レコードが追加される。処理の流れ③より，同日に同じ時間帯に複数のアルバイト店員が勤務するため，同日に複数のレコードが作成される。そのため，「勤務日」と「店員コード」を合わせることで，勤務表のレコードを一意に特定できる。
　ア．「店員コード」がなく，レコードを一意に特定できないため，

不適切である。
ウ．「開始時刻」がなくても，レコードを一意に特定できるため，不適切である。

問2．年齢を19歳に変更するにはUPDATE ～ SET ～ を利用する。
　　　書式　　UPDATE　表名　SET　フィールド名 = 変更データ
　　　　　　　　　　WHERE　条件
　　問題文等から，
　　　表名…店員表
　　　フィールド名…年齢
　　　変更データ…19
　　　条件…店員コード = 'S1102'
　　となる。よって，井上○○（店員コードはS1102）の年齢を19歳に変更するには，
　　　UPDATE　店員表…（店員表の）
　　　SET　年齢 = 19…（年齢を19に更新する）
　　　WHERE　店員コード = 'S1102'…（店員コードがS1102の）
　　となる。
　　　ア．文法が間違っている。表名の箇所にフィールド名と変更データ，フィールド名と変更データの箇所に表名が記述されているため，不適切である。
　　　イ．文法が間違っている。表名の箇所にフィールド名，フィールド名と変更データの箇所に変更データのみが記述されているため，不適切である。

問3．特定の条件に合うものだけを取り出すにはWHERE句を利用する。
　　　書式　　SELECT　選択項目リスト　FROM　表名　WHERE　条件
　　勤務の開始時刻の昇順に並べ替えるにはORDER BY ～を利用する。
　　　書式　　SELECT　選択項目リスト　FROM　表名
　　　　　　　　　　ORDER BY　並べ替え項目
　　以上をまとめると，
　　　SELECT　選択項目リスト　FROM　表名　WHERE　条件
　　　ORDER BY　並べ替え項目
　　となる。問題文等から，
　　　選択項目リスト…A.店員コード，氏名，開始時刻，勤務時間，職種名
　　　表名…勤務表 A，店員表 B，職種表 C
　　　条件1…A.店員コード = B.店員コード
　　　条件2…B.職種コード = C.職種コード
　　　条件3…勤務日 = '2022/07/28'
　　　並べ替え項目…開始時刻 ASC
　　となる。
　　※条件1と条件2から，「B」として表名の別名指定をしている表は，「店員コード」と「職種コード」を含んでいる必要があるため，「B」は店員表となる。店員表以外に，「職種コード」を含んでいるのは職種表であるため，「C」は職種表となる。
　　以上から，2022年7月28日の勤務実績一覧表を開始時刻の昇順に作成するには，
　　　SELECT　A.店員コード，氏名，開始時刻，勤務時間，職種名…（店員コードと氏名，開始時刻，勤務時間，職種名を抽出する）
　　　FROM　勤務表 A，店員表 B，職種表 C…（勤務表と店員表，職種表から）
　　　WHERE　A.店員コード = B.店員コード…（勤務表の店員コードと店員表の店員コードが一致していて）
　　　AND　B.職種コード = C.職種コード…（店員表の職種コードと職種表の職種コードが一致していて）
　　　AND　勤務日 = '2022/07/28'…（勤務日が2022年7月28日の）
　　　ORDER BY　開始時刻　ASC…（開始時刻の昇順に並べ替える）
　　となる。

問4．
(1) アルバイト料を算出するには時給に勤務時間の合計を掛ければよい。勤務時間の合計を計算するにはSUM関数を利用する。
　　　書式　　SELECT　集計関数(項目)　FROM　表名
　　抽出した列に別の名前を指定するにはASを利用する。
　　　書式　　SELECT　選択項目リスト　AS　別名

特定の条件に合うものだけを取り出すにはWHERE句を利用する。
　　　書式　　SELECT　選択項目リスト　FROM　表名　WHERE　条件
店員ごとにデータをまとめるにはGROUP BYを利用する。
　　　書式　　SELECT　選択項目リスト　FROM　表名
　　　　　　　　　GROUP BY　グループ化項目
以上をまとめると，
　　SELECT　選択項目リスト,集計関数(項目) AS　別名　FROM　表名
　　WHERE　条件　GROUP BY　グループ化項目
となる。問題文等から，
　　選択項目リスト…A.店員コード，氏名，時給，時給 * SUM(勤務時間)
　　別名…アルバイト料
　　表名…勤務表 A，店員表 B，時給表 C
　　条件1…A.店員コード = B.店員コード
　　条件2…B.時給コード = C.時給コード
　　条件3…勤務日 >= '2022/07/01'
　　条件4…勤務日 <= '2022/07/31'
　　グループ化項目…A.店員コード，氏名，時給
となる。また，表名の箇所で，勤務表は「A」，店員表は「B」，時給表は「C」と表名の別名指定を行っている。以上から，2022年7月における店員ごとのアルバイト料一覧表を作成するには，
　　SELECT　A.店員コード，氏名，時給，…（店員コードと氏名，時給を抽出する）
　　時給 * SUM(勤務時間) AS　アルバイト料…（時給に勤務時間の合計を掛け，アルバイト料として抽出する）
　　FROM　勤務表 A，店員表 B，時給表 C…（勤務表と店員表，時給表から）
　　WHERE　A.店員コード = B.店員コード…（勤務表の店員コードと店員表の店員コードが一致していて）
　　AND　B.時給コード = C.時給コード…（店員表の時給コードと時給表の時給コードが一致していて）
　　AND　勤務日 >= '2022/07/01'　AND　勤務日 <= '2022/07/31'…（勤務日が2022年7月1日以降で2022年7月31日以前の）
　　GROUP BY　A.店員コード，氏名，時給…（店員コードと氏名と時給でグループ化し）
となる。

(2) GROUP句の後に追加する文のため，特定の条件に合うものだけを取り出すWHERE句は利用できない。そのため，GROUP句の後に条件を追加するのは，HAVING句である。
　　　書式　　SELECT　選択項目リスト　FROM　表名
　　　　　　　　　GROUP BY　グループ化項目　HAVING　制約条件
なお，制約条件はアルバイト料が¥100,000以上となり，アルバイト料は時給に勤務時間の合計を掛けて求める。また，勤務時間の合計を計算するにはSUM関数を利用し，
　　制約条件…時給 * SUM(勤務時間) >= 100000
となる。よって，アルバイト料が¥100,000以上の店員を抽出するための条件を加えるには，
　　HAVING　時給 * SUM(勤務時間) >= 100000
となる。

【6】
問1．『売上一覧表』から，商品コードごとに「注文数」の合計を求めるにはDSUM関数を利用する。
=DSUM(データベース，フィールド，条件)

データベース	$A$4:$E$17
フィールド	3（「注文数」はデータベースの左から3番目）
条件	B19:B20（「商品コード」が101）

=DSUM($A$4:$E$17,3,B19:B20)
となる。

問2．「結果」(C1) が29は D7であり，A3から縦に4，横に3シフトした位置になるため，C1に設定する式は，
=OFFSET(A3,4,3,1,1)
となる。

（表）

	A	B	C	D	E
1	結果		29		
2					
3	確認表				
4	11	① ②	13	14	15
5	16	⑦	18	19	20
6	21	③	23	24	25
7	26	④27	28	29	30
8	31	32	33	34	35

問3．E5の式から料金計算方法は，
・「車種コード」から基本料金を参照する。
VLOOKUP(B5,$A$12:$D$14,3,FALSE)
・「返却時刻」から「貸出時刻」を引いた時間が3時間（180分）以内なら追加料金はなし(0)とする。
IF(D5-C5<=TIME(0,180,0),0,
・「返却時刻」から「貸出時刻」を引いた時間が3時間（180分）を超える場合には，3時間を引いた時間から15分ごとに追加料金（延長料金）が発生する。
ROUNDUP((D5-C5-TIME(0,180,0))/TIME(0,15,0),0)
*VLOOKUP(B5,$A$12:$D$14,4,FALSE)
・基本料金と追加料金（延長料金）を足したものが「料金」となる。「車種コード」がB103のため，基本料金は3,000となる。「返却時刻」から「貸出時刻」を引くと，7時45分となる。3時間を超えているため，追加料金が発生する。3時間（180分）を引くと，4時45分（285分）となり，15分で割ると19となる。B103の延長料金700を掛けて，追加料金は13,300となる。基本料金と追加料金を足して，16,300となる。

問4．「旧市町村名」を「新市町村名」に置き換えるにはSUBSTITUTE関数を利用する。
=SUBSTITUTE(文字列，検索文字列，置換文字列)

文 字 列	B7（「旧住所」）
検索文字列	B2（「旧市町村名」）
置換文字列	B3（「新市町村名」）

=SUBSTITUTE(B7,B2,B3)
C12までコピーするため，B2とB3を複合番地とし，
=SUBSTITUTE(B7,B$2,B$3)
となる。
イ．SEARCH関数は，セル内の文字列の中から，検索する文字が最初に現れる位置を表示する関数である。
=SEARCH(検索文字列，対象，開始位置)
ウ．FIND関数は，セル内の文字列の中から，検索する文字を大文字と小文字を区別したうえで，最初に現れる位置を求める関数である。
=FIND(検索文字列，対象，開始位置)

問5．『当座出納帳』の「残高」は，－（マイナス）記号や色を変えないように表示するには，計算結果を絶対値にする必要があるため，ABS関数を利用する。
=ABS(数値)

数値	「残高」

=ABS(「残高」)
となる。「残高」を求めるには，「借方」の合計から「貸方」の合計を引けばよいため，
SUM(C4:C4)-SUM(D4:D4)
となる。以上をまとめ，F4とF7に入る計算式は以下のとおりである。
コピー元　F4=ABS(SUM(C4:C4)-SUM(D4:D4))
コピー先　F7=ABS(SUM(C4:C7)-SUM(D4:D7))
2つの式を比較し，C4とD4は行と列の固定の絶対番地とし $C$4 と $D$4 となる。よって，コピー元の計算式は，
コピー元　F4=ABS(SUM($C$4:C4)-SUM($D$4:D4))
コピー先の計算式は，

コピー先　F7=ABS(SUM($C$4:C7)-SUM($D$4:D7))
となる。
ア．ABS関数を利用していないため，「残高」に－（マイナス）が表示されてしまうため，不適切である。
ウ．コピー元をF4=ABS(SUM($C$4:$C$4)-SUM($D$4:$D$4))とすると，コピー先までのF5，F6，F7がF7=ABS(SUM($C$4:$C$4)-SUM($D$4:$D$4))となってしまうため，不適切である。

【7】
問1．作成手順2.(2)より，E5は，「届け先都道府県」(C5)から都・府・県を除いた都道府県名を表示するため，文字列の左端から文字を抽出するLEFT関数を利用する。都道府県の北海道，神奈川，和歌山，鹿児島は3文字のため，
=LEFT(文字列，文字数)

文 字 列	C5（「届け先都道府県」）
文 字 数	3

LEFT(C5,3)
となる。4道県以外は2文字のため，
LEFT(C5,2)
となる。届け先都道府県から抽出した2文字をもとに，『地域表』を列方向に検索するにはVLOOKUP関数を利用し，
=VLOOKUP(検索値，範囲，列番号，検索方法)

検 索 値	LEFT(C5,2)
範 囲	地域表!A4:B50
列 番 号	1（「都道府県」は左から1列目のため）
検索方法	FALSE

VLOOKUP(LEFT(C5,2),地域表!A4:B50,1,FALSE)
となる。『地域表』に該当する都道府県名がある場合，検索結果を表示し，そうでない場合に 入力エラー と表示するにはIFERROR関数を利用し，
=IFERROR(値，エラーの場合の値)

値	VLOOKUP(LEFT(C5,2),地域表!A4:B50,1,FALSE)
エラーの場合の値	"入力エラー"

IFERROR(VLOOKUP(LEFT(C5,2),地域表!A4:B50,1,FALSE),
"入力エラー")
となる。以上から，E5に設定する式は，
=IF(C5="","",
(C5が空白ならば空白を表示し，そうでなければ①へ)
① IF(OR(C5="北海道",LEFT(C5,3)="神奈川",
LEFT(C5,3)="和歌山",LEFT(C5,3)="鹿児島"),LEFT(C5,3),
(①C5が北海道，神奈川，和歌山，鹿児島ならば，C5の左端から3文字を抽出して表示し，そうでなければ②へ)
② IFERROR(VLOOKUP(LEFT(C5,2),地域表!A4:B50,1,FALSE),
"入力エラー")))
(②C5の左端から2文字を抽出した値が地域表にあれば表示し，見つからなければ入力エラーを表示する。)
となる。

問2．作成手順2.(5)より，「荷物実寸(cm)」が61以上については20の倍数に数値を切り上げているため，CEILING関数を利用する。
=CEILING(数値，基準値)

数 値	C7（「荷物実寸(cm)」）
基準値	20

CEILING(C7,20)
また，160を超える場合，受付不可とし，60までについては60を表示しているため，
IF(C7>160,"受付不可",IF(C7<=60,60,CEILING(C7,20)))
となる。以上から，E7に設定する式は
=IF(OR(C7=0,C7=""),"",
(C7が0か空白ならば空白を表示し，そうでなければ①へ)
① IF(C7>160,"受付不可",
(①C7が160を超えているならば受付不可を表示し，そうでなければ②へ)
② IF(C7<=60,60,CEILING(C7,20))))
(②C7が60以下なら60を表示し，そうでなければ20の倍数に切

り上げて表示する）
となる。

問3．作成手順2．⑽より，「配送基本料」（C12）は，「地域」（E6）と「取扱サイズ」（E7）をもとに，『料金表』を参照するには INDEX 関数を利用する。

=INDEX（配列，行番号，列番号）

配　　　列	料金表！B4：G10
行　番　号	「地域」
列　番　号	「取扱サイズ」

INDEX（料金表！B4：G10，「地域」，「取扱サイズ」）

となる。行番号は，範囲内（料金表！A4：A10）における「地域」の相対的な位置を求める必要があるため，MATCH 関数を利用する。

=MATCH（検査値，検査範囲，照合の種類）

検　査　値	E6（「地域」）
検査範囲	料金表！A4：A10
照合の種類	0

MATCH（E6，料金表！A4：A10，0）

となる。列番号は，範囲内（料金表！B3：G3）における「取扱サイズ」の相対的な位置を求める必要があるため，MATCH 関数を利用する。

検　査　値	E7（「取扱サイズ」）
検査範囲	料金表！B3：G3
照合の種類	0

MATCH（E7，料金表！B3：G3，0）

となる。以上から，「配送基本料」は

INDEX（料金表！B4：G10，
　MATCH（E6，料金表！A4：A10，0），MATCH（E7，料金表！B3：G3，0））

となる。

ア．列番号が ROUNDUP（E7/30，0）では 1 列ずれてしまう場合があり，正しい結果が得られないため，不適切である。

イ．行番号が MATCH（E6，料金表！A4：A10，0）では 1 行ずれてしまい，正しい結果が得られないため，不適切である。

問4．作成手順2．⑭より，「お届け予定日」（C17）は，本日の日付に到着日までの日数を加算することで算出できる。本日の日付を求めるには TODAY 関数を利用する。

=TODAY（　）

到着日までの日数を求めるには，「地域」（E6）をもとに，『料金表』から列方向に検索するため，VLOOKUP 関数を利用し，

=VLOOKUP（検索値，範囲，列番号，検索方法）

検　索　値	E6（「地域」）
範　　　囲	料金表！A4：I10
列　番　号	荷物受付時刻により 8 か 9（「午前受付」は左から 8 列目，「午後受付」は左から 9 列目）
検索方法	FALSE

VLOOKUP（E6，料金表！A4：I10，荷物受付時刻により 8 か 9，FALSE）

となる。列番号を求めるには，荷物受付時刻を求める必要があるため，NOW 関数を利用する。

=NOW（　）

NOW 関数で表示されるシリアル値の小数点以下が時刻を示している。午前か午後を判断するには，1 で割った余りを求める必要があるため，MOD 関数を利用し，

=MOD（数値，除数）

数値	NOW（）（現在の日付と時刻）
除数	1

MOD（NOW（），1）

となる。なお，シリアル値は午前 0 時を 0 とし，0.5 未満であれば午前（左から 8 列目），0.5 以上であれば午後（左から 9 列目）と判断できるため，

IF（MOD（NOW（），1）<0.5,8,9）

となる。よって，「お届け予定日」を算出する式は，

TODAY（）+
　VLOOKUP（E6，料金表！A4：I10，IF（MOD（NOW（），1）<0.5,8,9），FALSE）

となる。

ア．NOW 関数は，現在のシリアル値を返す関数であり，"午前"とい

う文字列を返すことはなく，正しい結果を得られないため，不適切である。

ウ．NOW 関数の整数部分は日付を表しており，LEFT 関数で抽出しても意味がなく，正しい結果が得られないため，不適切である。

問5．「届け先都道府県」（C5）に 福岡 が入力されているため，E5 は 福岡，E6 には 九州・沖縄 が表示される。「荷物実寸（cm）」に 105 が入力されているため，「取扱サイズ」（E7）は 120 が表示される。「配送基本料」（C12）は，九州・沖縄 と 120 から 2,320 となる。「冷蔵冷凍料金」（C13）は，「冷蔵冷凍」（C8）に 1 が入力されているため，「取扱サイズ」から 400 が表示される。「時間指定」（C9）に 1 が入力されているため，「取扱サイズ」から 1,200 が表示される。以上から，「配送料金」（C15）は 3,920（=2,320+400+1,200）となる。

以下は問以外のセルの計算式である。

セル E6=IF（OR（E5="",E5="入力エラー"），"",
　　　　　VLOOKUP（E5，地域表！A4：B50,2,FALSE））
セル E8=IF（C8=1,"必要",IF（OR（C8=0,C8=""），"","入力エラー"））
セル E9=IF（C9=1,"利用",IF（OR（C9=0,C9=""），"","入力エラー"））
セル C13=IF（C8=1,IF（E7>140,"利用不可",
　　　　　IFERROR（VLOOKUP（E7，冷蔵追加料金表！
　　　　　A4：B8,2,FALSE），""）），""）
セル C14=IF（C9=1,IF（E7="","",
　　　　　IFERROR（VLOOKUP（E7，時間指定追加料金表！
　　　　　A4：B9,2,FALSE），""）），""）
セル C15=SUM（C12：C14）

p.124

【1】

1	サ	2	イ	3	ケ	4	エ	5	ウ

【2】

1	ウ	2	オ	3	カ	4	ア	5	コ

【3】

1	ウ	2	イ	3	ア	4	ウ	5	16.5GB

【4】

問1	ア	問2	(a)	エ	(b)	ウ	問3	イ

問4	名称	イ	図	ア	問5	ウ

【5】

問1	ウ	問2	(a)	UPDATE	(b)	SET	問3	GROUP	問4	イ	問5	エ

【6】

問1	C4:C50	問2	イ	問3	1	問4	ア	問5	4

【7】

問1	ア	問2	(a)	ウ	(b)	ア	(c)	イ

問3	(a)	イ	(b)	エ	問4	(a)	ア	(b)	カ	問5	22,307

【1】

解答以外の解答群の語句の説明は以下のとおりである。

ア．セキュリティ上の問題として発生した事故や事例のこと。

オ．トランザクション処理の関連する処理がすべて成功し，メモリ上の結果を確定させ，処理結果によって更新すること。

カ．ネットワークをいくつかの小さなネットワークに区切るため，コンピュータに割り当てるIPアドレスの範囲を限定した32ビットのビットパターン。

キ．クライアントには，最低限の機能のみを持たせ，サーバで資源を一括管理するシステム。

ク．ネットワークインタフェースカードにつけられた固有の番号。

コ．システム全体が正しく機能しているか確認するテスト。

シ．モジュール間のインタフェースが機能するか確認するテスト。

【2】

解答以外のB群の説明文は，以下の語句についての説明である。

イ．ウォータフォールモデル

エ．RASIS

キ．Cookie

ク．ルータ

ケ．MTBF

【3】

1．解答以外の語句の説明は以下のとおりである。

ア．電子メールを，サーバ上で管理するために用いるプロトコル。

イ．電子メールを受信するために用いられるプロトコル。

2．解答以外の語句の説明は以下のとおりである。

ア．公開鍵の正当性を保証し，管理する機関。

ウ．インターネット上で情報を暗号化し，送受信するプロトコル。

3．解答以外の語句の説明は以下のとおりである。

イ．システムなどの障害発生時，常に安全な状態に保てるように設計すること。

ウ．システムなどの障害発生時，故障箇所を切り離し，正常な部分だけを動作させるしくみ。

4．Aさんの1日の作業量　$1 \div 25 = \dfrac{1}{25}$

Bさんの1日の作業量　$1 \div 30 = \dfrac{1}{30}$

Aさんが5日間，一人で行った作業量　$\dfrac{1}{25} \times 5 = \dfrac{5}{25}$

残りの作業量　$1 - \dfrac{5}{25} = \dfrac{20}{25} = \dfrac{4}{5}$

AさんとBさんが二人で共同した1日の作業量

$\dfrac{1}{25} + \dfrac{1}{30} = \dfrac{6}{150} + \dfrac{5}{150} = \dfrac{11}{150}$

残りの作業量を二人で行った場合の期間

期間＝工数÷要員

$\dfrac{4}{5} \div \dfrac{11}{150} = \dfrac{4}{5} \times \dfrac{150}{11} = \dfrac{600}{55} \fallingdotseq 10.9$

作業期間の合計　$5 + 11 = 16$（日間）

5．記憶容量＝1シリンダあたりのトラック数×セクタ数
　　　　　　×1セクタあたりの記憶容量

トラック番号は0から始まり，699までの700トラックはセクタ数が400のため，280,000（＝400×700），700から1,599までの900トラックはセクタ数が300のため，270,000（＝300×900）となり，トラック数×セクタ数は280,000＋270,000となる。1シリンダあたりのトラック数が10，1セクタあたりの記憶容量が3,000Bのため，

記憶容量 $= 10 \times (280{,}000 + 270{,}000) \times 3{,}000$
　　　　$= 10 \times 550{,}000 \times 3{,}000$
　　　　$= 16{,}500{,}000{,}000$

となる。$1GB = 10^9 B (= 1{,}000{,}000{,}000)$のため，

$16{,}500{,}000{,}000 \div 1{,}000{,}000{,}000 = 16.5$（GB）

となる。

【4】

問1．解答以外の語句の説明は以下のとおりである。

イ．インターネットを介してソフトウェアを提供するサービス。

ウ．プロバイダなどが，自社の事業所内にユーザの通信機器やサーバを置いて，その管理・運用をすること。

問2．DFDの記号と名称は以下のとおりである。

記号	名称
	データフロー
□	データの源泉と吸収
○	プロセス
───	データストア

問3．SWOT分析についてまとめると以下のとおりとなる。

	内的要因	外的要因
好影響	強み	機会
悪影響	弱み	脅威

内的要因とは，自社の努力次第で何とかなる内容であり，好影響を与えるものが「強み（Strength）」，悪影響を与えるものが「弱み（Weakness）」となる。外的要因とは，自社の努力ではどうにもならない内容であり，好影響を与えるものが「機会（Opportunity）」，悪影響を与えるものが「脅威（Threat）」となる。問題の内容につ

いて，一企業が持っている内容であり，かつ悪影響と考えられるため，「弱み(Weakness)」といえる。

問4．問題文から，パレート図が適切である。解答以外の選択肢の説明は以下のとおりである。
(1)ア．アクティビティ(→)，ダミー(-→)，ノード(○)で表示され，作業スケジュールや工程管理に使われている技法。
　ウ．ある時点の数値を基準として指数化し，各製品の成長度合いを比較するために用いるグラフ。
(2)イ．アローダイアグラム
　ウ．ファンチャート

問5．解答以外の説明文は，以下の語句についての説明である。
　ア．BPR
　イ．アウトソーシング

【5】
問1．区分表以外の2つの表と関連があり，かつ一方の表のみ1対多の関連があるのは販売表だけのため，(a)は販売表となる。

問2．データベースの内容を更新するにはUPDATE～SET～を利用する。
　書式　　UPDATE　表名　SET　フィールド名 = 変更データ
　　　　　　　WHERE　条件
となる。問題文から，
　表名　　　　…商品表
　フィールド名　…単価
　変更データ　　…単価 + 50
　条件　　　　…区分コード = 'K01'
となる。区分コードがK01の商品単価をそれぞれ50円の値上げをするには，
　UPDATE　商品表…(商品表の)
　SET　単価 = 単価 + 50…(単価に50を加算する)
　WHERE　区分コード = 'K01'
となる。

問3．ある表の項目の合計を求めるにはSUM関数を利用する。
　書式　　SELECT　SUM(項目)　FROM　表名
抽出した列に別の名前を指定するにはASを利用する。
　書式　　SELECT　選択項目リスト　AS　別名
特定の条件に合うものだけを取り出すにはWHERE句を利用する。
　書式　　SELECT　選択項目リスト　FROM　表名　WHERE　条件
ある項目ごとにデータをまとめるにはGROUP BYを利用する。
　書式　　SELECT　選択項目リスト　FROM　表名
　　　　　　　GROUP BY　グループ化項目
ある項目を基準として，並べ替えるにはORDER BY～を利用する。
　書式　　SELECT　選択項目リスト　FROM　表名
　　　　　　　ORDER BY　並べ替え項目
以上をまとめると，
　SELECT　選択項目リスト　FROM　表名
　WHERE　条件　GROUP BY　グループ化項目　ORDER BY　並べ替え項目
となる。問題文等から，
　選択項目リスト　…A.商品コード, 商品名
　項目　　　　…販売数
　別名　　　　…販売数合計
　表名　　　　…商品表 A, 販売表 B
　条件　　　　…A.商品コード = B.商品コード
　グループ化項目　…A.商品コード, 商品名
　並べ替え項目　…SUM(販売数)　DESC
となる。以上から，商品コードごとに販売数の合計を求め，販売数合計の降順に商品コードと商品名，販売数合計を抽出するには，
　SELECT A.商品コード, 商品名…(商品名の商品コードと商品名)
　SUM(販売数)　AS　販売数合計…(販売数の合計を求め，販売数合計として抽出する。)
　FROM　商品表 A, 販売表 B…(商品表と販売表から)

WHERE　A.商品コード = B.商品コード…(商品表の商品コードと販売表の商品コードが一致していて)
GROUP BY　A.商品コード, 商品名…(商品表の商品コードと商品名でグループ化し)
ORDER BY　SUM(販売数)　DESC…(販売数の合計の降順に並べ替える)
となる。

問4．
特定の条件に合うものだけを取り出すにはWHERE句を利用する。
　書式　　SELECT　選択項目リスト　FROM　表名　WHERE　条件
問題文等から，
　選択項目リスト　…名前, 配達日, 商品名, 販売数
　表名　　　　…会員表 A, 商品表 B, 販売数 C
　条件1　　　…A.会員番号 = B.会員番号
　条件2　　　…B.商品コード = C.商品コード
　条件3　　　…配達日 >= '2024/06/01'
　条件4　　　…配達日 <= '2024/06/07'
となる。以上から，有効期限が2024年6月1日から2024年6月7日までの期間における配達予定を12月中のデータを抽出するには，
　SELECT　名前,配達日,商品名,販売数…(名前と配達日,商品名,販売数を抽出する)
　FROM　会員表 A, 商品表 B, 販売表 C…(会員表, 商品表, 販売表から)
　WHERE　A.会員番号 = C.会員番号…(会員表の会員番号と商品表の会員番号が一致していて)
　AND　B.商品コード = C.商品コード…(商品表の商品コードと販売表の商品コードが一致していて)
　AND　配達日 >= '2024/06/01' AND 配達日 <= '2024/06/07'…(配達日が2024年6月1日以降で2024年6月7日以前の)
となる。
ア．2024年6月1日かつ，2024年6月7日の日付となってしまい，正しい結果が得られないため，不適切である。
ウ．2024年6月1日以前かつ，2024年6月7日以降の日付となってしまい，正しい結果が得られないため，不適切である。

問5．SQL文を実行した場合，
　SELECT　A.会員番号, 名前…(会員表の会員番号と名前を抽出する)
　FROM　会員表 A…(会員表から)
　WHERE　会員番号 NOT IN(SELECT B.会員番号 FROM 販売表 B WHERE 受付日 >= '2024/12/01')…(販売表から受付日が2024年12月1日以降ではない会員番号の)
となる。2024年12月1日以降ではない会員番号を抽出するとは，2024年12月以降に販売受付のない会員の一覧を抽出することとなる。

【6】
問1．『平均気温と真夏日日数の平均一覧表』の「平均気温(度)」と「真夏日日数(日)」から，『予測表』の「予測平均気温」をもとに「予測真夏日数」を求めるには，FORECAST関数を利用する。

=FORECAST(X, 既知のY, 既知のX)	
X	G3(「予測平均気温」)
既知のY	D4:D50(『平均気温と真夏日日数の平均一覧表』の「真夏日日数(日)」)
既知のX	C4:C50(『平均気温と真夏日日数の平均一覧表』の「平均気温(度)」)

=FORECAST(G3,D4:D50,C4:C50)
となる。

問2．「応募数」(E4)が「募集定員」(D4)の±50%以内(D4 × 0.5)であるかを判断するには，「応募数」と「募集定員」の差が，「募集定員」の±50%以内であるか判断すればよいため，論理式は，
D4-E4>=D4×0.5
となる。ただし，「応募数」は「募集定員」を上回ることもあれば，下回ることもあるため，「応募数」と「募集定員」の差の絶対値を

求める必要があることから，ABS 関数を利用し，

=ABS(数値)

数　　　　値	D4-E4（「募集定員」－「応募数」）

ABS(D4-E4)

となる。以上から，F4 に設定する式は，

=IF(ABS(D4-E4)>=D4*0.50,"検討",IF(D4<E4,"調整",""))

となる。

問3．生徒用ロッカーは横6個のため，『生徒用ロッカー位置表』の「左から」は，1から始まり，2・3・4…と縦方向にコピーするごとに1ずつ増やす必要があるため，ROW 関数を利用し，

=ROW([参照])

参　　　　照	A4

ROW(A4)…①

となる。ただし，①の式では D4 に設定した場合，4 となることから，①の式から3を引き，

ROW(A4)-3…②

となる。また，②の式では D10 は 1，D11 は 2 となるようにするには，6で割った余りを表示すればよいため，MOD 関数を利用し，

=MOD(数値,除数)

数　　　　値	ROW(A4)-3（数式②）
除　　　　数	6

MOD(ROW(A4)-3,6)…③

となる。しかし，下図に示すとおり，③の式では，6となるべき箇所(D9)が，0になってしまう。

▲	A	B	C	D
1				
2	生徒用ロッカー位置表			
3	生徒番号	ロッカーNo.	上から	左から
4	1101	1	1	1
5	1102	1	1	2
6	1103	1	1	3
7	1104	1	1	4
8	1105	1	1	5
9	1106	1	1	0

そこで③の式で6を表示させるために，計算の最後に1を加算する。

MOD(ROW(A4)-3,6)+1…④

▲	A	B	C	D
1				
2	生徒用ロッカー位置表			
3	生徒番号	ロッカーNo.	上から	左から
4	1101	1	1	2
5	1102	1	1	3
6	1103	1	1	4
7	1104	1	1	5
8	1105	1	1	6
9	1106	1	1	1

しかし，上図に示すとおり，6は表示されたが，D4 に 2 が表示されてしまっており，さらには1ずつ番号がずれてしまっている。そのため，-3ではなく-4とし，

MOD(ROW(A4)-4,6)+1

となる。

問4．DCOUNT 関数は，データベース内の指定された対象範囲のフィールド（列）を検索し，条件を満たすセル（数値が入力されているセル）の個数を求める関数であり，以下のように設定する。

=DCOUNT(データベース,フィールド,条件)

なお，条件については，同じ行に入力されている場合，すべてを満たすセルの個数を求め，異なる行に入力されている場合，いずれかを満たす個数を求める。つまり，同じ行の場合，AND 条件，異なる行の場合，OR 条件で個数を求めることになる。以上から，下記のような条件では，

月日	月日	感染者数
>=2022/12/1	<=2022/12/31	>=20000

「月日」が 2022 年 12 月 1 日以降，かつ，「月日」が 2022 年 12 月 31 日以前，かつ，「感染者数」が 20000 以上のセルの個数を求めることになる。

イ．「月日」が 2022 年 12 月中，または「感染者数」が 20000 以上の件数を表示するには，条件を下記のように書き換える必要がある。

月日	月日	感染者数
>=2022/12/1	<=2022/12/31	
		>=20000

ウ．「月日」が 2022 年 12 月以外，かつ「感染者数」が 20000 以上の件数を表示するには，条件を下記のように書き換える必要がある。

月日	月日	感染者数
<=2022/12/1	>=2022/12/31	>=20000

エ．「月日」が 2022 年 12 月以外，または「感染者数」が 20000 以上の件数を表示するには，条件を下記のように書き換える必要がある。

月日	月日	感染者数
<=2022/12/1	>=2022/12/31	
		>=20000

問5．設定されている式より，右図のセル範囲(C4:D7)が参照される。COUNT 関数は参照された範囲の数値の件数を表示するため，4となる。

▲	A	B	C	D	E
1	結果	※			
2					
3	確認表				
4	11	o	x	24	3
5	37	L	41	E	F
6	46	40	15	6	C
7	j	S	d	H	2
8	38	8	Q	i	34

=COUNT(OFFSET(A3,1,2,4,2))
↓
C4:D7
↓
=COUNT(C4:D7)

【7】

問1．作成条件3と作成手順1.(3)より，C9 に設定する式は，以下のとおりとなる。

=IF(OR(C6="",F6="エラー"),"",

　　IF(「顧客番号」がシート名「注文表」にあるか,"初注文",

　　「注文日」に最も近い「日付」の「注文番号」を表示する))

「顧客番号」がシート名「注文表」にあるかを求めるには，シート名「注文表」における「顧客番号」の件数を求めればよいため，COUNTIFS 関数を利用し，

=COUNTIFS(検索条件範囲1,検索条件1,検索条件範囲2…)

検索条件範囲1	注文表!C4:C9999（「顧客番号」）
検索条件1	C6（「顧客番号」）

COUNTIFS(注文表!C4:C9999,C6)

となる。「顧客番号」からシート名「注文表」を参照し，「注文日」に最も近い「日付」とは，シリアル値の最大値を表示することになるため，DMAX 関数を利用し，

=DMAX(データベース,フィールド,条件)

データベース	注文表!A3:J9999
フィールド	1
条件	C5:C6

DMAX(注文表!A3:J9999,1,C5:C6)

となる。以上から，C9 に設定する式は，

=IF(OR(C6="",F6="エラー"),"",

　　IF(COUNTIFS(注文表!C4:C9999,C6),"初注文",

　　DMAX(注文表!A3:J9999,1,C5:C6)))

イ．DMIN 関数は，条件を満たす範囲に対応する値の最小値を求める関数である。

=DMIN(データベース,フィールド,条件)

ウ．DSUM 関数は，条件を満たす範囲に対応する値の合計を求める関数である。

=DSUM(データベース,フィールド,条件)

問2．作成手順1.(4)より，「注文数」(C10)は，「注文番号」(C9)と B10 をもとに，シート名「注文表」を参照して求めるため，INDEX 関数を利用し，

=INDEX(配列，行番号，列番号)

配　列	注文表!$A$4:$J$9999
行　番　号	「注文番号」(C9)
列　番　号	前回注文の項目(B10)

INDEX(注文表!$A$4:$J$9999，「注文番号」，前回注文の項目)

となる。行番号は，範囲内(注文表!$A$4:$A$9999)における「注文番号」の相対的な位置を求める必要があるため，MATCH関数を利用し，

=MATCH(検査値，検査範囲，照合の種類)

検　査　値	$C$9(「注文番号」)
検　査　範　囲	注文表!$A$4:$A$9999
照合の種類	0

MATCH($C$9，注文表!$A$4:$A$9999，0)

となる。列番号は，範囲内(注文表!$A$3:$J$3)におけるB10の相対的な位置を求める必要があるため，MATCH関数を利用し，

検　査　値	B10("注文数")
検　査　範　囲	注文表!$A$3:$J$3
照合の種類	0

MATCH(B10，注文表!$A$3:$J$3，0)

となる。以上から，C10に設定する式は，
=IF(OR($C$9="",$C$9="初注文"),"",
　　INDEX(注文表!$A$4:$J$9999，
　　　　MATCH($C$9，注文表!$A$4:$A$9999，0)，
　　　　　MATCH(B10，注文表!$A$3:$J$3，0)))
となる。

問3．作成条件4と作成手順1.(8)より，「単価」(F26)は，「注文数」(C26)をもとに，シート名「価格表」を列方向に検索するため，VLOOKUP関数を利用し，

=VLOOKUP(検索値，範囲，列番号，検索方法)

検　索　値	C26(「注文数」)
範　　囲	価格表!$A$4:$E$15
列　番　号	色の種類数
検　索　方　法	TRUE(「本数」の範囲のため)

VLOOKUP(C26，価格表!$A$4:$E$15，色の種類数 ，TRUE)

となる。列番号の色の種類数は，「色A」(F20)と「色B」(F23)が空白の場合(AND(F20="",F23="")) ，印刷する文字がないことから，色の種類数は0となり列番号は3，「色A」と「色B」が同じ場合(F20=F23) ，印刷する文字の色が一種類となり列番号は4，それ以外の場合，印刷する文字の色が二種類となり列番号は5となり，
IF(AND(F20="",F23="")，3，IF(F20=F23，4，5))
となる。以上から，F26に設定する式は，
=IF(OR(F6="",F6="エラー"，
　　COUNTIFS(F19:F24,"エラー")>0，C26="")，""，
　　　VLOOKUP(C26，価格表!$A$4:$E$15，
　　　　IF(AND(F20="",F23="")，3，IF(F20=F23，4，5))，TRUE))
となる。

ア．HLOOKUP関数は，範囲内から検索値を行方向に検索し，行番号に対応した値を表示する関数である。

=HLOOKUP(検索値，範囲，行番号，検索方法)

ウ．FALSEは，HLOOKUP関数やVLOOKUP関数で検索方法を完全一致に設定する際，第四引数に設定する。

問4．作成条件8と作成手順1.(13)より，「支払代金」(C33)は，以下のとおりとなり，

商品代金－商品代金×割引率＋送料

さらに，以下のとおりに変更できる。

商品代金(1－割引率)＋送料

または，割引率は，

IF(「注文日」の日が6の倍数の場合 ，0.05，0)

となる。「注文日」の日(DAY(F1))が6の倍数の場合とは，「注文日」の日を6で割った余りが0になることと等しいため，MOD関数を利用し，

=MOD(数値，除数)

数　　値	DAY(F1)(「注文日」の日)
除　　数	6

MOD(DAY(F1))…①

となり，①の値が0の場合に6の倍数となるため，
MOD(DAY(F1))=0
となり，割引率を求める式は，
IF(MOD(DAY(F1))=0，0.05，0)
となり，「支払代金」を求めるには，
C30*(1-IF(MOD(DAY(F1))=0，0.05，0))+C31…②
となる。ただし，割引額は 円未満切り捨て となるため，端数処理が必要となる。なお，②の式では1から割引率を引いて計算しているため，円未満切り上げ の端数処理をする必要があるため，CEILING関数を利用し，

=CEILING(数値，基準値)

数　　値	C30*(1-IF(MOD(DAY(F1))=0，0.05，0))
基　準　値	1(円未満切り上げ)

CEILING(C30*(1-IF(MOD(DAY(F1))=0，0.05，0))，1)

となる。以上から，C33に設定する式は，
=IF(C31="",""，
　　CEILING(C30*(1-IF(MOD(DAY(F1))=0，0.05，0))，1)+C31)
となる。

イ．FLOOR関数は，指定された基準値の倍数のうち，数値を超えない最大値を求める関数である。

=FLOOR(数値，基準値)

ウ．ROUNDDOWN関数は，数値を指定された桁数で切り捨てる関数である。

=ROUNDDOWN(数値，桁数)

エ．ROUNDUP関数は，数値を指定された桁数で切り上げる関数である。

=ROUNDUP(数値，桁数)

※ROUNDUP関数で桁数を0にした場合，円未満切り上げとなるが，この問題で(b)に0を設定してしまうと，第二引数の前にも(b)を代入する箇所があるため，ROUNDUPと0の組み合わせは不適切となる。

問5．「書体コードA」(C19)と「書体コードB」(C22)がF01，のため，「書体A」(F19)と「書体B」(F22)は 明朝体 となる。「色コードA」(C20)と「色コードB」(C23)がC01のため，「色A」(F20)と「色B」(F23)が ブラック となる。「印刷内容A」(C21)と「印刷内容」(C24)が ○○○○ のため，「印刷内容A」(F21)と「印刷内容B」(F24)は OK となる。「注文数」(C26)が 125，「色A」と「色B」が ブラック のため，1色印刷となることから，「単価」(F26)は 171 となる。「商品代金」(C30)は，21,375(=125×171)となり，「商品代金」が50,000未満のため，「送料」(C31)は 2,000 となる。「注文日」(F1)が 2024/7/18 のため，日が6の倍数となっていることから，「割引額」(C32)は 1,068(=21,375×0.05)となり，「支払代金」(C33)は22,307(=21,375-1,068+2,000)となる。

以下は問以外のセルの計算式である。
セルF1=TODAY()
セルF6=IF(C6="",""，
　　　　IFERROR(VLOOKUP(C6，個人表!A4:B203，2，FALSE)，"エラー"))
セルF19=IF(OR($F$6="",$F$6="エラー"，C19="")，""，IFERROR(
　　　　VLOOKUP(C19，書体色表!$A$4:$B$10，2，FALSE)，"エラー"))
セルF20=IF(OR(F19="",F19="エラー"，C20="")，""，IFERROR(
　　　　VLOOKUP(C20，書体色表!$D$4:$E$11，2，FALSE)，"エラー"))
セルF21=IF(OR(F20="",F20="エラー"，C21="")，""，
　　　　IF(LEN(C21)<=10，"OK"，"エラー"))
セルF22=IF(OR($F$6="",$F$6="エラー"，C22="")，""，IFERROR(
　　　　VLOOKUP(C22，書体色表!$A$4:$B$10，2，FALSE)，"エラー"))
セルF23=IF(OR(F22="",F22="エラー"，C23="")，""，IFERROR(
　　　　VLOOKUP(C23，書体色表!$D$4:$E$11，2，FALSE)，"エラー"))
セルF27=IF(F26="",""，F1+15)
セルC30=IF(F27="",""，C26*F26)
セルC31=IF(C30="",""，IF(C30<=50000，2000，0))
セルC32=IF(C31="",""，IF(MOD(DAY(F1)，6)<>0，0，INT(C30*0.05)))

p.136

【1】	1	シ	2	イ	3	サ	4	コ	5	ア

【2】	1	ウ	2	ク	3	イ	4	コ	5	オ

【3】	1	ア	2	イ	3	ウ	4	ア	5	11 日間

【4】	問1	イ	問2	15,000 円	問3	ウ	問4	ア	問5	ア

【5】	問1	ウ	問2	(a)	NOT EXISTS		(b)	商品コード = A.商品コード
	問3	(1)	GROUP BY　顧客名	(2)	HAVING SUM(数量*単価) >= 100000	問4	ア

問2は(a)と(b)の両方ができて正答

【6】	問1	ア	問2	C$4	問3	ウ	問4	3	問5	イ

【7】	問1	イ	問2	CEILING	問3	ウ	問4	24	問5	80,050

【1】

解答以外の解答群の語句の説明は以下のとおりである。

ウ．コンピュータシステムの信頼性の評価に用いられるチェック項目で，五つの単語の頭文字を集めたもの。

エ．システムの論理構造に着目したプログラムのテスト方法。

オ．一定期間の動向を分析するために，毎月の実績値，累計値，移動合計値を一つのグラフで示したもの。

カ．プログラムの機能を実現するための処理手順やデータ設計を行う開発工程。

キ．RASIS の示す指標の一つで，システムの維持や管理，修復のしやすさを表す指標。

ク．コンピュータシステムに処理を指示してから，その処理結果が返り始めるまでの時間。

ケ．故障したコンピュータシステムの復旧にかかる平均時間。

【2】

解答以外のB群の説明文は，以下の語句についての説明である。

ア．ジャーナルファイル

エ．ハブ

カ．DHCP

キ．BPR

ケ．OSI 参照モデル

【3】

1．解答以外の語句の説明は以下のとおりである。

イ．データベースの論理的な構造として表と索引を設計する作業。

ウ．論理設計に応じた設計を行う作業。

2．解答以外の語句の説明は以下のとおりである。

ア．セキュリティ上の問題として発生した事故や事例のこと。

ウ．ネットワークに接続されているすべての機器にデータを送信する特別なアドレス。

3．解答以外の語句の説明は以下のとおりである。

ア．外部ネットワークと内部ネットワークから隔離された区域。

イ．インターネット上で情報を暗号化して送受信するプロトコル。

4．記憶容量＝解像度×色情報×枚数×圧縮率

記憶容量 は「700MB × 10^6 = 700,000,000B」，解像度 は「800 × 600」，色情報は「24b ÷ 8 = 3 B」。

700,000,000B = 800 × 600 × 3B × 1,000 枚 ×圧縮率

700,000,000B = 1,440,000,000B ×圧縮率

圧縮率 = 700,000,000 ÷ 1,440,000,000 ≒ 0.4861

5．Aさんの1日の作業量

$1 ÷ 12 = \dfrac{1}{12}$

Bさんの1日の作業量

$1 ÷ 20 = \dfrac{1}{20}$

AさんとBさんが共同した1日の作業量

$\dfrac{1}{12} + \dfrac{1}{20} = \dfrac{5}{60} + \dfrac{3}{60} = \dfrac{8}{60}$

AさんとBさんが共同して作業を行った3日間の作業量

$\dfrac{8}{60} × 3 = \dfrac{24}{60}$

残りの作業量

$1 - \dfrac{24}{60} = \dfrac{36}{60}$

残りの作業量をAさんのみで実施した場合の期間

期間＝工数÷要員

$\dfrac{36}{60} ÷ \dfrac{1}{12} = \dfrac{36}{60} × 12 = 7.2$

作業期間の合計

3 + 7.2 = 10.2(日間)

以上から，作業の終了には 11 日間を要する。

【4】

問1．解答以外の図は以下のとおりである。

ア．パート図

ウ．特性要因図

問2．スキー期間中(3,000)と休日前(12,000)のため，料金は 15,000 円となる。

問3．解答以外の語句の説明は以下のとおりである。

ア．他社と連携して協力体制を構築すること。

イ．自社の管内でユーザのコンピュータ等を管理・運用すること。

問4．グラフから読み取れるのは，ア．の「平均気温とホットドリンクの売上金額との相関関係を調べることができる」である。

イ．グラフから「ある時点の売上金額を基準に，その後の売上と平均気温との変動をみること」はできない。

ウ．グラフから「平均気温とホットドリンクの売上金額との相対的な大小関係の比較と売上の割合などをみること」はできない。

問5．グラフから読み取れるのは，ア．の「横浜店と厚木店は売り上げが増大してきている」である。

イ．グラフから「町田店は停滞傾向」ということは読み取れない。

ウ．グラフから「川崎店は7月の売上に対して20%以上売り上げが増大している」ということは読み取れない。

【5】

問1．新商品のデータを，商品表に追加するには INSERT INTO ～ VALUES ～ を利用する。

　　書式　INSERT INTO　表名(フィールド名)　VALUES　(挿入データ)
　　　　　※フィールド名は省略可

問題文等から，

　　表名…商品表

　　挿入データ…'S11'，'フレッシュサラダ'，200

となる。よって，新商品のデータを，商品表に追加するには

　　INSERT INTO　商品表…(商品表に)

　　VALUES('S11'，'フレッシュサラダ'，200)…(商品コードがS11のデータを挿入する)

となる。

ア．UPDATE ～ SET ～ はデータベースのレコードを更新する命令である。

書式　　UPDATE　表名　SET　フィールド名 ＝ 変更データ
　　　　WHERE　条件
イ．文法が間違っている。データを挿入する INSERT INTO ～ VALUES ～については，上記参照。

問2．2022年11月1日から2022年11月30日の範囲を抽出するにはBETWEENを利用する。
　　　書式　　SELECT　選択項目リスト　FROM　表名
　　　　　　　WHERE　選択項目　BETWEEN　条件A　AND　条件B
注文されていない商品，つまり受注表にデータがない商品コードを検索するにはNOT EXISTS（副問合せ）を利用する。よって，商品コードと商品名を抽出する主問合せでは商品表，副問合せでは受注表を利用する。よって，2022年11月に注文されていない商品コードと商品名を抽出するには，
　　SELECT　商品コード，商品名…（商品コードと商品名を抽出する）
　　FROM　商品表 A…（商品表から）
　　WHERE NOT EXISTS
　　（SELECT ＊ FROM 受注表 WHERE 商品コード ＝ A.商品コード AND 宅配日 BETWEEN ’2022/11/01’ AND ’2022/11/30’）…（宅配日が2022年11月に受注表に存在しない商品コードを）
となる。

問3．
(1) 請求金額（数量×単価）を合計するにはSUM関数を利用する。
　　　書式　　SELECT　集計関数（項目）　FROM　表名
　　抽出した列に別の名前を指定するにはASを利用する。
　　　書式　　SELECT　選択項目リスト　AS　別名
　　特定の条件に合うものだけを取り出すにはWHERE句を利用する。
　　　書式　　SELECT　選択項目リスト　FROM　表名　WHERE　条件
　　2022年11月（2022年11月1日から2022年11月30日まで）の範囲を抽出するにはBETWEENを利用する。
　　　書式　　SELECT　選択項目リスト　FROM　表名
　　　　　　　WHERE　選択項目　BETWEEN　条件A　AND　条件B
　　顧客ごとにデータをまとめるにはGROUP BYを利用する。
　　　書式　　SELECT　選択項目リスト　FROM　表名
　　　　　　　GROUP BY　グループ化項目
　　以上をまとめると，
　　SELECT　選択項目リスト，集計関数（項目）AS　別名　FROM　表名
　　WHERE　条件　AND　選択項目　BETWEEN　条件A　AND　条件B
　　GROUP BY　グループ化項目
　　となる。問題文等から，
　　選択項目リスト…顧客名
　　集計関数（項目）…SUM（数量 ＊ 単価）
　　別名…請求金額合計
　　表名…受注表 A，顧客表 B，商品表 C
　　条件1…A.顧客コード ＝ B.顧客コード
　　条件2…A.商品コード ＝ C.商品コード
　　選択項目…宅配日
　　条件A…’2022/11/01’
　　条件B…’2022/11/30’
　　グループ化項目…顧客名
　　となる。また，表名の箇所で，受注表は「A」，顧客表は「B」，商品表は「C」と表名の別名指定を行っている。以上から，2022年11月の1か月間における顧客名ごとの請求金額合計一覧表作成するには，
　　SELECT　顧客名…（顧客名を抽出する）
　　SUM（数量 ＊ 単価）　AS　請求金額合計…（請求金額を合計し，請求金額合計として抽出する）
　　FROM 受注表 A，顧客表 B，商品表 C…（受注表と顧客表，商品表から）
　　WHERE A.顧客コード ＝ B.顧客コード…（受注表の顧客コードと顧客表の顧客コードが一致していて）
　　AND A.商品コード ＝ C.商品コード…（受注表の商品コードと商品表の商品コードが一致していて）
　　AND　宅配日　BETWEEN　’2022/11/01’　AND　’2022/11/30’…（宅配日が2022年11月1日から2022年11月30日の）
　　GROUP BY 顧客名…（顧客名でグループ化し）
　　となる。
(2) GROUP BY句の後に追加する文のため，特定の条件に合うものだけを取り出すWHERE句は利用できない。そのため，GROUP BY句の後に条件を追加するのは，HAVING句である。

書式　　SELECT　選択項目リスト　FROM　表名
　　　　GROUP BY　グループ化項目　HAVING　制約条件
なお，制約条件は請求金額合計が￥100,000以上となり，請求金額合計は数量と単価を掛け，合計して求める。また，請求金額の合計を計算するにはSUM関数を利用し，
　　制約条件…SUM（数量 ＊ 単価）＞＝ 100000
となる。よって，請求金額合計が￥100,000以上の顧客を抽出するための条件を加えるには，
　　HAVING SUM（数量 ＊ 単価）＞＝ 100000
となる。

問4．商品名を重複なくデータを抽出するにはDISTINCTを利用する。
　　　書式　　SELECT DISTINCT　選択項目リスト　FROM　表名
　　特定の条件に合うものだけを取り出すにはWHERE句を利用する。
　　　書式　　SELECT　選択項目リスト　FROM　表名　WHERE　条件
　　商品コードがGで始まる文字列を検索するにはLIKEを利用する。
　　　書式　　SELECT　選択項目リスト　FROM　表名
　　　　　　　WHERE　列名　LIKE　パターン
　　2022年11月24日から2022年11月30日の範囲を抽出するにはBETWEENを利用する。
　　　書式　　SELECT　選択項目リスト　FROM　表名
　　　　　　　WHERE　選択項目　BETWEEN　条件A　AND　条件B
　　以上をまとめると，
　　SELECT DISTINCT　選択項目リスト　FROM　表名　WHERE　条件
　　AND　列名　LIKE　パターン
　　AND　選択項目　BETWEEN　条件A　AND　条件B
　　となる。問題文等から，
　　選択項目リスト…商品名
　　表名…受注表 A，商品表 B
　　条件1…A.商品コード ＝ B.商品コード
　　列名…A.商品コード
　　パターン…’G%’
　　選択項目…宅配日
　　条件A…’2022/11/24’
　　条件B…’2022/11/30’
　　となる。また，表名の箇所で，受注表は「A」，商品表は「B」と表名の別名指定を行っている。以上から，2022年11月24日から7日間に販売した商品で，商品コードがGで始まる商品名を重複なく抽出するには，
　　SELECT　DISTINCT　商品名…（商品名を重複なく抽出する）
　　FROM　受注表　A，商品表　B…（受注表と商品表から）
　　WHERE　A.商品コード ＝ B.商品コード…（受注表の商品コードと商品表の商品コードが一致していて）
　　AND　A.商品コード　LIKE　’G%’…（商品コードがGで始まる）
　　AND　宅配日　BETWEEN　’2022/11/24’　AND　’2022/11/30’…（宅配日が2022年11月24日から2022年11月30日の）
　　となる。
イ．G%と一致したデータを抽出してしまい，正しい結果が得られないため，不適切である。
ウ．文法的に誤っている。

【6】
問1．『生花売上一覧表』から，商品コードごとに「金額」の合計を求めるにはDSUM関数を利用する。
　　＝DSUM（データベース，フィールド，条件）

データベース	$A$4：$E$13
フィールド	5（「金額」はデータベースの左から5番目）
条件	B16：B17（「商品コード」が11）

　　＝DSUM（$A$4：$E$13,5,B16：B17）
となる。
イ．データベースと条件が逆になっており，正しい結果が得られないため，不適切である。
ウ．DAVERAGE関数は，条件を満たす範囲に対応する値の平均を求める関数である。
　　＝DAVERAGE（データベース，フィールド，条件）
問2．高校生以上の人数と単価を掛けたものと，小・中学生の人数と単価を掛けたものを足すと入場料金が求められるため，C5とH10に入る計算式は以下のとおりである。
　コピー元　　C5＝C4*700+B5*50

44

コピー先　　H10=H4*700+B10*50

2つの式を比較し，C4は行のみ固定の複合番地としC$4，B5は列のみ固定の複合番地とし$B5となる。よって，コピー元の計算式C5は，

コピー元　　C5=C$4*700+$B5*50

コピー先の計算式は

コピー先　　H10=H$4*700+$B10*50

となる。

問3．ボウリング大会の結果から，「スコア」と「性別」の複数条件に一致するスコアの平均を算出するには，AVERAGEIFS関数を利用する。

=AVERAGEIFS(平均対象範囲, 条件範囲1, 条件1, …)

平均対象範囲	$C$4:$C$13
条件範囲1	$C$4:$C$13
条件1	"<nobr>>=</nobr>200"（「スコア」が200以上）
条件範囲2	$B$4:$B$13
条件2	B14（「性別」が男）

=AVERAGEIFS($C$4:$C$13,$C$4:$C$13,"<nobr>>=</nobr>200",$B$4:$B$13,B14)

となる。

ア．条件範囲と条件が逆に設定されており，正しい結果が得られないため，不適切である。

イ．平均対象範囲と，条件範囲および条件が逆に設定されており，正しい結果が得られないため，不適切である。

問4．TODAY関数は，現在の日付に対応するシリアル値を返す関数である。

=TODAY()

=IF(TODAY()<=C5,"貸出中",
（今日がC5（返却日）以前なら貸出中を表示し，そうでなければ①へ）

① IF(TODAY()-C5>14,"督促状郵送","返却日超過"))
（今日から返却日を引いた結果が14より大きければ督促状郵送を表示し，そうでなければ返却日超過を表示する）

つまり，

i 今日が返却日前ならば，貸出中を表示する。

ii 返却日から14日超過していれば，督促状郵送を表示する。

iii 返却日から14日以内ならば，返却日超過を表示する。

となる。よって，督促状郵送と表示されるのは，「返却日」から14日超過している，「蔵書コード」が101，106，107の3件となる。

問5．データの最頻値を求めるには，MODE関数を利用する。

=MODE(数値1, 数値2…)

数値	B3:B42

=MODE(B3:B42)

となる。

ア．MEDIAN関数は，範囲内の数値の中央値を求める関数である。

=MEDIAN(数値1, 数値2…)

ウ．FORECAST関数は，現在のデータから一定の予測値を算出する関数である。

=FORECAST(x, 既知のy, 既知のx)

【7】

問1．作成手順2．(2)より，「曜日」(B10)は，「年」(F3)と「月」(H3)，「日」(A10)に対応した曜日を表示するため，WEEKDAY関数を利用する。

=WEEKDAY(シリアル値[, 種類])

シリアル値	「年」「月」「日」で設定した日付
種類	1

WEEKDAY(「年」「月」「日」で設定した日付, 1)

となる。「年」と「月」，「日」から日付を設定するため，DATE関数を利用する。

=DATE(年, 月, 日)

年	F3(「年」)
月	H3(「月」)
日	A10(「日」)

DATE(F3,H3,A10)

となる。以上をまとめると，「年」と「月」，「日」に対応した曜日を表示するには，

WEEKDAY(DATE(F3,H3,A10),1)

となる。また，「暦にない日」の例として，「年」(F3)を2022，「月」(H3)を13，「日」(A10)を1として，DATE関数を利用すると，

DATE(2022,13,1)

となり，「暦にない日」の2022年13月1日と予想されるが，実際には2023年1月1日と，シリアル値から適切な日付に読み替えて日付を表示する。そのため，DATE関数で求めた日付から月のみを求めた値と，H3が一致するか確かめることで「暦にない日」かを確かめることができる。月のみを抽出するためにMONTH関数を利用すると，

=MONTH(シリアル値)

シリアル値	DATE(F3,H3,A10)

MONTH(DATE(F3,H3,A10))

となり，H3と一致するかを確かめるための条件式として，

MONTH(DATE(F3,H3,A10))=H3

となる。以上をまとめると，

=IF(MONTH(DATE(F3,H3,A10))=H3,WEEKDAY(DATE(F3,H3,A10),1),"")

となる。なお，B10とB40に入る計算式は以下のとおりである。

コピー元　　B10=IF(MONTH(DATE(F3,H3,A10))=H3,
　　　　　　　　　WEEKDAY(DATE(F3,H3,A10),1),"")

コピー先　　B40=IF(MONTH(DATE(F3,H3,A40))=H3,
　　　　　　　　　WEEKDAY(DATE(F3,H3,A40),1),"")

B10を行方向にコピーした場合，列が変化しないことを考慮し，2つの式の行番号のみを比較すると，F3とH3は行のみ固定の複合番地とし，F$3とH$3となる。よって，コピー元の計算式B10は，

コピー元　　B10=IF(MONTH(DATE(F$3,H$3,A10))=H$3,
　　　　　　　　　WEEKDAY(DATE(F$3,H$3,A10),1),"")

となり，コピー先の計算式B40は，

コピー先　　B40=IF(MONTH(DATE(F$3,H$3,A40))=H$3,
　　　　　　　　　WEEKDAY(DATE(F$3,H$3,A40),1),"")

となる。

ア．DAY関数は，シリアル値から日のみを算出する関数である。

=DAY(シリアル値)

ウ．YEAR関数は，シリアル値から年のみを算出する関数である。

=YEAR(シリアル値)

本問題では，H3の月と一致するかを確かめるため月を算出する必要があり，YEAR関数では正しい結果が表示されないため，不適切である。

※「月 や 火 などの曜日を表示するように書式設定」するには，［セルの書式設定(F)］→「表示形式」の「分類(C)」で「ユーザー定義」を選択し，［種類(T)］にaaaと入力する。

問2．作成条件7．と作成手順2．(4)より，「実労時間」は

「勤務時間－休憩時間」

で求めることができる。また「勤務時間」は，

「就業時刻」の「終了」－「就業時刻」の「開始」

で求めることができる。「就業時刻」の「終了」は，「15分単位で切り捨て」て求める必要があるため，FLOOR関数を利用する。

=FLOOR(数値, 基準値)

数値	E10(「就業時刻」の「終了」)
基準値	「15分」

FLOOR(E10, 「15分」)

基準値は，「15分」単位とし，時間を求める必要があるため，TIME関数を利用する。

=TIME(時, 分, 秒)

時	0
分	15
秒	0

TIME(0,15,0)
となり，「就業時刻」の「終了」を求めるには，
FLOOR(E10,TIME(0,15,0))…①
となる。また，「就業時刻」の「開始」は，「15分単位で切り上げ」て求める必要があるため，CEILING関数を利用する。

=CEILING（数値, 基準値）

数　　値	D10（「就業時刻」の「開始」）
基　準　値	「15分」

CEILING(D10, 「15分」)
基準値は，「15分」単位とし，時間を求める必要があるため，TIME関数を利用し，
TIME(0,15,0)
となり，「就業時刻」の「開始」を求めるには，
CEILING(D10,TIME(0,15,0))…②
となる。①と②から，「勤務時間」を求めるには，
FLOOR(E10,TIME(0,15,0))-CEILING(D10,TIME(0,15,0))…③
となる。「休憩時間」は，
「休憩時刻」の「終了」－「休憩時刻」の「開始」
で求めることができる。「休憩時刻」の「終了」は，「15分単位で切り上げ」て求める必要があるため，CEILING関数を利用する。

数　　値	G10（「休憩時刻」の「終了」）
基　準　値	「15分」

CEILING(G10, 「15分」)
基準値は，「15分」単位とし，時間を求める必要があるため，TIME関数を利用し，
TIME(0,15,0)
となり，「休憩時刻」の「終了」を求めるには，
CEILING(G10,TIME(0,15,0))…④
となる。また，「休憩時刻」の「開始」は，「15分単位で切り捨て」て求める必要があるため，FLOOR関数を利用する。

数　　値	F10（「休憩時刻」の「開始」）
基　準　値	「15分」

FLOOR(F10, 「15分」)
基準値は，「15分」単位とし，時間を求める必要があるため，TIME関数を利用し，
TIME(0,15,0)
となり，「休憩時刻」の「開始」を求めるには，
FLOOR(F10,TIME(0,15,0))…⑤
となる。④と⑤から，「休憩時間」を求めるには，
CEILING(G10,TIME(0,15,0))-FLOOR(F10,TIME(0,15,0))…⑥
となる。③と⑥から，「実労時間」を求めるには，
FLOOR(E10,TIME(0,15,0))-CEILING(D10,TIME(0,15,0))
　－(CEILING(G10,TIME(0,15,0))-FLOOR(F10,TIME(0,15,0)))
となる。以上から，H10に設定する式は，
=IF(OR(B10="",D10=""),"",
　　FLOOR(E10,TIME(0,15,0))－CEILING(D10,TIME(0,15,0))
　　－(CEILING(G10,TIME(0,15,0))－FLOOR(F10,TIME(0,15,0))))
となる。

問3．作成手順3．(2)より，「祝日の労働時間」(E10)は，「祝日」(パートタイム従業員勤務表!C10:C40)に○が表示してある日の「実労時間」(パートタイム従業員勤務表!H10:H40)の合計を求めるため，SUMIFS関数を使用する。

=SUMIFS（合計対象範囲, 条件範囲１, 条件１, …）

合計対象範囲	パートタイム従業員勤務表!H10:H40
条件範囲１	パートタイム従業員勤務表!C10:C40
条　件　１	"○"

SUMIFS(パートタイム従業員勤務表!H10:H40,
　　パートタイム従業員勤務表!C10:C40,"○")
となる。以上から，「祝日の労働時間」に設定する式は，
=IF(C5="","",
　　SUMIFS(パートタイム従業員勤務表!H10:H40,
　　パートタイム従業員勤務表!C10:C40,"○"))
となる。
ア．条件範囲１と合計対象範囲が逆になってしまっており，正しい結果が得られないため，不適切である。
イ．条件１が○ではなく，祝日となっており，正しい結果が得られないため，不適切である。

問4．作成条件5．と作成手順3．(5)より，「祝日」(E15)は，「基本時給」(C7)に50を加算し，「祝日の労働時間」(E10)を掛けて求められるため，
（「基本時給」＋50）×（「祝日の労働時間」）
となる。「祝日の労働時間」は，作成条件7．からシリアル値で入力されていることがわかる。なお，シリアル値は，1日（24時間）を1とするため，1に時間を掛けて，24で割ることで求めることができる。例えば18時間の場合，18:00と表示されるが，シリアル値は，0.75(=1×18÷24)となる。つまり，18時間の「祝日の労働時間」の場合，「基本時給」＋50に18ではなく，0.75を掛けた値を表示してしまう。そのため，「祝日の労働時間」を24倍する必要がある。以上から，「祝日」を求めるには，
(C7+50)*(E10*24)
となる。また，「円未満を切り上げ」るように端数処理をしなければならないため，ROUNDUP関数を利用する。

=ROUNDUP（数値, 桁数）

数　　値	(C7+50)*(E10*24)
桁　　数	0（「円未満を切り上げ」のため）

ROUNDUP((C7+50)*(E10*24),0)
となる。以上から，「祝日」に設定する式は，
=IF(E10="","",ROUNDUP((C7+50)*(E10*24),0))
となる。

問5．シート名「パートタイム従業員勤務表」の「従業員氏名」(D6)は，「従業員番号」(D5)が130705のため，佐藤　○○ となる。
H列の「実労時間」は，以下のとおりである。なお，「就業時刻」と「休憩時刻」については，15分単位に切り上げと切り捨てた結果を表示している。

日	曜日 金	祝日	就業時刻 開始	就業時刻 終了	休憩時刻 開始	休憩時刻 終了	実労時間	法定外時間
1	土		9:00	14:00			5:00	
2	日		12:00	21:30	17:00	18:00	8:30	0:30
8	土		17:00	21:00			4:00	
9	日		12:00	21:00	16:30	17:30	8:00	
10	月	○	10:00	15:30	11:30	12:00	5:00	
15	土		17:00	21:00			4:00	
16	日		9:00	18:00	11:15	12:15	8:00	
22	土		16:00	22:00			6:00	
23	日		9:00	19:00	11:00	12:00	9:00	1:00
30	日		9:00	18:30	13:00	14:00	8:30	0:30

シート名「パートタイム従業員給与計算表」の「従業員氏名」(C6)と「基本時給」(C7)は，「従業員番号」(C5)が130705のため，佐藤　○○，1,200 となる。
「祝日の労働時間」(E10)は，シート名「パートタイム従業員勤務表」から10日の「祝日」に○があるため，5:00となる。
「祝日以外の労働時間」(E11)は，シート名「パートタイム従業員勤務表」の「実労時間」の合計の
66:00（＝5:00＋8:30＋4:00＋8:00＋5:00＋4:00＋8:00＋6:00＋9:00＋8:30）
から「祝日の労働時間」の5:00を引いて求めるため，61:00（＝66:00－5:00）となる。
「法定外の労働時間」(E12)は，シート名「パートタイム従業員勤務表」の「法定外時間」の合計を求めるため，2:00（＝0:30＋1:00＋0:30）となる。
「祝日」(E15)は，「基本時給」が1,200，「祝日の労働時間」が5:00のため，6,250(=(1,200＋50)×5:00)となる。
「祝日以外」(E16)は，「基本時給」が1,200，「祝日以外の労働時間」が61:00のため，73,200（＝1,200×61:00）となる。
「法定外時間手当」(E17)は，「基本時給」が1,200，「法定外の労働時間」(E12)が2:00のため，600（＝1,200×0.25×2:00）となる。
「支給総額」(E18)は，「祝日」から「法定外時間手当」の合計のため，80,050（＝6,250＋73,200＋600）となる。
※時間の関わる計算過程において，「×24」は省略した。

以下は問以外のセルの計算式である。
シート名「パートタイム従業員勤務表」
セル D6=IF(D5="","",
　　　　VLOOKUP(D5,パートタイム従業員表!A4:C30,2,FALSE))
セル I10=IF(H10="","",

IF(H10>TIME(8,0,0),H10-TIME(8,0,0),""))

シート名「パートタイム従業員給与計算表」

セル C6=IF(C5="","",
　　　　VLOOKUP(C5,パートタイム従業員表!A4:C30,2,FALSE))

セル C7=IF(C5="","",
　　　　VLOOKUP(C5,パートタイム従業員表!A4:C30,3,FALSE))

セル E11=IF(C5="","",
　　　　SUM(パートタイム従業員勤務表!H10:H40)-E10)

セル E12=IF(C5="","",SUM(パートタイム従業員勤務表!I10:I40))

セル E16=IF(E11="","",ROUNDUP(C7*E11*24,0))

セル E17=IF(E12="","",ROUNDUP(C7*0.25*E12*24,0))

セル E18=IF(C5="","",SUM(E15:E17))

p.148

【1】

1	ク	2	エ	3	ア	4	シ	5	コ

【2】

1	オ	2	エ	3	コ	4	キ	5	ク

【3】

1	ア	2	イ	3	ウ	4	イ	5	497 枚

【4】

問1	ウ	問2	10,000 円	問3	ア	問4	イ	問5	イ

【5】

問1	ア	問2	(a)	SUM(数量)　AS　発送数	(b)	受注表 A

問3	(1)	受注日　BETWEEN　'2022/07/01'　AND　'2022/07/31' 別解：受注日 >= '2022/07/01'　AND　受注日 <= '2022/07/31'	(2)	ORDER BY SUM(数量＊単価) DESC

問4	イ	問2は(a)と(b)の両方ができて正答

【6】

問1	ウ	問2	BBABBBAB	問3	石川	問4	イ	問5	ア

【7】

問1	ア	問2	ウ	問3	VLOOKUP	問4	ア	問5	16,580

【1】

解答以外の解答群の語句の説明は以下のとおりである。

イ．プライベート IP アドレスとグローバル IP アドレスを相互に変換する技術。

ウ．電子メールを，サーバ上で管理するために用いるプロトコル。

オ．システム開発において，利用者の要求を元に，実装する機能や必要な性能などを明確にしていく開発工程。

カ．公開鍵の正当性を保証し，管理する機関。

キ．メールを受信するためのプロトコル。

ケ．一定時間内に処理できる仕事量や伝達できる情報量。

サ．RAID0 に相当し，複数の HDD に分散して書き込む方式。

【2】

解答以外の B 群の説明文は，以下の語句についての説明である。

ア．グローバル IP アドレス

イ．DFD

ウ．ホストアドレス

カ．VPN

ケ．ロールフォワード

【3】

1．解答以外の語句の説明は以下のとおりである。

イ．コンピュータネットワークに直接接続することができる記憶装置。

ウ．システムの信頼性を評価する項目の頭文字を並べたもの。

2．解答以外の語句の説明は以下のとおりである。

ア．アクセス元の情報や日付等を記録したもの。

ウ．送られてきたデータをもとに通信を制御する機能。

3．解答以外の語句の説明は以下のとおりである。

ア．TCP/IP を利用したネットワークにおいて，アプリケーションソフトウェアの識別を行うための番号。

イ．ネットワーク通信を階層化してモデル化を行い，層ごとに役割を明確にしたもの。

4．「故障時間の 12 時間」とは，「故障して修復完了までの時間」，つまり平均修復時間（MTTR）のことである。また，「システムの総運用日数」とは，システムが正常に運用している時間（平均故障間隔（MTBF））と平均修復時間（MTTR）の合計である。

平均故障間隔（MTBF）を x とする。

$$稼働率 = \frac{平均故障間隔（MTBF）}{平均故障間隔（MTBF）＋平均修復時間（MTTR）} より，$$

$$0.995 = \frac{x}{x + 12}$$

0.995 ×（x + 12）= x

0.995x + 11.94 = x

− 0.005x = − 11.94

x = 2,388

システムの総運用日数

＝平均故障間隔（MTBF）＋平均修復時間（MTTR）

＝ 2,388 + 12

＝ 2,400（時間）

＝ 100（日間）

5．画像一枚あたりの記憶容量＝解像度×色情報×圧縮率

解像度は「2,500 × 1,800」，色情報は「24 ÷ 8」，圧縮率は 70% のため，

画像一枚あたりの記憶容量 = 2,500 × 1,800 × 24 ÷ 8 × 0.7

= 9,450,000（B）

$1GB = 10^9 B（1,000,000,000）$のため，DVD の 4.7GB は

4.7 × 1,000,000,000 = 4,700,000,000（B）

となり，

4,700,000,000 ÷ 9,450,000＝497.3545…（497 枚）

【4】

問1.

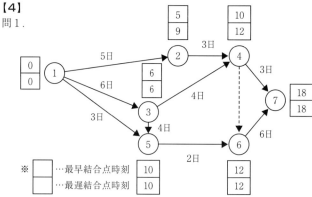

上記のパート図から，クリティカルパス（最早結合点時刻と最遅結合点時刻の差がない経路，すなわち余裕のない経路）は，①→③→⑤→⑥→⑦である。

問2．県内(0)の宿泊(10,000)のため，出張手当は 10,000 円となる。

問3．解答以外の説明文は，以下の語句についての説明である。

イ．コンプライアンス

ウ．BPR

問4．グラフの凡例として適切なのは，イ．である。

ア．「販売台数累計」と「12 か月移動合計」が逆になってしまっている。

ウ．「2018 年」が「販売台数累計」，「12 か月移動合計」が「2018 年」，「販売台数累計」が「12 か月移動合計」となってしまっている。

問5．グラフから読み取れるのは，イ．の「各商品の効果的な商品管理を行うことができる」である。
　　ア．グラフから「各商品の売上の相関関係を調べること」はできない。
　　ウ．グラフから「各商品の売上データのばらつきや分布をみること」はできない。

【5】
問1．データベースの内容を変更するには UPDATE ～ SET ～ を利用する。
　　書式　　UPDATE　表名　SET　フィールド名 ＝ 変更データ
　　　　　　　　WHERE　条件
　　問題文等から，
　　表名…得意先表
　　フィールド名…電話番号
　　変更データ…'050-876-XXXX'
　　条件…得意先コード ＝ 'A18055'
　　となる。よって，得意先コード A18055 の電話番号を変更するには，
　　UPDATE　得意先表…(得意先表の)
　　SET　電話番号 ＝ '050-876-XXXX'…(電話番号を 050-876-XXXX に更新する)
　　WHERE　得意先コード ＝ 'A18055'…(得意先コードが A18055 の)
　　となる。
　　イ．文法が間違っている。データを更新する UPDATE ～ SET ～ については，上記参照。
　　ウ．文法が間違っている。INSERT INTO ～ VALUES ～ は新しいデータレコードを追加する命令である。
　　　　書式　　INSERT INTO　表名(フィールド名) VALUES (挿入データ)
　　　　　　　　※フィールド名は省略可

問2．発送した数量を合計するには SUM 関数を利用する。
　　書式　　SELECT　集計関数(項目)　FROM　表名
　　抽出した列に別の名前を指定するには AS を利用する。
　　書式　　SELECT　選択項目リスト　AS　別名
　　特定の条件に合うものだけを取り出すには WHERE 句を利用する。
　　書式　　SELECT　選択項目リスト　FROM　表名　WHERE　条件
　　商品名ごとにデータをまとめるには GROUP BY を利用する。
　　書式　　SELECT　選択項目リスト　FROM　表名
　　　　　　　　GROUP BY　グループ化項目
　　以上をまとめると，
　　SELECT　選択項目リスト，集計関数(項目)　AS　別名　FROM　表名　WHERE　条件　GROUP BY　グループ化項目
　　問題文等から，
　　選択項目リスト…A.商品コード，商品名
　　集計関数(項目)…SUM(数量)
　　別名…発送数
　　表名…受注表 A，商品表 B
　　条件1…A.商品コード ＝ B.商品コード
　　条件2…受注日 ＝ '2022/08/23'
　　グループ化項目…A.商品コード，商品名
　　となる。商品表以外に，「商品コード」を含んでいるのは受注表であるため，「A」が受注表とわかる。よって，2022 年 8 月 23 日受注分の商品コードごとの受注一覧表を作成するには，
　　SELECT　A.商品コード，商品名，…(商品コードと商品名を抽出する)
　　SUM(数量)　AS　発送数…(数量を合計し，発送数として抽出する)
　　FROM　受注表 A，商品表 B…(受注表と商品表から)
　　WHERE　A.商品コード ＝ B.商品コード…(受注表の商品コードと商品表の商品コードが一致していて)
　　AND　受注日 ＝ '2022/08/23'…(受注日が 2022 年 8 月 23 日の)
　　GROUP BY　A.商品コード，商品名…(商品コードと商品名でグループ化し)
　　となる。

問3．
⑴　(数量×単価)を合計するには SUM 関数を利用する。

　　書式　　SELECT　集計関数(項目)　FROM　表名
　　抽出した列に別の名前を指定するには AS を利用する。
　　書式　　SELECT　選択項目リスト　AS　別名
　　特定の条件に合うものだけを取り出すには WHERE 句を利用する。
　　書式　　SELECT　選択項目リスト　FROM　表名　WHERE　条件
　　2022 年 7 月 (2022 年 7 月 1 日から 2022 年 7 月 31 日まで) の範囲を抽出するには BETWEEN を利用する。
　　書式　　SELECT　選択項目リスト　FROM　表名
　　　　　　WHERE　選択項目　BETWEEN　条件 A　AND　条件 B
　　商品名ごとにデータをまとめるには GROUP BY を利用する。
　　書式　　SELECT　選択項目リスト　FROM　表名
　　　　　　GROUP BY　グループ化項目
　　以上をまとめると，
　　SELECT　選択項目リスト，集計関数(項目) AS　別名　FROM　表名
　　WHERE　条件　AND　選択項目　BETWEEN　条件 A　AND　条件 B
　　GROUP BY　グループ化項目
　　となる。問題文等から，
　　選択項目リスト…得意先名
　　集計関数(項目)…SUM(数量 * 単価)
　　別名…売上額
　　表名…受注表 A，得意先表 B，商品表 C
　　条件1…A.得意先コード ＝ B.得意先コード
　　条件2…A.商品コード ＝ C.商品コード
　　選択項目…受注日
　　条件 A…'2022/07/01'
　　条件 B…'2022/07/31'
　　グループ化項目…得意先名
　　となる。また，表名の箇所で，受注表は「A」，得意先表は「B」，商品表は「C」と表名の別名指定を行っている。以上から，2022 年 7 月の 1 か月間における，得意先名ごとの売上額一覧表を作成するには，
　　SELECT　得意先名…(得意先名を抽出する)
　　SUM(数量 * 単価)　AS　売上額…(数量と単価を掛けて合計し，売上額として抽出する)
　　FROM　受注表 A，得意先表 B，商品表 C…(受注表と得意先表，商品表から)
　　WHERE　A.得意先コード ＝ B.得意先コード…(受注表の得意先コードと得意先表の得意先コードが一致し)
　　AND　A.商品コード ＝ C.商品コード…(受注表の商品コードと商品表の商品コードが一致し)
　　AND　受注日　BETWEEN　'2022/07/01'　AND　'2022/07/31'…(受注日が 2022 年 7 月 1 日から 2022 年 7 月 31 日の)
　　GROUP BY　得意先名…(得意先名でグループ化し)
　　となる。
⑵　売上額の降順に並べ替えるには ORDER BY ～ を追加する。
　　書式　　SELECT　選択項目リスト　FROM　表名
　　　　　　ORDER BY　並べ替え項目　順序
　　並べ替え項目は，売上額は数量に単価を掛け，合計して求める。また，売上額の合計を計算するには SUM 関数を利用し，
　　並べ替え項目…SUM(数量 * 単価) DESC
　　となる。よって，売上額で降順に並べ替えるために追加する文は，
　　ORDER BY SUM(数量 * 単価) DESC
　　となる。

問4．適切な組み合わせは，イ．である。受注表は，得意先表と商品表と関連がある。そのため，(b)は受注表となる。
　　ア．商品表と得意先表は関連がない。
　　ウ．商品表と得意先表は関連がない。

【6】
問1．『シューズ売上一覧表』から，商品コードごとに「売上数量」の合計を求めるには DSUM 関数を利用する。
　　=DSUM(データベース, フィールド, 条件)

データベース	$A$3:$C$10
フィールド	3(「売上数量」はデータベースの左から3番目)
条件	B13:B14(「商品コード」が B101)

=DSUM($A$3:$C$10,3,B13:B14)

となる。

　　ア．データベースおよび条件が不適切であり，正しい結果を得る
　　　ことができないため，不適切である。
　　イ．SUMIFS 関数は，複数の条件に一致する範囲の合計を算出す
　　　る関数である。

=SUMIFS(合計対象範囲，条件範囲 1，条件 1，…)

　　　なお，SUMIFS 関数を利用して算出するには，
=SUMIFS($C$4:$C$10,$A$4:$A$10,B14)
　　　と設定しなければならない。

問 2．B4 に設定されている式は，SUBSTITUTE(A4,"A","B",1) の処理
結果を結果とした場合，SUBSTITUTE(結果,"A","B",2) の処理結果を
表示することになる。SUBSTITUTE(A4,"A","B",1) は，「ABABABAB(A4)
の一つ目の A を B に置換する」ため，処理結果は BBABABAB となる。
SUBSTITUTE(結果,"A","B",2) の結果に，BBABABAB を代入すると，
SUBSTITUTE(BBABABAB,"A","B",2) となり，「BBABABAB の二つ目の A
を B に置換する」ことになり，処理結果は BBABBBAB となる。

問 3．G6 に表示される「選手名」は，「順位」が 4 ということになる。
ある水泳大会の記録から「順位」を決定する場合，「タイム」が小
さい（速い）ほど高い順となるため，SMALL 関数を利用する。引数の
設定順序は，

=SMALL(配列，順位)

であり，4(E6) 番目に小さい（速い）「タイム」を求めるため，48.63
と表示される。「選手名」は表示された「タイム」から列方向に検
索するため，VLOOKUP 関数を利用する。引数の設定順序は，

=VLOOKUP(検索値，範囲，列番号，検索方法)

である。以上から，48.63 の「選手名」は石川となる。

問 4．模擬問題の点数一覧表から中央値を求めるには，MEDIAN 関数
を利用する。

=MEDIAN(数値 1，数値 2…)

数値	B3:B12

=MEDIAN(B3:B12)

となる。

　　ア．MODE 関数は，データ内で最も頻繁に出現する値（最頻値）を求
　　　める関数である。

=MODE(数値 1，数値 2…)

　　ウ．FORECAST 関数は，現在のデータから一定の予測値を算出する
　　　関数である。

=FORECAST(x，既知の y，既知の x)

問 5．条件より，制約条件には，"各商品の販売数は昨年実績以上"の
ため，
$B$15:$C$15>=$B$5:$C$5
が必要となる。さらに，"生産限度数を超えないように"するため，
$B$15:$C$15<=$B$10:$C$10
が必要となる。また，求めるのは「販売数」であり，整数でなけれ
ばならないため，
$B$15:$C$15=整数
が必要となる。"販売数の合計は 450 以下となるように"するため，
$D$15<=450
が必要となる。"今年度の売上高の合計は，昨年度の売上高の合計
と同じ"にするため，目標値を値とし，175500 と入力する。

　　イ．「$B$15:$C$15>=$B$10:$C$10」では，「"生産限度数以上"」とな
　　　ってしまう。さらに「$B$15:$C$15<=$B$5:$C$5」では，「"各商品
　　　の販売数が昨年実績以下"」となってしまう。以上から，正しい
　　　結果が得られないため，不適切である。
　　ウ．「$D$15>=450」では，「"販売数の合計が 450 以上"」となってし
　　　まい，正しい結果が得られないため，不適切である。

【7】
問 1．作成手順 2．(2)，(5)より，D6 は，「印刷サイズ」(B6) に A4 か，

B5 が入力されていれば OK を表示し，そうでなければ NG を表示で
きればよい。

　　ア．=IF(NOT(OR(B6="A4",B6="B5")),"NG","OK")
　　　(B6 が"A4"か，B6 が"B5"のどちらも満たしていなければ NG を表示
　　　し，そうでなければ OK を表示する)
　　　B6 に"A4"か"B5"が入力されていれば OK を表示し，それ以外は NG
　　　となるため，適切である。
　　イ．=IF(OR(NOT(B6="A4"),NOT(B6="B5")),"NG","OK")
　　　(B6 が"A4"ではないか，または B6 が"B5"ではなければ NG を表示
　　　し，そうでなければ OK を表示する)
　　　B6 が"A4"，"B5"，"A3"のように何を入力しても NG が表示されてし
　　　まうため，不適切である。
　　　※仮に B6 に"A4"の場合，B6="A4"という論理式では TRUE を返す
　　　が，NOT 関数により FALSE となる。B6="B5"という論理式では
　　　FALSE を返すが，NOT 関数により TRUE となり，NG が表示される(ど
　　　ちらかが TRUE ならば NG を表示するため)。B6 が"B5"でも同様に
　　　NG が表示される。また，B6 が"A3"でも NG が表示され，何が入力
　　　されても NG が表示される。
　　ウ．=IF(NOT(AND(B6="A4",B6="B5")),"NG","OK")
　　　(B6 が"A4"で，かつ B6 が"B5"でなければ NG を表示し，そうでな
　　　ければ OK を表示する)
　　　B6 が"A4"と"B5"を同時に満たした場合に OK を表示し，それ以外
　　　は NG となる。B6 が"A4"と"B5"である条件を同時に満たすことは
　　　なく，常に NG となるため，不適切である。

問 2．作成手順 2．(7)，(9)より，「ページ数」(B12) が 4 の倍数のため，
最小値は 4(B12>=4) となる。また，最大値は 24(B12<=24) となる。
入力された値が 4 の倍数か調べるには，値を 4 で割り，余りが 0 で
あればよい。余りを求めるには，MOD 関数を利用し，

=MOD(数値，除数)

数値	B12(「ページ数」)
除数	4

MOD(B12,4)

となり，余りが 0 か判断すればよいため，

MOD(B12,4)=0

となる。以上から，D12 に設定する式は

=IF(AND(B12>=4,B12<=24,MOD(B12,4)=0),"OK","NG")

となる。

　　ア．MATCH 関数は，検査範囲を検索し，検査値と一致する値の相対
　　　的な位置を表す数値を表示する関数である。

=MATCH(検査値，検査範囲，照合の種類)

　　イ．INT 関数は，引数によって示された数値を超えない最大の整数
　　　を求める関数である。

問 3．作成手順 2．(10)より，「印刷割増料金」(F14) は，「基準印刷料金」
(F9) に，「ページ数」(B12) と「色」(B13) をもとに，『印刷割増率表』
から参照した値を掛けて求められる。印刷割増率を求めるために，
「ページ数」をもとに『印刷割増率表』を列方向に検索する
VLOOKUP 関数を利用する。

=VLOOKUP(検索値，範囲，列番号，検索方法)

検　索　値	B12(「ページ数」)
範　　　囲	印刷割増率表!A5:C10
列　番　号	「色」+1
検　索　方　法	FALSE

VLOOKUP(B12,印刷割増率表!A5:C10,「色」+1,FALSE)

列番号は，範囲内(印刷割増率表!B4:C4)における「色」の相対的な
位置を求める必要があるため，MATCH 関数を利用する。

=MATCH(検査値，検査範囲，照合の種類)

検　査　値	B13(「色」)
検　査　範　囲	印刷割増率表!B4:C4
照合の種類	0

MATCH(B13,印刷割増率表!B4:C4,0)

なお，VLOOKUP 関数の範囲には，「ページ数」の列が含まれている
ため，MATCH 関数によって得られた値に 1 を加えて，

MATCH(B13,印刷割増率表!B4:C4,0)+1

となる。よって，印刷割増率は，

VLOOKUP(B12,印刷割増率表!A5:C10,
    MATCH(B13,印刷割増率表!B4:C4,0)+1,FALSE)

となる。以上から，F14 に設定する式は，

=IF(OR(D12="NG",D13="NG"),"",
    F9*VLOOKUP(B12,印刷割増率表!A5:C10,
    MATCH(B13,印刷割増率表!B4:C4,0)+1,FALSE))

となる。

問4．作成手順2．(1)，(15)より，「納期」(B17)から本日(F3)を引いた
値が7以内であれば「小計」(F15)に10%を掛け，そうでなければ
0(割増料金なし)を表示するには，

IF(B17-F3<=7,F15*10%,0)

となる。小数点以下を四捨五入し整数部のみ表示させるので，
ROUND 関数を加える。以上から，F19 に設定する式は，

=IF(D17="NG","",ROUND(IF(B17-F3<=7,F15*10%,0),0))

となる。

イ．「納期」から本日を引いた値が7以上であれば，「小計」に10
%を掛けてしまうため，不適切である。

ウ．本日から「納期」を引いており，正しい結果が得られないため，
不適切である。

問5．「印刷サイズ」(B6)に A4,「片面・両面」(B7)に両面，「印刷
部数」(B8)に 1,000 が入力されているため，「基準印刷料金」(F9)
は 3,200 となる。「ページ数」(B12)に 8,「色」(B13)にカラーが入
力されているため，「印刷割増料金」(F14)は 9,600(＝ 3,200 × 3.00)
となる。「小計」(F15)は，「基準印刷料金」と「印刷割増料金」の
合計のため，12,800(＝ 3,200 ＋ 9,600)となる。「納期割増(10%)料金」
(F19)は，「納期」から本日の日付を引いた値が6のため，1,280(＝
12,800 × 10%)となる。「配送料金」(F20)は，「配送先コード」(B18)
に 2 が入力されているため，2,500 となる。「合計料金」(F21)は，「小
計」と「納期割増(10%)料金」，「配送料金」の合計のため，16,580(＝
12,800 ＋ 1,280 ＋ 2,500)となる。

以下は問以外のセルの計算式である。
セル D7=IF(OR(B7="片面",B7="両面"),"OK","NG")
セル D8=IF(AND(B8>=100,B8<=10000),"OK","NG")
セル F3=TODAY()
セル F9=IF(OR(D6="NG",D7="NG",D8="NG"),"",
        VLOOKUP(B8,基準料金表!A6:F12,
        MATCH(B6,基準料金表!C4:F4,0)
        +MATCH(B7,基準料金表!C5:D5,0)+1))
セル D13=IF(OR(B13="モノクロ",B13="カラー"),"OK","NG")
セル F15=F9+F14
セル D17=IF(B17>F3,"OK","NG")
セル D18=IF(AND(B18>=0,B18<=2),"OK","NG")
セル F20=IF(D18="NG","",
        VLOOKUP(B18,配送料金表!A4:C6,3,FALSE))
セル F21=F15+F19+F20

p.160

【1】

1	オ	2	ケ	3	コ	4	ウ	5	ア

【2】

1	コ	2	ア	3	カ	4	ク	5	エ

【3】

1	ウ	2	ア	3	イ	4	ウ	5	80 秒

【4】

問1	ウ	問2	ア	問3	イ	問4	ウ	問5	ア

【5】

問1	ウ	問2	イ	問3	DISTINCT	問4	サービス名 LIKE	問5	料金＊配送

【6】

問1	(a)	ABS	(b)	MAX	問2	ア	問3	(a)	$D$4：$D$1463	(b)	C$3

問4	E2	ア	E3	イ	E4	ウ	問5	(a)	COLUMN	(b)	ROW

問1，問3，問4，問5は問ごとにすべてができて正答

【7】

問1	ウ	問2	ア	問3	COUNT	問4	(a)	1	(b)	1	(c)	3

問5	13,300

問4は(a)と(b)と(c)のすべてができて正答

【1】
解答以外の解答群の語句の説明は以下のとおりである。
イ．ネットワーク間の接続を行い，パケットの経路選択機能などを持つ装置。
エ．Web サーバとブラウザとの間で，Web サーバにある HTML 文書や画像などのデータを送受信するためのプロトコル。
カ．システムの信頼性を評価する項目の頭文字を並べたもの。
キ．分割された個々のモジュールのみを対象とするテスト。
ク．暗号化と復号に異なる鍵を使用する暗号方式。
サ．複数の機器をネットワークで利用するために，各機器のケーブルを集線するための装置。
シ．設計通りの機能や性能を備えているかを確認する最終テスト。

【2】
解答以外のB群の説明文は，以下の語句についての説明である。
イ．Cookie
ウ．可用性
オ．グローバル IP アドレス
キ．アクセスログ
ケ．ロールフォワード

【3】
1．解答以外の語句の説明は以下のとおりである。
　ア．基本設計，外部設計など順番に開発を進めていく開発手法。
　イ．プロトタイピングモデルとウォータフォールモデルを組み合わせた開発手法。
2．解答以外の語句の説明は以下のとおりである。
　イ．システムが可能な限り故障などが発生しないように，構成部品の品質向上や研修などを行い，信頼性を高める考え方。
　ウ．ユーザの入力ミスや誤操作の対策をシステムに組み込むこと。
3．解答以外の語句の説明は以下のとおりである。
　ア．電子メールで，各国語や画像などを扱えるようにした規格。
　ウ．故障から修復が完了するまでの平均時間。
4．一団体あたりの DVD 保存時のデータ容量は，0.84GB（＝ 1.2 × 0.7）であり，一枚の DVD には，約 5.6 団体（＝ 4.7 ÷ 0.84），一つの団体が複数枚のディスクに分割して記録しないため，5 団体が記録できることになる。つまり，27 団体すべてを記録するには，5.4 枚（＝ 27 ÷ 5）の DVD が必要となる。そのため，発表団体すべてを記録するには最低でも 6 枚の DVD が必要となる。
5．データ量＝通信速度（×伝送効率）×通信時間
データ量が MB（メガバイト），通信速度が Mbps（メガビット）のため，データ量を Mb（メガビット）に単位を統一するため，データ量に× 8 を行う。
　　675（MB）× 8（b）＝ 5,400（Mbit）
以上から，このサーバの通信速度を求めるには，データC のデータ量（5,400Mb）と通信時間（60 秒）から，

　　5,400Mb ＝通信速度× 60 秒（通信時間）
となり，
　　通信時間＝ 5,400 ÷ 60
　　　　　　＝ 90（Mbps）
データA のデータ量はデータB より 3,600（＝ 450 × 8）Mb 多いため，
　　転送時間＝ 3,600（Mb）÷ 90（Mbps）
　　　　　　＝ 40（秒）
データA の転送時間は，データB より 40 秒多くなる。
以上から，データB の転送時間が 40 秒のため，データA の転送時間は 80（＝ 40 ＋ 40）秒となる。

【4】
問1．解答以外の語句の説明は以下のとおりである。
　ア．個人情報の取り扱いに関する法律。
　イ．複数の一次不等式または一次等式から，最大または最小となる値を求める方法。

問2．以下の手順でコンピュータのネットワークアドレスを求め，コンピュータA と同じネットワークアドレスになるコンピュータを選べばよい。
①コンピュータA の IP アドレス（172.16.12.16）を，ドットで区切られた 10 進数の値ごとに 2 進数に直す。
　　172　　．　16　　．　12　　．　16
　10101100．00010000．00001100．00010000　…ⅰ
②サブネットマスク（255.255.192.0）を，ドットで区切られた 10 進数の値ごとに 2 進数に直す。
　　255　　．　255　　．　192　　．　0
　11111111．11111111．11000000．00000000　…ⅱ
③ⅰとⅱの各ビットの論理積を取り，コンピュータA のネットワークアドレスを求める。
　10101100．00010000．00001100．00010000　…ⅰ
　11111111．11111111．11000000．00000000　…ⅱ
　10101100．00010000．00000000．00000000　…ⅲ
※ⅲがコンピュータA のネットワークアドレスとなる。
④コンピュータB の IP アドレス（172.16.54.9）について，①～③の手順でネットワークアドレスを求めると，
　　172　　．　16　　．　54　　．　9
　10101100．00010000．00110110．00010000　…ⅱ
　11111111．11111111．11000000．00000000
　10101100．00010000．00000000．00000000　…ⅳ
となる。コンピュータC の IP アドレス（172.16.192.10）では，
　　172　　．　16　　．　192　　．　10
　10101100．00010000．11000000．00001010　…ⅱ
　11111111．11111111．11000000．00000000
　10101100．00010000．11000000．00000000　…ⅴ
となる。コンピュータD の IP アドレス（192.168.12.16）では，

```
      192  .  168  .  12  .  16
11000000 . 10101000 . 00001100 . 00010000 …ⅱ
11111111 . 11111111 . 11000000 . 00000000
11000000 . 10101000 . 00000000 . 00000000 …ⅵ
```
となる。コンピュータEのIPアドレス（192.168.60.7）では，

```
      192  .  168  .  60  .  7
11000000 . 10101000 . 00111100 . 00000111
11111111 . 11111111 . 11000000 . 00000000 …ⅱ
11000000 . 10101000 . 00000000 . 00000000 …ⅶ
```

となる。ⅲとⅳ，ⅲとⅴ，ⅲとⅵ，ⅲとⅶをそれぞれ比較した結果，コンピュータAと同じネットワークアドレスはコンピュータBとわかる。

問3．解答以外のデータを使用する語句は以下のとおりである。
　ア．PPM分析
　ウ．CRM

問4．相関係数が0に近いことから，散布図では無相関が示され，ウが最も適切となる。
　ア．正の相関を示しており，不適切である。
　イ．負の相関を示しており，不適切である。

問5．解答以外の説明文は，以下の語句についての説明である。
　イ．セキュリティポリシー
　ウ．コンプライアンス

【5】
問1．処理の流れ②より，一回の売上につき1レコードが追加され，同日に同会員が同商品を購入した場合でもサービスコードが異なる場合，複数のレコードが作成されるため，「購入日」と「会員コード」，「商品コード」「サービスコード」を合わせることで，売上表のレコードを一意に特定できる。
　ア．「商品コード」と「サービスコード」がなく，レコードを一意に特定できないため，不適切である。
　イ．「サービスコード」がなく，レコードを一意に特定できないため，不適切である。

問2．データベースの内容を変更するにはUPDATE ～ SET ～ を利用する。
　　書式　　UPDATE　表名　SET　フィールド名＝変更データ
　　　　　　　　　WHERE　条件
となる。問題文等から，
　　表名　　　　　　　…商品表
　　フィールド名　　　…商品単価
　　変更データ　　　　…商品単価＋3000（3,000円を値上げするため，商品単価に3,000を加算する）
　　条件　　　　　　　…商品コード＝'B101'
となる。以上から，商品コードがB101の商品単価を¥65,000から¥3,000の値上げをするには，
　　UPDATE　商品表…（商品表の）
　　SET　商品単価＝商品単価＋3000…（商品単価に商品単価と3,000を加算したものに変更する）
　　WHERE　商品コード＝'B101'…（商品コードがB101の）
となる。
　ア．商品単価が3000になってしまうため，不適切である。
　ウ．商品単価に68000を加算してしまうため，不適切である。

問3．重複なくデータを抽出するにはDISTINCTを利用する。
　　書式　　SELECT　DISTINCT　選択項目リスト　FROM　表名
　　特定の条件に合うものだけを取り出すにはWHERE句を利用する。
　　書式　　SELECT　選択項目リスト　FROM　表名　WHERE　条件
　　一定の範囲を抽出するにはBETWEEN ～ AND ～ を利用する。
　　書式　　SELECT　選択項目リスト　FROM　表名
　　　　　　　　　WHERE　選択項目　BETWEEN　条件A　AND　条件B
となり，以上をまとめると，
　　SELECT　DISTINCT　選択項目リスト　FROM　表名　WHERE　条件

　　AND　選択項目　BETWEEN　条件A　AND　条件B
となる。上記を含めた問題文等から，
　　選択項目リスト　　…A.会員コード，会員名
　　表名　　　　　　　…会員表A，売上表B
　　条件1　　　　　　…A.会員コード＝B.会員コード
　　選択項目　　　　　…購入日
　　条件A　　　　　　…'2022/10/01'
　　条件B　　　　　　…'2022/12/31'
　　条件2　　　　　　…配送＝1
　　条件3　　　　　　…サービスコード＝'S1'
となる。以上から，2022年10月1日から2022年12月31日に，配送を希望し，設置や組立，引取のサービスを希望しなかった会員の会員番号と会員名を重複なく抽出するには，
　　SELECT　DISTINCT　A.会員コード，会員名…（会員表の会員コードと会員名を重複なく抽出する）
　　FROM　会員表A，売上表B…（会員表と売上表から）
　　WHERE　A.会員コード＝B.会員コード…（会員表の会員コードと売上表の会員コードが一致していて）
　　AND　購入日　BETWEEN　'2022/10/01'　AND　'2022/12/31'…（購入日が2022年10月1日から2022年12月31日の）
　　AND　配送＝1…（配送が1の）
　　AND　サービスコード＝'S1'…（サービスコードがS1の）
となる。

問4．ある表の件数を求めるにはCOUNT関数を利用する。
　　書式　　SELECT　COUNT(*)　FROM　表名
　　抽出した列に別の名前を指定するにはASを利用する。
　　書式　　SELECT　選択項目リスト　AS　別名
　　特定の条件に合うものだけを取り出すにはWHERE句を利用する。
　　書式　　SELECT　選択項目リスト　FROM　表名　WHERE　条件
　　一定の範囲を抽出するにはBETWEEN ～ AND ～ を利用する。
　　書式　　SELECT　選択項目リスト　FROM　表名
　　　　　　　　　WHERE　選択項目　BETWEEN　条件A　AND　条件B
　　特定の文字列を検索するにはLIKEを利用する。
　　書式　　SELECT　選択項目リスト　FROM　表名
　　　　　　　　　WHERE　列名　LIKE　パターン
　　以上をまとめると，
　　SELECT　COUNT(*)　AS　別名　FROM　表名
　　WHERE　選択項目　BETWEEN　条件A　AND　条件B
　　AND　列名　LIKE　パターン
となる。問題文等から，
　　選択項目リスト　　…COUNT(*)
　　別名　　　　　　　…件数
　　表名　　　　　　　…サービス表A，売上表B
　　条件1　　　　　　…A.サービスコード＝B.サービスコード
　　選択項目　　　　　…購入日
　　条件A　　　　　　…'2022/01/01'
　　条件B　　　　　　…'2022/12/31'
　　列名　　　　　　　…サービス名
　　パターン　　　　　…'%引取'
となる。以上から，2022年の間に，引取サービスの注文を受け付けた件数を抽出するには，
　　SELECT　COUNT(*)　AS　件数…（件数を求め，件数として抽出する）
　　FROM　サービス表A，売上表B…（サービス表と売上表から）
　　WHERE　A.サービスコード＝B.サービスコード…（サービス表のサービスコードと売上表のサービスコードが一致していて）
　　AND　購入日　BETWEEN　'2022/01/01'　AND　'2022/12/31'…（購入日が2022年1月1日から2022年12月31日の）
　　AND　サービス名　LIKE　'%引取'　…（サービス名の右端に引取の）
となる。

問5．ある表の項目の合計を求めるにはSUM関数を利用する。
　　書式　　SELECT　SUM(項目)　FROM　表名
　　抽出した列に別の名前を指定するにはASを利用する。
　　書式　　SELECT　選択項目リスト　AS　別名
　　特定の条件に合うものだけを取り出すにはWHERE句を利用する。

書式　　SELECT　選択項目リスト　FROM　表名　WHERE　条件
ある項目ごとにデータをまとめるには GROUP BY を利用する。
　　　　書式　　SELECT　選択項目リスト　FROM　表名
　　　　　　　　GROUP BY　グループ化項目
以上をまとめると，
　　SELECT　選択項目リスト，SUM(項目)　AS　別名　FROM　表名
　　WHERE　条件　GROUP BY　グループ化項目
となる。問題文等から，

　　選択項目リスト　　…A.会員コード，会員名
　　項目　　　　　　　…売上代金
　　別名　　　　　　　…請求金額
　　表名　　　　　　　…会員表 A，サービス表 B，商品表 C，
　　　　　　　　　　　　　売上表 D
　　条件1　　　　　　…A.会員コード = D.会員コード
　　条件2　　　　　　…B.サービスコード = D.サービスコード
　　条件3　　　　　　…C.商品コード = D.商品コード
　　条件4　　　　　　…購入日 = '2022/12/16'
　　グループ化項目　　…A.会員コード，会員名

となる。また，処理の流れ④より，売上代金は「商品代金＋サービス金額＋配送料金」で求められる。商品代金は「商品単価×数量」，サービス金額は「金額」となる。配送料金は，処理の流れ③より配送希望がある場合，配送料金を「料金」とし，配送希望がない場合，配送料金が0となる。なお，配送希望がある場合，「配送」に1が入力され，配送希望がない場合，「配送」に0が入力されるため，「料金」に「配送」を掛けることで，配送料金を計上できる。以上から，売上代金は「商品単価×数量＋金額＋料金×配送」で求められる。以上から，2022 年 12 月 16 日分の会員ごとの請求金額を抽出するには，

　　SELECT　A.会員コード，会員名，…(会員表の会員コードと会員名を抽出する)
　　SUM(商品単価 * 数量 + 金額 + 料金 * 配送)　AS　請求金額…(売上代金を合計し，請求金額として抽出する)
　　FROM　会員表 A，サービス表 B，商品表 C，売上表 D…(会員表とサービス表，商品表，売上表から)
　　WHERE　A.会員コード = D.会員コード…(会員表の会員コードと売上表の会員コードが一致していて)
　　AND　B.サービスコード = D.サービスコード…(サービス表のサービスコードと売上表のサービスコードが一致していて)
　　AND　C.商品コード = D.商品コード…(商品表の商品コードと売上表の商品コードが一致していて)
　　AND　購入日 = '2022/12/16'…(購入日が 2022 年 12 月 16 日の)
　　GROUP BY　A.会員コード，会員名…(会員表の会員コードと会員名でグループ化し)

となる。

【6】

問1．絶対値を求めるには，ABS 関数を利用し，

=ABS(数値)

数　　　値	A4(「入力データ」)

=ABS(A4)

となる。また，絶対値は数直線上における 0 からの距離を表すため，①「入力データ」が正の値の場合，そのまま表示すればよい。また，②「入力データ」が負の値の場合，-1 をかけ，正の値にすれば求められる。しかし，「入力データ」が正の値の場合，-1 を掛けると負の値となってしまい，絶対値が求められない。そのため，①と②の処理結果から，最大値を求めれば，絶対値となるため，MAX 関数を利用し，

=MAX(数値1，数値2)

数　値　1	A4
数　値　2	A4*-1

=MAX(A4,A4*-1)

となる。

問2．「団体名」を求めるため，「番号」をもとに『得点表』を列方向に検索するには，VLOOKUP 関数を利用する。

=VLOOKUP(検索値，範囲，列番号，検索方法)

検　索　値	「番号」
範　　　囲	$A$4:$D$9
列　番　号	2
検　索　方　法	FALSE

=VLOOKUP(「番号」,$A$4:$D$9,2,FALSE)

「番号」は，表彰団体の「順位」を『得点表』の「順位」から検索し，相対的な位置を求めるため，MATCH 関数を利用する。

=MATCH(検査値，検査範囲，照合の種類)

検　査　値	F4
検　査　範　囲	$D$4:$D$9
照合の種類	0

MATCH(F4,$D$4:$D$9,0)

となる。以上をまとめると，

=VLOOKUP(MATCH(F4,$D$4:$D$9,0),$A$4:$D$9,2,FALSE)

となる。

　イ．『得点表』の「順位」と「番号」が一致する値を求めてしまい，正しい結果が得られないため，不適切である。
　ウ．『表彰団体』の「順位」と『得点表』の「番号」が一致する値を求めてしまい，正しい結果が得られないため，不適切である。

問3．『売上表』から，「曜日」と「商品コード」ごとに「売上数」の平均を求めるには AVERAGEIFS 関数を利用し，

=AVERAGEIFS(平均対象範囲，条件範囲1，条件1，…)

平均対象範囲	売上表!D4:D1463
条件範囲1	売上表!B4:B1463
条　件　1	C3(曜日)
条件範囲2	売上表!C4:C1463
条　件　2	A4(「商品コード」)

=AVERAGEIFS(売上表!D4:D1463,売上表!B4:B1463,C3,売上表!C4:C1463,A4)

となる。なお，C4 と I7 に入る計算式は以下のとおりである。
　コピー元　C4=AVERAGEIFS(売上表!D4:D1463,売上表!B4:B1463,C3,売上表!C4:C1463,A4)
　コピー先　I7=AVERAGEIFS(売上表!D4:D1463,売上表!B4:B1463,I3,売上表!C4:C1463,A7)

二つの式を比較し，D4:D1463 と B4:B1463，C4:C1463 は行と列を固定した絶対番地 $D$4:$D$1463 および $B$4:$B$1463，$C$4:$C$1463 となる。C3 は行のみ固定の複合番地 C$3 となり，A4 は列のみ固定の複合番地 $A4 となる。よって，コピー元の計算式 C4 は，
　コピー元　C4=AVERAGEIFS(売上表!$D$4:$D$1463,
　　　　　　　　売上表!$B$4:$B$1463,C$3,
　　　　　　　　売上表!$C$4:$C$1463,$A4)

となる。

問4．「最頻値」(E2) は，「打点」の最頻値を求めるため，MODE 関数を利用し，

=MODE(数値1，数値2…)

数　値　1	B3:B402(「打点」)

=MODE(B3:B402)

となる。「中央値」(E3) は「打点」の中央値を求めるため，MEDIAN 関数を利用し，

=MEDIAN(数値1，数値2…)

数　値　1	B3:B402(「打点」)

=MEDIAN(B3:B402)

となる。「平均値」(E4) は，「打点」の平均値を求めるため，AVERAGE 関数を利用し，

=AVERAGE(数値1，数値2…)

数　値　1	B3:B402(「打点」)

=AVERAGE(B3:B402)

となる。

問5．シート名「予定表」の B3 は，F1 の値を表示し，F3 まで横方向にコピーするごとに日にちが 1 日ずつ経過している。つまり，コピーするごとに 1 ずつ増やす必要があるため，COLUMN 関数を利用し，

=COLUMN([参照])

=$F$1+COLUMN()

となる。ただし，B3 に加算する値は 0 とするため，上記の式に -2 を加え，

=$F$1+COLUMN()-2

となる。シート名「予定表」の B4 は，B3 をもとに，シート名「年間行事予定」を参照し「予定」を表示するため，縦方向に検索する VLOOKUP 関数を利用し，

=VLOOKUP(検索値, 範囲, 列番号, 検索方法)

検 索 値	B3(「日付」)
範　　　囲	年間行事予定!$A$4:$F$369
列 番 号	3
検 索 方 法	FALSE

VLOOKUP(B3,年間行事予定!$A$4:$F$369,3,FALSE)

となる。なお，B7 まで縦方向にコピーした場合，すべて同じ結果になってしまう。そのため，縦方向にコピーするごとに列番号を 1 ずつ増やす必要があるため，ROW 関数を利用する。

=ROW([参照])

VLOOKUP(B3,年間行事予定!$A$4:$F$369,ROW(),FALSE)

となる。ただし，B4 に式を設定した場合，4 となってしまい，「予定」が正しく表示できないため，-1 を加え，

VLOOKUP(B3,年間行事予定!$A$4:$F$369,ROW()-1,FALSE)

となる。以上から，B4 に設定する式は，

=IF(VLOOKUP(B$3,年間行事予定!$A$4:$F$369,ROW()-1,FALSE)="","",
　　VLOOKUP(B$3,年間行事予定!$A$4:$F$369,ROW()-1,FALSE))

となる。

【7】

問1．作成手順 1.(2)より，E6 は「来場予定日」(B6)が 2022/1/1 より前(B6<DATE(2022,1,1))か，または「来場予定日」が 2022/12/31 より後(B6>DATE(2022,12,31))の場合，エラーを表示し("エラー")，「来場予定日」が『繁忙日表』の「日付」に含まれる(『繁忙日表』における「来場予定日」の件数>0)場合，繁忙日を表示し("繁忙日")，それ以外の場合は OK を表示するため("OK")，

IF(OR(B6<DATE(2022,1,1),B6>DATE(2022,12,31)),"エラー",
　　IF(シート名「繁忙日表」における「来場予定日」の件数>0,
　　　　"繁忙日","OK"))

となる。シート名「繁忙日表」における「来場予定日」の件数を求めるには，COUNTIFS 関数を利用し，

=COUNTIFS(検索条件範囲1, 検索条件1, 検索条件範囲2, …)

検索条件範囲1	繁忙日表!A3:A24(「日付」)
検 索 条 件 1	B6(「来場予定日」)

COUNTIFS(繁忙日表!A3:A24,B6)

となる。以上から，E6 に設定する式は，

=IF(B6="","",IF(OR(B6<DATE(2022,1,1),B6>DATE(2022,12,31)),
　　"エラー",IF(COUNTIFS(繁忙日表!A3:A24,B6)>0,
　　　　"繁忙日","OK")))

となる。

- ア．B6<2022/1/1 とした場合，2022/1/1 は 2022÷1÷1 となってしまい，日付と設定されず，正しい結果が得られないため，不適切である。
- イ．B6<"2022/1/1" とした場合，2022/1/1 という文字データとなってしまい，日付と設定されず，正しい結果が得られないため，不適切である。

問2．作成条件 4 と作成手順 1.(8)より，「人数」(D18)は以下のように求める。

「会員コード」における B18 の件数＋「会員コード」における B18 で始まり，かつ「備考」が 有効期限切れ の件数

「会員コード」における B18 の件数を求めるには，COUNTIFS 関数を利用し，

=COUNTIFS(検索条件範囲1, 検索条件1, 検索条件範囲2, …)

検索条件範囲1	$B$9:$B$14(「会員コード」)
検 索 条 件 1	B18(「区分コード」)

COUNTIFS($B$9:$B$14,B18)…①

となる。「会員コード」における B18 を含み，かつ「備考」が有効期限切れの件数を求めるには，COUNTIFS 関数を利用し，

=COUNTIFS(検索条件範囲1, 検索条件1, 検索条件範囲2, …)

検索条件範囲1	$B$9:$B$14(「会員コード」)
検 索 条 件 1	B18 で始まる会員コード
検索条件範囲2	$E$9:$E$14(「備考」)
検 索 条 件 2	"有効期限切れ"

COUNTIFS($B$9:$B$14,B18 で始まる会員コード,
　　$E$9:$E$14,"有効期限切れ")

となる。B18 で始まる会員コードとは，B18 より右のデータは何でも良いことになり，ワイルドカードの * と文字列を結合する & を利用し，

B18&"*"

となり，

COUNTIFS($B$9:$B$14,B18&"*",$E$9:$E$14,"有効期限切れ")…②

となる。①と②から，「人数」を求めるには，

COUNTIFS($B$9:$B$14,B18)+
　　COUNTIFS($B$9:$B$14,B18&"*",$E$9:$E$14,"有効期限切れ")

となる。

- イ．B18 に結合するワイルドカードが？では，B18 に 1 文字が結合されたデータとなってしまい，正しい結果が得られないため，不適切である。
- ウ．「備考」が 会員 では正しい結果が得られないため，不適切である。
- エ．B18 に結合するワイルドカードが？では，B18 に 1 文字が結合されたデータとなってしまい，「備考」が 会員 では正しい結果が得られないため，不適切である。

問3．作成手順 1.(11)と(12)より，「数量」(C24〜C30)には数値が入力されていなければならない。C24 に入力されたデータが数値か判断するには，C24 の数値データの件数を求めれば良いため，COUNT 関数を利用し，

=COUNT(数値1[, 数値2, …])

数 値 1	C24(「数量」)

COUNT(C24)

となり，算出された結果が 1 ならば，C24 に入力されたデータは数値となるため，

COUNT(C24)=1

となる。以上から，D24 に設定する式は，

=IF(C24="","",IF(COUNT(C24)=1,
　　C24*VLOOKUP(B24,料金表!$A$3:$B$12,2,FALSE),"エラー"))

となる。

問4．作成条件 7 と作成手順 1.(15)より，「会員割引」(D35)は以下のような式で求められる。

「入場料金合計」と「各種料金合計」の合計×割引率

「入場料金合計」と「各種料金合計」の合計は，SUM 関数を利用し，

=SUM(数値1[, 数値2, …])

数 値 1	C33:C34(「入場料金合計」と「各種料金合計」)

SUM(C33:C34)

となる。割引率は，「備考」(E9:E14)に 会員 が一つ以上あり，E6 が繁忙日の場合，1 割(0.1)となる。「備考」に 会員 が一つ以上あるか数えるには，COUNTIFS 関数を利用し，

=COUNTIFS(検索条件範囲1, 検索条件1, 検索条件範囲2, …)

検索条件範囲1	E9:E14(「備考」)
検 索 条 件 1	"会員"

COUNTIFS(E9:E14,"会員")

となる。しかし，繁忙日における「備考」の会員数を割引率とした場合，適切な値とならない。仮に，会員 が二人いた場合，2 となってしまう。そこで，会員 を数えた結果を 100 で割り，小数第 1 位未満切り上げれば，1〜6 のいずれの値でも，0.1 とすることできるため，ROUNDUP 関数を利用し，

=ROUNDUP(数値, 桁数)

数 値	COUNTIFS(E9:E14,"会員")/100
桁 数	1

ROUNDUP(COUNTIFS(E9:E14,"会員")/100,1)…①

となる。E6 が繁忙日の場合(E6="繁忙日")、0.1 となり、それ以外の場合、0.3 としなければならない。そのため、繁忙日の場合、①に 1 を掛け、それ以外の場合、①に 3 を掛ければよいため、

ROUNDUP(COUNTIFS(E9:E14,"会員"),1)*IF(E6="繁忙日",1,3)

となる。以上から、「会員割引」を求めるには、

SUM(C33:C34)*ROUNDUP(COUNTIFS(E9:E14,"会員")/100,1)*
    IF(E6="繁忙日",1,3)

となる。なお、「備考」に会員がない場合、0 となり、「入場料金合計」と「各種料金合計」の合計に 0 を掛けることになり、「会員割引」が 0 となる。

問 5．「来場予定日」(B6)が 2022/8/29 のため、E6 は OK となる。「会員コード」(B9〜B12)が A0001039、A0001040、C0001041、A のため、「氏名」(C9〜C12)が○○　○○、○○　○○、○○　○○、一般大人、「有効期限」(D9〜D12)が 2022/12/16、2022/8/10、2022/11/9、空白となる。また、「来場予定日」が 2022/8/29 のため、「備考」(G10〜G12)は、会員、有効期限切れ、会員、空白となる。「会員コード」が B9〜B12 のため、「区分コード」(B18〜B20)は A、C、空白、「項目名」(C18〜C20)は入場料(大人)、入場料(小人)、空白となる。また、「会員コード」と「備考」より、「枚数」(D18〜D20)は 2、0、空白となり、「金額」(E18〜E20)は 3,000(= 1,500 × 2)、0、空白となる。「来場予定日」が 2022/8/29 のため、「項目名」(B24〜B30)は、乗り放題、園内ツアーA、園内ツアーB、チケット 500、チケット 1000、チケット 1500、駐車料金となる。「枚数」(C24〜C25)が 4,4 のため、「金額」(D24〜D25)は 10,000(= 2,500 × 4)、6,000(= 1,500 × 4)となる。「入場料金合計」(D33)は、3,000(= 3,000 + 0)、「各種料金合計」(D34)は、16,000(= 10,000 + 6,000)、E6 が繁忙日ではなく、「備考」に 会員 が一つ以上あるため、「会員割引」(D35)は 5,700(=(3,000 + 16,000)× 0.3)となる。「合計」(D36)は 13,300(= 3,000 + 16,000 − 5,700)となる。

以下は問以外のセルの計算式である。
セル C9=IF(OR($E$6="",$E$6="エラー",B9=""),"",
          IFERROR(VLOOKUP(B9,会員表!$A$3:$C$1046,2,FALSE),
          "エラー"))
セル D9=IF(OR(C9="",B9=""),"",IFERROR(
          IF(VLOOKUP(B9,会員表!$A$3:$C$1046,3,FALSE)="","",
          VLOOKUP(B9,会員表!$A$3:$C$1046,3,FALSE)),
          "エラー"))
セル E9=IF(OR(D9="",D9="エラー"),"",
          IF(D9>=$B$6,"会員","有効期限切れ"))
セル B18=IF(OR(COUNTA($B$9:$B$14)=0,
          COUNTIFS($C$9:$C$14,"エラー")),"",
          IF(AND(COUNTIFS($B$17:B17,"A")=0,
          COUNTIFS($B$9:$B$14,"A*")>0),"A",
          IF(AND(COUNTIFS($B$17:B17,"S")=0,
          COUNTIFS($B$9:$B$14,"S*")>0),"S",
          IF(AND(COUNTIFS($B$17:B17,"C")=0,
          COUNTIFS($B$9:$B$14,"C*")>0),"C","")))))
セル C18=IF(B18="A","入場料(大人)",
          IF(B18="S","入場料(中人)",
          IF(B18="C","入場料(小人)","")))
セル E18=IF(D18="","",
          D18*VLOOKUP(C18,料金表!$A$3:$B$12,2,FALSE))
セル B24=IF(OR(COUNTA($B$9:$B$14)=0,COUNTIFS($C$9:$C$14,
          "エラー")),"",IFERROR(
          INDEX(料金表!$A$6:$A$12,ROW(A1)-
          IF($E$6="繁忙日",-3,0),1),""))
セル D33=IF(OR(COUNTA($B$9:$B$14)=0,
          COUNTIFS($C$9:$C$14,"エラー")),"",SUM(E18:E20))
セル D34=IF(OR(COUNTA($B$9:$B$14)=0,
          COUNTIFS($C$9:$C$14,"エラー")),"",SUM(D24:D30))

p.172

【1】

1	サ	2	キ	3	カ	4	ア	5	オ

【2】

1	カ	2	ア	3	コ	4	キ	5	エ

【3】

1	ウ	2	ア	3	イ	4	イ	5	0.9604

【4】

問1	イ	問2	(a)	－	(b)	X	(c)	－	問3	ア	問4	2日間

問5	ウ

問2は(a)と(b)と(c)のすべてができて正答

【5】

問1	ア	問2	LIKE	問3	(a)	ア	(b)	イ	(c)	ウ	問4	(a)	観客数

(b)	収容人数	(c)	収容率	問5	ウ

問3，問4は(a)と(b)と(c)のすべてができて正答

【6】

問1	(a)	イ	(b)	ア	(c)	ウ	問2	CEILING	問3	イ

問4	4	問5	ウ

問1は(a)と(b)と(c)のすべてができて正答

【7】

問1	MONTH	問2	(a)	1	(b)	0	(c)	0	問3	(a)	イ	(b)	ウ

(c)	ア	問4	イ	問5	675

問2，問3は(a)と(b)と(c)のすべてができて正答

【1】
解答以外の解答群の語句の説明は以下のとおりである。
　イ．複数のハードディスクに同じデータを書き込む方式。
　ウ．複数のハードディスクをまとめて1台のハードディスクのように管理するしくみ
　エ．公開鍵の正当性を保証し，管理する機関。
　ク．インターネットで標準的に使われているプロトコル。
　ケ．プライベートIPアドレスとグローバルIPアドレスを相互に変換する技術。
　コ．各プログラムの内部構造を設計する開発工程。
　シ．ネットワークにおいてデータを送受信する際の手順を定めた規約。

【2】
解答以外のB群の説明文は，以下の語句についての説明である。
　イ．ルータ
　ウ．システムテスト
　オ．システムログ
　ク．MACアドレス
　ケ．フールプルーフ

【3】
1．解答以外の語句の説明は以下のとおりである。
　ア．IPアドレスの割り当てにおいて，クラスを使わずネットワーク部とホスト部を任意に設定できる仕組み。
　イ．電子メールを，サーバ上で管理するために用いるプロトコル。
2．解答以外の語句の説明は以下のとおりである。
　イ．クライアントには，最低限の機能のみを持たせ，サーバで資源を一括管理するシステム。
　ウ．問題点を明確にするために，情報収集，カード化，グループ化，図解化，文章化の手順で進められるデータ整理方法。
3．解答以外の語句の説明は以下のとおりである。
　ア．RASISの示す指標の一つで，システムの維持や管理，修復のしやすさを表す。
　ウ．RASISの示す指標の一つで，システムの不整合などの起こりにくさを表す。
4．通信速度(Mbps)の単位とデータ(MB)の単位をb(ビット)に統一するために，データ量に8を掛け(1B(バイト)=8b(ビット))
　　720MB(メガバイト)＝720×8＝5,760Mb(メガビット)
　データ量＝通信速度×伝送効率×通信時間より，
　　5,760Mb ＝ 100Mbps ×伝送効率× 72(秒)
　伝送効率 ＝ 5,760Mb ÷ (100Mbps × 72(秒))
　　　　　 ＝ 5,760Mb ÷ 7,200

　　　　　 ＝ 0.8(80%)
5．システム全体の稼働率は，以下のようにして考える。
　①　装置Aと装置Bの並列システム
　②　①のシステムと①のシステムの直列システム
　並列システムの稼働率
　＝ 1 － (1 －装置Aの稼働率)×(1 －装置Bの稼働率)
　＝ 1 － (1 － 0.9)×(1 － 0.8)
　＝ 1 － 0.1 × 0.2
　＝ 0.98
　直列システムの稼働率
　＝①のシステムの稼働率×①のシステムの稼働率
　＝ 0.98 × 0.98
　＝ 0.9604(96.04%)

【4】
問1．IPアドレスとサブネットマスクから，ネットワークアドレスとホストアドレスは以下のとおりとなる。
ネットワークアドレス：172.16.8.0
ブロードキャストアドレス：172.16.8.255
ホストアドレス：172.16.8.1～172.16.8.254
以上から，設定できるホストアドレスの数は1～254となるため，イ．の254となる。

問2．条件から，決定表を完成させると以下のようになる。

条件部	平日の来店	Y	N	N	N	N
	18時以降の来店	N	Y	N	N	N
	Web予約後の来店	N	N	Y	N	N
	クーポン券を持参	N	N	N	Y	N
動作部	値引き額100円	－	－	－	X	－
	値引き額200円	X	－	－	－	－
	値引き額400円	－	X	－	－	－
	値引き額800円	－	－	X	－	－
	クーポン券の配布	－	－	－	－	X

以上から，(a)は－，(b)はX，(c)は－となる。

問3．解答以外の事例に適したものは，以下のとおりである。
　イ．ABC分析
　ウ．回帰分析

問4．図のアローダイアグラムから，作業完了までの経路の組み合わせと日数は，
　A→C→E→G→I(26日)…クリティカルパス
　A→C→E→H(24日)

$A \rightarrow C \rightarrow F \rightarrow H (22 日)$
$B \rightarrow D \rightarrow E \rightarrow G \rightarrow I (25 日)$
$B \rightarrow D \rightarrow E \rightarrow H (23 日)$
$B \rightarrow D \rightarrow F \rightarrow H (21 日)$
となる。以上から，最長の経路であるクリティカルパスはA→C→E→G→Iの26日となる。また，Gの作業が2日間になった場合の作業完了までの経路の組み合わせと日数は
$A \rightarrow C \rightarrow E \rightarrow G \rightarrow I (22 日)$
$A \rightarrow C \rightarrow E \rightarrow H (24 日)$…クリティカルパス
$A \rightarrow C \rightarrow F \rightarrow H (22 日)$
$B \rightarrow D \rightarrow E \rightarrow G \rightarrow I (21 日)$
$B \rightarrow D \rightarrow E \rightarrow H (23 日)$
$B \rightarrow D \rightarrow F \rightarrow H (21 日)$
となる。以上から，最長の経路であるクリティカルパスがA→C→E→Hの24日となった。最短の所要日数は，26日から24日に変わったため，2日間の短縮となる。

問5．解答以外の説明文は，以下の語句についての説明である。
　ア．ハウジングサービス
　イ．アライアンス

【5】

問1．解答以外の選択肢については，以下のとおりである。
　イ．観客数表の日付は，2021/10/05が重複しており，レコードを特定できないため，主キーではない。
　ウ．観客数表の試合番号は，1や2などが重複しており，レコードを特定できないため，主キーではない。

問2．特定の条件に合うものだけを取り出すにはWHERE句を利用する。
　　書式　　SELECT　選択項目リスト　FROM　表名　WHERE　条件
2022年(2022年1月1日から2022年12月31日まで)の範囲を抽出するにはBETWEENを利用する。
　　書式　　SELECT　選択項目リスト　FROM　表名
　　　　　　WHERE　選択項目　BETWEEN　条件A　AND　条件B
チームコードの左端から1文字がSの文字列を検索するにはLIKEを利用する。
　　書式　　SELECT　選択項目リスト　FROM　表名
　　　　　　WHERE　列名　LIKE　パターン
以上をまとめると，
　　SELECT　選択項目リスト　FROM　表名　WHERE　条件
　　AND　選択項目　BETWEEN　条件A　AND　条件B
　　AND　列名　LIKE　パターン
となる。問題文等から，
　　選択項目リスト　…日付，チーム名
　　表名　　　　　　…チーム表A，観客数表B
　　条件1　　　　　…A.チームコード＝B.チームコード
　　選択項目　　　　…日付
　　条件A　　　　　…'2022/01/01'
　　条件B　　　　　…'2022/12/31'
　　条件2　　　　　…観客数＞50000
　　列名　　　　　　…A.チームコード
　　パターン　　　　…'S%'
となる。また，表名の箇所で，チーム表は「A」，観客数表は「B」と表名の別名指定を行っている。以上から，2022年のSリーグ所属チームの試合において，観客数が50000を超えた試合の日付，チーム名を抽出するには，
　　SELECT　日付，チーム名…(日付とチーム名を抽出する)
　　FROM　チーム表A，観客数表B…(チーム表と観客数表から)
　　WHERE　A.チームコード＝B.チームコード…(チーム表のチームコードと観客数表のチームコードが一致していて)
　　AND　日付　BETWEEN　'2022/01/01'　AND　'2022/12/31'…(日付が2022年1月1日から2022年12月31日の)
　　AND　観客数　＞　50000…(観客数が50000を超えて)
　　AND　A.チームコード　LIKE　'S%'…(チームコードの左端から1文字目がSの)

となる。

問3．観客数の平均を求めるにはAVG関数を利用する。
　　書式　　SELECT　集計関数(項目)　FROM　表名
抽出した列に別の名前を指定するにはASを利用する。
　　書式　　SELECT　選択項目リスト　AS　別名
特定の条件に合うものだけを取り出すにはWHERE句を利用する。
　　書式　　SELECT　選択項目リスト　FROM　表名　WHERE　条件
チーム名ごとにデータをまとめるにはGROUP BYを利用する。
　　書式　　SELECT　選択項目リスト　FROM　表名
　　　　　　GROUP BY　グループ化項目
観客数平均の降順に並べ替えるにはORDER BY ～ を利用する。
　　書式　　SELECT　選択項目リスト　FROM　表名
　　　　　　ORDER BY　並べ替え項目
以上をまとめると，
　　SELECT　選択項目リスト，集計関数(項目)　AS　別名
　　FROM　表名　WHERE　条件
　　GROUP BY　グループ化項目
　　ORDER BY　並べ替え項目
となる。問題文等から，
　　選択項目リスト　…チーム名
　　集計関数(項目)　…AVG(観客数)
　　別名　　　　　　…観客数平均
　　表名　　　　　　…チーム表A，観客数表B
　　条件1　　　　　…A.チームコード＝B.チームコード
　　条件2　　　　　…球場コード＝'K001'
　　グループ化項目　…チーム名
　　並べ替え項目　　…AVG(観客数) DESC
となる。また，表名の箇所で，チーム表は「A」，観客数表は「B」と表名の別名指定を行っている。以上から，Tドームで開催された試合において，チーム名ごとに観客数の平均を求め，観客数平均の降順にチーム名と観客数平均を抽出するには，
　　SELECT　チーム名，…(チーム名を抽出する)
　　AVG(観客数)　AS　観客数平均…(観客数の平均を算出し，観客数平均として抽出する)
　　FROM　チーム表A，観客数表B…(チーム表と観客数表から)
　　WHERE　A.チームコード＝B.チームコード…(チーム表のチームコードと観客数表のチームコードが一致していて)
　　AND　球場コード＝'K001'…(球場コードがK001で)
　　GROUP BY　チーム名…(チーム名でグループ化し)
　　ORDER BY AVG(観客数) DESC…(観客数の平均の降順に並べ替える)
となる。

問4．収容人数に対する観客数の割合の平均を求めるにはAVG関数を利用する。
　　書式　　SELECT　集計関数(項目)　FROM　表名
抽出した列に別の名前を指定するにはASを利用する。
　　書式　　SELECT　選択項目リスト　AS　別名
特定の条件に合うものだけを取り出すにはWHERE句を利用する。
　　書式　　SELECT　選択項目リスト　FROM　表名　WHERE　条件
球場名ごとにデータをまとめるにはGROUP BYを利用する。
　　書式　　SELECT　選択項目リスト　FROM　表名
　　　　　　GROUP BY グループ化項目
グループ化した各グループから，条件に合ったグループだけを抽出するにはHAVING句を利用する。
　　書式　　SELECT　選択項目リスト　FROM　表名
　　　　　　GROUP BY　グループ化項目　HAVING　制約条件
以上をまとめると，
　　SELECT　選択項目リスト，集計関数(項目)　AS　別名
　　FROM　表名　WHERE　条件
　　GROUP BY　グループ化項目　HAVING　制約条件
となる。また，収容人数に対する観客数の割合を求めるには，
観客数 ＊ 100 / 収容人数
となる。上記を含めた問題文等から，
　　選択項目リスト　…球場名
　　集計関数(項目)　…AVG(観客数 ＊ 100 / 収容人数)

別名　　　　　　…収容率
表名　　　　　　…球場表 A，観客数表 B
条件　　　　　　…A.球場コード = B.球場コード
グループ化項目　…球場名
制約条件　　　　…AVG(観客数 * 100 / 収容人数)>=90

となる。また，表名の箇所で，球場表は「A」，観客数表は「B」と表名の別名指定を行っている。以上から，球場名ごとに収容人数に対する観客数の割合の平均を収容率として求め，収容率が 90 以上の球場名と収容率を抽出するには，

SELECT　球場名，…(球場名を抽出する)
　AVG(観客数 * 100 / 収容人数)　AS　収容率…(収容人数に対する
　　観客数の割合を収容率として抽出する)
FROM　球場表 A，観客数表 B…(球場表と観客数表から)
WHERE　A.球場コード = B.球場コード…(球場表の球場コードと
　　観客数表の球場コードが一致していて)
GROUP BY　球場名…(球場名でグループ化し)
HAVING AVG(観客数 * 100 / 収容人数) >= 90…(収容率が 90 以上
　　を取り出して)

となる。

問 5．球場の追加登録には INSERT INTO 〜 VALUES 〜 を利用する。
　　書式　　INSERT INTO　表名(フィールド名)　VALUES (挿入データ)
　　※フィールド名は省略可
　問題文等から，
　　INSERT INTO 球場表…(球場表に)
　　VALUES ('K013'，'T スタジアム'，50000)…(球場コードが K013
　　のデータを挿入する)
　となる。

【6】

問 1．「チーム名」ごとに「得点」の最小値を求めるには DMIN 関数を利用する。

=DMIN(データベース，フィールド，条件)

データベース	$A$3:$D$43
フィールド	3(「得点」がデータベースの 3 列目のため)
条件	B$46:B$47

=DMIN($A$3:$D$43,3,B$46:B$47)
となる。

問 2．「式 B」で求められる値は，B4 を掛けていることから，常に「値 2」の倍数となる。また，ROUNDUP(A4/B4,0)は，整数未満の値となった場合に切り上げていることから，「値 2」が「値 1」以上になるための倍率を求めていることがわかる。以上から，「式 B」は「値 2」の倍数で，「値 1」以上の値を求めていることから，CEILING 関数と同様の値を求めているため，「式 A」は，

=CEILING(数値，基準値)

数　値	A4(「値 1」)
基 準 値	B4(「値 2」)

=CEILING(A4,B4)
となる。

問 3．中央値とは，データを昇順に並べた場合の真ん中にある値のことである。今回の問題では，欠席者や未受験者がなく，35 名分のデータがあることから，データ数は奇数となる。また，データ範囲は，2 点×5 題 = 10 点で，正答(2 点)か誤答(0 点)以外の判定はないため，データは「0，2，4，6，8，10」のいずれかとなり，中央値も同様に「0，2，4，6，8，10」のいずれかとなるため，「5」という値は中央値としてありえない値と言える。
　※ただし，データ数が偶数の場合は，真ん中の前後二つの値の平均となるため，「5」という中央値はありえないとは言えない。

問 4．COUNTIFS 関数は，複数の条件を同時に満たしたデータの個数を求める関数である。

=COUNTIFS(検索条件範囲 1，検索条件 1，検索条件範囲 2…)

以上から，C20 に設定された式は，

=COUNTIFS(C4:C18,">=1000000",D4:D18,">=500",E4:E18,">=300")
(C4 から C18 の範囲で 1000000 以上，D4 から D18 の範囲で 500 以上，E4 から E18 の範囲で 300 以上のすべての条件を満たしたデータ数を求める)
となる。つまり，「人口(人)」が 1000000 以上，「面積(km²)」が 500 以上，「社会福祉施設数」が 300 以上のすべての条件を満たしている都市の数を求める。よって，条件を満たしているデータ欄に○，そうでない場合は空白として表を作成すると以下のようになる。

No.	都市名	人口(人)	面積(km²)	社会福祉施設数
1	A市	○	○	○
2	B市	○	○	○
3	C市	○		
4	D市			
5	E市	○		○
6	F市	○		○
7	G市			
8	H市		○	○
9	I市		○	
10	J市		○	
11	K市	○		
12	L市	○	○	○
13	M市	○		
14	N市			
15	O市	○	○	○

以上から，すべての条件を満たしたデータの「No.」は，1，2，12，15 であり，C20 には 4 が表示される。

問 5．条件より，制約条件には，"A セット，B セットは 1 個以上製造する。"ため，「$B$10:$C$10>=1」が必要となる。また，求めるのは「セット数」であり，整数でなければならないため，「$B$10:$C$10= 整数」が必要となる。さらに，"各商品の合計は，使用上限を超えないように設定する。"ため，「$D$11:$D$12<=$D$4:$D$5」が必要となる。
　「変化させるセル」は，「セット数」の「A セット」と「B セット」のため，「$B$10:$C$10」となる。
　「目的セル」は，"販売利益の合計が最大となる"ため，「$D$13」となる。
　ア，イ．「目的セル」に「$B$10:$C$10」や「$D$11:$D$12」を設定した場合，制約条件と矛盾が生じてしまい，正しい結果が得られないため，不適切である。

【7】

問 1．作成手順 1．(1)より，B33 は以下のような式で求めることができる。
="期間限定 :"&「メニュー名」
　「メニュー名」は，本日の月をもとに，『期間限定メニュー表』から参照して求めるため，VLOOKUP 関数を利用し，

=VLOOKUP(検索値，範囲，列番号，検索方法)

検 索 値	本日の月
範 囲	期間限定メニュー表!A4:B15
列 番 号	2(「メニュー名」が 2 列目のため)
検 索 方 法	FALSE

VLOOKUP(本日の月，期間限定メニュー表!A4:B15,2,FALSE)
となる。検索値は本日の月を求める必要があるため，MONTH 関数を利用し，

=MONTH(シリアル値)

シリアル値	本日の日付に対応するシリアル値

MONTH(本日の日付に対応するシリアル値)
となる。また，本日の日付に対応するシリアル値を求めるため，TODAY 関数を利用し，

=TODAY()

MONTH(TODAY())
となり，「メニュー名」を表示するには，
VLOOKUP(MONTH(TODAY())，期間限定メニュー表!A4:B15,2,FALSE)
となる。以上から，B33 に設定する式は，
="期間限定 : "&
　VLOOKUP(MONTH(TODAY())，期間限定メニュー表!A4:B15,2,FALSE)

となる。

問2．作成手順2．(5)より，「価格」(C9)は，以下のような式で求めることができる。

IF(「本日のお得内容：」と「メニュー名」を比較，
　『メニュー表』の「価格」を参照する，
　　『メニュー表』の「価格」に割引きまたは値引きの計算をする)

「価格」は，「メニューコード」をもとに『メニュー表』を参照して求めるため，VLOOKUP関数を利用し，

=VLOOKUP(検索値，範囲，列番号，検索方法)

検 索 値	A9(「メニューコード」)
範 囲	メニュー表!$A$4:$C$33
列 番 号	3(「価格」が3列目にあるため)
検索方法	FALSE

VLOOKUP(A9，メニュー表!$A$4:$C$33，3，FALSE)…①

となる。"割引きまたは値引きの計算をする"には，以下のような式で求める。

「価格」×（1－割引率）－値引き額

「割引率」は，「本日のお得内容：」の：の1文字分右側から，％までの文字列を抽出すればよいため，MID関数を利用し，

=MID(文字列，開始位置，文字数)

文 字 列	$B$6(「本日のお得内容：」)
開始位置	"："までの文字数 +1
文 字 数	"％"までの文字数から"："までの文字数を引いた値

MID($B$6，"："までの文字数 +1，
　"％"までの文字数から"："までの文字数を引いた値)

となる。「"："までの文字数」を求めるには，SEARCH関数を利用し，

=SEARCH(検索文字列，対象，[開始位置])

検索文字列	"："
対 象	$B$6

SEARCH("："，$B$6)

となる。同様に「"％"までの文字数」を求めるためにもSEARCH関数を利用し，

検索文字列	"％"
対 象	$B$6

SEARCH("％"，$B$6)

となり，「本日のお得内容：」の：の1文字分右側から，％までの文字列を抽出するには，

MID($B$6，SEARCH("："，$B$6)+1，
　SEARCH("％"，$B$6)-SEARCH("："，$B$6))

となる。ただし，MID関数で抽出された値は文字列として扱われてしまうため，数値に変換する必要がある。そのため，VALUE関数を利用し，

=VALUE(文字列)

文 字 列	MID($B$6，SEARCH("："，$B$6)+1，SEARCH("％"，$B$6)-SEARCH("："，$B$6))

VALUE(MID($B$6，SEARCH("："，$B$6)+1，
　SEARCH("％"，$B$6)-SEARCH("："，$B$6)))

となる。上記の式では，「本日のお得内容：」に％がない場合，エラー表示となってしまう。「本日のお得内容：」に％がないということは，割引がないということであり，つまり割引率が0ということなる。そのため，エラーの場合に0を求めるため，IFERROR関数を利用し，

=IFERROR(値，エラーの場合の値)

値	VALUE(MID($B$6，SEARCH("："，$B$6)+1，SEARCH("％"，$B$6)-SEARCH("："，$B$6)))
エラーの場合の値	0

IFERROR(VALUE(MID($B$6，SEARCH("："，$B$6)+1，
　SEARCH("％"，$B$6)-SEARCH("："，$B$6)))，0)…②

となる。また，「値引き額」は，「本日のお得内容：」の：の1文字分右側から，円までの文字列を抽出すればよいため，MID関数を利用し，

=MID(文字列，開始位置，文字数)

文 字 列	$B$6(「本日のお得内容：」)
開始位置	"："までの文字数 +1
文 字 数	"円"までの文字数から"："までの文字数を引いた値

MID($B$6，"："までの文字数 +1，
　"円"までの文字数から"："までの文字数を引いた値)

となる。ただし，上記の式では，円という文字まで抽出してしまうが，今回は値引き額の値のみを抽出したいため，円の1文字分を引いた文字数を抽出するため，

MID($B$6，"："までの文字数 +1，
　"円"までの文字数から"："までの文字数を引いた値 -1)

となる。「"："までの文字数」と同様に「"円"までの文字数」が求められるため，SEARCH関数を利用し，

=SEARCH(検索文字列，対象，[開始位置])

検索文字列	"円"
対 象	$B$6

SEARCH("円"，$B$6)

となる。「割引率」と同様に，数値への変換にVALUE関数を利用する。また，エラーが表示される場合は，値引きがないということであり，値引き額が0ということになる。そのため，エラーの場合に0を求めるため，IFERROR関数を利用する。以上をまとめると，「値引き額」は

IFERROR(VALUE(MID($B$6，SEARCH("："，$B$6)+1，
　SEARCH("円"，$B$6)-SEARCH("："，$B$6)-1))，0)…③

となる。①と②，③より，"割引きまたは値引きの計算をする"には，
VLOOKUP(A9，メニュー表!$A$4:$C$33，3，FALSE)＊
　(1-IFERROR(VALUE(MID($B$6，SEARCH("："，$B$6)+1，
　　SEARCH("％"，$B$6)-SEARCH("："，$B$6))))，0))-
　　IFERROR(VALUE(MID($B$6，SEARCH("："，$B$6)+1，
　　SEARCH("円"，$B$6)-SEARCH("："，$B$6)-1))，0)

となる。以上から，C9に設定する式は，
=IF(OR(A9=""，B9="メニューコードエラー")，""，
　IF(LEFT($B$6，SEARCH("："，$B$6))<>LEFT(B9，SEARCH("："，B9))，
　VLOOKUP(A9，メニュー表!$A$4:$C$33，3，FALSE)，
　　VLOOKUP(A9，メニュー表!$A$4:$C$33，3，FALSE)＊
　　(1-IFERROR(VALUE(MID($B$6，SEARCH("："，$B$6)+1，
　　SEARCH("％"，$B$6)-SEARCH("："，$B$6))))，0))-
　　　IFERROR(VALUE(MID($B$6，SEARCH("："，$B$6)+1，
　　SEARCH("円"，$B$6)-SEARCH("："，$B$6)-1))，0)))

となる。

問3．作成手順2．(6)より，「備考」(D9)を求めるには，「本日のお得内容：」の左端から：までの文字列を日替わりお得：に置き換えて表示するため，SUBSTITUTE関数を利用する。

=SUBSTITUTE(文字列，検索文字列，置換文字列)

文 字 列	$B$6(「本日のお得内容：」)
検索文字列	「本日のお得内容：」の左端から：までの文字列
置換文字列	"日替わりお得："

SUBSTITUTE($B$6，
「本日のお得内容：」の左端から：までの文字列，"日替わりお得:")

となる。「本日のお得内容：」の左端から：までの文字列を抽出するには，LEFT関数を利用し，

=LEFT(文字列，文字数)

文 字 列	$B$6(「本日のお得内容：」)
文 字 数	左端から：までの文字列

LEFT($B$6，左端から：までの文字列)

となる。「左端から：までの文字列」を求めるにはSEARCH関数を利用し，

=SEARCH(検索文字列，対象，[開始位置])

検索文字列	"："
対 象	$B$6

SEARCH("："，$B$6)

となる。よって，「本日のお得内容：」の左端から：までの文字列を抽出するには，

LEFT($B$6，SEARCH("："，$B$6))

となり，「本日のお得内容：」の左端から：までの文字列を 日替わりお得：に置き換えて表示するには，

SUBSTITUTE($B$6,LEFT($B$6,SEARCH("：",$B$6)),"日替わりお得：")

となる。以上から，D9 に設定する式は，

```
=IF(OR(A9="",B9="メニューコードエラー",
  IFERROR(LEFT($B$6,SEARCH("：",$B$6))<>LEFT(B9,
   SEARCH("：",B9)),TRUE)),"",
    SUBSTITUTE($B$6,LEFT($B$6,SEARCH("：",$B$6)),
     "日替わりお得："))
```

となる。

問4．作成手順2．(7)より，「合計」(C24)は，「価格」の合計(SUM(C9:C23))に「早朝割」の1割を引いた値を掛けて求めることができる。「早朝割」は，「現在の時刻：」(B5) が 10:00 以前の場合(B5<=TIME(10,0,0))は 10% の割引き(10%)，それ以外は割引なし(0)となるため，

IF(B5<=TIME(10,0,0),10%,0)

となる。以上から，「合計」を求めるには，

SUM(C9:C23)*(1-IF(B5<=TIME(10,0,0),10%,0))

となる。さらに，"割引額の円未満を切り捨て"とするため，上記の式を端数処理しなければならない。ここで，111 円の1割引き後の金額を求めることを考える。111 円の1割は，割引額が 11.1 円となり，割引額の円未満を切り捨てる場合，割引額が 11 円となり，割引後の金額は 100 円となる。一方，今回の式のように，1から割引率を引いた値を掛けて求める場合は，111 × (1 − 0.1) = 99.9 となり，この状態で円未満を切り捨てると，99 円となる。つまり，割引率を引いて掛けて求めた値の端数処理は，切り捨てと切り上げを逆転させる必要がある。よって，「合計」を求めるには，ROUNDDOWN 関数ではなく，ROUNDUP 関数を利用し，

ROUNDUP(SUM(C9:C23)*(1-IF(B5<=TIME(10,0,0),10%,0)),0)

となる。以上から，C24 に設定する式は，

```
=IF(OR(COUNTA(A9:A23)=0,
  COUNTIFS(B9:B23,"メニューコードエラー")>=1),"",
    ROUNDUP(SUM(C9:C23)*(1-IF(B5<=TIME(10,0,0),10%,0)),0))
```

となる。

問5．「メニュー名」(B9〜B12)は，「メニューコード」が，UD05，NG02，TP07，SD03 のため，うどん：野菜，おにぎり：こんぶ，天ぷら：えび，ドリンク：コーヒーとなる。同様に「価格」は，500，110，150，140 となる。ただし，「本日のお得内容：」(B6) がうどん：30% 引き のため，C9 の 500 は 30% 引きとなり，350(=500 × (1 − 30%))となる。「合計」(C24)は，「価格」(C9〜C12) の合計となるため，750(=350 + 110 + 150 + 140)となる。ただし，「現在の時刻：」(B5) が 7:02 のため，C24 の 750 は 10% 引き となり，675(=750 × (1 − 10%))となる。

以下は問以外のセルの計算式である。
セル B4=TODAY()
セル B6=INDEX(日替わりお得表!B4:B10,WEEKDAY(B4,2),1)
セル B9=IF(A9="","",IFERROR(
        VLOOKUP(A9,メニュー表!$A$4:$C$33,2,FALSE),
         "メニューコードエラー"))
セル D24=IF(OR(C24="",B5>TIME(10,0,0)),"","早朝割：10%引き")

p.184

【1】

1	ウ	2	ク	3	イ	4	エ	5	シ

【2】

1	キ	2	ケ	3	ア	4	ウ	5	エ

【3】

1	イ	2	ア	3	ウ	4	イ	5	12日間

【4】

問1	2日間	問2	20万円	問3	ア	問4	ウ	問5	イ

【5】

問1	HAVING	問2	ORDER	問3	(a)	IN	(b)	前回受講表

問4	(a)	ウ	(b)	ア	(c)	イ	問5	ウ

問3は(a)と(b)の両方，問4は(a)と(b)と(c)のすべてができて正答

【6】

問1	ウ	問2	6	問3	(a)	$J5	(b)	K$3	(c)	K$4

問4	イ	問5	ア

問3は(a)と(b)と(c)のすべてができて正答

【7】

問1	(a)	WEEKDAY	(b)	15	問2	ROUNDUP	問3	COLUMN	問4	"*"&C20&"*"	問5	275,400

問1は(a)と(b)の両方ができて正答

【1】

解答以外の解答群の語句の説明は以下のとおりである。

ア．暗号化と復号に同一の鍵を用いる暗号方式。

オ．外部ネットワークと内部ネットワークから隔離された区域。

カ．コンピュータ上での電子的なサイン。

キ．試作品を作成し，ユーザの要求を確認しながら開発を進めるシステム開発手法。

ケ．LAN上のコンピュータに自動的にIPアドレスを割り当てるプロトコル。

コ．処理実行の指示を出してから，すべての実行結果が得られるまでの時間。

サ．プロトタイピングモデルとウォータフォールモデルを組み合わせた開発モデル。

【2】

解答以外のB群の説明文は，以下の語句についての説明である。

イ．デッドロック

オ．NAS

カ．ブレーンストーミング

ク．SMTP

コ．リスクアセスメント

【3】

1．解答以外の語句の説明は以下のとおりである。

　ア．LANの中継や分岐に用いられる集線装置。

　ウ．規格の異なったネットワークどうしを接続する場合に使われるハードウェアやソフトウェアの総称。

2．解答以外の語句の説明は以下のとおりである。

　イ．装置やシステムなどに故障や誤操作などによる障害が発生した場合，常に安全な状態に保てるように設計すること。

　ウ．システムが可能な限り故障などが発生しないように，構成部品の品質向上や利用者の研修などを行い，信頼性を高める考え方。

3．解答以外の語句の説明は以下のとおりである。

　ア．システムの故障発生が少ないこと。

　イ．システムの維持や管理，修復のしやすさを表す指標。

4．稼働率とは，システムが正常に使用できた確率である。稼働していた期間を求めるには，全体の期間（正常に使用できた期間と故障のため使用できなかった期間を足した期間）に稼働率を掛けることで求められる。問題文から，全体の期間が200日間，稼働率が0.98のため，正常に稼働していた期間は，

　$200 \times 0.98 = 196$（日）

故障していた期間は，全体の期間から稼働していた期間を引けば求められるため，

　$200 - 196 = 4$（日）

毎日12時間連続運用しているため，

　$4 \times 12 = 48$（時間）

5．Aさんの1日の作業量

　$1 \div 6 = \dfrac{1}{6}$

AさんとBさんが共同した1日の作業量

　$\dfrac{1}{6} + $ Bさんの作業量

AさんとBさんが共同して作業を行った場合の期間を求める式

　$1 \div \left(\dfrac{1}{6} + \text{Bさんの作業量}\right) = 4$

　$1 = 4\left(\dfrac{1}{6} + \text{Bさんの作業量}\right)$

　$1 = \dfrac{4}{6} + 4 \times \text{Bさんの作業量}$

　$1 - \dfrac{4}{6} = 4 \times \text{Bさんの作業量}$

　$\dfrac{2}{6} = 4 \times \text{Bさんの作業量}$

　$\dfrac{2}{6} \div 4 = \text{Bさんの作業量}$

　$\dfrac{2}{6} \times \dfrac{1}{4} = \text{Bさんの作業量}$

　$\dfrac{1}{12} = \text{Bさんの作業量}$

Bさんが一人で行った場合の期間

　期間＝工数÷要員

　$1 \div \dfrac{1}{12} = 12$（日間）

【4】

問1.

上記のアローダイアグラムから，最短の所要日数は12日である。また，クリティカルパス（最早結合点時刻と最遅結合点時刻の差がない経路，すなわち余裕のない経路）は，B→C→D→Fである。また，Cの作業が2日間になった場合，次のようなアローダイアグラムとなる。

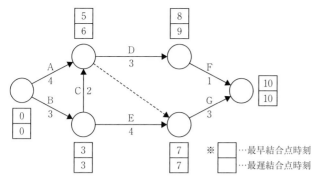

$$\begin{array}{l}5\\6\end{array}\qquad\begin{array}{l}8\\9\end{array}$$

$$\begin{array}{l}\text{※}\end{array}\quad\square\cdots\text{最早結合点時刻}$$
$$\square\cdots\text{最遅結合点時刻}$$

上記のアローダイアグラムから，最短の所要日数は 10 日間となり，2（= 12 − 10）日間短縮できる。また，クリティカルパスは，B → E → G となる。

問2．決定表から読み取れる値引き率は 5 ％である。条件の「取引年数 10 年以上」が Y，「受注額 500 万円以上」が N のため，行動の「値引き率 5 ％」が X となる。よって，値引き額は 20（= 400 万円 × 5 ％）万円となる。

問3．解答以外の事例に適したものは，以下のとおりである。
イ．Z グラフ
ウ．ABC 分析

問4．PPM 分析における，各項目の市場成長率と市場占有率の組み合わせは以下のとおりである。

	市場成長率	市場占有率
問題児	高い	低い
花 形	高い	高い
金のなる木	低い	高い
負け犬	低い	低い

上記から(a)に入る適切なものは，市場成長率が低く，市場占有率が高いため，ウ．金のなる木となる。

問5．解答以外の説明文は，以下の語句についての説明である。
ア．アウトソーシング
ウ．CRM

【5】

問1．講座名ごとに人数を計算するには COUNT 関数を利用する。
　　書式　　SELECT　集計関数(項目)　FROM　表名
抽出した列に別の名前を指定するには AS を利用する。
　　書式　　SELECT　選択項目リスト　AS　別名
特定の条件に合うものだけを取り出すには WHERE 句を利用する。
　　書式　　SELECT　選択項目リスト　FROM　表名　WHERE　条件
講座名ごとにデータをまとめるには GROUP BY を利用する。
　　書式　　SELECT　選択項目リスト　FROM　表名
　　　　　　　　GROUP BY　グループ化項目
グループ化した各グループから，条件に合ったグループだけを抽出するには HAVING 句を利用する。
　　書式　　SELECT　選択項目リスト　FROM　表名
　　　　　　　　GROUP BY　グループ化項目　HAVING　制約条件
以上をまとめると，
　　SELECT　選択項目リスト，集計関数(項目)　AS　別名
　　FROM　表名　WHERE　条件　GROUP BY　グループ化項目
　　HAVING　制約条件
となる。問題文等から，
　　選択項目リスト…講座名
　　集計関数(項目)…COUNT(*)
　　別名…希望者数
　　表名…講座表 A，希望表 B
　　条件…A.講座コード = B.講座コード
　　グループ化項目…講座名
　　制約条件…COUNT(*) < 20
となる。また，表名の箇所で，講座表は「A」，希望表は「B」と表

名の別名指定を行っている。以上から，講座名ごとに講座別希望者数を集計し，希望者数が 20 名未満の講座一覧表を作成するには，
　　SELECT　講座名，…(講座名を抽出する)
　　COUNT(*) AS　希望者数…(希望者数を計算し，希望者数として抽出する)
　　FROM　講座表 A，希望表 B…(講座表と希望表から)
　　WHERE　A.講座コード = B.講座コード…(講座表の講座コードと希望表の講座コードが一致していて)
　　GROUP BY 講座名…(講座名でグループ化し)
　　HAVING COUNT(*) < 20…(希望者数が 20 未満を取り出して)
となる。

問2．進路コードごとに人数を計算するには COUNT 関数を利用する。
　　書式　　SELECT　集計関数(項目)　FROM　表名
抽出した列に別の名前を指定するには AS を利用する。
　　書式　　SELECT　選択項目リスト　AS　別名
特定の条件に合うものだけを取り出すには WHERE 句を利用する。
　　書式　　SELECT　選択項目リスト　FROM　表名　WHERE　条件
進路コードごとにデータをまとめるには GROUP BY を利用する。
　　書式　　SELECT　選択項目リスト　FROM　表名
　　　　　　　　GROUP BY　グループ化項目
進路別希望者数の降順に並べ替えるには ORDER BY ～ を利用する。
　　書式　　SELECT　選択項目リスト　FROM　表名
　　　　　　　　ORDER BY　並べ替え項目
以上をまとめると，
　　SELECT　選択項目リスト，集計関数(項目)　AS　別名
　　FROM　表名　WHERE　条件　GROUP BY　グループ化項目
　　ORDER BY　並べ替え項目
となる。問題文等から，
　　選択項目リスト…B.進路コード，進路
　　集計関数(項目)…COUNT(*)
　　別名…進路別希望者数
　　表名…講座表 A，進路コード表 B，希望表 C
　　条件1…A.進路コード = B.進路コード
　　条件2…A.講座コード = C.講座コード
　　グループ化項目…B.進路コード，進路
　　並べ替え項目1…COUNT(*) DESC
　　並べ替え項目2…B.進路コード ASC
となる。また，表名の箇所で，講座表は「A」，進路コード表は「B」，希望表は「C」と表名の別名指定を行っている。以上から，進路コードごとに希望者数を集計し，進路別希望者数一覧表を進路別希望者数の降順，進路別希望者数が同一の場合は進路コードの昇順に並べ替えるには，
　　SELECT　B.進路コード，進路，…(進路コード表の進路コードと進路を抽出する)
　　COUNT(*) AS　進路別希望者数…(進路コード別の希望者数を計算し，進路別希望者数として抽出する)
　　FROM　講座表 A，進路コード表 B，希望表 C…(講座表と進路コード表，希望表から)
　　WHERE　A.進路コード = B.進路コード…(講座表の進路コードと進路コード表の進路コードが一致していて)
　　AND　A.講座コード = C.講座コード…(講座表の講座コードと希望表の講座コードが一致していて)
　　GROUP BY　B.進路コード，進路…(進路コード表の進路コード，進路でグループ化し)
　　ORDER BY　COUNT(*) DESC，B.進路コード ASC…(進路別の希望者数の降順，進路コードの昇順に並べ替える)
となる。

問3．特定の条件に合うものだけを取り出すには WHERE 句を利用する。
　　書式　　SELECT　選択項目リスト　FROM　表名　WHERE　条件
複数の条件から，一つでも満たすものを取り出すには OR 句を利用する。
　　書式　　SELECT　選択項目リスト　FROM　表名
　　　　　　　　WHERE　条件1　OR　条件2
前回の進路説明会で就職の講座を希望している生徒を抽出するには

IN演算子を利用する。

書式　SELECT　選択項目リスト　FROM　表名
　　　　WHERE　列名　IN(副問合せ)

以上をまとめると，

SELECT　選択項目リスト　FROM　表名　WHERE　条件
AND　列名　IN(副問合せ)

となる。問題文等から，

選択項目リスト…A.生徒コード，生徒名
表名…生徒表 A，希望表 B
条件１…A.生徒コード = B.生徒コード
条件２…(講座コード = 'K09' OR 講座コード = 'K10')
列名…A.生徒コード
副問合せ…SELECT 生徒コード FROM 前回受講表
　　　　　　　WHERE 講座コード = 'K09'
　　　　　　　OR 講座コード = 'K10'

となる。また，表名の箇所で，生徒表は「A」，希望表は「B」と表名の別名指定を行っている。以上から，前回の進路説明会で就職の講座を希望し，今回も就職の講座を希望している生徒の一覧を作成するには，

SELECT　A.生徒コード，生徒名…(生徒表の生徒コードと生徒名を抽出する)
FROM　生徒表 A，希望表 B…(生徒表と希望表から)
WHERE　A.生徒コード = B.生徒コード…(生徒表の生徒コードと希望表の生徒コードが一致していて)
AND　(講座コード = 'K09' OR 講座コード = 'K10')…(希望表の講座コードが K09[公務員講座]か，または K10[就職講座]で)
AND　A.生徒コード…(生徒表の生徒コードが)
IN(SELECT　生徒コード　FROM　前回受講表　WHERE
講座コード = 'K09' OR 講座コード = 'K10')…(前回受講表から科目コードが K09[公務員講座]か，または K10[就職講座]を受講した生徒コードを抽出する)

となる。

問４．データベースの内容更新には UPDATE 〜 SET 〜 を利用する。

書式　UPDATE　表名　SET　フィールド名 = 変更データ
　　　　WHERE　条件

となる。問題文等から，

表名…希望表
フィールド名…講座コード
変更データ…'K10'
条件…生徒コード = 140101

となる。以上から，選択科目の希望を変更する場合には，

UPDATE　希望表…(希望表の)
SET　講座コード = 'K10'…(講座コードを K10 に変更する)
WHERE　生徒コード = 140101…(生徒コードが 140101 の)

となる。

問５．参照整合性とは，新しい行(レコード)の入力や削除を行っても，表間のリレーションシップが矛盾なく維持されるようにするための規則のことである。よって，参照整合性に反することなく実行できるものはウ.の「希望表から1レコードを削除する」のみである。
　ア．進路コード表の1レコードを削除した場合，講座表から「進路コード」を参照しようとすると，「進路コード」が存在しないことがあり，矛盾が生じてしまい，参照整合性に反してしまう。
　イ．講座表の1レコードを削除した場合，希望表(前回受講表)から「講座コード」を参照しようとすると，「講座コード」が存在しないことがあり，矛盾が生じてしまい，参照整合性に反してしまう。

【6】

問１．「名称」を「略称」のように変換して表示するには，以下の条件のとおりである。
条件Ⅰ　"○○市立"の場合は"市立"をつけ，"○○"は省略する。
条件Ⅱ　"□□立"と"高等学校"は省略する。
条件Ⅰより，"○○市立"の場合は"市立"をつけ，それ以外を省略するには，「名称」に"市立"が含まれているか判断できればよいため，SEARCH 関数を利用し，

=SEARCH(検索文字列，対象)

検索文字列	"市立"
対象	A3

SEARCH("市立",A3)

となる。「名称」に"市立"が含まれていない場合，エラー値ではなく，省略したいため，含まれていない場合には１より小さい値を返すように IFERROR 関数を利用し，

=IFERROR(値，エラーの場合の値)

値	SEARCH("市立",A3)
エラーの場合の値	0

IFERROR(SEARCH("市立",A3),0)

となる。また，"市立"が含まれている(戻り値が１以上の)場合には，"市立"を表示し，そうでない場合は省略するため，

IF(IFERROR(SEARCH("市立",A3),0)>0,"市立","")…①

となる。条件Ⅱより，"□□立"を省略するには，「名称」の"立"より左側にある文字列を""(空白)に置換し，"高等学校"を省略するには「名称」の"高等学校"を""に置換すればよい。まず，"高等学校"を""に置き換えて表示するには，SUBSTITUTE 関数を利用し，

=SUBSTITUTE(文字列，検索文字列，置換文字列)

文字列	A3(「名称」)
検索文字列	"高等学校"
置換文字列	""

SUBSTITUTE(A3,"高等学校","")

となる。さらに，上記の内容について，"立"より左側にある文字列を""に置き換えて表示するには，SUBSTITUTE 関数を利用し，

文字列	SUBSTITUTE(A3,"高等学校","")
検索文字列	"立"より左側にある文字列
置換文字列	""

SUBSTITUTE(SUBSTITUTE(A3,"高等学校",""),
"立"より左側にある文字列,"")

となる。「名称」の"立"より左側にある文字列を抽出するには，LEFT 関数を利用し，

=LEFT(文字列，文字数)

文字列	A3(「名称」)
文字数	「名称」の"立"より左側にある文字数

LEFT(A3,「名称」の"立"より左側にある文字数)

となる。「名称」の"立"より左側にある文字数は，"立"が「名称」の中で何文字目かがわかればよいため，SEARCH 関数を利用し，

検索文字列	"立"
対象	A3

SEARCH("立",A3)

となり，「名称」の"立"より左側にある文字列を抽出するには，

LEFT(A3,SEARCH("立",A3))

となる。以上から，"□□立"と"高等学校"を省略するには，

SUBSTITUTE(SUBSTITUTE(A3,"高等学校",""),
LEFT(A3,SEARCH("立",A3)),"")

となる。また，「名称」に"立"が含まれていない場合，エラー値ではなく，A3 を表示したいため，IFERROR 関数を利用し，

値	SUBSTITUTE(SUBSTITUTE(A3,"高等学校",""),LEFT(A3,SEARCH("立",A3)),"")
エラーの場合の値	A3

IFERROR(SUBSTITUTE(SUBSTITUTE(A3,"高等学校",""),
LEFT(A3,SEARCH("立",A3)),""),A3)…②

となる。ただし，②の処理のみの場合，"立"から左側と"高等学校"が空白に置換され，"市立"が表示できないため，①と②を結合させ，

=IF(IFERROR(SEARCH("市立",A3),0)>0,"市立","")&
IFERROR(SUBSTITUTE(SUBSTITUTE(A3,"高等学校",""),
LEFT(A3,SEARCH("立",A3)),""),A3)

とすることで，②の処理の前に，「名称」に"市立"がある場合には，"市立"を結合させて表示させることができ，"市立"ではない場合は，""を結合させるため，略称を適切に表示することができる。
　ア．"立"より左側にある文字列のみになってしまう。また，"市立"を含んだ「名称」の「略称」において，"市立"を結合してしまい，

正しい結果が得られないため，不適切である。

イ．「名称」に"市立"が含まれていないとエラーとなってしまう。また，"市立"を含んだ「名称」の「略称」において，"市立"とならずに，"立"となってしまい，正しい結果が得られないため，不適切である。

問2．OR関数は，複数の論理式のいずれかを満たすときに真の場合とする関数である。

`=OR(論理式1，論理式2…)`

LARGE関数は，配列から，大きい順に任意の順番の値を表示する。

`=LARGE(配列，順位)`

以上から，

`=IF(OR(B4>=LARGE($B$4:$B$14,3),C4>=LARGE($C$4:$C$14,3),`
`　D4>=LARGE($D$4:$D$14,3)),"○","")`

(B4がB4からB14の中で大きい方から3番目以上の値か，またはC4がC4からC14の中で大きい方から3番目以上の値か，またはD4がD4からD14の中で大きい方から3番目以上の値の場合は ○ を表示し，そうでなければ，何も表示しない)

となる。つまり，各項目において，どれかが1つでも3番目以内の場合は○を表示する。よって，○が表示されるのは，「客数」の上位3位以内の朝来店，加古川店，川西店となる。また，「金額」の上位3位以内の朝来店，川西店，神戸店となる。さらに「客単価」の上位3位以内の神戸店，宝塚店，三木店となる。以上から，○が表示されるのは，朝来店，加古川店，川西店，神戸店，宝塚店，三木店の6店舗である。

問3．『選手一覧』から，「守備」と「投」，「打」ごとに件数を数えるにはCOUNTIFS関数を利用する。

`=COUNTIFS(検索条件範囲1，検索条件1，検索条件範囲2…)`

検索条件範囲1	$C$4:$C$77
検索条件1	J5(「守備」)
検索条件範囲2	$G$4:$G$77
検索条件2	K3(「投」)
検索条件範囲3	$H$4:$H$77
検索条件3	K4(「打」)

`=COUNTIFS($C$4:$C$77,J5,$G$4:$G$77,K3,$H$4:$H$77,K4)`

となる。以上から，K5とN8の計算式は以下のとおりである。

コピー元
`　K5=COUNTIFS($C$4:$C$77,J5,$G$4:$G$77,K3,$H$4:$H$77,K4)`
コピー先
`　N8=COUNTIFS($C$4:$C$77,J8,$G$4:$G$77,N3,$H$4:$H$77,N4)`

2つの式を比較し，J5 は列のみ固定の複合番地とし$J5，K3 と K4は行のみ固定の複合番地としK$3とK$4となる。よって，K5の計算式は，

コピー元
`　K5=COUNTIFS($C$4:$C$77,$J5,$G$4:$G$77,K$3,$H$4:$H$77,K$4)`
となる。

問4．「利用状況」は，「PC室」(C3)によって，複数の範囲から参照先を決定し，「曜日」(C4)と「時限目」(C5)をもとに，「利用状況」を参照するにはINDEX関数を利用し，

`=INDEX(参照，行番号，列番号，領域番号)`

参 照	(B12:F17,I3:M8,I12:M17)
行 番 号	C5(「時限目」)
列 番 号	「曜日」
領域番号	C3(「PC室」)

`INDEX((B12:F17,I3:M8,I12:M17),C5,「曜日」,C3)`

となる。列番号は範囲内(B11:F11)における「曜日」の相対的な位置を求める必要があるため，MATCH関数を利用し，

`=MATCH(検査値，検査範囲，照合の種類)`

検 査 値	C4(「曜日」)
検査範囲	B11:F11
照合の種類	0

`MATCH(C4,B11:F11,0)`

となる。よって，コンピュータ室の利用状況を確認する式は

`INDEX((B12:F17,I3:M8,I12:M17),C5,MATCH(C4,B11:F11,0),C3)`

となる。以上から，「利用状況」に設定する式は，

`=IF(INDEX((B12:F17,I3:M8,I12:M17),C5,`
`　　MATCH(C4,B11:F11,0),C3)="","利用可能",`
`　　　INDEX((B12:F17,I3:M8,I12:M17),C5,MATCH(C4,B11:F11,0),C3))`

となる。

ア．行番号が「時限目」(C5)と指定されており，例えば，C5に5が入力されている場合，上から5行目を参照し，本来であれば5時限目の内容を表示すべきところで，4時限目の内容を表示してしまい，正しい結果が得られないため，不適切である。

ウ．列番号が範囲内(B11:F11)における「曜日」(C4)の相対的な位置としており，例えば，C4に 月 が入力されている場合，1が返されてしまい，本来であれば2列目の内容を表示すべきところで，1列目の内容を表示してしまい，正しい結果が得られないため，不適切である。

問5．条件より，"製品A，製品Bは1個以上製造する。"ため，

`$B$11:$C$11 >= 1`

が必要となる。また，求める値は「製造数」であり，整数でなければならないため，

`$B$11:$C$11 = 整数`

が必要となる。"各部品の合計は，使用上限を超えないように設定する。"ため，

`$D$12:$D$14 <= $D$4:$D$6`

が必要となる。

イ．"各部品の合計は，使用上限を超えないように設定する。"ための制約条件ではないため，不適切である。

ウ．"各部品の合計は，使用上限を超えないように設定する。"ための制約条件ではないため，不適切である。

【7】

問1．作成手順2．(1)より，「申込日」(F4)が何曜日かを判定する必要があるため，WEEKDAY関数を利用する。

`=WEEKDAY(シリアル値[，種類])`

| シリアル値 | F4(「申込日」) |
| 種 類 | 2 |

`WEEKDAY(F4,2)`

となる。さらに，「納品予定日」は，月曜日～金曜日(WEEKDAY(F4,2)<6)の場合，申込日から7日後(F4+7)とし，土曜日か日曜日の場合には翌週の月曜日とする。そのため，土曜日の場合は，申込日から7日後は土曜日となり，翌週の月曜日とするにはさらに2を加えて9日後(7+2)，日曜日の場合は，申込日から7日後は日曜となり，翌週の月曜日とするにはさらに1を加えて8日後(7+1)となる。ここで，WEEKDAY関数で得られた戻り値を活用し，土曜日と日曜日の翌週の月曜日までの日数を求める式を，戻り値を x，翌週の月曜日までの日数を y として，1次関数式 $ax + b = y$ で表すと，

$$\begin{cases} 6a + b = 9 \\ 7a + b = 8 \end{cases}$$

となる。上記の式を解くと $a = -1$，$b = 15$ より，土曜日か日曜日の場合の「納品予定日」までの日数を算出する式は

`-x + 15 = y`

となる。x は WEEKDAY関数の戻り値のため，土曜日か日曜日の場合における，翌週の月曜日までの日数は，

`-WEEKDAY(F4,2)+15`

となり，土曜日か日曜日の場合の「納品予定日」を求めるには，

`F4-WEEKDAY(F4,2)+15`

となる。以上から，「納品予定日」を求めるには，

`=IF(WEEKDAY(F4,2)<6,F4+7,F4-WEEKDAY(F4,2)+15)`

となる。

問2．作成手順2．(2)より，「発送数」(F8)は，「注文数」(C8)を10個単位に切り上げる必要があるため，ROUNDUP関数を利用し，

`=ROUNDUP(数値，桁数)`

| 数 値 | C8(「注文数」) |
| 桁 数 | -1 |

`ROUNDUP(C8,-1)`

となる。さらに，作成条件４．より「注文数」が40個未満の場合は 注文数エラー を表示するため，

IF(C8>=40,ROUNDUP(C8,-1),"注文数エラー")

となる。以上から，F8に設定する式は，

=IF(C8="","",IF(C8>=40,ROUNDUP(C8,-1),"注文数エラー"))

となる。

問３．作成手順２．(4)より，「名称」(E12)は「色・種類コード１」(C12)をもとに，『色種類表』を列方向に検索する必要があるため，VLOOKUP関数を利用し，

=VLOOKUP(検索値，範囲，列番号，検索方法)

検 索 値	$C12(「色・種類コード１」)
範　　　囲	色種類表!$A$4:$C$13
列 番 号	『色種類表』の「名称」(B$3)の列番号
検 索 方 法	FALSE

VLOOKUP($C12, 色種類表!$A$4:$C$13,

『色種類表』の「名称」(B$3)の列番号,FALSE)

となる。ただし，列番号について，E12の場合，2 と設定し，コピー先のF16では，3 と設定している必要がある。つまり，列番号は，参照したセルの列番号を活用して算出する必要があるため，COLUMN関数を利用し，

=COLUMN(参照)

参　　　照	色種類表!B$3

COLUMN(色種類表!B$3)

となり，「名称」を表示するには，

VLOOKUP($C12, 色種類表!$A$4:$C$13,

COLUMN(色種類表!B$3),FALSE)

となる。さらに，作成条件６．より，入力されたデータが『色種類表』にない場合は，色・種類コードエラー を表示するため，IFERROR関数を利用し，

=IFERROR(値，エラーの場合の値)

値	VLOOKUP($C12, 色種類表!$A$4:$C$13, COLUMN(色種類表!B$3),FALSE)
エラーの 場合の値	"色・種類コードエラー"

IFERROR(VLOOKUP($C12, 色種類表!$A$4:$C$13,

COLUMN(色種類表!B$3),FALSE),"色・種類コードエラー")

となる。以上から，E12に設定する式は

=IF($C12="","",IFERROR(VLOOKUP($C12, 色種類表!$A$4:$C$13,

COLUMN(色種類表!B$3),FALSE),"色・種類コードエラー"))

となる。

問４．作成手順２．(7)より，「本体価格」(F21)は，「本体コード」(C20)をもとに，『本体価格表』を列方向に検索する必要があるため，VLOOKUP関数を利用し，

=VLOOKUP(検索値，範囲，列番号，検索方法)

検 索 値	C20(「本体コード」)
範　　　囲	本体価格表!A5:F8
列 番 号	C9(「色種類数」)+1
検 索 方 法	FALSE

VLOOKUP(C20, 本体価格表!A5:F8,C9+1,FALSE)

となる。ただし，『本体価格表』の「本体コード」は，1 つのセルに複数のデータが入力されているため，C20を検索するのではなく，C20を含んだセルを検索する必要がある。そのため，検索値の設定においては，ワイルドカードを利用し，"*"&C20&"*"としなければならない。よって，「本体価格」を表示するには，

VLOOKUP("*"&C20&"*", 本体価格表!A5:F8,C9+1,FALSE)

となる。さらに，作成条件２．と９．より，各項目においてエラーの場合は何も表示しないため，F21に設定する式は，

=IF(OR(C9="",F9="色・種類数エラー",

C20="",F20="本体コードエラー"),"",

VLOOKUP("*"&C20&"*", 本体価格表!A5:F8,C9+1,FALSE))

となる。

問５．「発送数」(F8)は，「注文数」(C8)が291のため，300 となる。「色・種類数」(F9)は，「色・種類数」(C9)が5のため，5 となる。

「単価」(F12～F16)は，「色・種類コード１」～「色・種類コード５」(C12～C16)が PE，GR，PI，RD，ERのため，170，110，110，80，250 となる。

「色・種類価格」(F18)は，「単価」(F12～F16)の合計となるため，720(= 170 + 110 + 110 + 80 + 250)となる。

「本体色」(F20)は，「本体コード」(C20)が MORのため，メタリックグリーン となる。

「本体価格」(F21)は，「本体コード」が MOR，「色・種類数」が5のため，300 となる。

「エラー確認」(F23)は，F8に注文数エラー，F9に色・種類数エラー，F18に色・種類コードエラー，F20に本体コードエラーがないため，OK となる。

「基本料金」(C25)は，「発送数」が300，「色・種類価格」が720，「本体価格」が300のため，306,000(= 300 ×(720 + 300))となる。

「割引額」(C26)は，「基本料金」が306,000，「発送数」が300であり，「割引率」が10%となるため，30,600(= 306,000 × 10%)となる。

「支払金額」(C27)は，「基本料金」が306,000，「割引額」が30,600のため，275,400(= 306,000 - 30,600)となる。

以下は問以外のセルの計算式である。

セル F4=TODAY()

セル F9=IF(C9="","",

IF(AND(C9>=1,C9<=5),C9,"色・種類数エラー"))

セル F18=IF(COUNTIFS(E12:F16,"色・種類コードエラー")>0,

"色・種類コードエラー",

IF(OR(COUNTA(C12:C16)=0,C9<>COUNT(F12:F16)),"",

SUM(F12:F16)))

セル F20=IF(C20="","",

IFERROR(VLOOKUP(C20, 本体色表!A4:B14,2,FALSE),

"本体コードエラー"))

セル F23=IF(OR(F8="",F9="",F20="",F12="",COUNTA(C12:C16)=0,

C9<>COUNT(F12:F16)),"",

IF(OR(F8="注文数エラー",F9="色・種類数エラー",

F20="本体コードエラー",

F18="色・種類コードエラー"),"NG","OK"))

セル C25=IF(F23="OK",F8*(F18+F21),"")

セル C26=IF(F23="OK",

C25*VLOOKUP(F8, 割引率表!A4:C7,3,TRUE),"")

セル C27=IF(F23="OK",C25-C26,"")

【第12回模擬】【1】～【3】…各2点　【4】・【5】…各3点　【6】・【7】…各4点

p.196

【1】

1	エ	2	ウ	3	ケ	4	サ	5	キ

【2】

1	ウ	2	オ	3	コ	4	キ	5	ク

【3】

1	イ	2	ウ	3	ア	4	イ	5	0.85

【4】

問1	ウ	問2	ア	問3	イ	問4	ウ	問5	ウ

【5】

問1	(a)	ウ	(b)	ア	問2	受入人数 /2	問3	イ	問4	(a)	INSERT	(b)	VALUES
問5	(a)	イ	(b)	ウ									

問1，問4，問5は問ごとにすべてができて正答

【6】

問1	ア	問2	RANDBETWEEN	問3	イ	問4	MONTH(B3)+2	問5	ウ

【7】

問1	(a)	AND	(b)	FLOOR	問2	(a)	COUNTIFS	(b)	"*"&"エラー"		別解："*エラー"
問3	(a)	キ	(b)	オ	(c)	ウ	問4	MAX	問5	F10	B	F13	L1B

問1，問2，問3，問5は問ごとにすべてができて正答

【1】

解答以外の解答群の語句の説明は以下のとおりである。
ア．装置やシステムなどに故障や誤作動などによる障害が発生した場合，常に安全な状態に保てるように設計すること。
イ．システムの一部に障害が発生した際に，故障箇所を切り離し，正常な部分だけを動作させるしくみ。
オ．データベースにおいて，処理中の障害時に，ジャーナルファイルを用いて更新処理の開始前の状態に戻すこと。
カ．システムが正常に稼働している時間を平均で表したもの。
ク．システムの論理構造に着目したプログラムのテスト方法。
コ．メールを受信するためのプロトコル。
シ．メモリ上のデータをディスクに書き込むタイミングのこと。障害発生の際，復旧作業に利用されることもある。

【2】

解答以外のB群の説明文は，以下の語句についての説明である。
ア．認証局
イ．DNS
エ．安全性
カ．アクセスログ
ケ．グローバル IP アドレス

【3】

1．解答以外の正しい説明は以下のとおりである。
　ア．論理設計は，対象範囲を限定して定義し，システムで必要とするデータを洗い出す作業である。
　ウ．物理設計は，処理内容などの観点から，ハードウェアの選択や最適配置などの検討を行う作業である。
2．解答以外の語句の説明は以下のとおりである。
　ア．LAN 上のコンピュータに自動的に IP アドレスを割り当てるプロトコル。
　イ．Web サーバのデータをブラウザに表示させるためのプロトコル。
3．解答以外の語句の説明は以下のとおりである。
　イ．インターネット上で情報を暗号化し，送受信するプロトコル。
　ウ．Web サイトの訪問日時や回数などの情報を，利用者のコンピュータに保存するしくみ。
4．データ量と通信速度の単位を統一するために，データ量に8を掛け，
　　450MB(メガバイト)× 8 = 3600Mb(メガビット)
　　通信速度＝データ量÷(伝送効率×通信時間)
　　　　　　＝ 3600Mb ÷(0.9 × 20 秒)
　　　　　　＝ 3600Mb ÷ 18 秒
　　　　　　＝ 200(Mbps)

5．並列システムの稼働率
　＝ 1 −(1 −装置Aの稼働率)×(1 −装置Bの稼働率)
　0.97 = 1 −(1 − 0.8)×(1 −装置Bの稼働率)
　0.97 = 1 − 0.2 ×(1 −装置Bの稼働率)
　0.97 = 1 − 0.2 + 0.2 ×装置Bの稼働率
　0.97 = 0.8 + 0.2 ×装置Bの稼働率
　0.97 − 0.8 = 0.2 ×装置Bの稼働率
　0.17 = 0.2 ×装置Bの稼働率
　装置Bの稼働率 = 0.17 ÷ 0.2 = 0.85

【4】

問1．DFD の記号と名称は以下のとおりである。

記号	名　称
→	データフロー
□	データの源泉と吸収
○	プロセス
▭	データストア

　　　よって，空欄(a)にあてはまるのはウ．データフローである。

問2．SWOT 分析をまとめると以下のとおりである。

	内部環境	外部環境
好影響	強み (Strength)	機会 (Opportunity)
悪影響	弱み (Weakness)	脅威 (Threat)

　　　よって，空欄(a)にあてはまるのはア．脅威(Threat)である。

問3．解答以外の事例に適したものは，以下のとおりである。
　ア．ヒストグラム
　ウ．ファンチャート

問4．散布図のプロット状態から，負の相関になっているのはウ．である。
　ア．正の相関である。
　イ．無相関である。

問5．解答以外の説明文は，以下の語句についての説明である。
　ア．アウトソーシング
　イ．アライアンス

【5】

問１．２つの表と関連があり，かつ両方の表と多対１の関連があるのは生徒表だけのため，(b)はア．生徒表となる。生徒表は学科表と希望表と関連があり，希望表は体験学習一覧表とも関連があり，生徒表とだけ関連があるのは学科表だけのため，(a)はウ．学科表となる。

問２．体験学習名ごとに人数を計算するにはCOUNT関数を利用する。
　　　書式　　SELECT　集計関数(項目) FROM　表名
抽出した列に別の名前を指定するにはASを利用する。
　　　書式　　SELECT　選択項目リスト　AS　別名
特定の条件に合うものだけを取り出すにはWHERE句を利用する。
　　　書式　　SELECT　選択項目リスト FROM　表名　WHERE　条件
体験学習名ごとにデータをまとめるにはGROUP BYを利用する。
　　　書式　　SELECT　選択項目リスト　FROM　表名
　　　　　　　　GROUP BY　グループ化項目
グループ化した各グループから，条件に合ったグループだけを抽出するにはHAVING句を利用する。
　　　書式　　SELECT　選択項目リスト　FROM　表名
　　　　　　　　GROUP BY　グループ化項目　HAVING　制約条件
以上をまとめると，
　　SELECT　選択項目リスト，集計関数(項目)　AS　別名
　　FROM　表名　WHERE　条件　GROUP BY　グループ化項目
　　HAVING　制約条件
となる。問題文等から，
　　選択項目リスト　…体験学習名，受入人数
　　集計関数(項目)　…COUNT(*)
　　別名　　　　　　…第１希望者数
　　表名　　　　　　…体験学習一覧表，希望表
　　条件１　　　　　…体験学習一覧表.体験コード
　　　　　　　　　　　＝希望表.体験コード
　　条件２　　　　　…希望順位＝１
　　グループ化項目　…体験学習名，受入人数
　　制約条件　　　　…COUNT(*) <= 受入人数／２
となる。なお，制約条件は，「受入人数が半分以下の体験学習一覧を作成」となっているため，「COUNT(*) <= 受入人数／２」となる。
以上から，体験学習名ごとに希望者数を集計し，受入人数が半分以下の体験学習一覧を作成するには，
　　SELECT　体験学習名，受入人数，…(体験学習名と受入人数を抽出する)
　　COUNT(*) AS　第１希望者数…(体験学習名ごとの希望者数を計算し，第１希望者数として抽出する)
　　FROM　体験学習一覧表，希望表…(体験学習一覧表と希望表から)
　　WHERE　体験学習一覧表.体験コード＝希望表.体験コード…(体験学習一覧表の体験コードと希望表の体験コードが一致していて)
　　AND　希望順位＝１…(希望順位が１で)
　　GROUP BY　体験学習名，受入人数…(体験学習名と受入人数でグループ化し)
　　HAVING COUNT(*) <= 受入人数／２…(希望者数が受入人数の半分以下のものを取り出して)
　　となる。

問３．野外活動希望者の人数を計算するにはCOUNT関数を利用する。
　　　書式　　SELECT　集計関数(項目) FROM　表名
抽出した列に別の名前を指定するにはASを利用する。
　　　書式　　SELECT　選択項目リスト　AS　別名
特定の条件に合うものだけを取り出すにはWHERE句を利用する。
　　　書式　　SELECT　選択項目リスト　FROM　表名　WHERE　条件
体験学習コードの左端から３文字目が２の文字列を検索するにはLIKEを利用する。
　　　書式　　SELECT　選択項目リスト　FROM　表名
　　　　　　　　WHERE　列名　LIKE　パターン
学科コードごとにデータをまとめるにはGROUP BYを利用する。
　　　書式　　SELECT　選択項目リスト　FROM　表名
　　　　　　　　GROUP BY　グループ化項目

学科コードの昇順に並べ替えるにはORDER BY ～ を利用する。
　　　書式　　SELECT　選択項目リスト　FROM　表名
　　　　　　　　ORDER BY　並べ替え項目
以上をまとめると，
　　SELECT　選択項目リスト，集計関数(項目)　AS　別名
　　FROM　表名　WHERE　条件　AND　列名　LIKE　パターン
　　GROUP BY　グループ化項目　ORDER BY　並べ替え項目
となる。問題文等から，
　　選択項目リスト　…学科表.学科コード，学科名
　　集計関数(項目)　…COUNT(*)
　　別名　　　　　　…野外活動希望者
　　表名　　　　　　…生徒表，学科表，希望表
　　条件１　　　　　…生徒表.学籍コード＝希望表.学籍コード
　　条件２　　　　　…生徒表.学科コード＝学科表.学科コード
　　条件３　　　　　…希望順位＝１
　　列名　　　　　　…体験コード
　　パターン　　　　…'__2%'（または'__2__'）
　　グループ化項目　…学科表.学科コード，学科名
　　並べ替え項目　　…学科表.学科コード　ASC
となる。以上から，学科コードごとに野外活動希望者の人数を集計し，野外活動希望者の一覧を学科コードの昇順に作成するには，
　　SELECT　学科表.学科コード，学科名，…(学科表の学科コードと学科名を抽出する)
　　COUNT(*)　AS　野外活動希望者…(学科ごとの希望者数を計算し，野外活動希望者として抽出する)
　　FROM　生徒表，学科表，希望表…(生徒表と学科表，希望表から)
　　WHERE　生徒表.学籍コード＝希望表.学籍コード…(生徒表の学籍コードと希望表の学籍コードが一致していて)
　　AND　生徒表.学科コード＝学科表.学科コード…(生徒表の学科コードと学科表の学科コードが一致していて)
　　AND　希望順位＝１…(希望順位が１で)
　　AND　体験コード LIKE '__2%'…(体験コードの左端から３文字目が２の)
　　GROUP BY　学科表.学科コード，学科名…(学科表の学科コードと学科名でグループ化し)
　　ORDER BY　学科表.学科コード　ASC…(学科表の学科コードの昇順に並べ替える)
となる。つまり，イ．は２の後に１文字のデータがあり，２の前はデータがないか，何文字のデータがあってもよいことになってしまい，正しい結果が得られないため，不適切である。
　ア．２文字のデータの後に２があり，その後は何文字かのデータがあるか，またはデータがない体験コードを抽出することができ，正しい結果が得られる。
　ウ．２文字のデータの後に２があり，その後は２文字のデータがある体験コード，つまり野外活動の体験コードを抽出することができ，正しい結果が得られる。

問４．体験学習一覧表にデータを追加するにはINSERT INTO ～ VALUES ～ を利用する。
　　　書式　　INSERT　INTO　表名(フィールド名) VALUES (挿入データ)
　　　※フィールド名は省略可
問題文等から，
　　INSERT　INTO　体験学習一覧表…(体験学習一覧表の)
　　VALUES ('TA207'，'シュノーケリング３'，15)…(体験コードがTA207のデータを挿入する)
となる。

問５．工芸体験01と工芸体験02のデータを１件に集約する場合，以下の手順が必要となる。
(1) 希望表の体験コードを更新する。
　　UPDATE　希望表　SET　体験コード＝'TA101'
　　WHERE　体験コード＝'TA102'
(2) 体験学習一覧表の内容を更新する。
　　UPDATE　体験学習一覧表　SET　体験学習名＝'工芸体験Ａ'，
　　受入人数＝40　WHERE　体験コード＝'TA101'
(3) 体験学習一覧表の不要なデータを削除する。

DELETE　FROM　体験学習一覧表　WHERE　体験コード ＝ 'TA102'

【6】

問1．「来店者数」が1000以上，かつ「売上金額」が1000000以上の件数を求めるにはDCOUNTA関数を利用する。

=DCOUNTA(データベース, フィールド, 条件)

データベース	A3:C11
フィールド	1
条　　　件	B13:C14

=DCOUNTA(A3:C11,1,B13:C14)

となる。

イ．DCOUNT関数は，条件を満たしたレコードの中から，数値の入力されたセルの個数を計算する関数である。フィールドが1では，文字しか入力されていないフィールドを参照することになり，常に0になってしまい，正しい結果が得られないため，不適切である。

ウ．COUNT関数は，数値データの件数を求める関数である。常に16になってしまい，正しい結果が得られないため，不適切である。

問2．乱数を利用し，一定範囲の値を求めるにはRANDBETWEEN関数を利用する。

=RANDBETWEEN(最小値, 最大値)

最　小　値	0(0以上のため)
最　大　値	100(100以下のため)

=RANDBETWEEN(0,100)

となる。

問3．中央値とは，複数のデータを小さい順に並べ，真ん中に位置する値のことである。右の図のようなデータでは，中央値が50の場合でも，50以上の人数(7)と50未満の人数(3)が等しくはならないため，適切なものはイ．となる。

ア．平均値とは，合計を件数で割った値である。右の図のようなデータでは，平均値が50の場合，50以上の人数(7)と50未満の人数(3)が等しくはならないため，不適切である。

	A	B
1		
2	参加番号	評価
3	1	54
4	2	53
5	3	51
6	4	51
7	5	50
8	6	50
9	7	50
10	8	48
11	9	48
12	10	45
13		
14	平均値	50
15	中央値	50
16	最頻値	50

ウ．最頻値とは，データ中で最も頻繁に出現する値のことである。右の図のようなデータでは，最頻値が50の場合，50以上の人数(7)と50未満の人数(3)が等しくならないため，不適切である。

問4．問題文より，「支払代金」(B6)を求めるには，

=IF(「宿泊予定日」＜「本日の日付」+15日，「通常価格」，
　　IF(「宿泊予定日」＜「本日の日付」+1か月，
　　「通常価格」*0.95，「通常価格」*0.9))

となる。「宿泊予定日」と「本日の日付」(B3)を比較するためには，「宿泊予定日」をシリアル値で求める必要がある。「宿泊予定日」をシリアル値で求めるには，DATE関数を利用し，

=DATE(年, 月, 日)

年	E3(「西暦」)
月	F3(「月」)
日	G3(「日」)

DATE(E3,F3,G3)

となる。「本日の日付」から15日後を求めるには，「本日の日付」にTODAY関数が使用されているため，
B3+15

となる。また，「本日の日付」の1か月後を求めるには，DATE関数を利用し，

=DATE(年, 月, 日)

年	「本日の日付」の年
月	「本日の日付」の月 +1
日	「本日の日付」の日

DATE(「本日の日付」の年，「本日の日付」の月 +1，
　「本日の日付」の日)…①

となる。年(「本日の日付」の年)を求めるため，YEAR関数を利用し，

=YEAR(シリアル値)

シリアル値	B3(「本日の日付」)

YEAR(B3)…②

となる。月(「本日の日付」の月 +1)を求めるため，MONTH関数を利用し，

=MONTH(シリアル値)

シリアル値	B3(「本日の日付」)

MONTH(B3)+1…③

となる。

※月により1か月の日数が異なるため，日数を定数として加算することでは1か月後の日付を求めることができない。そのため，1か月後を求めるには，MONTH関数で求めた値に1を加えなければならない。

日(「本日の日付」の日)を求めるため，DAY関数を利用し，

=DAY(シリアル値)

シリアル値	B3(「本日の日付」)

DAY(B3)…④

となる。①～④より，「本日の日付」の1か月後を求めるには，
DATE(YEAR(B3),MONTH(B3)+1,DAY(B3))…⑤

となる。以上から，「支払代金」を求めるには，
=IF(DATE(E3,F3,G3)＜B3+15,B5,
　IF(DATE(E3,F3,G3)＜DATE(YEAR(B3),MONTH(B3)+1,DAY(B3)),
　B5*0.95,B5*0.9))…⑥

となる。しかし，⑤の式を利用し，1か月後の日付が常に算出できるとは限らない。例えば，2022年5月31日の1か月後は2022年6月30日となるはずが，⑤の式を利用すると，2022年7月1日となってしまう。⑤の式では，月の部分に1を加えた状態でシリアル値を求めることになり，DATE(2022,5+1,31)を求め，DATE(2022,6,31)のシリアル値を求めることになる。6月31日ということは，6月30日の次の日，つまり7月1日となってしまう。⑤の式で求めた月と，「本日の日付」から月を求め1を加えた値が等しい場合(MONTH(DATE(YEAR(B3),MONTH(B3)+1,DAY(B3)))=MONTH(B3)+1…⑦)は，⑤の式で求めた1か月後の日付は正しいが，そうでない場合には正しい日付とは言えないことになる。そのため，そうでない場合は，「本日の日付」の月に2を加えた月の1日のシリアル値を求め，1を引いて求めなくてはならない。例えば，1月30日の場合，月に2を加えた1日のシリアル値を求めるため，3月1日となる。3月1日から1を引くため，2月28日となる。以上から，「本日の日付」の1か月後を求めるには，DATE関数を利用しシリアル値を求め，1を引けば良いため，

=DATE(年, 月, 日)

年	「本日の日付」の年
月	「本日の日付」の月 +2
日	1

DATE(「本日の日付」の年，「本日の日付」の月 +2, 1)-1…⑧

となる。年(「本日の日付」の年)を求めるため，YEAR関数を利用し，

=YEAR(シリアル値)

シリアル値	B3(「本日の日付」)

YEAR(B3)…⑨

となる。月(「本日の日付」の月 +2)を求めるため，MONTH関数を利用し，

=MONTH(シリアル値)

シリアル値	B3(「本日の日付」)

MONTH(B3)+2…⑩

となる。⑧～⑩より，「本日の日付」の1か月後を求めるには，
DATE(YEAR(B3), MONTH(B3)+2, 1)-1…⑪

となる。⑩を利用して，「本日の日付」から15日以上1か月未満か，1か月以上の場合の「支払代金」を求めるには，
IF(DATE(E3,F3,G3)＜DATE(YEAR(B3),MONTH(B3)+2,1)-1,
　B5*0.95,B5*0.9)…⑫

となる。以上から，1か月後の日付までを考慮に入れて「支払代金」

を求めるには，

```
=IF(DATE(E3,F3,G3)<B3+15,B5,
  IF(MONTH(DATE(YEAR(B3),MONTH(B3)+1,DAY(B3)))=MONTH(B3)+1,
   IF(DATE(E3,F3,G3)<DATE(YEAR(B3),MONTH(B3)+1,DAY(B3)),
    B5*0.95,B5*0.9),
    IF(DATE(E3,F3,G3)<DATE(YEAR(B3),MONTH(B3)+2,1)-1,
     B5*0.95,B5*0.9)))
```

となる。

問5．条件より，「数式入力セル」は $F$14 となり，「目標値」は218980 となる。また，「変化させるセル」は $D$13 となる。
ア．「目標値」には，数値のみ入力が可能であり，$F$7 は入力できず，正しい結果が得られないため，不適切である。
イ．「数式入力セル」に入力すべき内容が「変化させるセル」，「変化させるセル」に入力すべき内容が「数式入力セル」に入力されており，正しい結果が得られないため，不適切である。

【7】

問1．作成条件1．と作成条件3．，作成手順2．(2)より，「開始時刻」(C7) が未入力の場合 (C7="") は，何も表示しない("")。それ以外の場合は，C7 が8以上19以下を判定する。C7 が8以上19以下の場合は，C7 を超えない4の倍数で最大の値を求め，時 を結合し表示する。それ以外の場合は，時刻エラー を表示する("時刻エラー")。以上から，「開始時刻」(C7) に設定する式は，

```
=IF(C7="","",
  IF(C7 が8以上19以下か，
  C7 を超えない4の倍数で最大の値を求めて時を結合する，
  "時刻エラー"))
```

となる。C7 が8以上(C7>=8)19以下(C7<=19)かを判定する論理式を求めるには，複数の論理式をすべて満たすかを判断する必要があるため，AND 関数を利用し，

=AND(論理式1，論理式2…)

AND(C7>=8,C7<=19)

となる。C7 を超えない4の倍数で最大値を求めるには，FLOOR 関数を利用し，

=FLOOR(数値，基準値)

数　　　値	C7(「開始時刻」)
基　準　値	4

FLOOR(C7,4)

となる。また，時 を結合して表示する("時")ため，文字列結合の & を利用し，

FLOOR(C7,4)&"時"

となる。以上から，「開始時刻」(C7) に設定する式は，

```
=IF(C7="","",
  IF(AND(C7>=8,C7<=19),FLOOR(C7,4)&"時","時刻エラー"))
```

となる。

問2．作成条件9．と作成手順2．(8)より，入力欄のすべてにデータが入力されていない場合は，何も表示しない("")。それ以外の場合は，F7 か F8 に 時刻エラー，F10 に 入場料金エラー，F13 か F14，F15 に コードエラー がないか判定する。上記の判定は，F7～F15 のいずれかに〇〇エラーが1つ以上あるかと言い換えることができる。つまり，F7～F15 に〇〇エラーが1つ以上ある場合は，エラー を表示する("エラー")。それ以外の場合は，OK を表示する("OK")。以上から，「エラー確認」(F16) に設定する式は，

```
=IF(入力欄のすべてにデータが入力されているか，"",
  IF(F7～F15 に〇〇エラーが1つ以上あるか,"エラー","OK"))
```

となる。入力欄のすべてにデータが入力されているかを求めるには，COUNTA 関数を利用し，

=COUNTA(値1)

値　　　1	C6:C15(入力欄)

COUNTA(C6:C15)

となり，入力欄のすべてにデータが入力されていない(入力データが8未満の)場合の論理式は

COUNTA(C6:C15)<8

となる。また，確認欄のいずれかに〇〇エラーが一つ以上あるかを求めるには，COUNTIFS 関数を利用し，

=COUNTIFS(検索条件範囲1，検索条件1，検索条件範囲2，…)

検索条件範囲1	F6:F15(確認欄)
検索条件1	〇〇エラー

COUNTIFS(F6:F15, 〇〇エラー)

となる。検索条件の〇〇エラーとは，時刻エラー，入場料金エラー，コードエラー のいずれかであり，〇〇エラー の〇〇の文字数は特定できない。つまり，エラー の前には複数の文字があってもよい。そのため，検索条件の設定には，ワイルドカードを利用し，"*" & "エラー" としなければならない。よって，〇〇エラーが一つ以上あるかを求めるには，

COUNTIFS(F6:F15,"*"&"エラー")

となり，〇〇エラーが一つ以上ある場合(>=1)の論理式は，

COUNTIFS(F6:F15,"*"&"エラー")>=1

となる。以上から，「エラー確認」に設定する式は，

```
=IF(COUNTA(C6:C15)<8,"",
  IF(COUNTIFS(F6:F15,"*"&"エラー")>=1,"エラー","OK"))
```

となる。

問3．作成条件10．と作成手順2．(9)より，「エラー確認」(F16) が OK の場合(F16="OK")は，大ホール使用料金を表示する。それ以外の場合は，何も表示しない("")。以上から，「ホール使用料金」(F18) に設定する式は，

=IF(F16="OK"，大ホール使用料金を表示する，"")

となる。大ホール使用料金を表示するには，「使用曜日」(F6) によって複数の範囲から参照先を決定し，「使用時間帯区分」(F9) と「使用区分」(F10) をもとに，『大ホール料金表』を参照するため，INDEX 関数を利用し，

=INDEX(参照，行番号，列番号，領域番号)

参　　　照	(大ホール料金表!C5:H7,大ホール料金表!C8:H10)
行　番　号	「使用区分」
列　番　号	「使用時間帯区分」
領域番号	「使用曜日」

```
INDEX((大ホール料金表!C5:H7,大ホール料金表!C8:H10),
  「使用区分」,「使用時間帯区分」,「使用曜日」)
```

となる。行番号は範囲内({"A","B","C"})における「使用区分」の相対的な位置を求める必要があるため，MATCH 関数を利用し，

=MATCH(検査値，検査範囲，照合の種類)

検　査　値	F10(「使用区分」)
検査範囲	{"A","B","C"}
照合の種類	0

MATCH(F10,{"A","B","C"},0)

となる。列番号は範囲内(大ホール料金表!C4:H4)における「使用時間帯区分」の相対的な位置を求める必要があるため，MATCH 関数を利用し，

=MATCH(検査値，検査範囲，照合の種類)

検　査　値	F9(「使用時間帯区分」)
検査範囲	大ホール料金表!C4:H4
照合の種類	0

MATCH(F9,大ホール料金表!C4:H4,0)

となる。領域番号は，参照で設定した範囲の何番目を利用するのかを指定する必要があるため，MATCH 関数を利用し，

=MATCH(検査値，検査範囲，照合の種類)

検　査　値	F6(「使用曜日」)
検査範囲	{"平日","土日"}
照合の種類	0

MATCH(F6,{"平日","土日"},0)

となり，大ホール使用料金を表示するには，

```
INDEX((大ホール料金表!C5:H7,大ホール料金表!C8:H10),
  MATCH(F10,{"A","B","C"},0),
   MATCH(F9,大ホール料金表!C4:H4,0),
    MATCH(F6,{"平日","土日"},0))
```

となる。以上から，「ホール使用料金」に設定する式は，

=IF(F16="OK",

INDEX((大ホール料金表!C5:H7, 大ホール料金表!C8:H10),
　　MATCH(F10,{"A","B","C"},0),
　　　MATCH(F9, 大ホール料金表!C4:H4,0),
　　　　MATCH(F6,{"平日","土日"},0)),"")

となる。

問4．作成条件10．と作成手順2．⑩より，「エラー確認」(F16)が
　OKの場合(F16="OK")は，設備使用料金を表示する。それ以外の場
　合は，何も表示しない("")。以上から，「設備使用料金」(F19)に設
　定する式は，
　=IF(F16="OK",
　　設備使用料金を表示する,"")

となる。設備使用料金を表示するには，「在住区分」(F11)をもとに，
『設備セット料金表』の『設備プラン料金表』を列方向に検索する
ため，VLOOKUP関数を利用し，

=VLOOKUP(検索値，範囲，列番号，検索方法)

検　索　値	F11(「在住区分」)
範　　　囲	設備セット料金表!A10:E12
列　番　号	「プラン名」の相対的な列番号 +1
検索方法	FALSE

VLOOKUP(F11, 設備セット料金表!A10:E12,
　「プラン名」の相対的な列番号 +1,FALSE)

となる。「プラン名」は，作成条件8．より，各設備コードから必
要なプランを検索し，相対的に最も右側にある「プラン名」の料金
を表示する。最も右側にある「プラン名」とは，各設備コードから
検索された「プラン名」のうち，左側から数えた列番号が最も大き
い値を求めるため，MAX関数を利用し，

=MAX(数値1，数値2，数値3，…)

数　値　1	「照明1」の「プラン名」の列番号
数　値　2	「照明2」の「プラン名」の列番号
数　値　3	「マイク」の「プラン名」の列番号

MAX(「照明1」の「プラン名」の列番号，
　「照明2」の「プラン名」の列番号，
　「マイク」の「プラン名」の列番号)

となる。「照明1」の「プラン名」の列番号は，「照明1」(F13)の
設備コードから『設備セット料金表』の『設備プランセット表』の
「照明1」の行の左から検索し，最初に見つかった位置を求めれば
よいため，MATCH関数を利用し，

=MATCH(検査値，検査範囲，照合の種類)

検　査　値	F13(「照明1」)
検査範囲	設備セット料金表!B4:E4
照合の種類	0

MATCH(F13, 設備セット料金表!B4:E4,0)

となる。同様に「照明2」の「プラン名」の列番号を求めるには，

MATCH(F14, 設備セット料金表!B5:E5,0)

となり，「マイク」の「プラン名」の列番号を求めるには，

MATCH(F15, 設備セット料金表!B6:E6,0)

となる。「プラン名」の相対的な列番号を求めるには，

MAX(MATCH(F13, 設備セット料金表!B4:E4,0),
　MATCH(F14, 設備セット料金表!B5:E5,0),
　　MATCH(F15, 設備セット料金表!B6:E6,0))

となる。ただし，VLOOKUP関数の範囲には，「プラン名」の列が含
まれているため，上記で得られた結果に1を加えて，

MAX(MATCH(F13, 設備セット料金表!B4:E4,0),
　MATCH(F14, 設備セット料金表!B5:E5,0),
　　MATCH(F15, 設備セット料金表!B6:E6,0))+1

とする。以上から，「設備使用料金」に設定する式は，
=IF(F16="OK",VLOOKUP(F11, 設備セット料金表!A10:E12,
　MAX(MATCH(F13, 設備セット料金表!B4:E4,0),
　　MATCH(F14, 設備セット料金表!B5:E5,0),
　　　MATCH(F15, 設備セット料金表!B6:E6,0))+1,FALSE),
　　"")

となる。

問5．「見積料金」(F20)が 430,000，「ホール使用料金」(F18)が
　384,000 と表示されているため，「設備使用料金」(F19)は 46,000

(=430,000 − 384,000)となる。『設備プラン料金表』から「プラン名」
が プランC か プランD と判断できる。「代表者住所」(C11)が 熊
本県水俣市 と表示されているため，「在住区分」(F11)は 県外 とな
り，「プラン名」は プランC とわかる。以上から，「照明1」(F13)
は L1B と判断できる。

「ホール使用料金」(F18)が 384,000 と表示されているため，『大ホ
ール料金表』から，「使用時間帯区分」が 夜間，午前午後，午後
夜間 と判断できる。「終了時刻」(C8)が 17 のため，「終了時刻」(F8)
は 20時 とわかる。そのため，「使用時間帯区分」は，夜間，午後
夜間 のどちらかと判断できる。さらに，問題文直後の『見積計算表』
の「使用日付」(C6)が 2022/5/21，「使用曜日」(F6)が 土日 と表
示されている。仮に 2022/5/21 が 土曜日 とすると，2022/5/24 は
火曜日 となり，「使用曜日」は 平日 となる。また，2022/5/21 が
日曜日 とすると，2022/5/24 は 水曜日 となり，「使用曜日」は 平
日 となる。いずれにしても，2022/5/24 は 平日 となる。そのため，
「使用曜日」が 平日，「使用時間帯区分」が 午後夜間 の 384,000
と判断でき，「使用区分」(F10)は B と判断できる。

以下は問以外のセルの計算式である。
セル F6=IF(C6="","",IF(WEEKDAY(C6,2)<=5,"平日","土日"))
セル F8=IF(OR(C8="",F7="時刻エラー"),"",
　　　　IF(AND(C7<C8,C8<=20),CEILING(C8,4)&"時",
　　　　　"時刻エラー"))
セル F9=IFERROR(VLOOKUP(F7&"〜"&F8,
　　　　　使用時間帯表!A4:B9,2,FALSE),"")
セル F10=IF(C10="","",
　　　　　IFERROR(VLOOKUP(C10, 使用区分表!A4:C6,3,TRUE),
　　　　　　"入場料金エラー"))
セル F11=IF(C11="","",
　　　　　IF(MID(C11,5,3)="伊佐市","市内",
　　　　　IF(LEFT(C11,4)="鹿児島県","県内","県外")))
セル F13=IF(C13="","",
　　　　　IFERROR(INDEX(設備セット料金表!$B$4:$E$6,
　　　　　MATCH(E13, 設備セット料金表!$A$4:$A$6,0),
　　　　　　MATCH(C13, 設備セット料金表!B4:E4,0)),
　　　　　　"コードエラー"))
セル F20=IF(F16="OK",SUM(F18:F19),"")

主催　公益財団法人 全国商業高等学校協会

令和5年度（第69回）情報処理検定試験ビジネス情報部門　第1級

審 査 基 準

【1】

1	2	3	4	5
コ	シ	エ	ウ	オ

【2】

1	2	3	4	5
イ	カ	ケ	ア	キ

【3】

1	2	3	4	5
ウ	イ	ア	イ	600　dpi

各2点
15問　小計 **30**

【4】

問1	問2	問3	問4 名称	問4 図	問5
イ	ア	ウ	ウ	ア	ウ

【5】

問1	問2		問3	問4	問5 (a)	問5 (b)	問5 (c)
ア	(a) INSERT (b) INTO		イ	LIKE	イ	ア	ウ

各3点
10問　小計 **30**

【6】

問1	問2		問3	問4		問5
ウ	(a) $F4 (b) G$3		ア	(a) ROW (b) 4		イ

【7】

問1	問2	問3 (a)	問3 (b)	問4	問5
イ	ウ	ア	カ	SEARCH （別解 FIND）	ウ

※　複数解答問題は，問ごとにすべてができて正答とする。
※　記述問題の大文字，小文字は問わない。

各4点
10問　小計 **40**

得 点 合 計
100

【1】
解答以外の解答群の語句の説明は以下のとおりである。
ア．メモリ上のデータをディスクに書き込むタイミングのこと。
イ．データの参照のみを許可するロック。
カ．試作品を作成し，ユーザの要求を確認しながら開発を進めるシステム開発手法。
キ．複数のハードディスクに同じデータを書き込む方式。
ク．一定時間内に処理できる仕事量や伝達できる情報量。
ケ．暗号化と復号に異なる鍵を用いる暗号方式。
サ．Webサイトの訪問日時や回数などの情報を，利用者のコンピュータに保存するしくみ。

【2】
解答以外のB群の説明文は，以下の語句についての説明である。
ウ．IMAP
エ．可用性
オ．ロールフォワード
ク．フェールセーフ
コ．プライベートIPアドレス

【3】
1．解答以外の語句の説明は以下のとおりである。
ア．情報通信技術を使用せず，情報資産を収集する手口の総称。
イ．ソフトウェアの機能不全や機器の障害など，サービスの中断や品質の低下につながるような事象。
2．解答以外の語句の説明は以下のとおりである。
ア．市場の成長率と市場の占有率から，4つの区分に分類し，事業展開を決定するための手法。
ウ．問題点を明確にするために，情報収集→カード化→グループ化→図解化→文章化の手順で行われるデータの整理手法。
3．解答以外の語句の説明は以下のとおりである。
イ．インターネットを経由して，アプリケーションソフトウェアなどを提供するサービス。
ウ．インターネット上でアプリケーションソフトウェアや環境を提供するサービス提供者。
4．通信速度(Mbps)の単位とデータ(MB)の単位をb(ビット)に統一するために，データ量に8を掛け(1B(バイト) = 8b(ビット))
480MB(メガバイト)× 8 = 3,840Mb(メガビット)
データ量 = 通信速度×伝送効率×通信時間より，
$3,840$Mb $= 160$Mbps ×伝送効率× 48(秒)
伝送効率 $= 3,840$Mb $÷ (160$Mbps $× 48$(秒))
$= 3,840 ÷ 7,680$
$= 0.5(50\%)$
5．記憶容量 = 解像度×縦×解像度×横×色情報×圧縮率
記憶容量は $21,600,000 (= 21.6 × 1,000,000)$，縦は $4 (= 10.0 ÷ 2.5)$，横は $5 (= 12.5 ÷ 2.5)$，色情報は $3 (= 24 ÷ 8)$，圧縮率は 1(圧縮を行わないため)，
$21,600,000 = $ 解像度× 4 ×解像度× 5 × 3 × 1
$21,600,000 = 60 ×$ 解像度^2
解像度$^2 = 21,600,000 ÷ 60$
解像度$^2 = 360,000$
解像度 $= 600$

【4】
問1．解答以外の説明文は，以下の語句についての説明である。
ア．ABC分析
ウ．線形計画法

問2．コンピュータAのIPアドレスと，サブネットマスクから，コンピュータAと同じネットワークとなるIPアドレスは192.168.8.1〜192.168.8.254となる。よって，コンピュータAと同じネットワークアドレスとなるものはアとなる。

問3．問題文より，WebサーバとDNSサーバは，外部からの不正なアクセスを制御できる場所にするため，社内ネットワークに設置することは不適切と言え，インターネットとの間にファイアウォールがあるDMZに設置することが適切と言える。

問4．問題文から，特性要因図が適切である。そのため，名称はウ，図はアとなり，解答以外の選択肢の図の説明は以下のとおりである。
イ．ヒストグラム…測定などで得たデータをいくつかの階級に分け，各階級に属する測定値の出現個数を簿上のグラフとして描き，度数分布を表したもの。
ウ．散布図…2つの項目におけるデータをプロットした図。

問5．解答以外の説明文は，以下の語句についての説明である。
ア．BPR
イ．ERP

【5】
問1．処理の流れ等から，利用者表の「利用者コード」は，施設利用表における複数の「利用日」に選択されている(「利用者コード」のR01164は，施設利用表の「利用日」の2023/08/23と2023/09/01に選択されている)。また，施設利用表の「利用日」は，利用者表における一つの「利用者コード」のみを選択している(「利用日」の2023/08/23は，「利用者コード」のR01164のみ選択している)ことから，施設利用表と利用者表は，多対1の多重度となる。同時に，施設表の「施設コード」は，施設利用表における複数の「利用日」に選択されている(「施設コード」のAR2は，施設利用表の「利用日」の2023/08/23と2023/09/01に選択されている)。さらに，施設利用表の「利用日」は，施設表における一つの「施設表」のみを選択している(「利用日」の2023/08/23は，「施設コード」のAR2のみ選択している)ことから，施設表と施設利用表は，1対多の多重度となる。

問2．利用者表にデータを追加するにはINSERT　INTO ～ VALUES ～ を利用する。
書式　　INSERT　INTO　表名(フィールド名)　VALUES(挿入データ)
※　フィールド名は省略可
問題文から，
INSERT　INTO　利用者表…(利用者表に)
VALUES ('R02145', '宮原 ○○', '□□市△△6-24', 'XXX-XXX-XXXX')…(利用者コードがR02145のデータを挿入する)
となる。

問3．特定の条件に該当するデータを抽出するには，IN演算子と組み合わせて利用する。
書式　　SELECT　選択項目リスト　FROM　表名
　　　　　　WHERE　列名　IN(副問合せ)
特定の条件に合うものだけを取り出すにはWHERE句を利用する。
書式　　SELECT　選択項目リスト　FROM　表名　WHERE　条件
一定の範囲を抽出するにはBETWEEN ～ AND ～ を利用する。
書式　　SELECT　選択項目リスト　FROM　表名
　　　　　　WHERE　選択項目　BETWEEN　条件A　AND　条件B
以上をまとめると，
SELECT　選択項目リスト1　FROM　表名1
　WHERE　列名　IN
　(SELECT　選択項目リスト2　FROM　表名2　WHERE　条件
　　AND　選択項目　BETWEEN　条件A　AND　条件B)
となる。問題文等より，
選択項目リスト1 …利用者名，住所，電話番号
表名1　　　　　 …利用者表
列名　　　　　　…利用者コード
選択項目リスト2 …利用者コード
表名2　　　　　 …施設利用表
条件　　　　　　…施設コード = 'BA'
選択項目　　　　…利用日
条件A　　　　　 …'2023/07/01'
条件B　　　　　 …'2023/07/31'
となる。2023年7月中における，野球場を利用した利用者名，住所，電話番号を抽出するには，

SELECT 利用者名, 住所, 電話番号…(利用者名と住所, 電話番号を抽出する)

FROM 利用者表…(利用者表から)

WHERE 利用者コード IN(SELECT 利用者コード FROM 施設利用表

WHERE 施設コード = 'BA' AND 利用日 BETWEEN '2023/07/01' AND '2023/07/31')…(施設利用表から, 施設コードがBAで, 利用日が2023年7月1日から2023年7月31日の利用者コードの)

となる。

ア．文法が間違っている。

書式 SELECT 選択項目リスト FROM 表名
WHERE EXISTS(副問合せ)

ウ．文法が間違っている。

書式 SELECT 選択項目リスト FROM 表名
WHERE 条件1 OR 条件2

問4．抽出した列に別の名前を指定するには AS を利用する。

書式 SELECT 選択項目リスト AS 別名

特定の条件に合うものだけを取り出すには WHERE 句を利用する。

書式 SELECT 選択項目リスト FROM 表名 WHERE 条件

特定の文字列を検索するには LIKE を利用する。

書式 SELECT 選択項目リスト FROM 表名
WHERE 列名 LIKE パターン

となり, 以上をまとめると,

SELECT 選択項目リスト AS 別名 FROM 表名
WHERE 条件 AND 列名 LIKE パターン

となる。なお, 終了時刻は, 開始時刻に利用時間を加算することで求められる。問題文等より,

選択項目リスト1 …利用日, 施設名, 開始時刻
選択項目リスト2 …開始時刻 + 利用時間
別名 …終了時刻
表名 …施設表 A, 施設利用表 B
条件1 …A.施設コード = B.施設コード
条件2 …利用日 = '2023/08/23'
列名 …B.施設コード
パターン …'AR%'

となる。2023年8月23日のアリーナの利用申し込みがあり, 利用日, 施設名, 開始時刻, 終了時刻を抽出するには,

SELECT 利用日, 施設名, 開始時刻, …(利用日と施設名, 開始時刻を抽出する)

開始時刻 + 利用時間 AS 終了時刻…(開始時刻に利用時間を加算し, 終了時刻として抽出する)

FROM 施設表 A, 施設利用表 B…(施設表と施設利用表から)

WHERE A.施設コード = B.施設コード…(施設表の施設コードと施設利用表の施設コードが一致していて)

AND 利用日 = '2023/08/23'…(利用日が2023年8月23日の)

AND B.施設コード LIKE 'AR%'…(施設利用表の施設コードがAR から始まり)

となる。

問5．データの件数を求めるには COUNT 関数を利用する。

書式 SELECT COUNT(*) FROM 表名

抽出した列に別の名前を指定するには AS を利用する。

書式 SELECT 選択項目リスト AS 別名

一定の範囲を抽出するには BETWEEN ～ AND ～ を利用する。

書式 SELECT 選択項目リスト FROM 表名
WHERE 選択項目 BETWEEN 条件 A AND 条件 B

ある項目ごとにデータをまとめるには GROUP BY を利用する。

書式 SELECT 選択項目リスト FROM 表名
GROUP BY グループ化項目

グループ化した各グループから, 条件に合ったグループだけを抽出するには HAVING 句を利用する。

書式 SELECT 選択項目リスト FROM 表名
GROUP BY グループ化項目 HAVING 制約条件

ある項目を基準として, 並べ替えるには ORDER BY ～ を利用する。

書式 SELECT 選択項目リスト FROM 表名
ORDER BY 並べ替え項目 ASC(DESC)

※ 昇順はASC, 降順はDESCとする。なお, ASCは省略可

となり, 以上をまとめると,

SELECT 選択項目リスト, COUNT(*) AS 別名 FROM 表名
WHERE 選択項目 BETWEEN 条件 A AND 条件 B
GROUP BY グループ化項目 HAVING 制約条件
ORDER BY 並べ替え項目 DESC

となる。問題文等より,

選択項目リスト …利用者コード, 施設コード, COUNT(*)
別名 …利用件数
表名 …施設利用表
選択項目 …利用日
条件 A …'2023/08/01'
条件 B …'2023/08/31'
グループ化項目 …利用者コード, 施設コード
制約条件 …COUNT(*) >= 5
並べ替え項目 …COUNT(*) DESC

となる。2023年8月中における, 利用者コード施設コードごとの利用件数を集計し, 利用件数が5件以上の利用者コードと施設コードを利用件数の降順に並べ替えるには,

SELECT 利用者コード, 施設コード, …(利用者コードと施設コードを抽出する)

COUNT(*) AS 利用件数…(利用者コードと施設コードごと利用件数を計算し, 利用件数として抽出する)

FROM 施設利用表…(施設利用表から)

WHERE 利用日 BETWEEN '2023/08/01' AND '2023/08/31'…(利用日が2023年8月1日から2023年8月31日の)

GROUP BY 利用者コード, 施設コード…(利用者コードと施設コードでグループ化し)

HAVING COUNT(*) >= 5…(利用件数が5件以上の)

ORDER BY COUNT(*) DESC…(利用件数の降順に並べ替える)

となる。

【6】

問1．「利用回数」の中央値を表示するため, MEDIAN 関数を利用し,

=MEDIAN(数値1,数値2,…)

数 値 1	C4:C13(「利用回数」)

=MEDIAN(C4:C13)

となる。

ア．SUMIFS 関数は, 特定の条件に一致するデータを集計する関数である。

=SUMIFS(合計対象範囲,条件範囲1,条件1,…)

イ．MODE 関数は, 範囲内の数値の最頻値を求める関数である。

=MODE(数値1,数値2…)

問2．『利用時間調査表』から, 「性別」と「区分」の複数条件に一致する「利用時間(分)」の平均を算出するには, AVERAGEIFS 関数を利用し,

=AVERAGEIFS(平均対象範囲,条件範囲1,条件1,…)

平均対象範囲	$D$4:$D$225(「利用時間(分)」)
条件範囲 1	$B$4:$B$225(「性別」)
条件 1	$F4(『平均利用時間(分)』の「性別」)
条件範囲 2	$C$4:$C$225(「区分」)
条件 2	G$3(『平均利用時間(分)』の「区分」)

AVERAGEIFS($D$4:$D$225,$B$4:$B$225,$F4,$C$4:$C$225,G$3)

となる。

問3．所属名称変更表から, 「旧所属名」の課が部, 係が課に変更されており, 「旧所属名」の課を部に置き換える必要があるため, SUBSTITUTE 関数を利用し,

=SUBSTITUTE(文字列,検索文字列,置換文字列[,置換対象])

文 字 列	B4(「旧所属名」)
検索文字列	"課"
置換文字列	"部"

SUBSTITUTE(B4,"課","部")…①

となる。ただし，上記①の式では 係 を 課 に置き換えることができない。そこで，①の式の 係 を 課 に置き換えるため，SUBSTITUTE関数を利用し，

文 字 列	SUBSTITUTE(B4,"課","部")
検索文字列	"係"
置換文字列	"課"

SUBSTITUTE(SUBSTITUTE(B4,"課","部"),"係","課")
となる。

イ．「旧所属名」の 部 を 課，課 を 係 に置き換えてしまい，正しい結果が得られないため，不適切である。

ウ．「旧所属名」の 係 を 部，部 を 課 に置き換えてしまい，正しい結果が得られないため，不適切である。

問4．「番号」をもとに，『名簿』を参照して「名前」を表示するにはVLOOKUP関数を利用し，

=VLOOKUP(検索値,範囲,列番号,検索方法)

検 索 値	1(「番号」)
範　　　囲	$A$4:$B$35(『名簿』)
列 番 号	2
検索方法	FALSE

VLOOKUP(1,$A$4:$B$35,2,FALSE)…①
となる。ただし，『班分け表』は4班構成で並べて表示するため，「第1班」は「番号」が1，「第2班」は「番号」が2と横方向にコピーするごとに1ずつ増やす必要があるため，COLUMN関数を利用し，

=COLUMN([参照])

COLUMN()
となる。ただし，このままだとD4では4，E4では5が求められてしまうため，D4には1，E4には2を求められるようにするには，

COLUMN()-3…②
と設定すればよい。また，D5では5，D6では9と縦方向にコピーするごとに4ずつ増やす必要があるため，ROW関数を利用し，

=ROW([参照])

ROW()*4
となる。ただし，このままだとD4では16，D5では20，D6では24が②に加算されてしまうため，4を掛ける前に4を引いて，

(ROW()-4)*4…③
となる。以上から，D4に設定する式は，

=VLOOKUP((COLUMN()-3)+(ROW()-4)*4,$A$4:$B$35,2,FALSE)
となる。

問5．「利用時間」(F4)は，「返却時刻」(E4)から「利用開始時刻」(D4)を引いた時間(E4-D4)に対して，15分単位(TIME(0,15,0))で切り上げた時間を求める必要があるため，CEILING関数を利用し，

=CEILING(数値,基準値)

数　　値	E4-D4
基 準 値	TIME(0,15,0)

=CEILING(E4-D4,TIME(0,15,0))
となる。

ア．「返却時刻」から「利用開始時刻」を引いた時間に対して，15分単位で切り下げた時間を求めてしまい，正しい結果が得られないため，不適切である。

ウ．「返却時刻」から「利用開始時刻」を引いた時間に対して，15で切り上げた時間を求めてしまい，正しい結果が得られないため，不適切である。

【7】
問1．作成条件3と作成手順1.(3)より，「チェックアウト」(E8)は，「泊数」(C8)は1泊から5泊までの場合(AND(C8>=1,C8<=5))，「チェックイン」(C7)の日に「泊数」に加えた日を表示し(C7+C8)，それ以外の場合はNGを表示する。以上から，E8に設定する式は，

=IF(OR(E7="",E7="NG",C8=""),"",
　　IF(AND(C8>=1,C8<=5),C7+C8,"NG"))
となる。

ア．「泊数」が1以上か，または，5未満の場合，NGを表示し，それ以外の場合は「チェックイン」のに「泊数」に加えた日を表示しており，正しい結果が得られないため，不適切である。

ウ．「泊数」が1以上かつ，5以下の場合，OKを表示し，それ以外の場合は「チェックイン」のに「泊数」に加えた日を表示しており，正しい結果が得られないため，不適切である。

問2．作成手順1.(4)より，E9は，「客室コード」(C9)がシート名「客室料金表」にある場合，OKを表示し，それ以外の場合はNGを表示するため，以下のような式で求められる。

=IF(C9がシート名「客室料金表」にある,"OK","NG")
C9がシート名「客室料金表」にあるか判定するには，範囲内における相対的な位置が1以上であればよいため，

C9のシート名「客室料金表」における相対的な位置>=1
範囲内における相対的な位置を求めるにはMATCH関数を利用し，

=MATCH(検査値,検査範囲,照合の種類)

検 査 値	C9(「客室コード」)
検 査 範 囲	客室料金表!A4:A7
照合の種類	0

MATCH(C9,客室料金表!A4:A7,0)
となる。ただし，このままではC9がシート名「客室料金表」にない場合，エラーとなってしまう。そのため，C9がシート名「客室料金表」になかった場合，0となるようにするため，IFERROR関数を利用し，

=IFERROR(値,エラーの場合の値)

値	MATCH(C9,客室料金表!A4:A7,0)
エラーの場合の値	0

IFERROR(MATCH(C9,客室料金表!A4:A7,0),0)
となり，C9がシート名「客室料金表」にあるか判定するには，

IFERROR(MATCH(C9,客室料金表!A4:A7,0),0)>=1
となる。以上から，E9に設定する式は，

=IF(OR(E8="",E8="NG",C9=""),"",
　　IF(IFERROR(MATCH(C9,客室料金表!A4:A7,0),0)>=1,
　　"OK","NG"))
となる。

ア．VLOOKUP関数は，範囲内から検索値を列方向に検索し，列番号に対応した値を表示する関数である。

=VLOOKUP(検索値,範囲,列番号,検索方法)

イ．MATCH関数で求めた結果が，1より小さい場合にOKと表示してしまい，正しい結果が得られないため，不適切である。

問3．作成条件5と作成手順1.(8)より，「空き状況」(D14)は，シート名「客室料金表」の「客室数」から，シート名「予約表」の「客室コード」の件数を引いた値が0より大きい場合，空室と表示し，それ以外の場合は満室と表示するため，

IF(シート名「客室料金表」の「客室数」-
　　シート名「予約表」の「宿泊日」ごとの「客室コード」の件数>0,
　　"空室","満室")
となる。

「宿泊日」(C14)の曜日によって，複数の範囲から参照先を決定し，「客室コード」と範囲内の「客室数」の位置をもとに，「客室数」を参照するINDEX関数を利用し，

=INDEX(参照,行番号,列番号,領域番号)

参　　照	(客室料金表!A$4:E$7,客室料金表!A$11:E$14)
行 番 号	「客室コード」
列 番 号	「客室数」の位置
領 域 番 号	「宿泊日」の曜日

INDEX((客室料金表!A$4:E$7,客室料金表!A$11:E$14),
「客室コード」,「客室数」の位置,「宿泊日」の曜日)
となる。行番号は範囲内(客室料金表!A$4:A$7)における「客室コード」の相対的な位置を求める必要があるため，MATCH関数を利用し，

=MATCH(検査値,検査範囲,照合の種類)

検 査 値	$C$9(「客室コード」)
検 査 範 囲	客室料金表!A$4:A$7
照合の種類	0

MATCH($C$9,客室料金表!A$4:A$7,0)
となる。列番号は，参照において設定されている範囲から，「客室数」の位置は左から5列目のため，

となる。領域番号は，参照において設定されている範囲から，「宿泊日」の曜日が月曜日～木曜日の場合（WEEKDAY(C14,2)<5），1，金曜日～日曜日の場合，2となるため，

IF(WEEKDAY(C14,2)<5,1,2)

となる。以上から，シート名「客室料金表」の「客室数」を求めるには，

INDEX((客室料金表!$A$4:$E$7,客室料金表!$A$11:$E$14),
　　MATCH($C$9,客室料金表!$A$4:$A$7,0),5,
　　　　IF(WEEKDAY(C14,2)<5,1,2))

となる。シート名「予約表」の「宿泊日」ごとの「客室コード」の件数を求めるには，COUNTIFS関数を利用し，

=COUNTIFS(検索条件範囲1,検索条件1,検索条件範囲2,…)

検索条件範囲1	予約表!$A$4:$A$1002
検索条件1	C14（「宿泊日」）
検索条件範囲2	予約表!$A$4:$B$1002
検索条件2	$C$9（「客室コード」）

COUNTIFS(予約表!$A$4:$A$1002,C14,予約表!$B$4:$B$1002,$C$9)

となる。以上から，D14に設定する式は，

=IF(C14="","",
　　IF(INDEX((客室料金表!$A$4:$E$7,客室料金表!$A$11:$E$14),
　　　　MATCH($C$9,客室料金表!$A$4:$A$7,0),5,
　　　　　　IF(WEEKDAY(C14,2)<5,1,2))
　　　　　　　-COUNTIFS(予約表!$A$4:$A$1002,C14,
　　　　　　　　予約表!$B$4:$B$1002,$C$9)>0,"空室","満室"))

となる。

ウ．MIN関数は，範囲内の最小値を求める関数である。

=MIN(数値1,数値2…)

オ．INDEX関数は，配列から行番号と列番号に対応した値を表示する関数である。

=INDEX(配列,行番号,列番号)

問4．作成条件7と作成手順1.(11)より，E21に食事コードが適切に入力されているか判定するには，C21に入力されたデータが以下の条件を満たす必要がある。

①左端から1文字目がM
②左端から3文字目がD
③左端から2文字目が1以下
④右端から1文字目が2以下
⑤文字数が4文字

①左端から1文字目にMがあるか求めるには，C21にMがあるかを求めればよいため，SEARCH関数を利用し，

=SEARCH(検索文字列,対象,[開始位置])

検索文字列	"M"
対象	C21

SEARCH("M",C21)

となり，1文字目を判定するため，

SEARCH("M",C21)=1

となる。

②左端から3文字目にDがあるかを求めるには，C21にDがあるかを求めればよいため，SEARCH関数を利用し，

検索文字列	"D"
対象	C21

SEARCH("D",C21)

となり，3文字目を判定するため，

SEARCH("D",C21)=3

となる。

③左端から2文字目が1以下であるかを求めるには，C21の左端の2文字目から1文字を抽出すればよいため，MID関数を利用し，

=MID(文字列,開始位置,文字数)

文字列	C21
開始位置	2
文字数	1

MID(C21,2,1)

となる。ただし，MID関数で抽出された値は文字列として扱われてしまうため，数値に変換する必要があるため，VALUE関数を利用し，

=VALUE(文字列)

文字列	MID(C21,2,1)

VALUE(MID(C21,2,1))

となり，1以下であるかを判定するため，

VALUE(MID(C21,2,1))<=1

となる。

④右端から1文字目が2以下であるかを求めるには，C21の右端から1文字を抽出すればよいため，RIGHT関数を利用し，

=RIGHT(文字列,文字数)

文字列	C21
文字数	1

RIGHT(C21,1)

となる。ただし，RIGH関数で抽出された値は文字列として扱われてしまうため，数値に変換する必要があるため，VALUE関数を利用し，

文字列	RIGHT(C21,1)

VALUE(RIGHT(C21,1))

となり，2以下であるかを判定するため，

VALUE(RIGHT(C21,1))<=2

となる。

⑤文字数が4文字であるかを求めるには，C21の文字数を求めればよいため，LEN関数を利用し，

=LEN(文字列)

文字列	C21

LEN(C21)

となり，4であるかを判定するため，

LEN(C21)=4

となる。以上から，食事コードが適切に入力されている場合，OKを表示し，それ以外の場合はNGを表示するには，

IF(AND(SEARCH("M",C21)=1,SEARCH("D",C21)=3,
　　VALUE(MID(C21,2,1))<=1,VALUE(RIGHT(C21,1))<=2,
　　　LEN(C21)=4),"OK","NG")

となる。

問5．「客室コード」(C9)がFAのため，「客室タイプ」(B14)はファミリー，「宿泊日」(C14～C15)が2023/9/29，2023/9/30のため，「客室料金」(E14～E15)はそれぞれ40,000(2023/9/29が金曜日，2023/9/30が土曜日)。「食事コード」(C21)がM1D2のため，D22は朝食(ビュッフェ)，E22は1,500，D23は夕食(ルームサービス)，E23は2,500となる。「客室料金計」(C25)は80,000(= 40,000 + 40,000)，「食事料金計」(C26)は40,000(= (1,500 + 2,500)×5×2)，「定員外割増料金」(C27)は「客室コード」がFAであり，「定員」が4となるが，「人数」(B10)が5となっており，「定員」に1名を加えた値で利用するため，「客室料金計」に0.3を掛けた24,000(= 80,000×0.3)となり，「割引料金」(C28)は「受付日」(E4)が2023/9/1，「チェックイン」(C7)が2023/9/29であり，「チェックイン」の日が「受付日」の30日以降ではないことから0となり，「宿泊料金」(C29)は，144,000(= 80,000 + 40,000 + 24,000 − 0)となる。

以下は問以外のセルの計算式である。
セルE4=TODAY()
セルE7=IF(C7="","",IF(C7>=E4,"OK","NG"))
セルE10=IF(OR(E9="",E9="NG",C10=""),"",
　　　　IF(VLOOKUP(C9,客室料金表!A4:C7,3,FALSE)+1>=C10,
　　　　　"OK","NG"))
セルB14=IF(OR(E10="",E10="NG"),"",
　　　　VLOOKUP(C9,客室料金表!A4:B7,2,FALSE))
セルC14=IF(OR($B$14="",$C$8<ROW(A1)),"",$C$7+ROW(A1)-1)
セルE14=IF(OR(D14="",D14="満室"),"",
　　　　VLOOKUP($C$9,IF(WEEKDAY(C14,2)>=5,
　　　　　客室料金表!$A$11:$D$14,客室料金表!$A$4:$D$7),
　　　　　4,FALSE))

セル E19=IF(B14="","",IF(COUNTIFS(D14:D18,"空室")=C8,
　　　　"予約可","予約不可"))
セル D22=IF(OR(C21="",E21="",E21="NG"),"",
　　　　VLOOKUP(LEFT(C21,2),食事表!A4:B8,2,FALSE))
セル E22=IF(OR(C21="",E21="",E21="NG"),"",
　　　　VLOOKUP(LEFT(C21,2),食事表!A4:C8,3,FALSE))
セル D23=IF(OR(C21="",E21="",E21="NG"),"",
　　　　VLOOKUP(RIGHT(C21,2),食事表!A4:B8,2,FALSE))
セル E23=IF(OR(C21="",E21="",E21="NG"),"",
　　　　VLOOKUP(RIGHT(C21,2),食事表!A4:C8,3,FALSE))
セル C25=IF(OR(C21="",E21="",E21="NG"),"",SUM(E14:E18))
セル C26=IF(OR(C21="",E21="",E21="NG"),"",
　　　　SUM(E22:E23)*C8*C10)
セル C27=IF(OR(C21="",E21="",E21="NG"),"",
　　　　(C10-VLOOKUP(C9,客室料金表!$A$4:$C$7,3,FALSE))
　　　　　*C25*0.3)
セル C28=IF(OR(C21="",E21="",E21="NG"),"",
　　　　IF(C7>=E4+30,1500,0))
セル C29=IF(OR(C21="",E21="",E21="NG"),"",SUM(C25:C27)-C28)
※セル D22 に以下の式を設定し,セル E23 までコピーしてもよい。
=IF(OR($C$21="",$E$21="",$E$21="NG"),"",
　VLOOKUP(MID($C$21,ROW(A1)*2-1,2),食事表!$A$4:$C$8,
　　COLUMN(B2),FALSE))

主催　公益財団法人 全国商業高等学校協会

令和5年度（第70回）情報処理検定試験ビジネス情報部門　第1級

審　査　基　準

【1】

1	2	3	4	5
ク	ア	シ	サ	カ

【2】

1	2	3	4	5
ア	ケ	エ	キ	コ

【3】

1	2	3	4	5
イ	ア	イ	ウ	36　日

各2点
15問　小計　**30**

【4】

問1	問2	問3	問4	問5
ウ	エ	ア	ウ	イ

【5】

問1	問2 (a)	問2 (b)	問2 (c)	問3	問4	問5
ウ	ウ	ア	イ	イ	HAVING	ア

各3点
10問　小計　**30**

【6】

問1	問2	問3	問4	問5 (a)	問5 (b)
ABS	ウ	イ	5	エ	ウ

【7】

問1	問2	問3	問4	問5
ウ	イ	COUNTIFS	ア	57,700

※　複数解答問題は，問ごとにすべてができて正答とする。
※　記述問題の大文字，小文字，コンマの有無は問わない。

各4点
10問　小計　**40**

得　点　合　計
100

【1】

解答以外の解答群の語句の説明は以下のとおりである。

イ．電子メールを受信するためのプロトコル。

ウ．インターネット回線などを音声通話に利用する技術。

エ．クライアント側の機能を最低限とし，サーバ側でアプリケーションソフトなどを一括管理するシステム。

オ．ユーザの視点でシステムの設計を行う開発工程。

キ．セキュリティを確保するために，外部のネットワークとの間に設けられた領域。

ケ．ネットワーク機器の製造時に，一意に設定されたアドレス。

コ．複数の HDD を１台の HDD として管理する技術。

【2】

解答以外のB群の説明文は，以下の語句についての説明である。

イ．トランザクション

ウ．プロトタイピングモデル

オ．ソーシャルエンジニアリング

カ．完全性

ク．フェールセーフ

【3】

１．解答以外の語句の説明は以下のとおりである。

ア．プライベート IP アドレスとグローバル IP アドレスを相互に変換する技術。

ウ．IP アドレスとドメイン名を対応付けるしくみ。

２．解答以外の語句の説明は以下のとおりである。

イ．電子メールで，画像や音声など扱えるようにした規格。

ウ．インターネット上でアプリケーションソフトウェアや環境を提供するサービス提供者。

３．解答以外の語句の説明は以下のとおりである。

ア．LAN 上のコンピュータに自動的に IP アドレスを割り当てるしくみ。

ウ．電子メールを送信するためのプロトコル。

４．稼働率とは，システムが正常に使用できた確率である。稼働率を求めるには，正常に使用できた時間（MTBF）を全体の時間（正常に使用できた時間と故障のため使用できなかった時間（MTTR）を足した時間）を割ることで求められる。

問題文等から，通常稼働の合計は 2,700（＝ 1,200 ＋ 600 ＋ 900）時間，修復期間の合計は 48（＝ 24 ＋ 12 ＋ 12）時間のため，

$$2,700 \div 2,748（＝ 2,700 ＋ 48）＝ 0.98253$$

となり，小数第３位未満を四捨五入するため，0.983 となる。

５．この作業の工数は，要員（6人）と期間（42日）から，

工数＝要員×期間

$$＝ 6 \times 42$$

$$＝ 252（人日）$$

となる。この作業を７人で行う場合，

期間＝工数÷要員

$$＝ 252 \div 7$$

$$＝ 36（日）$$

【4】

問１．問題文からパレート図が適切である。解答以外の選択肢の説は以下のとおりである。

ア．Ｚグラフ…一定期間の動向を分析するため，実績値，累計値，移動合計値を一つのグラフで示したもの。

イ．散布図…2つの項目におけるデータをプロットした図。

問２．ある資源Ｚに対し，トランザクションＡが共有ロックを掛けた場合，別のトランザクションは共有ロックを掛けられるが，専有ロックは掛けられない。なお，トランザクションＡが専有ロックを掛けた場合，別のトランザクションは共有ロック，専有ロックともに掛けられない。

問３．SWOT 分析をまとめると以下のとおりである。

	内的要因	外的要因
好影響	強み	機会
悪影響	弱み	脅威

よって，空欄(a)にあてはまるのは 強み，(b)は 機会，(c)は 弱み となる。

問４．ホスティングサービスは，サービス事業者が自社に設置しているサーバ・通信機器を顧客に貸し出すサービスであり，顧客はサーバ・通信機器などや設置場所を用意する必要がない。ハウジングサービスは，顧客がサーバや通信機器などを用意し，サービス事業者は設置場所を用意する。

以上から，利用者からホスティングサービスとハウジングサービスの比較一覧表について，利用者が準備する必要がないものは－，利用者が準備をする必要があるものは○として作成すると以下のとおりとなる。

	サーバ・通信機器	設置場所
ホスティングサービス	—	—
ハウジングサービス	○	—

よって，○が入るのは(c)となる。

問５．解答以外の説明文は，以下の語句についての説明である。

ア．アライアンス

ウ．CRM

【5】

問１．解答以外の語句の説明は以下のとおりである。

ア．実データのまとまりのこと。

イ．複数のフィールドを組み合わせて主キーとするときに用いるキー。

問２．データベースの内容を変更するには UPDATE～SET～を利用する。

書式　　UPDATE　表名　SET　フィールド名 ＝ 変更データ
　　　　　　WHERE　条件

となる。問題文等から，

表名　　　　　…受注明細表
フィールド名　…受取
変更データ　　…1
条件１　　　　…受注番号 ＝ 972
条件２　　　　…品名コード ＝ 'WP01'
条件３　　　　…OP コード ＝ 'C02'

となる。受注番号 972 かつ，品名コード WP01 かつ，OP コード C02 の受取を1に更新するには，

UPDATE　受注明細表…（受注明細表の）
SET　受取 ＝ 1…（受取を1に変更する）
WHERE　受注番号 ＝ 972…（受注番号が 972 と一致していて）
AND　品名コード ＝ 'WP01'…（品名コードが WP01 と一致していて）
AND　OP コード ＝ 'C02'…（OP コードが C02 と一致していて）

となる。

問３．「仕上がり日」は，「受注番号」が 973 の物品の「仕上がり日」を求め，最大値を求めればよい。『受注明細表』から，受注番号が 973 の物品は「品名コード」は YS01 と ZP01，YS01 の「OP コード」は C02，ZP01 の「OP コード」は C06 とわかる。『品名表』から，YS01 の「仕上日数」は 5，ZP01 の「仕上日数」は 5，『オプション表』から，C02 の「追加日数」は－2，C06 の「追加日数」は 0 とわかる。受注番号 973 の受注日は 2023/12/20 であることから，それぞれの「仕上がり日」は以下のとおりとなる。

品名コード	受注日	仕上日数	追加日数	仕上がり日
YS01	2023/12/20	5	－2	2023/12/23
ZP01	2023/12/20	5	0	2023/12/25

「仕上がり日」の最大値を求めるため，「仕上がり日」は2023/12/25となる。

問4．データの合計を求めるには SUM 関数を利用する。
    書式　　SELECT　SUM(項目)　FROM　表名
抽出した列に別の名前を指定するには AS を利用する。
    書式　　SELECT　選択項目リスト　AS　別名
特定の条件に合うものだけを取り出すには WHERE 句を利用する。
    書式　　SELECT　選択項目リスト　FROM　表名　WHERE　条件
ある項目ごとにデータをまとめるには GROUP BY を利用する。
    書式　　SELECT　選択項目リスト　FROM　表名
　　　　　　GROUP BY　グループ化項目
グループ化した各グループから，条件に合ったグループだけを抽出するには HAVING 句を利用する。
    書式　　SELECT　選択項目リスト　FROM　表名
　　　　　　GROUP BY　グループ化項目　HAVING　制約条件
となり，以上をまとめると，
SELECT　選択項目リスト, SUM(項目)　AS　別名　FROM　表名
WHERE　条件　AND　選択項目
GROUP BY　グループ化項目　HAVING　制約条件
となる。問題文等より，

選択項目リスト	…C. 受注番号，会員名，
項目	…(基本料金 + 追加料金) * 数量
別名	…代金
表名	…会員表 A，受注表 B，受注明細表 C，品名表 D，オプション表 E
条件1	…A. 会員コード = B. 会員コード
条件2	…B. 受注番号 = C. 受注番号
条件3	…C. 品名コード = D. 品名コード
条件4	…C.OP コード = E.OP コード
グループ化項目	…C. 受注番号，会員名
制約条件	…C. 受注番号 >= 1421

となる。受注番号 1421 の代金を集計するには，
SELECT　C. 受注番号，会員名，…(受注明細表の受注番号と会員名を抽出する)
SUM((基本料金 + 追加料金) * 数量)　AS　代金…(基本料金と追加料金を足し，数量を掛け，合計し，代金として抽出する)
FROM　会員表 A，受注表 B，受注明細表 C，品名表 D，オプション表 E…(会員表と受注表，受注明細表，品名表，オプション表から)
WHERE　A. 会員コード = B. 会員コード…(会員表の会員コードと受注表の会員コードが一致していて)
AND　B. 受注番号 = C. 受注番号…(受注表の受注番号と受注明細表の受注番号が一致していて)
AND　C. 品名コード = D. 品名コード…(受注明細表の品名コードと品名表の品名コードが一致していて)
AND　C.OP コード = E.OP コード…(受注明細表の OP コードとオプション表の OP コードが一致していて)
GROUP BY　C. 受注番号，会員名…(受注明細表の受注番号と会員名でグループ化し)
HAVING　C. 受注番号 = 1421…(受注明細表の受注番号が 1421 の)
となる。

問5．2023年11月21日から2024年1月20日の範囲を抽出するには BETWEEN を利用する。
    書式　　SELECT　選択項目リスト　FROM　表名
　　　　　　WHERE　選択項目　BETWEEN　条件A　AND　条件B
2か月間注文がない会員の会員コードを調べるには NOT EXISTS (副問合せ) を利用する。よって，会員コードと会員名，郵便番号，住所を抽出する主問合せでは会員表，副問合せでは受注表を利用する。また，利用案内のはがきを送付するため，退会の申し出のあった会員には送付しないため，「退会」が 0 の条件が必要なる。よって，2023年11月21日から2024年1月20日まで申し込みがない会員の会員コードと会員名，郵便番号，住所を抽出するには，
SELECT　会員コード，会員名，郵便番号，住所…(会員コードと会

員名，郵便番号，住所を抽出する)
FROM　会員表 A…(会員表から)
WHERE　退会 = 0…(退会が 0 の)
AND　NOT EXISTS
(SELECT　会員コード　FROM　受注表 B　WHERE　A.会員コード = B.会員コード　AND　受注日　BETWEEN　'2023/11/21'　AND　'2024/01/20')…(日付が 2023 年 11 月 21 日から 2024 年 1 月 20 日に，受注表に存在しない会員コードを)
となる。

イ．会員コードを抽出しているにもかかわらず，条件に合わない会員名を抽出してしまい，正しい結果が得られないため，不適切である。

ウ．EXISTS では，受注表に存在する会員コードを抽出してしまい，正しい結果が得られないため，不適切である。

【6】
問1．「予想待ち時間(分)」と「実際待ち時間(分)」の差を表示するには，
「予想待ち時間(分)」－「実際待ち時間(分)」
とすればよい。しかし，「予想待ち時間(分)」の±10% 以内を求めるため，上記の式で得られた値を絶対値にする必要があるため，ABS 関数を利用し，

=ABS(数値)

| 数　　　　値 | C4-D4 |

ABS(C4-D4)
となる。以上から，E4 に設定する式は，
=IF(ABS(C4-D4)<=C4*0.1,"良好",
　　IF(ABS(C4-D4)<=C4*0.3,"適正","要改善"))
となる。

問2．「料金」(J6) は，『配送料金一覧表』の D5:G8, D9:G12, D13:G16, D17:G20 の参照先から，『料金表』の「サイズ」(J5) と「着地」(J4) をもとに，「発地」(J3) によって参照先を決定し，参照するため，INDEX 関数を利用し，

=INDEX(参照,行番号,列番号,領域番号)

参　　　　照	(D5:G8,D9:G12,D13:G16,D17:G20)
行　番　号	「サイズ」
列　番　号	「着地」
領域番号	「発地」

INDEX((D5:G8,D9:G12,D13:G16,D17:G20),
　　「サイズ」,「着地」,「発地」)
となる。行番号は「サイズ」が 60 未満の場合，1，120 未満の場合，2，180 未満の場合，3，240 未満の場合，4 を表示すればよい。「サイズ」の値から，1〜4 を算出するには，60 で割り，整数未満切り下げで求めるため，INT 関数を利用し，

=INT(数値)

| 数　　　　値 | J5/60 |

INT(J5/60)
となる。ただし，J5 が 60 未満の場合，0 となるため，1 を加算，60 はセル C5 に入力されているため，60 を C5 に置き換え，
INT(J5/C5)+1
となる。列番号は，範囲内(D4:G4)における『料金表』の「着地」の相対的な位置を求める必要があるため，MATCH 関数を利用し，

=MATCH(検査値,検査範囲,照合の種類)

検　査　値	J4(『料金表』の「着地」)
検査範囲	D4:G4
照合の種類	0

MATCH(J4,D4:G4,0)
となる。領域番号は，範囲内(B5:B20)における『料金表』の「発地」の相対的な位置を求める必要があるため，MATCH 関数を利用し，

検　査　値	J3(『料金表』の「発地」)
検査範囲	B5:B20
照合の種類	0

MATCH(J3,B5:B20,0)
となる。ただし，B の場合，5，C の場合，9，D の場合，13 を表示してしまうため，求めた値を 4 で割り，整数未満切り下げで求める

INT 関数を利用し，

数 値	MATCH(J3,B5:B20,0)/4

INT(MATCH(J3,B5:B20,0)/4)

となる。なお，Bの場合，1，Cの場合，2，Dの場合，3となるため，1を加算し，

INT(MATCH(J3,B5:B20,0)/4)+1

となる。以上から，J6に設定する式は，

=INDEX((D5:G8,D9:G12,D13:G16,D17:G20),
　　INT(J5/C5)+1,MATCH(J4,D4:G4,0),
　　　INT(MATCH(J3,B5:B20,0)/4)+1)

となる。

ア．CEILING 関数は，指定された基準値の倍数のうち，数値を超える最小値を求める関数である。
=CEILING(数値,基準値)

イ．MOD 関数は，正の数値同士の剰余を求める関数である。
=MOD(数値,除数)

問3．「予測販売数」は，相関関係が認められる『ホットコーヒー販売数一覧表』と「予想気温」をもとに算出するため，FORECAST 関数を利用し，

=FORECAST(x,既知のy,既知のx)

X	F3(「予想気温」)
既 知 の y	C4:C856(「販売数」)
既 知 の x	B4:B856(「平均気温」)
領 域 番 号	「発地」

FORECAST(F3,C4:C856,B4:B856)

となる。なお，「予測販売数」は，整数未満を切り捨てて求めるため，ROUNDDOWN 関数を利用し，

=ROUNDDWON(数値,桁数)

数 値	FORECAST(F3,C4:C856,B4:B856)
桁 数	0

ROUNDDOWN(FORECAST(F3,C4:C856,B4:B856),0)

となる。

問4．I9 に表示される値は，「職種」が 一般 かつ「扶養人数」が1以上，または「課」が人事課かつ「扶養人数」が1以上，または「課」が総務課かつ「扶養人数」が1以上の件数を求めればよい。よって，5(「社員番号」が 20111，20109，20112，20113，20114)となる。

社員番号	社員名	職種	部	課	扶養人数
20110	安達 ○○	総合	技術部	開発課	0
20111	石居 ○○	一般	管理本部	総務課	1
20102	上野 ○○	総合	営業部	営業3課	2
20109	江田 ○○	一般	管理本部	総務課	1
20108	大垣 ○○	総合	技術部	開発課	3
20112	川俣 ○○	一般	営業部	営業1課	2
20101	木村 ○○	総合	営業部	営業1課	4
20113	久保田 ○○○	一般	営業部	営業2課	3
20115	権藤 ○○	一般	営業部	営業2課	0
20104	小林 ○○	総合	技術部	設計課	2
20105	坂本 ○○	総合	管理本部	人事課	0
20107	篠塚 ○○	総合	営業部	営業2課	1
20114	須藤 ○○	一般	営業部	営業3課	1
20103	世良 ○○○	総合	営業部	営業1課	3
20106	園田 ○	総合	技術部	運用保守課	1

問5．条件より，「数式入力セル」は $B$7 となり，「変化させるセル」は $B$6 となる。

【7】

問1．作成手順1.(2)より，「配送希望日」(D7)が「受付日」(G4)の翌日から起算して4日以上7日以内(AND(D7>=G4+4,D7<=G4+7))である場合，納期割増 を表示し，8日以上(D7>=G4+8)である場合，OK を表示し，それ以外の場合，NG を表示するため，F7 に設定する式は

=IF(AND(D7>=G4+4,D7<=G4+7),"納期割増",
　IF(D7>=G4+8,"OK","NG"))

となる。

ア．「配送希望日」の4日前が「受付日」以前，つまり「配送希望日」が「受付日」の翌日から起算して4日以内としており，正しい結

果が得られないため，不適切である。

イ．「配送希望日」が「受付日」の翌日から起算して4日未満としており，正しい結果が得られないため，不適切である。

問2．作成条件7と作成手順1.(8)より，「オプション名」(F19～F22)は，「オプションコード」(D19)をもとに表示するには，以下のとおりとなる。

IF(「オプションコード」の文字数が4以下，
　「オプション名」を表示,何も表示しない(""))

「オプション名」を表示する条件は

LEN($D$19)<=4…①

となる。ただし，条件が①のみの場合，F22 までコピーした後，「オプションコード」に1文字だけ入力されていた際に，F19～F22 のすべてのセルで「オプション名」を表示する作業をしてしまう。そのため，F19 では D19 が1文字以上(LEN($D$19)>=1)，F20 では2文字以上(LEN($D$19)>=2)，F21 では3文字以上(LEN($D$19)>=3)という条件になる必要があるため，ROW 関数を利用し，

=ROW(参照)

参 照	A1

LEN($D$19)>=ROW(A1)…②

となり，「オプション名」を表示する条件は，①と②の条件を満たす必要があるため，

AND(LEN($D$19)<=4,LEN($D$19)>=ROW(A1))…③

となる。「オプション名」は「オプションコード」から，行番号を利用して抽出したオプションコードをもとに，シート名「オプション表」を参照して「オプション名」を表示するには VLOOKUP 関数を利用し，

=VLOOKUP(検索値,範囲,列番号,検索方法)

検 索 値	行番号を利用して抽出したオプションコード
範 囲	オプション表!$A$4:$C$7
列 番 号	2
検 索 方 法	FALSE

VLOOKUP(行番号を利用して抽出したオプションコード，
　オプション表!$A$4:$C$7,2,FALSE)

となる。F19 でオプションコードを抽出する場合，左端から1文字目を抽出すればよいため，

MID($D$19,1,1)

となる。ただし，F19 では左端から1文字目，F20 では左端から2文字目，F21 では左端から3文字目を抽出する必要があるため，ROW 関数を利用し，

MID($D$19,ROW(A1),1)

となり，「オプション名」を表示するには，

VLOOKUP(MID($D$19,ROW(A1),1)，
　オプション表!$A$4:$C$7,2,FALSE)

となる。以上から，F19 に設定する式は，

=IF(AND(LEN($D$19)<=4,LEN($D$19)>=ROW(A1))，
　IFERROR(VLOOKUP(MID($D$19,ROW(A1),1)，
　　オプション表!$A$4:$C$7,2,FALSE),""),"")

となる。

※ F19 に下記の式を設定し，G22 までコピーしても，同様の結果が得られる。

=IF(AND(LEN($D$19)<=4,LEN($D$19)>=ROW(A1))，
　IFERROR(VLOOKUP(MID($D$19,ROW(A1),1)，
　　オプション表!$A$4:$C$7,COLUMN(F18)-4,FALSE),""),"")

問3．作成手順1.(11)より，「幅」(D11)をもとに，『標準料金表』を列方向に検索するため，VLOOKUP 関数を利用し，

=VLOOKUP(検索値,範囲,列番号,検索方法)

検 索 値	D11(「幅」)
範 囲	「タイプ」(D9)に対応した範囲
列 番 号	「高さ」(D13)の『標準料金表』における相対的な位置
検 索 方 法	TRUE

VLOOKUP(D11,D9に対応した範囲，
　D13の『標準料金表』における相対的な位置,TRUE)

となる。範囲は D9 に対応した範囲となるため,OFFSET 関数を利用し，

=OFFSET(参照,行数,列数,高さ,幅)

参 照	標準料金表!A5
行 数	D9 の『標準料金表』における相対的な位置
列 数	1
高 さ	『標準料金表』における D9 の件数
幅	D13 の『標準料金表』における相対的な位置

OFFSET(標準料金表!A5,
　　　D9の『標準料金表』における相対的な位置,1,
　　　　『標準料金表』におけるD9の件数,
　　　　　D13の『標準料金表』における相対的な位置)

となる。行数は D9 の『標準料金表』における相対的な位置を求めるため，MATCH 関数を利用し，

=MATCH(検査値,検査範囲,照合の種類)

検 査 値	D9(「タイプ」)
検 査 範 囲	標準料金表!A5:A17
照合の種類	0

MATCH(D9,標準料金表!A5:A17,0)…①

となる。ただし，OFFSET 関数の参照を標準料金表!A5，MATCH 関数の検査範囲を標準料金表!A5:A17 としていることから，D9 が A の場合，1 となり，VLOOKUP 関数の範囲が標準料金表!A6 から開始され，1 行ずれてしまうため，①から 1 を引き，

MATCH(D9,標準料金表!A5:A17,0)-1…②

となる。高さは『標準料金表』における D9 の件数を求めるため，COUNTIFS 関数を利用し，

=COUNTIFS(検索条件範囲1,検索条件1,検索条件範囲1,…)

検索条件範囲	標準料金表!A5:A17
検 索 条 件	D9(「タイプ」)

COUNTIFS(標準料金表!A5:A17,D9)…③

となる。幅は D13 の『標準料金表』における相対的な位置を求めるため，MATCH 関数を利用し，

検 査 値	D13(「高さ」)
検 査 範 囲	標準料金表!C4:I4
照合の種類	0

MATCH(D13,標準料金表!C4:I4,0)…④

となる。ただし，MATCH 関数の検査範囲を標準料金表!C4:I4 としていることから，D13 が 180 の場合，6 となり，B 列から開始としている VLOOKUP 関数の範囲が 1 列少なくなってしまうため，④に 1 を加え，

MATCH(D13,標準料金表!C4:I4,0)+1…⑤

となる。②および③，⑤より，D9 に対応した範囲は，

OFFSET(標準料金表!A5,
　　MATCH(D9,標準料金表!A5:A17,0)-1,1,
　　　COUNTIFS(標準料金表!A5:A17,D9),
　　　　MATCH(D13,標準料金表!C4:I4,0)+1)…⑥

となる。VLOOKUP 関数の列番号は⑤で同様に求められることから，「標準料金」を求めるには，

VLOOKUP(D11,OFFSET(標準料金表!A5,
　　MATCH(D9,標準料金表!A5:A17,0)-1,1,
　　　COUNTIFS(標準料金表!A5:A17,D9),
　　　　MATCH(D13,標準料金表!C4:I4,0)+1),
　　　　　MATCH(D13,標準料金表!C4:I4,0)+1,TRUE)

となる。

問4．作成条件 8 と作成手順 1.⑯より，「納期割増料金」(F32) は，「標準料金」(F27) に「奥行料金」(F28) を加えた値に 0.15 を掛けた値を 100 円単位で切り捨てて求めるため，FLOOR 関数を利用し，

=FLOOR(数値,基準値)

数 値	SUM(F27:F28)*0.15
基 準 値	100

FLOOR(SUM(F27:F28)*0.15,100)

となる。

イ．「標準料金」に「奥行料金」を加えた値を 100 円単位で切り捨てた値に 0.15 を掛けてしまい，正しい結果が得られないため，不適切である。

ウ．「標準料金」に「奥行料金」を加えた値に 0.15 を掛けた値を 100 で割り，100 円単位で切り捨てて求めており，正しい結果が

得られないため，不適切である。

問5．「タイプ」(D9) が B，「幅」(D11) が 70，「高さ」(D13) が 180 のため，「標準料金」(F27) は 31,000 となる。「追加棚板枚数」(D17) が 1，「タイプ」が B，「幅」が 70 のため，「追加棚板料金」(F29) は 5,500(= 1 × 5,500)となる。「配送地域コード」(D24) が 3 のため，「配送料金」(F32) は 1,500 となる。「配送希望日」(D7) が「受付日」(G4) の翌日から起算して 4 日以上 7 日以内のため，F7 は 納期割増となる。F7 が 納期割増，「標準料金」が 31,000，「奥行料金」が 6,200 のため，「納期割増料金」は 5,500((31,000 + 6,200)× 0.15 = 5,580 の 100 円未満切り捨て)となる。「標準料金」が 31,000，「奥行料金」が 6,200，「追加棚板料金」が 5,500，「オプション料合計」が 8,000，「配送料金」が 1,500，「納期割増料金」が 5,500 のため，「請求金額」は 57,700(= 31,000 + 6,200 + 5,500 + 8,000 + 1,500 + 5,500)となる。

以下は問以外のセルの計算式である。
セル G4=TODAY()
セル F9=IF(OR(F7="NG",D9=""),"",
　　　　IF(OR(D9="A",D9="B",D9="C"),"OK","NG"))
セル F11=IF(OR(F9="",F9="NG",D11=""),"",
　　　　IF(AND(D11>=MIN(OFFSET(標準料金表!A4,MATCH(D9,
　　　　　標準料金表!A5:A17,0),1,
　　　　　　COUNTIFS(標準料金表!A5:A17,D9),1)),
　　　　　　D11<=MAX(OFFSET(標準料金表!A4,
　　　　　　　MATCH(D9,標準料金表!A5:A17,0),1,
　　　　　　　　COUNTIFS(標準料金表!A5:A17,D9),1))),
　　　　　　　"OK","NG"))
セル F13=IF(OR(F11="",F11="NG",D13=""),"",
　　　　IF(IFERROR(MATCH(D13,IF(D9="C",標準料金表!C4:E4,
　　　　　標準料金表!C4:I4),0),0)>0,"OK","NG"))
セル F15=IF(OR(F13="",F13="NG",D15=""),"",
　　　　IF(OR(D15=20,D15=35,D15=50),"OK","NG"))
セル G19=IF(AND(LEN($D$19)<=4,LEN($D$19)>=ROW(B1)),
　　　　IFERROR(VLOOKUP(MID($D$19,ROW(B1),1),
　　　　　オプション表!$A$4:$C$7,3,FALSE),""),"")
セル F24=IF(OR(F15="",F15="NG",D24=""),"",
　　　　IF(IFERROR(MATCH(D24,配送料金表!A4:A10,0),0)>0,
　　　　　"OK","NG"))
セル F28=IF(F27="","",F27*IF(D15=35,0,IF(D15=20,-0.2,0.2)))
セル F29=IF(OR(D17="",F27=""),"",D17*INDEX(OFFSET
　　　　(標準料金表!J4,MATCH(D9,標準料金表!A5:A17,0),
　　　　　0,COUNTIFS(標準料金表!A5:A17,D9),1),
　　　　　　MATCH(D11,OFFSET(標準料金表!B4,
　　　　　　　MATCH(D9,標準料金表!A5:A17,0),
　　　　　　　　0,COUNTIFS(標準料金表!A5:A17,D9),
　　　　　　　　　1),1),1))
セル F30=IF(F27="","",SUM(G19:G22))
セル F31=IF(F27="","",
　　　　VLOOKUP(D24,配送料金表!A4:C10,3,FALSE))
セル F33=IF(F27="","",SUM(F27:F32))